胡适、罗尔纲和他们的朋友

郭存孝 著

图书在版编目（CIP）数据

胡适、罗尔纲和他们的朋友／郭存孝著 . —北京：
生活·读书·新知三联书店，2019.11
ISBN 978 - 7 - 108 - 06493 - 6

Ⅰ.①胡…　Ⅱ.①郭…　Ⅲ.①胡适（1891-1962）－书信集
②罗尔纲（1901-1997）－书信集　Ⅳ.① K825.4 ② K825.81

中国版本图书馆 CIP 数据核字（2019）第 054370 号

责任编辑　曹明明
装帧设计　康　健
责任印制　徐　方
出版发行　生活·讀書·新知 三联书店
　　　　　（北京市东城区美术馆东街 22 号　100010）
网　　址　www.sdxjpc.com
经　　销　新华书店
印　　刷　三河市天润建兴印务有限公司
版　　次　2019 年 11 月北京第 1 版
　　　　　2019 年 11 月北京第 1 次印刷
开　　本　635 毫米 × 965 毫米　1/16　印张 27.25
字　　数　329 千字　图 77 幅
印　　数　0,001－6,000 册
定　　价　68.00 元
（印装查询：01064002715；邮购查询：01084010542）

目　录

序

　　郭存孝先生与先父罗尔纲先生相识于 1951 年末，南京太平天国起义百年纪念活动之际。1953 年 3 月，南京发现堂子街太平天国某王府壁画并对外开放，先父将郭存孝调来传授太平天国文物陈列大法，二人从此结缘。后郭存孝协助先父筹建太平天国纪念馆，该馆于 1956 年成立后，即任陈列组长。次年，该馆迁新址，改名太平天国历史博物馆。郭存孝历任陈列部主任、研究部主任、副馆长、馆长，长达 38 年，被评为研究馆员。1992 年起享受国务院政府特殊津贴。

　　在这期间，他出版了个人专著《太平天国博物志》《太平天国诗联考注》等，又主编出版《曾国藩等往来信稿真迹》《吴煦档案墨迹选》等，均得先父鼓励并为之作序。

　　郭存孝于 1993 年初退休，后随女儿移居澳大利亚，距今逾 20 年。虽身居异国他乡，但他一如既往，笔耕不辍。首先着眼于中国澳大利亚关系史、澳大利亚华人史的研究，已出版了《中澳关系的流金岁月》等四部作品。特别值得一提的是，郭存孝始终记着先父的叮嘱，专心地将澳大利亚国家图书馆封藏的一批太平天国官书和布告整理出来，应该馆之邀，为之作序，承蒙国家图书馆出版社出版影印精装本问世，最终引领这批国宝踏上漫漫返乡路。举世同欢！

　　郭存孝先生现已达 86 岁高龄，他出版了 12 部作品，可赞宝刀不老。现在他写就此书，这是一本旨在铭感师恩之佳作，既发现并诠释大师胡适的若干新的史事和档案，也称赞先父与胡适的一世不泯的深情，同时也细说胡适与先父和他们的挚友间的百感又多彩的往事。先父囿于史料、年迈记忆力减退，许多可圈可点的往事已淡忘，这是很可惜的。先父仙逝已 18 年，郭存孝先生在他的这本新著中，为先父做了多方面有价值的追补，叙述亦很感人。功不可没！郭存孝虽然与胡适无缘相识，但他认真拜读胡适的著作，拜谒过台北的胡适故居和墓园，尤其是情有独钟地收集到不少鲜见的胡适和先父的散金遗珠，及时选编入这本新著中，以飨读者。这对胡适大师来说，有其补缺之贡献，毋庸置疑，也是非常有益的。我想胡适与罗尔纲两位宗师在天之灵亦定感欣慰！

　　郭存孝先生是先父在长期工作实践中培养并有成就的弟子，我作为罗尔纲的长女，在此，谨向作者表示衷心的感谢！

罗文起

2015 年 10 月于北京东厂胡同

卷首语

　　胡适与罗尔纲两位大师，从 1930 年建立的、迄今已超过 85 年的、跨世纪的尊师爱生的楷模式关系，一直被学者们称道，并不夸张地说，实在是青山不老绿水长流！这种师生关系对我等后辈均有启示意义。

　　我与胡适先生无缘相识，脑海中只粗略知道他是一位受人尊敬的大学者。1955 年，置身于铺天盖地对胡适思想批判的浪潮中，后略知他与罗尔纲有一层师生关系，并且是讳莫如深的关系，自己多少也能觉察到其中的玄机和隐痛！

　　说到罗尔纲先生，我与他结缘较早。中华人民共和国成立之初的1951 年冬，我在南京市文物保管委员会史料组工作。那时罗尔纲先生被邀请从广西贵县（今贵港市）来到南京，主持太平天国起义一百周年纪念展览会。时年 22 岁的我，开始注视着年已半百、平顶头、步履矫健、衣着朴素的罗尔纲先生的身影———一位影响我一生的引路人和导师。

　　当时我参加展览会的美术工作，一时也没有机会聆听教诲。次年，因参与修改太平天国历史连环画，才有机会接近罗先生。1952 年底，南京首次发现太平天国某王府及太平天国壁画，领导命我到某王府协助工作，并侍奉罗先生左右。形势既喜人，也逼人，我开始阅读罗先生赠送的新出版的《太平天国史稿》，未料如入胜境，感谢这本启蒙读物，让我从美术工作转行到对太平天国史研究的轨道上来了。

　　1953 年，领导与罗尔纲先生达成共识，让我在罗先生身边工作。此后，我在罗先生安排下，读太平天国史书，参加文物展览，协助筹备太平天国纪念馆，有幸找到了人生的最佳座席。往后，我在太平天国历史博物馆，经历酸甜苦辣 40 载，其中有 14 年与罗先生形影相随、聆听教诲，荣幸地获得他的 30 余部亲题赠书，也颇得先生信赖。从此，我开始探索罗先生，除跟随先生做学问外，最大的收获乃是明白了他与胡适的一层厚重的、楷模式的师生关系。

　　1963 年，戚本禹（1931—2016）抛出《评李秀成自述》，剑指罗尔纲先生等，随后在全国掀起一场大论战。1964 年 4 月，罗先生在完成南京各项工作后，返回北京中国社会科学院近代史研究所。我与先生鸿雁常飞，积信函 26 件，并得老人家挥汗为拙著及主编的《清代咸同年间中兴名臣的书札》《曾国藩等往来信稿真迹》等赐序，受惠良多，师生情感依旧春风！

1994 年初，应澳大利亚华人历史博物馆之邀，我第一次走出国门，对澳大利亚进行了有关华人遗存的考察访问。这期间，在墨尔本大学图书馆，我看到了台湾地区出版的名目繁多的胡适著作，顿感眼界大开！1995 年 8 月，我在南京家中收到罗先生生前题赠之最后一部杰作《师门五年记·胡适琐记》，拜读再三，看到了罗先生对胡适弥久的、出彩的师承乐，诚如胡适大师所赞赏的"从来也没有人留下这样亲切的一幅师友切磋乐趣的图画"，我深深地为这本佳作叫好，感谢它激发了我从此对胡适与罗尔纲尊师爱生关系的研究兴趣。

1996 年，我移居墨尔本，从此定下研究方向：中澳关系史、澳大利亚华人移民史，以及罗尔纲－胡适研究。正当我奔波在澳大利亚华人淘金古镇时，1997 年 5 月 25 日，惊悉罗尔纲先生在北京协和医院福寿全归，悲痛不已！先生虽逝，但之后我仍然收到罗先生亲属寄给我的《师门五年记·胡适琐记》（增补本）；2011 年又收到卷帙浩繁的 22 卷本《罗尔纲全集》，如获至宝。2014 年，承蒙上海档案馆提供了全套的由罗尔纲编辑的《中国公学大学部文理学院庚午级毕业生纪念刊》复印件，这是一件尘封 75 年的珍贵文献，说到珍贵，那是因为它是 1930 年胡适与罗尔纲等师生大作第一份共同载体。这一切好运，促使我下决心在澳开展对罗尔纲、胡适、二人及其周边友人和往事的研究。虽然我已将罗先生给我的全部赠书带来澳大利亚，然而关于胡适的藏书却知之甚少。为了解决"书荒"，我除了每周去墨尔本大学图书馆外，还去过悉尼的澳大利亚国家图书馆，结果却"淘金"未成。我好奇地追问原因？该馆回答：在澳大利亚，不仅图书馆缺乏这方面的资源，就连高等院校也缺少这方面的研究人才，故而也谈不上编印这方面的目录索引。后来的事实也证实，悉尼和墨尔本的中文报刊上，几乎见不到"胡适"这两个字及其文章，对胡适而言，澳大利亚竟是一块待开垦的处女地。

为了研究工作的充电，我每年回国，第一要务是去各类书店购买有关胡适的新书；此外，就去图书馆、档案馆特藏部寻觅旧书旧报刊；又从互联网上高价网购旧书；还时刻把视线瞄向那些尘封在公共机构和散失在民间的胡适和罗尔纲的遗金散珠，旨在沙里"淘金"，上下求索胡适及其相关的史料，尤重网罗第一手史料和档案。坚持加执着，我终建立起研究胡适和罗尔纲的初步物质基础。

2006 年，我有幸从澳大利亚华裔联邦参议员陈之彬先生手中，接收了已故的胡适学生、学术助手、墨尔本大学高级讲师金承艺的《胡适文存》等 50 多部旧版藏书，这股强劲力量增强了我对胡适研究的物质基础。

2013 年，我专程去了台北，参观了胡适故居和纪念馆，瞻仰了胡适墓园，亲身感受到胡适不朽的治学精神！

令我非常感动的是，本人累获台北胡适纪念馆鼎力相助，承慷赠尘封的金承艺致胡适的全部亲笔函（复印件）等档案。又香港冯平山图书馆因念我是罗尔纲先生的弟子，破例馈赠一件秘藏 70 余年的罗尔纲致同为客家人的罗香林的亲笔函（复印件）。如此等等。

笔者不才，已将这些新发现公布，并对尘封之档案进行解密，将它们收入书中，使之首次与读者见面。因地制宜，我也将胡适与澳大利亚和新西兰的关系纳入书中；同时又收录了一些于我是前辈、上级、同事的胡适学生与胡适的学术交往片段。此外，我要特别提及一件事，那就是罗尔纲先生生前关心并告知的关于澳大利亚收藏着一批太平天国原刻官书，但他不知详情，此事我一直记在心上。2003年，应澳大利亚国家图书馆之邀，我在该馆进行了三天的观赏和鉴定，终发现22册太平天国早期原版刻书和3件原版布告，意外地发现其中两件布告还是世界孤品。我决心让这批国宝踏上漫漫返乡路。2014年，终由中国国家图书馆出版社制成一套四部影印本出版问世。谨此告慰在天之先师！

另外，我常为罗尔纲先生惋惜的两件事，一是他与胡适从1930年到1948年的18年间，师生二人没有留下一张合影；二是，这18年间，有求必应的胡适却没有给这位真传弟子留下哪怕一幅墨宝，令人失望！兴许这与罗尔纲一贯不愿给胡师添麻烦的习惯有关。1976年底，我与罗先生阔别12年后，再一次相聚并交谈于南京太平天国历史博物馆，我曾向他索取他与胡适、与徐志摩的合影照片，罗先生迟疑地回答："没有，没有照过。"

最后，我联想到胡适与罗尔纲等大师们在民间的遗金散珠，是不是会被人们收罗殆尽了呢？我的看法是不可能，举例如下：台北胡适纪念馆收藏的"1954年胡适在容闳耶鲁大学毕业一百周年纪念会"上的英文演讲稿，便是一件"出土"文物；胡适在美国曾经赠给小同乡唐德刚夫妇一幅题词；1961年春，胡适祝贺陈仲玉与王燕生女士新婚志喜，在台北家中特题赠其"新房补壁"诗一首；为了酬谢曾为自己治病的陆仲安中医师，题赠录自"宋人白话词"一首；1947—1948年，胡适为天津《益世报》专栏敬题"熊秉三逝世十周年纪念特刊""读书周刊"刊名。如此等等。再如，1948年11月11日，罗尔纲致福建省图书馆萨士武馆长亲笔信，亦是《罗尔纲全集》所缺之物。有理由相信，胡适、罗尔纲等大师们的尘封藏品，只要我们时刻注意，不遗余力地及时开展搜集工作，奇迹就会出现。这既是我的经验，也是推出本书的愿望。

1983 年，郭存孝在北京聆听罗尔纲先生侃侃而谈太平天国史

本书为读者提供了一些并不多见的特写、速写、素描及略带简单的考释；从某一角度、某一侧面，探索胡适，探索罗尔纲，探索胡适与罗尔纲，探索胡适与他的挚友、同事、学生及乡亲等，探索罗尔纲与他周边的好友等人的往事，探索他们在人生旅途中的五味人生。大师们虽已远离我们而去，但他们持续的拼搏精神，将永远滋润着我们的心灵；大师们吹奏的震天号角，将永远鼓舞着我们前进的步伐！

2017 年，恰是胡适驾鹤西去 55 周年，亦是罗尔纲福寿全归 20 周年。本书权作后辈之献礼。

最后，我要特别铭谢以出版多部罗尔纲力作著称的、中国一流的出版社三联书店为本书提供了华丽现身的平台；同时还要多谢出版社领导和责任编辑的剪裁、润饰之功，令本书终成正果。

我已年迈，囿于精力，限于能力，疏误难免，祈请匡正。

郭存孝

2017 年 1 月　八八叟于墨尔本

胡适与留美先驱容闳

胡适与容闳（1828—1912），实实在在是两代人。不过，他俩亦有不少共同点：同在美国名校留学，皆获得博士学位，特别是先后在耶鲁大学都荣获过名誉法学博士学位（1940 年 6 月间，胡适应邀出席耶鲁大学毕业典礼时被授予名誉法学博士）。容闳是胡适无可争议的前辈。容闳是提倡"西学东渐"的先驱者，而胡适则是容闳观念的追随者。二人皆出任过中国驻美国使节，在美国政界享有长远的声誉。

容闳，1828 年出生于广东香山县（今珠海市）。19 岁时跟随初中老师布朗（S.R.Brown）牧师赴美留学，1850 年，如愿以偿地进入美国名校耶鲁大学。1854 年，取得了耶鲁大学文学士学位。1876 年，母校耶鲁大学非常重视容闳的成就，授予他法学博士学位。容闳获此殊荣，开创了中国学生留学美国大学名校并取得两项学位之先河。

容闳在美八年，终于学成归国。他立志报效祖国，可是当双脚踏上母邦的大地后，发现祖国正处于动乱之中，于是一心想改变苦难祖国的命运。他访问了太平天国，结果献策未成，但胸中强国富民的信念却更加坚定。1863 年，容闳转向，先后谒见清朝两位总督——曾国藩和李鸿章，提出派遣幼童赴美国留学的宏伟计划，幸被清政府采纳。1872 年，容闳与陈兰彬赴美，共同主持"幼童出洋肄业局"，切

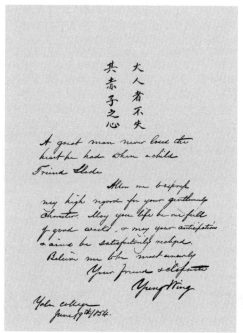

1854 年，容闳的中英文
励志笔迹

实地将幼童留学计划付诸实施，终取得了划时代的成就。事实证明，
容闳构建的这种"西学东渐"蓝图，是开辟中西文化交流的创举，推
动了中国近代化的进程。功载史册！

　　容闳是近代史上一位举足轻重的人物。为了纪念他的功绩，也是
为后人提供教育的良机，1925 年 10 月 13 日，中国驻美国公使施肇
基博士，为纪念容闳赴美 50 周年，在美国威斯康星州哈德福城发表
演说，表彰容闳及 120 位幼童来美留学之事迹。他说："这是中国开
始与列强接触后，面对困境，一种真诚愿望的表现，这也是中国冲破
陈旧传统的转折点。"

　　1954 年 6 月 13 日，耶鲁大学与"雅礼协会"为纪念容闳毕业
100 周年，联合举办了隆重的纪念会和容闳文物展览。美国亚太事务
助理国务卿罗勃生建议请中国前任驻美国大使胡适为演讲贵宾。该

日，出席纪念会的有耶鲁大学校长及"雅礼协会"人士，并容闳在美亲友。中国方面出席者，除胡适博士外，尚有清华大学校长梅贻琦，"华美协进社"孟治，"哈佛燕京学社"代表杨联陞等人。胡适对老前辈容闳的功绩进行了热情的赞扬，对容闳的某些作为也提出异议。但是胡适对先驱者的敬意和缅怀则是无限的。

兹将胡适这篇演讲稿的中文译稿全文公布如下，以飨读者。

容闳毕业 100 周年 *
1954 年 6 月 13 日　耶鲁

去年，我应邀参加中国"耶鲁运动"50 周年的庆祝会。今晚我再次感到荣幸，接受雅礼协会的邀请，参加纪念容闳博士耶鲁大学毕业 100 周年的庆祝会。

这个庆祝会原本应该在耶鲁大学举行，及由雅礼协会资助。容闳的生命、工作及影响从真实的历史角度来看就是代表中国耶鲁运动。今晚我们来到这个可能被称为历史性的聚会，其实不是为纪念容闳博士毕业 100 周年，而是为纪念真正和最早创立中国耶鲁运动 115 周年。

故事开始于 1839 年，一个美国耶鲁大学毕业生——塞缪尔·罗宾·布朗牧师，受到澳门马礼逊教育学会的邀请，被委任为新成立学校的校长。在任教的头两年，他只有五名中国小伙子，据称，其中两名还是在街上带回到学校的。在他任教的第三年，有一位名为容闳的学童来到他的学校。这六名小伙子无疑是推动"中国耶鲁运动"的先驱。其中一名小伙子叫黄宽，是

---

* 此次为本文第一次发表，承蒙美国留学生、香港中国银行吕邦慧小姐翻译。

1847 年和容闳一同来美国的，两年后，黄宽由他的苏格兰赞助人送到爱丁堡学习，成为第一个毕业于西方医科学校的中国学生。他回国后，在广东行医，成为最负盛名的外科医生。还有一名叫唐杰，又叫唐廷枢或唐景星，成为轮船招商局的创办人。

中国耶鲁运动最初起源于澳门，后在香港发展。布朗牧师工作七年后，因为疾病而被迫退休，于 1847 年初回美国。启程之前，他邀请学生自愿跟他去美国，完成他们的学业。当时有三位学生接受了他的邀请，分别是容闳、黄宽和黄胜。他们跟随着布朗，进入位于麻省的孟松预备学校。黄胜不久因为身体不佳返回中国。黄宽即在 1849 年离开美国远赴苏格兰。而容闳则单独留在美国，进入耶鲁大学。他在 1854 年毕业——这是康奈尔大学创立者之一安德鲁·迪克森·怀特就读班级毕业后一年，也是约翰·霍普金斯大学的第一任校长丹尼尔·吉尔曼就读班级毕业后两年。

1854 年到 1855 年冬天，容闳返回中国，当时他的祖国正濒临危机，发生了一场大型的反抗起义行动，这就是几年前已经开始的太平天国起义。这场反抗起义行动在容闳回国后一直持续了十年。容闳在广东和香港工作一段时间后去了上海，在上海，当时的新教传教士正积极地将一些有权威性的科学著作翻译成中文。中国伟大的数学家李善兰正在帮助伟烈亚力翻译未经翻译过的《几何原本》及约翰·赫歇尔的《天文学纲要》(《谈天》)。李亦帮助艾约瑟翻译威廉·惠威尔的《初等力学》(《重学》)。其他中国学者亦帮助有学识的传教士将科学著作翻译成中文。合作方式是外国学者以中文口语向中国学者解释，而中国学者即以中文书面语记录。

容闳认识这些学者，但他没有参与这些翻译工作。不管怎样，这种合作令人感到不满意并出现了问题，外国学者不会写中文，中国学者不懂原作和外国翻译者使用的语言，这一切让容闳进入深层次的思考，重新燃起他想将中国青年送到美国念书的梦想，让他们有能力直接将新的西方自然科学介绍到中国。

李善兰几年后将容闳介绍给中国官员曾国藩。曾总督在 1863 年邀请容闳到安庆探望他。那时太平天国起义已近尾声，清朝官员为了巩固统治，派遣容闳去美国购买用于军械库的机器。于是容闳远赴欧洲，最后在英格兰买好机器。新的军械库建造起来了，不久成为有名的江南军械库。在容闳的建议下，军械库成立了一间培训本地机械工的学校。之后又有了一间语言学校，成立了有名的翻译部门。在这里，中国及西方学者成功翻译了二百余部有关自然科学、工程、西方国家历史及国际法律的著作。

1870 年，容闳刚好有机会向曾国藩和其他领导人提出他设想派送中国青年到美国学校及大学读书的计划。这个计划最后制定成一个备忘录，曾国藩和李鸿章一齐将此备忘录呈交给皇帝。1871 年，大清皇帝批准了这个计划，曾总督及李鸿章受命执行细节。

就这样，容闳创立的中国留美幼童计划便开始了。这个计划简单来说包括以下几点：

1．在大清国内挑选 120 名学生，四年内以每年 30 名学生送到美国。这是一个四年计划，如果成功，计划将会无限期延续下去。

2．学生年龄 10 岁到 14 岁。

3．留学的时间是 15 年或 16 年，就读包括小学、中学、大学及欧洲国家研究院的课程，并参加欧洲国家研究院举办的考察。

4．中文老师随团出发，让留学生的中文保持一定的水平。

5．他们不是为了自身利益回国的。回国后进入中国政府部门工作，不会去私人企业。

6. 维持学生和中国留美幼童的经费（估计全部约 120 万两白银）由大清帝国位于上海的海关总税务司负责支付。

除了以上六点，容闳还接受了经过和耶鲁大学波特总裁及其他学者商量后提出的意见，可以作为第七点建议：留学生的住宿安排不要一大群，而是以二至三人为一小组，分别安排在康涅狄格乡村、城镇的美国家庭中。

第一组 30 名学童，在 1872 年 8 月离开中国。第二组 30 名学童，在 1873 年 6 月离开中国。第三组 30 名学童，在 1874 年 9 月离开中国。最后一组 30 名学童，在 1875 年 10 月离开中国。

由于容闳的一些中国同僚和老师们思想保守，他们强烈批评留学生美国式的自由独立生活及活动，中国留美幼童计划被迫在 1881 年 6 月取消，全部留学生被勒令回国。因为死亡和遭受学校开除，留美学童人数稍为减少。1881 年，回国人数约为 105 人。这是容闳的中国留美幼童计划的不幸结果。

后来的耶鲁大学教授威廉·里昂菲尔普斯在他的自传中，有一章专门讲述他最感兴趣的"中国同学"。有几位容闳的学童记录了他们曾经在学校和在居住区域的美国家庭有过的快乐生活，也写了有关被迫回国的惨痛经历。

现在我们可能要问：容闳的教育计划是否失败？失败在哪里？尽管计划突然被中断，是否有它的成功之处？作为长远发展和影响，计划是否成功？

毫无疑问，留学计划失败的根本原因，是朝廷提前召回学童之故，因此，1872 年赴美读书的学生被召回时，他们在美国只停留了九年；1873 年赴美读书的学生被召回时，在美国只停留了八年；1874 年赴美读书的学生被召回时，在美国只停留了七年；1875 年即最后一批赴美的学生被召回时，在美国只停留了六年。结果是仅少数学生能完成四年大学课程，最后去美国的大部分学生差不多只完成中学课程，最先去的一百余位学童，没有一个能获得研究生学历的。

只有三位学童在他们专业行业里成为杰出的人才。詹天佑，1881 年毕业于耶鲁大学雪非尔理德工学院土木工程系，成为第一位建造从北京到张家口的中国铁路的工程师。吴仰曾，回国后幸运地再被送到伦敦皇家矿冶学院，学习采矿工程，在中国的采矿事业发展中扮演了重要的角色。第三位学生是郑廷襄，他于1881 年被召回国，1883 年重返美国，继续完成他的工程课程，之后他再也没有回国，成为纽约出名的工程顾问，有幸参与设计和兴建布鲁克林大桥，还发明了用于连接火车车头、车厢的车钩，以及很多其他重要机械零件。

因为未完成大学课程，最初一百余位学童大部分回国后便在政府部门从事翻译和秘书工作，这些工作需要和外国人接触，需要懂英语的人。他们要等很多年才可以在官场得到晋升，后来，他们逐步在大清帝国的海关、矿山与新扩展的领事和外交领域担当重要的职位。

另外，因为这些学生很年轻时便离开自己的国家，大部分缺乏书写中文的能力。原本计划是把中文老师一同带到国外，以保持这些学童的中文水平，但这个计划行不通，这些学童分散在很多美国家庭，放假期间用于教导中文的中国留美幼童大楼，被那些无忧无虑的学童所憎恶，他们称它为"魔鬼屋"。

最初一百余位学童没有一个能够书写中文或有中文著作，也没有一个能把一本西方外文著作翻译成中文的。他们对中国知识界贡献很少。以上看来都是容闳计划一些失败之处。回顾容闳毕业 100 周年，创立中国留美幼童计划 82 周年，最初一百余位学童中途突然被召回国 73 周年，我们不得不承认容闳的梦想真实地、慢慢地对中国人民有着深远的影响。

首先，能够得到清朝重臣曾国藩和李鸿章的支持，将中国青少年送到美国受教育，本身便是一大成功。计划得到朝廷的肯定和大清皇帝的允准，让在外国受教育的留学生得到社会的认同，使他们能够在社会上享有公民和政治权利。当容闳的计划在 1871 年至 1872 年间初立后，中国北部和中部实际上没有人响应这个将学生送到国外读书的计划。最初两组的 60 名学生只有 20% 来自广东以外。但这个计划不久便传开来，最后两组的 60 名学生 40% 来自江苏、浙江和安徽。

徐润（曾经负责 1872—1875 年间全部 120 位学生赴美的交通安排）在他的自传中提及有几位学生在 1875 年考试失败后，得到家人的资助，能够和其他合格考生一同启程赴美。

第二，这些被迫提早回国的学生，尽管他们未能完成学业，却在中国迈向现代化的历史进程中填补了一个很重要的空缺，他们在中国新海军、海关税务、矿山、铁路、领事和外交服务等方面提供了切实可靠的服务。他们身处的年代，中国受到很大的欺凌，遭受列强的入侵；中国政府突然意识到他们急需一批曾经接受过西方教育和培训的人去和西方国家打交道。容闳的学生恰好在这段时间承担起这个任务，有几位学生在政治和工业上都有很杰出的成就。正是这个原因，回国的留学生在社会上得到更大的尊重，也推动了当时继续送学生出国学习的风气。

第三，容闳的最初一百余位学童，实际上是随后 50 至 60 年两万位中国学生到美国高等学院和研究院学习的先锋。知识分子出国有如其他方式的自愿性移民，通常是走早期先锋者已走过的路。容闳留学计划的学童虽然被召回国，但他们自己的孩子和他们的朋友、学生继续飞到英格兰、美国，以及其他地方。

最后，这最初一百余位中国学生在学校和他们居住的基督教家庭得到非常好的照顾，而且他们非常尊敬容闳博士，感受到容闳博士对他们很大的关怀。其中一位早期的学生仍然在世，现已94岁。他们永不会忘记他们敬爱的领导和院长，以及中国留美幼童曾经美好的日子。

1908年，美国建议退回庚子赔款多余部分，容闳的一位曾在耶鲁读书的学童梁敦彦负责这次退款的谈判，他是"东方人棒球队"中一名出色的球员，也是当时的外交部总长。谈判中，中国政府自愿将退回的赔款用于资助在美国读书的学生。最初一百余位学童其中一位，叫唐绍仪，成为特别全权使节来到华盛顿，感谢美国政府退回多余的庚子赔款。容闳的另一位同学唐国安，帮助成立清华学堂，对即将送到美国学习的青年进行辅导。1909年，他率领第一组经甄选的47位学生去美国，后来成为清华学堂第一任校长，清华学堂最后竟发展成为现代中国最优秀的大学。

容闳在1912年4月去世，这是中华民国成立后的三个月。对容闳的回忆，他带来的影响和他的梦想还会继续下去，中国留美幼童会怀念他，过去100年共两万学生跟随他的足迹来到这个国家求学，他们会怀念他。他们学成后回到自己的祖国，各自在受重视的单位工作，他们在一个世纪前并不发达的中国，扮演了一个个十分光彩的角色。

胡适与姚名达

——由《章实斋先生年谱》说起

2014 年 11 月，我从互联网上购得一本微有残缺的胡适与姚名达合著的《章实斋先生年谱》，1929 年 10 月由上海商务印书馆出版发行。屈指算来，这是一本已有 87 年历史的珍籍了。

细阅此书，150 多页，内中依次有何炳松（1890—1946）、姚名达（1905—1942）和胡适的序文，且胡适的序文敬陪末席。值得注意的是，此《年谱》原是胡适早年个人的学术著作，缘何后来却成了一

《章实斋先生年谱》封面

位大学者和一位名不见经传的年轻后学的联合之著?

胡适为《章实斋年谱》作序

为了便于探讨由胡适所著《章实斋年谱》到发展成与后学姚名达合著《章实斋先生年谱》的前生今世,兹将 1922 年 1 月 21 日胡适在上海大东旅社所写的自序全文抄录如下:

我作《章实斋年谱》的动机,起于民国九年冬天读日本内藤虎次郎编的《章实斋先生年谱》(《支那学》卷一,第三至第四号)。我那时正觉得,章实斋这一位专讲史学的人,不应该死了一百二十年还没有人给他作一篇翔实的传。《文献征存录》里确有几行小传,但把他的姓改成了张字!所以《耆献类征》里只有张学诚,而没有章学诚!谭献确曾给他作了一篇传,但谭献的文章既不大通,见解更不高明;他只懂得章实斋的课蒙论!因此,我那时很替章实斋抱不平。他生平眼高一世,瞧不起那班"襞绩补苴"的汉学家;他想不到,那班"襞绩补苴"的汉学家的权威竟能使他的著作迟至一百二十年后方才有完全见天日的机会,竟能使他的生平事迹埋没了一百二十年无人知道。这真是王安石说的"世间祸故不可忽,篝中死尸能报仇"了。

最可使我们惭愧的,是第一次作章实斋年谱的乃是一位外国的学者。我读了内藤先生作的《年谱》,知道他藏有一部钞本《章氏遗书》十八册,又承我的朋友青木正儿先生替我把这部《遗书》的目录全部钞了寄来。那时我本想设法借钞这部《遗书》,忽然听说浙江图书馆已把一部钞本的《章氏遗书》排印出来了。我把这部《遗书》读完之后,知道内藤先生用的年谱材料大概都在这书里面，我就随时在内藤谱上注出每条的出处。有时偶然校出内藤谱的遗漏处，或错误处，我也随手注在上面。我那时不过想作一部内藤谱的"疏证"。后来我又在别处找出一些材料，也附记在一处。批注太多了，原书竟写不下了，我不得不想一个法子，另作一本新年谱。这便是我作这部《年谱》的缘起。

民国十年春间，我病在家里，没有事做，又把《章氏遗书》细看一遍。这时候我才真正了解章实斋的学问与见解。我觉得《遗书》的编次太杂乱了，不容易看出他的思想的条理层次；内藤谱又太简略了，只有一些琐碎的事实，不能表现他的思想学说变迁沿革的次序。我是最爱看年谱的，因为我认定年谱乃是中国传记体的一大进步。最好的年谱，如王懋竑的《朱子年谱》，如钱德洪等的《王阳明先生年谱》，可算是中国最高等的传记。若年谱单记事实，而不能叙思想的渊源沿革，那就没有什么大价值了。因此，我决计作一部详细的《章实斋年谱》，不但要记载他的一生事迹，还要写出他的学问思想的历史。这个决心就使我这部《年谱》比内藤谱加多几十倍了。

我这部《年谱》，虽然沿用向来年谱的体裁，但有几点，颇可以算是新的体例。第一，我把章实斋的著作，凡可以表示他的思想主张的变迁沿革的，都择要摘录，分年编入。摘录的功夫，很不容易。有时于长篇之中，仅取一两段；有时一段之中，仅取重要的或精彩的几句。凡删节之处，皆用"……"表出。删存的句子，又须上下贯穿，自成片段。这一番功夫，很费了一点苦心。第二，实斋批评同时的几个大师，如戴震、汪中、袁枚等，有很公平的话，也有很错误的话。我把这些批评，都摘要钞出，记在这几个人死的一年。这种批评，不但可以考见实斋个人的见地，又可以作当时思想史的材料。第三，向来的传记，往往只说本人的好处，不说他的坏处；我这部《年谱》，不但说他的长处，还常常指出他的短处。例如，他批评汪中的话，有许多话是不对的，我也老实指出他的错误。我不敢说我的评判都不错，但这种批评的方法，也许能替《年谱》开一个创例。

章实斋的著作，现在虽然渐渐出来了，但散失的还不少。我最抱歉的是没有见他的《庚辛之间亡友传》。《年谱》付印后，我才知道刘翰怡先生有此书；刘先生现在刻的《章氏遗书》，此书列入第十九卷，刻成之后，定可使我们添许多作传的材料。刘先生藏的《章氏遗书》中还有《永清县志》二十五篇，《和州志》（不全）三卷，我都没有见过。我希望刘先生刻成全书时，我还有机会用他的新材料补入这部《年谱》。

章实斋最能赏识年谱的重要。他在他的《韩柳二先生年谱书后》说："文人之有年谱，前次所无。宋人为之，颇觉有补于知人论世之学，不仅区区考一人文集已也。盖文章乃立言之事；言当各以其时。同一言也，而先后有异，则是非得失，霄壤相悬……前人未知以文为史之义，故法度不具，必待好学深思之士，探索讨论，竭尽心力，而后乃能仿佛其始末焉。然犹不能不阙所疑也。其穿凿附会，与夫卤莽而失实者，则又不可胜计也。文集记传之体，官阶姓氏，岁月时务，明可证据，犹不能无参差失实之弊。若夫诗人寄托，诸子寓言，本无典据明文，而欲千百年后，历谱年月，考求时事，与推作者之意，岂不难哉？故凡立言之士，必著撰述岁月，以备后人之考证；而刊传前达文字，慎勿轻削题注，与夫题跋评论之附见者，以使后人得而考镜焉。……前人已误，不容复追。后人继作，不可不致意于斯也。"

照他这话看来，他的著作应该是每篇都有撰述的年月的了。

不幸现在所传他的著作只有极少数是有年月可考的；道光时的刻本《文史通义》已没有著作的年月了。杭州排印本《遗书》与内藤藏本目录也都没有年月。这是一件最大的憾事。"前人已误，不容复追。后人继作，不可不致意于斯也。"谁料说这话的人自己的著作也不能免去这一件"大错"呢？我编这部《年谱》时，凡著作有年月可考的，都分年编注；那些没有年月的，如有旁证可考，也都编入。那些全无可考的，我只好阙疑了。

我这部小书的编成，很得了许多认得或不认得的朋友的帮助。我感谢内藤先生的《年谱》底本，感谢青木先生的帮助，感谢浙江图书馆馆长龚宝铨先生钞赠的集外遗文，感谢马夷初先生借我的钞本遗文，感谢孙星如先生的校读。

十一，一，二一，胡适在上海大东旅社

胡适的《章实斋年谱》

我们从胡适的自序中，知道他是 1920 年在北京大学担任教授时，因为读了日本学者内藤虎次郎编的《章实斋先生年谱》，感到清朝中期乾隆年间的著名史学家、思想家章学诚（1738—1801，字实斋，浙江绍兴人，乾隆朝进士，官国子监典籍，著《文史通义》等），在死了 120 多年后，中国人中竟没有一人为之写出一篇考究的传记。而尤令他感到羞愧的是，第一个为章实斋作年谱的竟是一个外国学者。因此，胡适决定写一本中国人独立写作的、高质量的章实斋年谱。其精神实在令人钦佩！

胡适在日记中曾写下他的创作流程，他从 1921 年 5 月到 10 月，断断续续地搜集、补充、执笔，速度是很快的。9 月 2 日，胡适在上海商务印书馆编译所遇见孙星如，此君告之刘翰怡拟刻章实斋全书，已请孙益度作《实斋年谱》。胡适一听，颇为吃惊！连说："我也有《年谱》之作，但未成书；如孙君欲看，我可以寄给他一看。我要向他借观全书目录，并把所有内藤藏本目录借给他们。"这番坦诚的表白，一方面反映了胡适对未知资料的渴求心情，另一方面向对方伸出的是平等互利的手。10月6日，胡适偶然发现"浙江图书馆去年排印《章氏遗书》，错误甚多，我大不满意，嘱俞平伯转告馆中人，有'浙江人太看不起章实斋了'的话。他们后来才发愤作正误表。昨夜我收到正误表一本，计共校正一千一百余条！浙江图书馆补正之猛，甚可佩服。我自己也很高兴，因为这也是我对于实斋的一点效劳"。10月底，胡适在北京投入《年谱》的最后一道工序，那就是写作自序了。事毕，胡适将《年谱》稿本送请北京大学历史系主任朱希祖审阅。11月3日，朱归还稿本，胡适感到宽心！遂将《章实斋年谱》送交商务印书馆出版。

1922年2月26日，胡适于"夜十二时，接到商务印书馆寄来的《章实斋年谱》四十本。此书印得很好，有几个错字"。接着他自嘲"此书是我的一种玩意儿"。随后又语重心长地说："但这也可见对于一个人做详细研究的不容易。我费了半年的闲空工夫，方才真正了解一个章学诚。做学史真不容易！若我对于人人都要用这样一番功夫，我的《哲学史》真没有付梓的日子了！我现在只希望开山劈岭，大刀阔斧地砍去，让后来的能者来做细致的功夫。但用大刀阔斧的人也须要有拿得起绣花针的本领。我这本《年谱》虽是一时高兴之作，却也给了我一点拿绣花针的训练。"胡适的这部《章实斋年谱》问世，填补了历史的空白。功不可没！

胡适与后学姚名达合著《章实斋先生年谱》

《章实斋年谱》是胡适用半年时光，且在断断续续中完成。所以胡适看到了这件作品的先天不足，因而在序言中盼望有一位"能者"舞大刀、挥利斧来精雕细凿出一份更好的年谱来。胡适的愿望终有了积极的回应。1925年3月29日，20岁的年轻人姚名达站了出来，他买了胡适的这本《年谱》后，一气呵成，拜读完毕。他偶听到何炳松讲到章实斋的著名之作《文史通义》，恍悟应将章实斋的研究提上日程。是年9月，姚名达进入清华国学研究院，师从梁启超；从此立志作史学史研究，而在"专修题"内认定了章实斋的史学。他发现胡适所著《年谱》有不足之处，当他再读《章氏遗书》后，大受启发，于是便随手在《年谱》上"补了些新史料上去"。姚名达在序中回忆，1926年"六月二十日，初见适之先生，问他怎么办？适之先生说：'请你拿一本《年谱》去，把它补好了寄给我。'"这是姚名达生平第一次拜见胡适并面聆教诲，而胡适也是生平第一次接见这位年轻的、陌生的"能者"，他感到孺子可"靠"也，遂慨然同意姚名达补订自己的著作，往后的事实证明，姚名达没有辜负胡适的期望。

姚名达仔细看了《章实斋年谱》，他说："适之先生这书有一点是我所最佩服的，就是体例的革新：打破了前人单记行事的体裁；摘录了谱主最重要的文章；注意谱主与同时人的关系；注明白史料的出处；有批评；有考证；谱主著述年月大概都有了。"

1927年12月30日，姚名达在致胡适函中回忆说："商务印书馆近来想出'千种丛刊'（即'万有文库'千种书），把先生的《章实斋年谱》收入'国学小丛书'内。我想这次再版应该成定本了，不补订是不好的。现在已依照先生去年告我的话，把《年谱》增改好了。"又说："起初是把我所补的插入原文中间，把原文偶错的径加删改，后来为免灭裂卤莽之嫌疑，把应补应改的另抄为一小本，邮寄适之先生，请他自家去动手。"后来，姚名达登门拜访，胡适热情地接见了他，并告知自己事忙，可否请他代为增补。姚名达欣然从命，当时就商定了增补的体例。事后，姚名达是这样做的："一、极力尊重适之先生的原文，除非有新的证据可以改变他的记载，否则决不删改或修移。二、适之先生解释章先生主张的话，尤其特别尊重，虽然有一二条和我的意见不同，但我在这增补本里绝对不说一句话。三、凡适之先生所遗漏的，当时尚未发现的史料，我都按照年月，分别插补入原文，并不说明谁是新补，谁是原文。"两位作者品格至上、思路一致、内容统一，无愧是合作的典范。

姚名达说："这本书成功以后，适之先生要我作篇序。"对于胡适给予自己如此平等的待遇，姚名达铭感不已！1928 年 10 月 15 日，姚名达在上海为《章实斋先生年谱》作序，在序中不无感慨地说道："他不但令我们明白章实斋整个的生平和重要的学说，而且令我晓悟年谱体裁的不可呆板。最少，我是受了他的影响的一个。……才得着学问的乐趣，才决定终身的事业……"

1929 年 10 月，一部由胡适（时任上海中国公学校长）、姚名达合著的《章实斋先生年谱》，终由上海商务印书馆出版发行。

这本《年谱》甫入社会，即受到欢迎。但随后也产生争议和新说，并伴有再补入之新呼声。如有《胡著〈章实斋先生年谱〉赘词》（载《国闻周报》1929 年第六卷第三十七期）、《〈章实斋先生年谱〉补正》（载《说文月刊》1940—1941 年第二卷第九至十二期）、《〈章实斋先生年谱〉的新资料》（载上海《大公报》第四期"文史周刊"1946 年 11 月 6 日）等。虽有新议，但它绝不会影响《章实斋先生年谱》的学术价值和传世地位。

胡适并不是一位文过饰非的人，面对质疑，在百忙之中给了学者和读者一个负责任的回答。1948 年 6 月 12 日，胡适在《申报·文史周刊》第 27 期，发表了《更正〈章实斋先生年谱〉的错误》一文。这一正确态度也反映了一个大学者对学术问题可贵的自觉精神！

姚名达在与胡适交往过程中，曾给胡适写过八封信，总是将胡适尊为前辈，自己则谦称"后学"。他对胡适的"先见和大量"表示敬重！1930年1月15日，致函胡适，称"《章谱》版税手续已办好，《章谱》将来再版，名达当照尊示加注重排，总以保留原著为是"。同时表示衷心"谢谢先生嘉惠后学的好意"。1月17日再函，向胡适索取其生平、学历、著述、任教、游历资料，意在为之作传。

抗战全面爆发之后，姚名达在致胡适函中，痛斥日寇炸毁商务印书馆总厂，又将东方图书馆烧光的罪行。同时告诉胡适"打算从事政治和社会活动"，抗击日寇，保卫祖国！姚名达是个言行一致的爱国学者，当日寇的铁蹄践踏到浙、赣一带时，他便在执教的中正大学发起组织"战地服务团"，被选为团长。姚名达随即亲率30余名学生，先后在江西新喻、新干等地与日寇作战。1942年7月，不幸英勇殉国。成为为抗日捐躯的爱国教授第一人，年仅37岁。中正大学校长胡先骕在姚名达殉国一周年时，高度赞扬姚名达"绝学有选著，千秋有定评""英风传石口，大节振江西"。国民政府曾颁发奖状。1949年后，江西省人民政府批准姚名达为革命烈士。1987年，民政部颁发烈士证书。1990年，江西师范大学建校50周年，特在校园内建"显微亭"，以示对先烈的缅怀！

何炳松对《年谱》的赞赏

再说说位列"三序"的何炳松教授对《章实斋先生年谱》的评价。

何炳松，浙江金华人。1915年毕业于美国威斯康星大学，旋入普林斯顿大学研究院，习史学和政治学，1916年获硕士学位归国。他与胡适同在1917年任教于北京大学，为期五年，故彼此是很熟悉的同事。1924年，何炳松入商务印书馆，先后任编译所所长、总编辑，与胡适又是出版界的良友。1935 年，何炳松任暨南大学校长。抗战全面爆发，何校长带领暨南大学师生流离到大后方，艰苦办学。1946 年在上海谢世，享年 56 岁。

何炳松生前与胡适有一共同兴趣，就是年谱学和章实斋研究。胡适知悉何炳松与姚名达有一层宛如师生的亲密关系，因此他邀请何炳松为合著《年谱》作序，何炳松稍有犹疑之后还是乐于从命。

1928 年 10 月 18 日，何炳松在上海闸北寓所中，为该书写了一篇有深度、有广度、夹议夹叙的长序。他首先侃侃而谈年谱学，说："替古人作年谱完全是一种论世知人的工作，表面看去好像不过一种以事系时的功夫，并不很难；仔细一想实在很不容易。我们要替一个学者作一本年谱，尤其如此；因为我们不但对于他的一生境遇和全部著作要有细密考证和心知其意的功夫，而且对于和他有特殊关系的学者亦要有相当的研究，对于他当时一般社会的环境和学术界的空气亦必须要有一种鸟瞰的观察和正确了解，我们才能估计他的学问的真价值和他在学术史中的真地位。所以作年谱的工作比较单是研究一个人的学说不知道要困难到好几倍。这种困难就是章实斋所说的'中有苦心而不能显'和'中有调剂而人不知'，只有作书的人自己明白。胡适之先生的《章实斋先生年谱》就是这样作成功的。"

接着，何炳松又说："就我个人讲，一面想到作年谱这种工作的困难，一面看到适之先生这本《年谱》内容的美备，我实在不能不承认这本书是一本'即景会心妙绪来会'的著作，不是一种'玩物丧志，无所用心'的玩意儿。这种工作当然不免有疏漏的地方，我们坐享其成的读者不应过度地去求全责备。……当达人先生进行他那增补工作的时候，他每星期总要到我的家里来交换一次我们对于史学的意见。……达人先生增补完工之后，……适之先生看了一遍完全同意;并且向达人先生说,他近来听见我对于章实斋的史学已经有更进一步的了解,所以要我代他们两人再作一篇序。"何炳松在序文收尾时,特别强调不要"把章实斋的史学鼓吹得过分了,那不但要使章氏和我们自己都流入腐化的一条路上去,而且容易使读者看不起西洋史家近来对于史学上的许多重要贡献"。此言不失有启示作用。

"我的朋友胡适之"
——章衣萍和胡适

胡适周围有一些来自绩溪的"小朋友",乡情至上的胡适,待他们如亲人,要求也严格。这些"小朋友",因为不是他的学生,从而无拘无束,故常将比他们年长十岁左右的胡适,当成可嬉笑、可顶撞亦须听命的老大哥。这些"小朋友"中就有一位后来英年早逝的文化名人、优秀作家章衣萍。

章衣萍其人其事

章衣萍(1901—1947),安徽绩溪人。1917年,在家乡就读,当他看到《新青年》杂志上刊登的胡适、周作人、刘半农、沈尹默一些人的诗歌"简直入迷,后来竟因此被学校开除",他无怨地来到南京。1919年,在南京一所中学毕业。随即在东南大学当书记员。

章衣萍已知"北京大学那时正为中国新文化运动的最高学府,是中国新思想的发源地,那里有我所崇拜的大师"。这位曾被胡适爱称为"小朋友"的章衣萍,终于如愿以偿,在1921年欣喜地进入了北京大学预科就读(一说旁听)。他一边听胡适讲课,一边进行文学创作。毕业后,作为一位优秀青年作家,被陶行知网罗到"中华教育改进社"的《教育杂志》当编辑,随后又做了儿童书局的编辑。1924

年，他又与鲁迅等筹办《语丝》月刊，在文学战线上崭露头角。1925年，其成名作《桃色的衣裳》问世。1927年，在上海暨南大学任校长秘书，同时讲授国学和修辞学。1936年，先在四川省政府任咨议，后去军校当教官。抗战期间，在成都大学任教授。曾是"南社"和"左翼作家联盟"的成员。无论何时何地，他都乐此不疲地投入文学创作和翻译活动之中，所著小说、散文、诗歌、儿童读物、学术著作或整理古籍等达20余部。

对于引路人胡适，他虽无专著，但写有多篇夹议夹叙地介绍胡适的文章，其中一篇《胡适先生给我的印象》堪称代表。

1947年12月，章衣萍患脑溢血，英年早逝，年仅46岁。纵览其一生，从20世纪起，因为才华横溢、创作成果辉煌，早已享誉中国文坛，是中国现代优秀的文学家。2015年，安徽大学出版社出版了《章衣萍集》，凡五册，内收理论卷、随笔卷、小说卷、诗词卷、日记/书信卷，共近30种，当是对一代文才的最可贵的慰藉！

南京初遇

1917年，章衣萍从故乡来到南京，在一所中学就读。1919年毕业后，在东南大学当书记员。1920年7月底，东南大学办了一个暑期学校，特请北京大学教授胡适来演讲。胡适住在该校内梅庵。章衣萍得信，急忙去见胡适，尽管以前已经通了几次信，然而这终是生平第一次见面。章衣萍说："胡先生很欢喜，他第一次给我的印象非常好。胡先生的脸，正如周作人先生所说，是个'聪明脸'。他的瘦削而有神的面孔，眼光非常锐利，说话时常带微笑，但议论毫不苟且。不说一句自己不深信的话。胡先生是实验主义者，白话文学的提倡者，所以暑期学校听讲的学生非常多。他那时讲的是'白话文法'与'中国哲学史'（完整的是'古语文法与白话文法之比较'与'中国古代哲学史'）。"那时，梅光迪和胡先骕也在该校讲课，但他俩攻击胡适。章衣萍说"那时的学生，信仰胡适的多，梅光迪的崇论宏议，没有几个人去听。……高语罕还在课堂上同他吵嘴"。至于他自己，因为"是一个什么也不懂的中学生，暇时也挤进去听课，每次都挤得一身大汗。胡先生的演讲正如他的散文一样，清晰而有趣味"。

章衣萍目睹胡适除讲课外，每天还要会客，许多教授、学生都流连梅庵，叩门进谒。章衣萍说："我那时很喜欢作诗，曾和在北京的胡思永、章铁民，杭州的曹佩声、汪静之、胡冠英、程仰之通信作诗，三月不绝。我们的诗多受了《尝试集》的影响，不免滥作，有时一天作好几首。胡先生知道了，表示反对。他写信来大骂我们，说：'你们作那些没有'底子'的诗，何不努力学英文？'我年少高傲，不以胡先生的话为然，写了几句打油诗来反对他。胡先生究竟是一个能容忍的人，他居然赞成我的打油诗，说是作得很好。"

有一天，章衣萍去看胡适，请教读书的经验。胡适说："应该克期。"什么叫"克期"？就是一本书拿到手里，定若干期限读完，就应该读完。1931 年 3 月，章衣萍回忆说："胡先生的话是对的。我后来看书，有时照着胡先生的话去做，只可惜生活问题压迫我，我在南京、北京读书，全是半工半读，有时一本书拿到手里，想克期读完，竟不可能，在我，这是很痛苦的。几时我才能真正'克期'去读书呢？"

1920 年 8 月间，有一天，一个学校学生去拜访胡适，戏问老师有没有情史。谁知当晚，胡适就写下了一首著名的爱情诗《一笑》。诗曰："十几年前，/一个人对我笑了一笑。/我当时不懂得什么，/只觉得他笑得很好。/那个人后来不知怎样了，/只是他那一笑还在：/

我不但忘不了他，/ 还觉得他越久越可爱。/ 我借他作了许多情诗，/ 我替他想出种种境地：/ 有的人读了伤心，/ 有的人读了欢喜。/ 欢喜也罢、伤心也罢，/ 其实只是那一笑。/ 我也许不会再见着那笑的，/ 但我很感谢他笑的真好。"章衣萍认为胡适诗中的"他"，其实是一位女性。我们知道胡先生是一个"多情"的人，他的感情给理智压住了。"所以他曾对我们说，'我写情诗，倒多谢殷勤我友，能容我傲骨狂思便够了，这是含蓄的巧法"。

人在北京胡府

1920年12月，章衣萍在与胡适于南京谱下初次交往篇章的第一页之后，满怀愉悦地开展了北京之旅。他在胡府工作，亲聆胡适教诲，从而为世人提供了罕见的胡适早期著书立说以及胡适伉俪早期家庭生活的片段。

章衣萍抵达北京后，住在斗鸡坑的工读互助团里。因为他知道胡适离南京前，忽得了很重的肾炎，所以便去钟鼓寺胡同14号拜访胡适。"他见到胡先生的病已经好得多了，还是每天用大锅熬着，吃着陆仲安的补药。胡太太是个很温和的旧式女子，待我也很好。最同我意气相投的是胡思永，一个通信已久刚才见两面的好朋友。"他环视胡府，"那房子，据说从前是一个庙，后来改建民房的。（胡适的侄子）思永住在右面的厢房内。对面是胡先生的书房。四面堆的都是重重叠叠的旧书籍和新书籍，胡先生大部分的时间是埋在书堆里"。他又说："我那时和思永同替胡先生抄书，每千字的价格是二角五分，但胡先生对我们很好，每次总是多算些钱，价格是说说罢了。"据知帮胡适抄书写信的门生和友人并不算少，有章希吕、罗尔纲、程万孚、胡传楷、王崇武等，却从未见有谁提及付酬的事。章衣萍受报酬一事，为我们提供了一个新说。

章衣萍在胡府，受惠良多。他说："胡先生晚上有暇，也同我们讲《诗经》，讲《楚辞》，《胡适文存》有一篇怀疑屈原的文章，就同我们讲。"有一次，请胡适讲"文学概论"，胡适笑着说，一点钟就能讲完了。章衣萍知道胡适喜欢莫泊桑、契诃夫、易卜生，拥有莫泊桑、易卜生英译本全集。他最喜欢契诃夫，曾告诉北京饭店的西书掌柜，有新出的契诃夫英译本，赶快送到他家里去。又说，胡先生很喜欢作诗，但他说自己不是诗人，因为他的生活没有什么神秘可言。有一次，将郭沫若的《女神》拿给胡适看，胡适说看不懂，但日记上却说郭沫若有作诗的天才，但艺术技巧不大好。胡适曾恭维过郁达夫的《沉沦》，认为写颓废也有颓废的经验。

章衣萍认为胡适最喜欢鲁迅的《阿Q正传》，《阿Q正传》每次在《晨报》副刊上发表，他总喜欢赞叹，说"写得真好"。他还目睹胡适没有名作家著书写文时的那种坏脾气或怪癖，而是"有时一面和客人谈话，一面写文章。他写文章时似乎离不开香烟。他写文章可写得很快，一提起笔来就是上万字。他是有'历史癖与考据癖'的，所以写一篇文章得查许多参考书。他的书桌上总是堆满了中西书籍，看来很杂乱，其实，他有他自己的条理。你千万别动他的书桌，一动，他就会找不着材料了，他会动气的"。

有一次，章衣萍在胡适的书架上，找到一本英译本的《共产党宣言》，他高兴极了，便带回工读互助团去看。他与好友章铁民是没有什么信仰的，但也喜欢说说马克思、克鲁泡特金，但是此举遭到胡适的批评。他说："胡先生反对青年妄谈主义，不肯研究问题。他骂过我们：'你们连《资本论》也没有看过，还谈什么马克思？'有一次，我问胡先生研究社会学该先看什么书。他说，有中译本的爱尔乌德的《社会学》可看。"谁知章衣萍一班人，不遵师教，"仍旧高谈主义，不事生产，胡先生便骂：'这班小名士，饿也会把你们饿死了。'"面对胡适的建言，章衣萍后来不由哀叹："老实说，我们这一群浪漫少年，当时似乎并不曾受了胡先生的科学方法的影响。"

但是胡适对他的学生还是非常关爱的，就连听课以外的事也包含在内。章衣萍与章铁民知道胡适要在北大讲课，他俩便去旁听，胡适是很高兴的。有一次，胡适在课堂上讲得正起劲时，忽然停止讲课，走到教室的前面把窗户关上。当窗而坐的是两个女学生，那时正是冰天冻地的冬天，北风很紧。章衣萍回头一看，那两个女学生羞得脸全红了。

章衣萍在北京四五年，从斗鸡坑的朋友穷得散伙以后，他便以胡适的家为第二家庭。近水楼台先得月，胡适的藏书，他可以随便取阅，胡适找不着，总怨被章衣萍拿去了，骂了一场，又去买新的。章衣萍说："胡先生是一个最能原谅人的人。"不仅如此，胡适对长子思杜替他做事，也说谢谢。有一天，胡适带了思杜到北大去上课，一个调皮的学生靠着楼窗高声大嚷："我不要儿子，儿子自己来了！"用胡适自己的诗来调侃自己的老师，如此失礼，胡适却一笑置之。

胡适不爱吃甜食，不爱吃粥。他最爱小女儿素斐，为了女儿高兴，无怨无悔地与小女儿同吃粥。他总说他的素斐聪明，后来，素斐不幸得了肺病，死了。胡适与胡太太痛哭不已！胡适重乡情，遇到绩溪人欣喜不已。所以章衣萍在胡适家中，双方说的全是绩溪家乡话。

胡适"为了作《中国哲学史大纲》和考证文学史上的史料，大买中国古书。在琉璃厂的旧书店，遇着有罕见的旧书，总送到胡先生家中去"。章衣萍听胡适气愤地说："我们读古人的书，一方面要知道古人聪明到怎样，一方面也要知道古人傻到怎样，这都是我们很好的教训！"章衣萍"在北京胡适家中，曾读了几册他的日记稿本，胡先生的思想与行为，在他的日记中是更灵活地表现出来了。惜胡先生的日记现在还锁在铁柜中，不知何年何月何日才可以刊行出来"。能看到胡适亲笔日记的人并不多，尽管章衣萍所见有限，但他已看出胡适日记的重要历史价值了。如果他在天有灵，当为今日胡适日记的影印本和排字版问世感到欣慰。

1927 年 4 月，章衣萍追忆，某日"胡先生在［北京］中央公园曾告诉我们一班小朋友：恋爱譬如赛跑，只有一个人可跑第一，然而即使失败，我们也还要向前跑。这是他对于青年人的教训"。

章衣萍说："自民国十六年（1927）以后，我忙于衣食，胡先生的家也渐渐少去了。胡先生的家从钟鼓寺迁到景山后林长民旧居之后，我只去过一次。"胡适"出国以前，我在来今雨轩请他吃饭，到有周作人、刘半农、川岛诸先生"。这兴许是作为一名后学对前辈知遇之恩答谢的临别盛宴吧！事实上，这也是章衣萍在真正意义上与胡适的北京之旅的最后一次欢聚。

与胡适的上海一席谈

1927 年，章衣萍离开北京去了上海，到暨南大学任郑洪年校长的秘书，同时讲授国学概论和修辞学等课程。有一天，章衣萍听朋友叶君说，李守常（大钊）说："我想写信给适之，叫他还是从西伯利亚回来了罢，不要再到美国去了。因为到了美国，他的主张也许又变了。"章衣萍接着说："守常说这话，因为他正在《晨报》副刊看见适之先生和徐志摩的通信，有恭维俄国的话。但说这话不到几天，守常就被捕了，后来处了绞刑。前年我到上海，偕小峰造访适之先生于极思非尔路，我把守常的话告［诉］他，并且问他游欧美以后的见解。胡先生说：'我觉得还是美国有希望，俄国有许多地方全是学美国的。'"那时的章衣萍并非揩客，他的话终算弄清了胡适的政治态度。而李大钊的规劝虽用心良苦，可惜也是徒劳！

某日，章衣萍忽得知胡适到了上海，住在沧州饭店。于是他邀约赵景深、李小峰同去拜晤，胡适很高兴。"谈话之间，他大骂今日中国出版界。他说：'把独断直接的哲学改个名字，叫作《辩证法的逻辑》，译得莫名其妙便可一版再版地销行，这真是中国出版界的羞耻！狄慈根是一个第三四流的学者，他的书也值得这样销行吗？我希望中国出版界不要把石头当面包卖。'"胡适的怒火，章衣萍心知肚明，这是出于"他是看不起辩证法的唯物论"之故的。章衣萍最后问："胡先生，你对于中国的普罗文学有什么意见？"胡适没好颜色地说："我还没有看见中国有什么普罗文学。"

善与胡适谈文论诗说著作

关于胡适的著书立说、谈文、作诗、填词等的攻略，特别是对白话新诗这个新事物，章衣萍与胡适既有共识也有不同的发声。章衣萍在其著作中，描写并分享胡适写诗、作赋、填词及与文化人和诗之趣事，及代人题字并与挚友创作谜语等欢乐情景。

章衣萍说："胡先生很喜欢作诗，但他自己说不是一个诗人，因为他的生活没有什么神秘。"章衣萍还是很爱读胡适的诗。他说："胡适之先生在美时，某岁过年，曾戏作了两首过年词，通首皆用'年'字押韵。今仅记得一首如下：早起开门，送出旧年，迎入新年。说：'你来得真好！相思已久，自从去国，直到今年。更有些人，在天那角，欢喜今年第七年。何须问，到明年此日，与谁过年？'回头且问新年：'怎能使新年胜旧年？'说：'少作些诗，少写些信，少说些话，可以延年。莫乱思维，但专爱我，定到明年更少年'。多谢你：且开了诗戒，先贺新年！"

章衣萍在其《窗下随笔》一文中，更加大力度赞美："胡适之先生在美时，曾和任叔永、陈衡哲诸先生，因以谜语为戏。胡曾以唐诗'落花人独立，微雨燕双飞'打'俩'字；又'双燕归来细雨中'打'两'字，俱极妙。又，陈曾以'宛在水中央'，打英文字母一，为water中之t字，亦别具心裁，极为精巧。"

章衣萍佩服胡适造句的秀美，说对他很有帮助。他说："胡适先生说得好：凡文学最忌用抽象的字。例如，说'少年'，不如说'衫青鬓绿'；说'老年'，不如说'白发霜鬓'；说'女子'，不如说'红巾翠袖'；说'春'，不如说'姹紫嫣红''垂杨茅草'；说'秋'，不如说'西风红叶''落叶疏林'。"他还赞美胡适在《庐山游记》中，不仅用多彩的词藻来描绘庐山的绝美景色，而且花了几千字去考证一座塔的历史。他不由惊叹一个有"历史癖和考据癖"的人竟会那样浓墨重彩地描绘风景！

章衣萍曾为他的朋友向胡适索求扇面题词，胡适按对求索者给予鼓励的惯例，写道："为学要如金字塔，要能广博要能高。"章衣萍曰："友以扇示余观之，余曰此圣人之言也。若余凡人则不能。不如云：为学须如绣花针，针头虽细能杀人。"

章衣萍认为，胡适先生所云："中国的'文学'大病在于缺少材料。那些古文学家，除了墓志、寿序、家传之外，几乎没有一毫材料。"他说："胡先生说得好。中国文学界的通病。提倡新文学以来，这种通病并未能革除。"他还赞成胡适所言：那时"人人能用国语（白话）自由发表思想——作文、演说、谈话都能明白通畅，没有文法的错误"就好了。

胡适作为白话文运动的倡导者，曾遭到守旧派的抵制和反对，不过雨过天晴也是客观事实。章衣萍在《窗下随笔》一文中，给我们留下了一则历史档案，既有趣也耐人寻味。他说："章士钊做教育总长，办《甲寅》周刊，反对白话，提倡旧道德时，有一天，曾和白话始祖胡适之先生同照一相。后来，章在相片上题了一首诗送给胡：'双双并坐，各有各的心肠。将来三五十年后，这个相片好做文学纪念看。哈哈，我写白话歪词送把你，总算老章投了降。'胡适也题了一首诗送章先生：'但开风气不为师，定庵此语是吾师。同是曾开风气人，愿相敬爱毋相鄙。'"这一对生花妙笔，是杂音退和声起、旧势衰新风旺，勿相鄙相敬爱，终于产生由矛盾而达统一即"雨过天晴"的结果。

章衣萍还不忘胡适从西洋搬来的"感叹标号"之功。说起标点符号的出现和运用，差一点造成胡适与章太炎两位大学者的一场大笔战。事情是这样的，章衣萍在《枕上随笔》一文中告诉我们，"十年前，胡适之先生的《哲学史大纲》上卷出版，寄了一册给章太炎先生。封面上写着'太炎先生教之'等字，因为用新式句读符号，所以'太炎'两字的旁边打了一条黑线——人名符号——章先生拿书一看，大生其气，说：'胡适之是什么东西！敢在我的名字旁边打黑线线。'后来，看到下面写着'胡适敬赠'，胡适两字的旁边也打了一条黑线，于是说：'罢了，这也算是抵消了'！"看起来，这是一个和谐的笑话！但也证明新事物是有生命力的。

章衣萍对近代文人中的胡适之、梁任公一派的文章也有微词，他认为它们的"长处在于清洁流畅，短处在于不深刻。他们的文章能使人一目了然，但不能使人反复讽诵，若有余味"。

章衣萍尝自言，他最敬重的学者是周作人，他在致林语堂的信中，更将周作人誉为"我们小品、散文的始祖"，佩服得五体投地。他知道"胡适之先生的《中国哲学史大纲》上卷出版后，中卷、下卷竟一搁十年，不曾出版（中卷、下卷稿子均已写成一部分，未完全）。

数年前在北京时，有一天，苦雨斋主人周作人先生曾微笑着说：'我有一个法子可以叫适之将《哲学史大纲》写成。这法子是叫适之到西山去住，然后请王怀庆（那时，王怀庆似乎正在北京以军权维持治安）派一连兵士守住他，不许他下山，不许他会客，不许他谈政治。这样一两年，《哲学史大纲》就可完全写成了。'去年我在上海，看见适之先生，问他的《哲学史大纲》写得怎样了，他说因为手边没有参考书，所以还没有写好。我将周先生说的笑话告诉他，他听了，微笑地说：'那也好，可是要让我把参考书搬了去。'"这虽是一句戏言，却反映了周作人、章衣萍、胡适三人之间的亲和关系。

章衣萍又认为："中国早期的新诗多数犯了太明白之病，从胡适之、康白情以至汪静之的诗，多数是太明白而缺少含蓄。我自己的诗也犯了太明白之病。"但他却拒绝胡适对自己写诗的批评："曾作了一首打油诗寄给胡博士，表示我的抗议。原诗如下：你劝我不要作诗，你说我的诗没有'底子'。究竟诗是怎样的东西？它要什么样的'底子'？我既不要做'诗人'，也不喜欢做'名士'，我只作我所不得不作的诗，因为我不能将我的感情生生地闷死！"但是他又接受胡适为他修改诗中的一个字，并且在书中特加注释，以示谢意。

1928年11月，章衣萍在北京的报上发表了一首叫《幻想》的诗，"胡适之先生曾写信给我，说'这首诗应该打手心'"。爱之深切，章衣萍也就默默地接受了。加之那时北京大学有一位女学生，也写信给他，劝他不要写这样的诗，因为她读后十分伤心！

章衣萍引用胡适的话："传记是中国文学里最不发达的一门。这大概有三种原因：第一是没有崇拜伟大人物的风气，第二是多忌讳，第三是文字的障碍。"接着说："胡先生的话是很精到的。我们虽不敢附和胡先生，大胆地说'二千年来，几乎没有一篇可读的传记'。"对此论点，章衣萍认为可以商榷，他列举了关羽之庙遍天下，士人之崇拜孔子，军人之崇拜岳飞等为例。还夸奖"胡先生的近作《四十自述》，将来一定为自传中的很好作品。文体解放了，忌讳渐渐少了，中国的传记文发达是无可疑的"。

章衣萍心中"中国学术界泰山"

当胡适还健在时，章衣萍便大声疾呼："胡先生是一个怎样的人？"通读《章衣萍集》后对这个问号，不仅有感悟，而且找到了明确的答案。

章衣萍根据亲身经历、点滴追忆在心。他说："胡先生是白话文学的提倡者。""胡先生最佩服杜威，杜威先生说话，没有一句不是深刻的，胡先生也一样。""胡先生是实验主义者，他是看不起辩证法的唯物论者。""胡先生始终是个改良主义者。""胡先生究竟是一个能容忍的人。""胡先生是相信范缜的《神灭论》的人，自然不相信鬼。""胡先生是个乐观的人，他的永远的寂寞的微笑的颜色最动我的记忆。""胡先生在美留学时，壁上悬有英文格言：'假如你喊得不响，不如闭嘴吧！'"

他又说，胡先生"他是一个聪明人，一个好人，一个学者，一个有'不朽'的宗教的信仰的人。他也许有他的偏见与他的缺点，但是一棵大树，我应该从他的根干上去瞻仰他的伟大的。我的力量还不够看到他的伟大的深处呀，在他的文学与哲学方面再去观察他的思想的全体罢"。

章衣萍再说："胡适先生，无论你是教授、学生、政客、官僚、商人、农民，只要能够看白话著作的人，在中国，你总得应该知道他的大名，无论你是赞成他、反对他，或是谩骂他。每个看白话文的人，心中都有他自己的胡适。在我们的家乡绩溪，胡适的名字已经成为神话了。在那里的三岔路口、道旁亭中，有冒牌的胡适所写的对联，有冒牌的胡适所写的匾额。"

他最后坚定地说："无论怎么说，胡先生总是我国学术界的泰山。"

以上是章衣萍部分精彩而富有哲理的语录以及有深远思考性的"神话"。虽是一鳞片爪，却反映了章衣萍发自肺腑的对胡适的认知、解读和赞美，是很感人的！可惜英年早逝，否则他会为世人提供更多可贵的、他视野中的胡适形象。

谢颂羔牧师与胡适

胡适一生朋友遍天下，广结三教九流之士，其中亦包括虔诚的宗教学者。他自己始终是位"无神主义者"。对于宗教，他总是扮演着"旁观者"的角色。

这里要讲的是胡适年轻时结交的基督教朋友和学者——谢颂羔牧师。

谢颂羔其人、其书、其事

谢颂羔（1896—1972），别署"九楼"，室名"春草堂"。浙江杭州人。1917年，毕业于东吴大学，后去美国。1921年，获美国波士顿大学硕士学位。回国后，先后任职于金陵神学院、苏州高等法律学校、沪江大学。之后，他长期在上海广学会任编辑。广学会是一所在1887年由英、美基督教新教传教士、外国驻华领事官员和商人在上海设立的最大的出版机构。其宗旨是"以西国之新学，广中国之旧学"，故名"广学会"。其任务是著书、译书，主要出版西学论著，积极宣传宗教的功能；其出版物也涉及各国政治、历史、文学、教育、休闲以及自然科学等内容。

谢颂羔在广学会八年，大显身手，主译、合译并原创出版了有关基督教教义、历史、文学、游记等学术论著与普及读物，关于宗教方面的有《宗教学 ABC》《宗教心理学》《诸教的研究》《基督化人生的研究》《教会与现代工业问题》等，历史、人物与社会教育方面的有《世界文明史》《世界名人轶事》《孙总理与基督教》《甘地小传》《汉英学生字典》《家庭教育的研究》等，文学方面有《短篇小说作法》《英国罗斯金著童话集：金河王》《托尔斯泰短篇杰作全集》《英文散文名著选》《雷峰塔的传说》等，此外还有《理想中人》《游美短篇轶事》以及《我的回忆》《九楼随笔》《春草堂杂记》等 40 余种。著译宏丰、影响深远，为中国著名的宗教研究学者。同时他也是一位出色的文史学者，对推动中西文化交流发挥了重要作用。

与此相适应的是，谢颂羔牧师也拥有宗教内外之友——李叔同（弘一法师）、丰子恺和胡适。丰子恺（1898—1975），浙江桐乡人，中国著名美术家。谢颂羔自夸与丰子恺有 30 年的交情。至于说到大名鼎鼎的弘一大师怎么也成了他的朋友，这得从头说起。李叔同（1880—1942），浙江平湖人，法号弘一。早年曾留学日本，专攻西洋绘画与音乐，演话剧，获得成功。1918 年，在杭州虎跑寺出家，翌年在灵隐寺受戒，但在民间仍有活动。某日，李叔同在丰子恺家的书架上，偶然看到谢颂羔赠送给丰子恺的《理想中人》，于是随手翻看了一下，谁知被书中内容触动，连呼"这本书写得好，很有益的书"，并忙问在旁弟子："这位谢居士住在上海吗？"丰子恺会意，答，然也。弘一大师当即写了一幅"慈良清直"，命弟子转交与谢颂羔留作纪念。弘一大师还有意找谢颂羔接谈一下，未几，丰子恺便邀约谢颂羔"同去杭州招贤寺，谒见弘公，受到开示，饱尝法味的情况"。弘一大师亲陪谢颂羔同访上海城南草堂和世界佛教居士林。

谢颂羔与胡适的书缘

经查胡适日记、书信等资料，从不见谢颂羔的影子。但2016年11月中旬，在广东省深圳市的大学城公共图书馆内，幸运地发现了谢颂羔的《游美短篇轶事》一书，令人激动的是，在此书内发现了一件尘封88年的胡适致谢颂羔的信。该信的价值在于由这本非宗教类的新书而展开的二人短暂但可贵的缘分。

胡适对宗教的看法，从《胡适文存》中的一篇文章及一篇日记，便可窥其一角。1925年，胡适在一次聚餐会上，谈到"今日教会教育的难关"，他认为有三个内外难越的关口，并批评了现代传教士因痴迷中国文物而丢弃了传教活动，云云。1930年8月5日，胡适在纽约回答神学院学生科福特的提问时，说道："我很老实地对他说，我不信宗教的意见。我说救世之道，不在祈祷上帝，乃在改善提高人的智慧呵！"尽管如此，胡适仍视谢牧师为学友，并不拒绝谢牧师友好且有价值的馈赠。

1925年，谢颂羔出版了他的《游美短篇轶事》，在"初版自序"中说："我作这本书的动机，是由于我的一位美国老教授曾向我这样说过：'希望你将来归国后，把在美国所遇见的事多少写几篇出来！'那时，我便深觉在我留美四年中所遇见的事，实是我介绍给国人的一个良好机会。……照我个人眼光看来，凡我所遇见的几位良善的美国人，大概都是基督徒，中间也有不尽良善者在。至于那些自私的资本家或少数报馆中的新闻记者们，因为要保障他们固有的文化的地位，尊崇他们自己的身价起见，便以不高兴的态度对待中国人。又有些从来未曾到过中国的美国人，对中国人的态度，就普通上说来，好像较优于一般到过中国的商贾、官吏，或是传道士！但我也曾遇见有些好的美国传道士，他们对中国人，也能表示一种亲善的同情，那也是不容一概抹杀的。我觉得我们对于外国人的态度，应该有分别，勿一味地歧视，以免埋没辜负了良善的人们！我们更当互相谅解，以引起双方深厚的同情，则东西文化，又怎见得不能调洽？国际亲善，又怎见得不能实现呢？"谢颂羔的这个开场白，实在是无可非议的。

《游美短篇轶事》是谢颂羔叙述自己留学美国期间方方面面观感的散文体游记，内含22件事：一、约翰和马丽；二、我的东家；三、难忘的圣诞节；四、三美女；五、老仆的故事；六、资本家的纽约城；七、三牧师；八、苦学生；九、回忆中的华盛顿；一〇、游纽约油画陈列所；一一、乡村生活的一幕；一二、我的老教授；一三、战胜的纪念节；一四、伊的幸运；一五、奇怪的帆船；一六、三个从大战归来的青年；一七、两个父亲；一八、两个家庭；一九、黄白的爱情；二〇、罗斯福写给儿女们的信；二一、狱中人；二二、圣诞节的新意念。该书具有较强的可读性，因此一问世，顿成畅销书。

1929年3月，《游学短篇轶事》竟发行了第三版。谢颂羔很高兴地将新版书寄给年长自己5岁的留美老学友、时任中国公学校长的胡适。是时，胡适正因为接二连三地抛出《知难，行亦不易》《人权与约法》等力作，被扣上"文学教徒""名教中的罪魁""叛国者"等大帽子从而被围攻，可是他却在11月12日，泰然给谢颂羔复了信，全文如下：

> 颂羔先生：
>
> 　　谢谢你送给我的小儿子的书，他今天有点小病，睡在床上；等他好了，我再叫他写信去谢谢你。你的努力，真使我惊佩。我希望能学你的勤奋有恒。你的游美故事使我生羡。多年以前，我

也想写这样的一本书，教人知道西洋的文化真相；前年二次归国，又想把一些新感想写出来，只写了五、六段，便搁下了。今见了你的书，我很惭愧！

你在纽约住得似不久，故对于纽约不很公道。匆匆写此信道谢，即祝

安好

胡适敬上

十八年十一月十二日

这封复信，现在被发掘出来，填补了历史的空白，还凸显了胡适对一位小学弟超越自己的大成就的敬重心态。

1933 年 9 月，此书又出了第四版。出版单位也由上海卿云图书公司转到上海广学会。谢颂羔更高兴，有感于胡适的关爱，遂在新版再作序时，表达了自己的感悟和铭谢，他写道："我留美的四年，可以说是我人生中最理想的一段，在这本书中随时可以看到。不过有一点须在这里声明的，就是书中所讲的许多事情并不全是事实，有许多出于理想和言过其实之处。此外，我对于胡先生的评语也表示接受，就是我对于纽约的确不很公道；像纽约这样的一个大城市中固然有许多罪恶，当然也有许多好处，不能一笔抹杀。我在纽约的时候，心境不佳，不知不觉影响了文笔语气。"

谢颂羔对胡适的复信视如珍宝，他在新序中回忆胡适信函幸没被日寇焚毁的一段遭遇。原来在"一·二八事变发生时，我的家庭适在江湾路（日军）炮火线下，所有房屋、物件统遭焚毁，而平日所珍视的书籍、画片、信札等一旦被毁，尤觉痛心"。但是细心的谢颂羔，却将"一小部分的书籍文件事前放置在外，幸免于难，劫后余灰，弥足珍贵，其中有一封胡适先生的来信，是与本书有关

的，也未被焚毁"。又曰："胡先生的这封信没有被日本军人们的野火烧掉，这是我视为很幸福的。""现在我把胡先生的信发表出来，虽未征得胡先生的同意，可是我想胡先生不致反对吧。胡先生虽然给拙作生色不少，可是，除此之外，还给我很大的鼓励，使我益加奋勉。"

解析《中国公学大学部文理学院庚午级毕业纪念刊》

　　2014 年 11 月下旬，在邢建榕研究员玉成下，我从上海档案馆有幸获得一份《中国公学大学部文理学院庚午级毕业纪念刊》复印件。虽然它并非孤件，却是一件已尘封多年、知者甚少的稀有历史档案。而对我来说，它的价值又远不止如此。这是一份最早保存着胡适校长与应届毕业生罗尔纲师生二人大作的珍贵的载体，填补了历史的空白。

胡适为纪念刊题写刊名

庚午级同学合影，二排右一为罗尔纲

　　这份纪念刊，图文并茂。虽然仅是中国公学大学部一个阶段性的实录，然而它内容丰富、分量厚重、牵涉面广，且有一定的深度。它不仅是一份学术史料，还具有一定的研究价值。因为它尽管名曰"庚午级毕业生纪念刊"，实则不限于此，其中校史资料即从中国公学的创始群雄到本届教职员及 13 位毕业生的通信录——姓名、年龄、职务、住址、电话等，应有尽有。当然最可贵的是胡适校长为这份纪念刊的封面亲笔题写的刊名，以及那篇不可多得、意义深远的《赠言》。其次是毕业生之一、高才生胡传楷所撰精彩且颇有超前意识的《发刊词》。还有 13 位文理科应届毕业生的毕业论文，皆属学术水平较高的佳作。如胡传楷的长篇地方志考证力作《安徽省六十县之成立年代及其沿革》，罗尔纲的《读春秋左传杂记六则》，黎昔非的《唐以前的七言诗》，丁强汉的文学散文《别了上海》，胡素行的《俳初》，还有李世源的理科创作《化学战争与中国》，江兆铭译的《抛射运动中空气抵抗之研究》等。最后是该刊编辑主任罗尔纲的《编后的话》。

这册纪念刊是由应届毕业同学会中五人编委会的编辑主任罗尔纲担纲完成的。罗尔纲接受重托，首先想到的是这份刊物必须得到胡适校长的重视、支持和鼓励，因此他在同学们的共同努力下，向校长提出了请求。之后，罗尔纲等终获得了胡适馈赠之"三宝"：封面题字一幅、胡适当年肖像一帧、《赠言》一篇；为了慎重起见，胡适还在封面题签"胡适题"三字之下，加盖了"胡适"阴阳纹篆体字私章。胡适的墨宝及印章为该刊添色多多。特别值得一提的是，此纪念刊让胡适进一步了解了他这位高才生罗尔纲的才华，两个月后，罗尔纲应胡适之邀进入胡府，师生朝夕相处，时刻聆听教诲，师门五年受教，终成真传弟子。再者，罗尔纲毕生没有和胡适合拍过照片，纪念刊中搜罗的三张1930年的旧照，留下了年轻时代的胡适（时年39岁）与罗尔纲（时年25岁）的身影。

此外，该刊还登载了穿戴文学士冠服的罗尔纲、胡传楷、何寿慈、赵伟霖、郑庆森、黎昔非、陈蟾、李世源、丁强汉、蔡悟、胡素行，以及理学士陈名世、江兆铭这13位毕业生的肖像。纵览胡适著述，仅提及罗尔纲、胡传楷、黎昔非三人，罗尔纲之著述亦然，其余十位天才的前辈而今安在哉？

该刊还登载了大学部78位教职员——胡适之、高一涵、罗隆基、马君武、梁实秋、陆侃如、冯沅君、沈从文、郑振铎、全增嘏、应敷泉、赵少侯等人的通讯录以及大学部文理学院庚午级同学会的罗尔纲、黎昔非等13位会员的通讯录。

该刊拒绝商家和洋行的赞助，提倡自力更生的原则，讲究"实事求是"的精神，这是一个良好的风气！最后以庚午级毕业同学会的名义，鸣谢胡适捐洋20元，胡耀楣捐洋15元，凌舒模等八人各捐洋10元，马君武等十一人各捐洋5元，张云伏捐洋3元，郑振铎等八人各捐洋 2 元，张蕙凝等二人各捐洋 1 元，合计 191 元。这份纪念刊虽有 70 多页，却无商业广告半毫立锥之地。

兹将胡适校长的《赠言》全文抄录如下：

诸位毕业同学：你们现在要离开母校了，我没有什么礼物送给你们，只好送你们一句话罢。这一句话是"不要抛弃学问"。以前的功课也许有一大部分是为了这张毕业文凭，不得已而做的，从今以后，你们可以依自己的心愿去自由研究了。趁现在年富力强的时候，努力做一种专门学问。少年是一去不复返的，等到精力衰时，要做学问也来不及了。既为吃饭计，学问绝不会辜负人的。吃饭而不求学问，三年五年之后，你们都要被后进少年淘汰掉的。到那时再想做点学问来补救，恐怕已太晚了。

有人说："出去做事之后，生活问题急需解决，哪有工夫去读书？即使要做学问，既没有图书馆，又没有实验室，哪能做学问？"

我要对你们说：凡是要等到有了图书馆方才读书的，有了图书馆也不肯读书。凡是要等到有了实验室方才做研究的，有了实验室也不肯做研究。你有了决心要研究一个问题，自然会撙衣节食去买书，自然会想出法子来设置仪器。

至于时间，更不成问题。达尔文一生多病，不能多做工，每天只能做一点钟的工作。你们看他的成绩！每天花一点钟看十页有用的书，每年可看三千六百多页书，三十年可读十一万页书。

诸位，十一万页书可以使你成一个学者了。可是，每天看三种小报也得费你一点钟的工夫；四圈麻将也得费你一点半钟的光阴。看小报呢？还有打麻将呢？还是努力做一个学者呢？全靠你们自己的选择！

易卜生说:"你的最大责任是把你这块材料铸造成器。"

学问便是铸器的工具。抛弃了学问便是毁了你们自己。

再会了!你们的母校眼睁睁地要看你们十年之后成什么器。

胡适这篇精彩之作,苦口婆心,引经据典,反复勉励青年学子离校后,仍然要读书、做学问,要有抱负、成大器,并且为他的爱生提出十年奋斗目标。往后的事实证明,本届毕业生中的罗尔纲、胡传楷、黎昔非一直在他的家中和围绕在他的身边工作,特别是罗尔纲的成就,令胡适校长放心、顺心、安心!

再将罗尔纲的《编后的话》全文抄录如下:

风风雨雨吹来了血的五月,风风雨雨也一声声地把我们这个纪念刊催着诞生了。

我们为了要纪念我们的"友谊",我们为了要纪念我们的"收获",所以才有这本纪念刊的产生。我们不敢说这本册子,能有多大的意义,尤其是在这伟大的纪念节里,这更使我们不敢说。不过,我们相信,我们都不曾遗忘了我们的时代,和这时代所给予我们的一切。我们是本着这个态度去努力:在著述方面,我们是为了现代而研究过去,或者是为了现代而介绍新知,我们并不曾把我们的生命理(埋)葬于故纸埋(堆)中;在创作方面,我们是为了推进时代而写作,我们也不曾徘徊于象牙塔里。我们不曾遗忘了我们的时代,这就表白我们的态度是向前进的。我们并不曾高声呐喊,这就表白我们的精神是实事求是的。如果我们这本纪念刊,还可以就正于师友而留着一点纪念的话,那么,就在我们的态度和精神中。

至于本刊编辑:在论著方面是胡君不归的力;在美术方面是

陈君名世的力；在文艺方面是胡女士素行的力；在杂俎方面是蔡女士心吾的力；而关于全刊的计划与完成，胡君不归之力尤多。尔纲自惭愧是没有尽过一点力量在这里的。

　　本刊现在匆匆附（付）印了，舛误的地方当然是免不了的。尚望师友有以教之！

五月八号风雨之夜

　　作为一位 25 岁的热血青年，身为这本纪念刊的灵魂人物——罗尔纲主编，重担在身，尽心尽力，责无旁贷，自不待言。值得点赞的是，罗尔纲谱下了全体毕业生的心声，呐喊的是与胡适校长谆谆教诲一致的跟上时代之强音！这是罗尔纲与胡适师生间一次默契的共同宣言书！

胡适与胡传楷

　　《中国公学大学部文理学院庚午级毕业纪念刊》是一份 1930 年由胡适校长和马君武、梁实秋、沈从文、冯沅君、郑振铎等 32 位教授助资，由文理学院毕业生自办的刊物。编辑主任是罗尔纲。具有指引性的《发刊词》则由胡传楷撰写。该刊内载 13 位毕业生文理两方面的中英文论文 12 篇。特别指出的是，这册刊物有校长胡适给毕业生题写的《赠言》。胡适语重心长地告诫毕业生"不要抛弃学问"，"学问便是铸器的工具。抛弃了学问便是毁了你们自己"。最后向毕业生们提出殷切的企盼："再会了！你们的母校眼睁睁地要看你们十年之后成什么器。"

　　胡传楷、罗尔纲、黎昔非等，没有辜负母校和校长的企盼，后来都成器了。就以胡传楷而言，他于 1941 年 11 月 20 日，在抗日战争期间的浙江金华市的家中，写出了近八万字的《胡适之先生传》，先是在《东南日报》刊载，后由"萍社"于是年 12 月出版单行本。作为中国公学史学系的高才生，作为师承胡适为人处世和治学精神的乡亲后辈，正当 1941 年 12 月 17 日胡适 50 寿辰之际，胡传楷出版了他的这本处女作，献给他敬爱的老师和校长。在胡适之传记书籍尚未出现于书坛的 20 世纪 40 年代初，这份寿礼够贵重的了！

文学士胡传楷（1930 年摄）

胡传楷写《发刊词》

胡传楷，字不归，1906 年生，安徽绩溪人，胡适族侄。后随父住于浙江金华，家开胡万山商号。浙江省立第七中学毕业后去上海，先在吴淞国立政治大学就读，续往东吴大学法律学院修业。1928 年 4 月，胡适就任中国公学校长，胡传楷转来中国公学，就读于文理学院文史学系史学组。同班同学有罗尔纲、黎昔非、何寿慈、郑庆森、陈蟾、赵伟霖、李世源、江兆铭、陈名世、丁强汉、蔡悟、胡素行，共 13 人。

据当年在中国公学兼课的梁实秋回忆，1929 年某日"我下课的时候，经过校长室，门总是敞着的，里面挤满了人，大部分是学生捧着研满墨汁的砚台敬求墨宝。胡先生是来者不拒，他喜欢写字。胡先生一面挥毫，一面和人闲聊，手挥五弦，目送飞鸿。有一次写好一幅字，抬起头来问：'你叫什么名字？'那位学生回答说：'胡不归。'胡先生说：'好名字，好名字！你一定是徽州人吧？'他说是。胡先生乐了：'姓胡的一定是我们徽州人。'"这段有趣的师生对话，说明学生敬仰老师，而老师未必熟识学生，通过此次交流，师生熟悉了，特别是"胡不归"这个别致的大名，给胡适留下了深刻的印象。正因有此面晤开先河，以致往后的神交，这是难得之缘分！

现将胡传楷的《发刊词》原文录下。这篇《发刊词》不仅是一篇尘封多年的优秀作品，具有历史价值，还闪现出一种破旧立新的超时代的精神，且具有育人的作用。

各大学每年总有一班或两班的毕业生，每次毕业总都要印一本册子，算是毕业纪念刊，因此社会上的纪念刊便年年增加。但是，在另一方面看起来，这些东西又仿佛成了滥腐陈套，没有多大的意义。那么我们何必也要多此一举呢？原来我们也颇有一点点理由。我们除了"为毕业留一个纪念"这个理由外，至少还有下面两个重要理由：第一，我们在中国公学读了几年书，到底有些什么成绩？固然，我们不敢说有怎样高深的成就，但是我们总不好说一点没有心得；我们不管这几年来求得的学问究竟怎样的浅薄，但是我们总要拿点出来看看。那么一来可以表现各人平日所学的到了什么样的境界；二来可以将各人自己的得失错误就正于师友。第二，我们主张什么事都要"实事求是"，无论做学问、办事情，以及处事接物，一点点小事能够"实事求是"，然后可以"实事求是"地去做大事。这是我们所抱的主张，也就是我们大家所应有的态度。现在虽然这样一本小小的册子，但是也未始不可以表现我们"实事求是"的精神。所以我们这本册子可以说和其他别个大学的纪念刊不同。我们认为应当废除：（一）名人的祝词，（二）毕业生小传，（三）商铺的广告，（四）不相干的铜版照片。因为我们的目的是在表现成绩当纪念，所以除了稍附几张必不可少的照片外，其余的篇幅尽概登刊文字。不必花三五块大洋一张的铜版纸去刻名流的题词。其次，我们的"小传"也可以不必，因为事实上，小传是一种互相标榜的东西。我替你作传，你替我作传，不是说："某君好学多能，性刚直，望之凛然，有君子风。待人接物，一秉至诚。衷心坦白，不知机诈，言必及义，不苟谈笑。不羡名，不求利。"便是说："某君者……望其貌，莹然霁月也；挹其神，匀然秋水也；征其言，郁然芝兰也；察其操，俨然松筠也；问其学，举凡夷夏之故无不道其详也。"这类话，差不多成了"千篇一律""滥调套语"了。此外，毕业纪念刊是纪念我们自己的，与那"先施""永安""怡和洋行"唐拾义、百龄机、恒康祥服店等，有什么相干？要他们纪念吗？所以极力取消。我们宁可从师友处自由捐派几个钱，有一分力量，做一分力量的事。这就是我们对于这个刊物的主张。如果我们这个毕业纪念刊有一点价值，那么这点价值就是建筑在"实事求是"四个字上。

十九，四，二十四夜。

作为这本纪念刊编辑主任的罗尔纲，他在《编后的话》中，对胡传楷的贡献大加赞扬，他说："在论著方面是胡君不归的力；……关于全刊的计划与完成，胡君不归之力尤多。尔纲自惭愧是没有尽过一点力量在这里的。"当然这是谦虚之词、礼让之为！

关于《胡适之先生传》

胡传楷为了庆祝"旷代的学者"胡适之先生 50 寿辰，出版了《胡适之先生传》。该书分目次。自序；卷上：胡适之先生传，内分一、家世，二、生在上海，三、少年时代，四、到美国留学，五、从

胡適之先生傳 卷上

胡適之先生傳

胡不歸著

續谿同鄉中，要算汪孟鄒，汪原放叔姪，章希呂，蕲仰之，程萬孚和我，比較與適之先生最接近。但我所知，不及他們清楚。適之先生的朋友學生遍天下，但中國公學的同學，祇有羅爾綱，裘昔非和我，比較跟隨適之先生最久。他的「四十自述」（第一冊）祇寫了五章，寫到宣統庚戌，他二十歲時赴北京考取留美官費放洋為止。（後來又寫「逼上梁山」一章，敘逃文學革命的開始）。在國外護得的情形，有他的「藏暉室劄記」，可以補得十分之四五。但是，自民國六年歸國以後，直到現在，二十多年來的他，我們也祇知道一小部分。連盼他能繼續寫他的自傳，給現在和後世的人，能澈底明白二十世紀的中國產生過這樣一個曠代的學者。他的一生，關係民國以來的中國文明，繼續不斷的播散了中國新文化的種子。筆者不敏，謹就所知，略述如下：

（一）家世

他的老家是在續谿八都上莊。今年（三十年）二月，上莊胡樂豐兄來信說，去年十一月十七日（陰曆），村人為慶祝適之先生五十生日，特將上莊村名改為「適之村」，以資永久紀念。

他的父親名傳，字鐵華，一字守三，生於道光二十三年二月十九日，即西元一八四三年三月十九日

胡传楷著《胡适之先生传》首页

订婚到结婚，六、北大教书，七、文学革命运动，八、欧游及归国后，九、中国公学的复兴，十、再转北大，十一、香港和两广之行，十二、他为什么要做驻美大使，十三、华盛顿外交的活跃，十四、他所著的书，十五、思想学术，十六、他和朋友，十七、他的生活，十八、做人的态度；卷下：胡适之先生 50 岁年表，始自清光绪十七年（1891）胡适诞生之日，终至民国三十年（1941）辛巳，51 岁，即实足 50 岁。

作者运用融会贯通的技法并注入师生之情的笔触写成此传，文字清新，流畅易读，尽管这只是一个阶段性的传记，然而亦是不可多得之简传。特别是其中凝结了作者的智能，运用了作者亲身经历的事例进行生动的描绘，既突出细微的、不凡的师生情谊，更彰显胡适的高尚品格和做人风范。令人称奇的是，作者还在这本传记中向读者提供了不少胡适鲜为人知的故事。

此传的前奏部分，读之即令人动容，他说："绩溪同乡中，要算汪孟邹、汪原放叔侄，章希吕、程仰之、程万孚和我，比较与适之先生最接近。但我所知，不及他们清楚。适之先生的朋友学生遍天下，但中国公学的同学，只有罗尔纲、黎昔非和我，比较跟随适之师最久了，但我们也只知道一小部分。甚盼他能继续写他的自传，给现在和后世的人，能彻底明白 20 世纪的中国产生过这样一个旷世的学者。他的一生，关系民国以来的中国文明，继续不断地播散了中国新文化。"

胡传楷在传记中，谈及他临时在北平胡适家中的故事，饶有兴味。他非常注意胡适家中的摆设，这是不多见的。他说："他的书房光线很充足，很静、很干净。有活动座椅，有沙发，有电灯，有煤炉。书桌边有二三个书架，书房外五大间，陈列的中西文书籍有五十多书架。卧室、餐室、会客室、客房、厕所和洗浴间，也都有书。他的厕所，是西式抽水马桶，很干净，真可以洗苹果。马桶边放着几本书，一扎纸，一支铅笔。""会客室中，只挂一张泰戈尔诗人送给他的照像（在上海时也是这样），有时挂着徐悲鸿先生画的一幅马。或者'大秦景教流行中国碑'，或'元祐党籍碑'的拓本。后来又挂'二十九军抗敌阵亡将士纪念碑'拓本一幅，碑文是适之先生撰的、钱玄同先生书写的。"另外，家中还养了"一只可爱的西洋产的猫，是徐志摩先生遗下给他的"。

胡传楷深感胡适做人的态度是如何影响并教育着自己。他说："民国二十二年（1933），北大校长蒋梦麟拟将国文系主任由文学院院长（胡适）兼，林损（公铎）教授认为此举出自适之先生的心意，于是在愤慨中写了几封大失风度的书信。一致校长，一致适之先生，不堪入目。适之先生一笑置之，令人敬佩。"胡传楷又说："天赋于他的是厚重诚恳，所以他的朋友最多。林损骂他，鲁迅讽他，他不会对他们报复。"

"民国二十三年（1934），我因编纂《安徽通志选举考》，向适之先生借一部《题名碑录》，他从书架上取了下来，翻到光绪十八年壬辰科刘福姚一榜，发见了蔡元培先生在二甲的名字，不觉一惊，他告诉我说：'蔡先生出山真早，他中进士，我才一岁多呢！'""二十四年（1935）的夏天，在北平米粮库四号寓所，我在替他标点一章书，听得他在书房中喊：'胡先生！请你来一来。'我慌忙出去。他说：'我不是喊你，我喊他。'说时指着老远走来他的儿子思杜：'他姓胡，所以我叫他胡先生！'真把我笑痛了肚皮。适之先生的幽默，随时都可发见。"胡适的这个幽默，实际上是对学习向不认真的思杜的宣泄。罗尔纲最深知此事，为此，也常为之忧愁！

他又说胡适"他的生活，大半花费在著作和应酬上。有一次，我曾翻过他的日历，总是密密地预先排定许多应酬的节目。例如演讲、证婚、宴会、会客、开会，……这样繁琐的杂务，简直把他忙得无空工夫。但他有一个大长处，就是在车上能看书，出门之前能看书，应酬回家便能看书和著作，门口汽车响了，知道他已回家，哪知他已在书房写文章了。有几次，他叫我吃饭后不要马上就工作（那时我在他家帮忙标点和校对《楞伽宗考》），但他自己却在书房里著书。他对我说：'你刚吃过饭，不要就工作，到院子外面去散散步。我是有了这个习惯不要紧的，你们恐没有这个习惯……'有一次，我发见他的厕所里有一部稿子，书名《一日一首诗》，我翻了翻，有陆放翁等的绝句。原来是他每日上厕时选的一册诗选，并有注释。他的利用光阴，也是他的习惯"。

关于胡适平日做人的态度，胡不归认为他"处处宽厚，处处肯体谅人"。林语堂说胡适"在女子前献殷诚，入其室，必致候夫人，这是许多学者所不会而是适之先生的特长。见女生衣薄，必下讲台为关课室窗户，这是先生的温柔处"。"对学生称朋友，这正是表示他的待人谦和及厚爱的地方。如'我的朋友顾颉刚'' 我的朋友陆侃如先生'' 我的朋友傅斯年先生'' 我的朋友贵县罗尔纲先生'"。

平日最守信约。胡传楷说有事可证。1935年冬，"我的同学包仲修到北平，约会适师，彼于电话中，告以明日上午七时相聚，因误听为下午，至时前往，门役告已离家。正欲折回，门外汽笛已响，原来胡适已返回。适之师问：'上午在候，何以不来？'包答：'误以为下午。'胡适笑云：'我亦疑你误听，故特趋回。'"

胡适还有一个"外国脾气"，胡传楷说他"不肯轻易替人找事。十七年（1928）夏间，他在上海东吴大学法律学院预科毕业同学的宴会上说：'你们有空，希望常来我家里玩，我很欢迎，但千万不要叫我找事。'十九年（1930）中国公学举行毕业典礼的时候，他对毕业同学演说：'我是不能替你们找事的。你们的事是要你们自己去找。'"胡传楷说："适之先生的'不轻易写'，所以能拔真才，能鼓励人立志气，也是他的所以伟大之处。"

胡传楷列举了一个经典性的实例："胡适二哥的儿子、嫡亲侄子胡思猷先生毕业于大夏大学的时候，想请他介绍一个事。他问他侄子说：'你有什么著作没有？''没有。'他侄子答。'你有什么专门研究吗？'他又问。'没有，大学初毕业的人，哪里谈得到什么专门研究！'他侄子很生气地回答。'那么我不能替你找事！假若你有著作，或有什么专门研究的话，我可以向人介绍：'这里有一个人才，他是有著作，有专门学问，你们那边需要这类人才吗？'现在你既没有这些成绩，我不能对人家说：'他是我的侄子，你们必须要给他安插一个位置！思猷，我不能为你破例的！'这一个大钉子碰得不轻不重。其实，这是他的一种鼓励的方法。他对于初从大学毕业的学生，惯用这种硬钉子给他们碰，暗地里，他也常肯替人帮忙的。有一次，他曾告诉我说：'我是一个做学问的人，哪里有许多的工夫来报答人家。替人找事，就该对人报答。'他若看见真肯努力的人，不待请托，常会自动替人帮忙。如胡愈之先生、钱宾四先生、沈从文先生，听说都是这样被他提拔起来的。"

关于思猷，胡适对给他介绍工作要求很严，对他的婚事也很热心，既出钱又出力，场面很隆重。抗战胜利后，因为胡适的影响力，思猷被安徽省教育厅安排了工作，胡适则睁一只眼闭一只眼。思猷曾加入共产党，有时著文攻击自己的四叔，胡适不理睬，也不伤害他。中华人民共和国成立以后，思猷住在安徽芜湖市胡开文墨店。1950年夏，忽然投江自杀，年仅38岁。

《胡适之先生传》自序

胡传楷用"绩溪不归胡传楷"之名，为《胡适之先生传》写出一篇精彩的自序，给人们留下深刻的印象。序文曰：

> 为适之先生作传是件不容易的事。一个有名的史家恐怕也难写得好他的传记。因为第一，适之先生的学术和思想是多方面的；第二，适之先生的生平事迹和贡献是极其复杂而广泛的；第三，适之先生的传记材料太多，他自己既不曾写完自述，他的日记、札记除《藏晖室札记》外，多不曾刊布，何人能替他写出精彩完备的传记？那么我为什么又要"不自藏拙"呢？这也有几点原因：第一，我在各处教书的时候，一般青年总希望知道适之先生的生平，常要我讲点关于他的事迹，他们感觉很有兴趣。他们对他的景仰心是引人寻味的。第二，我的朋友们都以为我和适之先生接近，希望我能搜集关于他的材料。罗尔纲先生就和我说过："不归，将来你替适之先生作年谱。"我回答他："这工作恐怕不是我能做的。"我当时还说了一句戏言："尔纲，你给他写起居注吧！"因为那时尔纲住在他家里。但是我对适之先生的著作和生平，的确留意搜集。二十一年的冬天，我为修《安徽通志》的事到北平采辑材料。有一天，顾颉刚先生到大丰公寓来看我，他见我正在作《胡适著作索引》，他大为赞成，可惜这一工作后来搁下了。第三，包仲修（赍）先生于三个月前寄我一信，他这样说："今年十二月十七日为适之先生五十寿辰。我辈对彼学术人格，备极仰止。而先生年来为国奔劳，翼护更多，去年有人作诗晋祝，弟嫌其过早，今庚五十足岁，我辈似宜有所表示。愿兄将大作《记胡适之先生》一文，重加整理，由我辈同学筹款付印，以作寿仪。如以为然，请速进行。为时无多，愈速愈佳。"我被他这一番怂恿，立即着手。我自秋间以来，白日为公家编纂《抗战建国大事表》，只有夜间一点睡眠时间，抽出整理传稿，往

往写到更深漏尽，不知自止。说也奇怪，次日竟不觉疲劳。及至脱稿之日，病床数日，不能做事，但心境并不觉什么痛苦。独有两事颇感不安：一、本应将原稿寄给适之先生看过才可发表，但因时日离他的寿辰太近了，远寄重洋哪能来得及呢？二、他的传记岂止七八万字所能尽的，所集材料实在太少了。我为慎重起见，原稿曾请吴江冷、包仲修、高矜细、周莹、陈向平、程本海诸先生，替我细心校阅，我谢谢他们的热心指正。为了定这个书名，先后和朋友讨论过几十次，我们的目的在纪念适之先生五十大庆，使国人了解他伟大的人格、事业、著作、贡献以及他的精深的思想学问。这册传记和年表不过作为将来写作正式传记年谱时的一种底稿材料而已。适之先生曾说："传记是中国文学里最不发达的一门。"梁任公先生也说："研究历史的人在没有作历史之先，想训练自己作史的本领，最好是找一二名人的年谱来作。"我们学文史的人，正当修养训练作传记作年谱的兴趣和方法。适之先生是实验主义的哲学思想家，一定会赞成我这点"尝试"的精神。我希望适之先生给我改正错处。我还要感谢章希吕和柯莘麓先生暨冯致远（按系胡适表弟）夫妇，因为他们曾供给我许多材料。

中华民国三十年十一月二十日于金华

绩溪不归胡传楷

胡适对《胡适之先生传》给予好评

胡传楷为庆祝他的校长和老师的五十大寿，在顾颉刚、罗尔纲等挚友的鼓励下，在包仲修的经费赞助下，又获得多位朋友的材料帮助，废寝忘食、日夜操劳地出版了这册《胡适之先生传》。这既是一册有的放矢之作，也是一份献给当时仍活跃在世界各个角落的传主的寿礼。既然是贵重礼物，自必要送到胡适的手中方为快也。

胡适从 1938 年 10 月 5 日出任中国驻美国大使，到 1942 年 9 月 8 日结束驻美大使的政治任务。9 月 18 日，离华盛顿赴纽约私寓，一身轻松，恢复其大学者的生涯。胡传楷得知消息后，知道最佳时刻到了，1943 年 4 月 15 日，他从浙江龙游县将出版已两年多的《胡适之先生传》寄给在纽约的胡适，这本传记从中国漂洋过海半载多才到达大洋彼岸，终于平安地送到胡适手中。

胡适接到这份厚礼，其愉悦心情自不待言，他在当天的日记上录下这件事："今天收到胡传楷四月十五日从龙游寄来的一封信，和他一九四一年十二月印出的《胡适之传》。他出这书，为我做'五十岁生日'，其意可感。此书分上下卷。下卷为'五十岁年表'，其中有我的著作分年月日表，很有用。上卷分十八章，每章一题，如'北大教书''文学革命'等等。断制与材料，多不能满意。"胡适迫不及待地当天便将这本书看完，并且写出了他的意见。胡适又在次日的日记上写下："10 月 30 日，写长信给胡传楷，讨论他的《胡适之传》。"可惜翻遍胡适书信集，既不见这封长信，也看不到胡传楷致胡适的信。也许路途遥远，风险很多，不知信件是否遗失了。从师生来往两信可洞察胡适给这本早期的自己的传记既给予了肯定，也指出了其不足之处。

胡适与陆仲安、陈存仁

胡适毕生与名中医交往并不多见，但与陆仲安则多见记载，尤其是陆仲安重用黄芪（人称"陆黄芪"）治疗胡适的糖尿病（中医名消渴症）一事，始终为胡适所拒，不仅流传于口头，且落笔于书端，彼此间因而产生隔阂和纠结。陆仲安则因深感委屈，终抑郁成病。上海名中医陈存仁对陆仲安的医术医德向持认同态度，对其健康每况愈下表示同情，在陆仲安诊断过胡适曾患肾脏炎和糖尿病问题上，明知双方揪心之苦，与胡适交往甚少，也对胡适并无非议。而胡适在暮年曾对并无接触的陈存仁进行了不点名的责备。事实上，三人卷入了不该发生的纠结的旋涡之中。

驰骋医坛：陈存仁与陆仲安

陆仲安（1882—1949，安徽徽州人[*]）出自世医之家，后成北京

---

* 关于陆仲安的籍贯，未见胡适、江冬秀、罗尔纲提及。但阅梁实秋 1974 年在台湾出版的《看云集》中的《胡适先生二三事》一文，却有答案，兹摘录如下："陆仲安初无藉藉名，徽州人，一度落魄，住在绩溪会馆，所以才认识胡先生，偶然为胡先生看病，竟奏奇效，故胡先生为他揄扬，名医之名不胫而走。事实上陆先生亦有其不平凡处，盛名固非幸致。十五六年之际，我家里有人患病即常延陆来诊。陆先生诊病，无模棱两可语，而且处方下药分量之重令人惊异。药必须要到同仁堂去抓，否则不悦。每服药必定是大大的一包，（转下页）

四大名医之一。据后来居上的名中医陈存仁（1908—1990）在他的
《银元时代生活史》一书中的回忆，所谓四大名医，时指萧龙友、陆
仲安、孔伯华、汪逢春四位。陆仲安着眼于经济利益，后迁居上海开
业，因为他对上海比较生疏，因此便请陈存仁代为筹划一切。陈存仁
念及在北京时曾得陆仲安的照顾，故乐于促成。首先为陆仲安租得
蒲石路 536 号一处便宜的花园洋房。陆仲安遂在此开办了一所名曰
"中西疗养院"的诊所，还请了一位美国西医威廉·容森（Dr. William
Ronson）共同行医。直到陆仲安谢世后，这位美国西医才离去。当
时的门诊费二元、四元，每天一二十人而已。

　　不久，上海中医协会成立，丁仲英任理事长，陈存仁任秘书主
任，陆仲安则是协会重要成员之一。

　　1928 年，国民政府各部院纷纷成立，其时，卫生部举行卫生会
议，汪精卫、褚民谊及几位在卫生部任职的西医，竟提出了一个荒唐
的"根本提倡西医，推翻中医中药决议案"，旨在剥夺中医的生存权。
这一提案不仅与中国国情相悖，也全面颠覆了民意，未料却获通过。
这一议案，在全国一片哗然，理所当然地引起全国中医中药界的剧烈
反对。于是，上海中医协会牵头，1929 年 3 月 17 日，假座上海总商
会召开全国中医界代表大会，出席会议有 243 个单位的正式代表 281
人。大会决定推出五位代表去南京向国民政府请愿。陈存仁是代表之
一，由陈存仁亲访而被聘为请愿团顾问的就有陆仲安。

　　请愿团抵达南京后，五位代表和陆仲安，不辞劳苦地先后拜访了
尚待就任国民政府主席的林森、行政院长谭延闿、监察院长于右任、
考试院长戴季陶、卫生部长薛笃弼和国民党秘书长叶楚伧。陆仲安还

（接上页）小一点的药锅便放不进去。贵重的药更要大量使用。他的理论是，看准了病便要
投以重剂猛攻。后来在上海，有一次胡先生请吃花酒，我发现陆先生亦为席上客，那时候他
已是大腹便便、仆仆京沪道上专为要人治病的名医了。"

给国民党主席蒋介石秘书吕必筹打电话，要求递交请愿书。陆仲安还应林森之请，为之诊脉，因为林森患有气喘病，诊后，陆仲安用钢笔为之开了药方，林森表示感谢。3月24日，请愿团被车接往国民政府办公地，蒋介石接见并和代表一一握手，连说："你们的事，我都知道了，我对中医中药绝对拥护，你们放心好了。"接着又加重语气地说："我小时候有病，都是请中医看的，现在有时也服中药。"说罢，叮嘱吕秘书将给请愿团的"批谕"从速发出。隔了几天，"批谕"寄到了上海。中医界人士包括陆仲安等传阅了"批谕"，都感到满意！次日，各报竞将请愿团的斗争事迹当成新闻大事登载出来，在全国引起了轰动，总算是把这次废止中医的提案推翻了。

事过近20年——1948年，国民党在南京召开"行宪国民大会"，陈存仁因系上海市中医师公会系统的代表，出席了大会，并向大会提出了"中西医平等发展之议案"。未料议案却遭到西医界代表的反对，不过，陈存仁等"奋力周旋"，终征得数百人联署支持，"故声势殊壮"。会议期间，忽有各省落选的代表数十人作绝食请愿。因绝食多时，大半卧病于招待所。舆论哗然！大会主席团主席胡适，当即提议由参会的中、西医代表负责诊治，最后批准陈存仁等"每日往诊"并"每日作病情报告，交与各报排日刊布"；陈存仁际此还对国大代表选举法提出批评。

陈存仁是位德艺双馨的中医师，还是一位兼长文史的杰出人士。其业师谢利恒（江苏武进人。民国初年任上海私立澄衷中学校长，后任上海中医专门学校校长）时在上海商务印书馆任编辑。谢利恒藏书丰富，名重士林，奋发有为，历时九载编纂成巨著《中国医学大辞典》，共四巨册，320万字，由上海商务印书馆出版，好评如潮。因为销路好，几经再版，最后多达27版。陈存仁对谢师的这部鸿篇巨制赞叹不已，夸其为"在群籍中自有其巍峨不灭之地位，璀璨长曜之光辉"。商务印书馆为该书创造的大好形势所鼓舞，便邀谢利恒趁热再出一部姊妹篇——《中国药学大辞典》。对此器重，谢利恒因感身体欠佳，不克胜任，乃寄望于高足陈存仁。开始之时，陈存仁诚惶诚恐，但在谢师的鼓励下，又收购了谢师珍藏的千册药书，于是信心大增。当商务印书馆主动向陈存仁约稿并要签订出版合同时，陈存仁决心步业师后尘，毅然在合同上签上了自己的大名。

开始动笔前，陈存仁又想到一位学识渊博的中医界老前辈——丁福保（1874—1952，江苏无锡人，曾任京师大学堂及译学馆教习。1908 年在上海行医，创办过医学书局。平生著述丰富），决心再向丁翁求教一番。谁知丁翁语出惊人，让陈存仁吓出一身冷汗。丁翁是这样说的："这是你终身的一件大事，我可以帮你一次次地修改。"接着便狠批："商务印书馆编辑委员会的审查老爷，权力之大，无与伦比，只要有一个人提出些少问题，就搁置起来了。"实在是出乎人们的预料，丁翁竟以胡适出书受挫为例，抖出一个内幕，来告诫眼前的这位后辈。丁翁严肃地说："当时胡适之著成了一部《中国哲学史大纲》上册，原稿是由蔡元培交给张菊生（元济）的，审查委员审查了六个月，有三个委员批了'存疑'两字，意思是说里面的问题太大了。一个委员批了'似曾相识'，意思指他这书与日本书颇有雷同之处。陆尔奎（应为费逵，1886—1941，1909 年入商务印书馆，时任出版部部长。后任中华书局总经理）批了一句'无下册例不刊行'。就因为这些阻碍，胡适之的这部书稿，搁置多年并未出版。但是为了蔡元培的面子，稿费早已付清。胡适之知道了原稿被搁置，由梁启超出面向商务印书馆交涉，编辑部还是不买账。后来胡适之大红特红之时，张菊生会同董事高梦旦，不顾编辑部的反对，径自出版。因为只有董事才具有这般超越一切的权力，《中国哲学史大纲》上册才能面世。"陈存仁说："我听到这里，手脚都发冷起来。"

陆仲安题字"温故知新"

　　爱生心切的丁翁，接着又不厌其烦地为陈存仁这部大书稿的前途担忧起来。但是，后来的事实证明，陈存仁并没有受胡适《中国哲学史大纲》出版一时受挫的影响，而是迎难而上。他积数年之辛劳，终编纂出一部洋洋大观的三百多万字的《中国药学大辞典》，还请了吴敬恒为书名题签，请蔡元培、丁福保等题字，请章太炎、丁福保、焦易堂作序，萧龙友、谢利恒为之作跋。值得一提的是，通过1929年共同保卫中医药的生存权的胜利斗争，陆仲安与陈存仁的友谊加深了，陆仲安对好友的巨著既支持又称赞，陈存仁邀请同道好友题字，陆仲安遂加盖私章亲笔书写"温故知新"四字相赠。陆仲安以孔子教诲，勉励陈存仁温习旧业，以获新知。

　　陈存仁在该书的自序中，又谈及陆仲安诊断胡适疾病一事。他说道："著名西医俞凤宾君《记陆君治胡适之先生糖尿症方药》一文云，胡适之先生患肾脏病，尿中含蛋白质，腿部肿痛，在京中延西医诊治不见效。……乃延中医（陆君）处方，数月痊愈。药方为'生芪四两、云苓三钱、泽泻三钱、木瓜三钱、西党三两、酒苓三钱、法夏三钱、杭勺四钱、炒於术六钱、山萸六钱、三七三钱、甘草二钱、生姜二片'。此系民国九年十一月十八日初诊之方，治至十年二月二十一日止药方。"这是陈存仁采用迂回的战术，公开肯定陆仲安药方的价值。不仅如此，陈存仁还在自序中引用早年革命家田桐著《中华民族医药兴废论》，郑重转述"西医不善治糖尿症，华医陆仲安重用黄芪而治，美国人袭其法，制黄芪精，国外黄芪近年因以大贵"。

陆仲安一生引以为骄傲的是，曾为孙中山大总统、后来的国民政府主席林森、大军阀吴佩孚等，以及中国文艺界名流胡适、梁实秋、林琴南、陈半丁、吴永等治过病。

陈存仁还好心地通过陆仲安的亲属，将陆家珍藏的陈半丁（1876—1970，浙江绍兴人，著名国画家篆刻家）为陆仲安所画山水扇面，以及《庚子西狩丛谈》作者吴永（1865—1936，浙江吴兴人，1927 年任国务院秘书，1929 年隐退）为陆仲安所作书扇，一并从尘封中发掘出来。此善举，不啻为世人进一步了解陆仲安的人脉、医术与医德提供了佐证。

这部手稿中含有大量的图片，需要制版，而当时的商务印书馆和希望接手的中华书局，均因心有余而力不足，不得不作罢。1935 年，手稿最终花落上海世界书局。《中国药学大辞典》鸿篇巨制的问世，真可谓师生驰名、巨著惊世、人类受福！

爱怨交加：胡适夫妇与陆仲安

1920年9月，胡适被西医谢恩增诊断出"由于积劳，致心脏有病——患僧帽瓣闭锁不全症"。胡适惊慌曰："我知是不能治的。"据西医俞凤宾博士说："胡适之先生，患肾脏病，尿中含蛋白质，腿部肿痛，在京中延西医诊治不见效，某西医告以同样之症，曾服中药而愈，乃延中医（陆君）处方，数月痊愈。"陆仲安所开处方，始自"民国九年十一月十八日初诊，治至十年二月二十一日止"。胡适闻此忙说："急性肾脏炎，或用西法，或用中药，均得治愈。"但又不悦地说："友人中患者，如牛惠生，如俞凤宾，皆是有名的西医，皆无法治疗。虽有人传说中医有方治此病，又有人传说我曾患慢性肾脏炎，为中医治好，其实都不足信。"

是时，有一位姓杨名日超者，对胡适的这个"不足信"持有异议，他引用聂云台著《结核辅生疗法》写就一篇短文，说道："胡适之博士患肾炎，协和医院治之不效，后服中药而愈。予曾面询胡君，后又蒙胡君抄示其方，重用黄芪，闻协和医院化验多次无结果。黄芪治水肿，载于中医书《冷庐医话》。先母亦用此方治一人有效，服黄芪十余斤之多。可知胡君之病愈确为黄芪也。"

胡适看到这篇文章之后，不由气急涌上心头，他按捺不住地及时写下《记陆仲安》一文，进行回应。胡适曰："此文不提及陆仲安之名。陆仲安名仁，是一个很聪明的人，他的记忆力很强，也曾读许多古医书，记得许多'验方'。他又曾跟太医院医官学针灸，我曾亲见他用针，针长半寸，打进指尖，拔出来毫不出血。有一天，江泽涵的母亲写长信来，叙述他的病情，要我代他问问仲安。我去看仲安，他正在门诊时间，病人很多。他看了病情，对我说：'胡先生，劳你驾，爬上这凳子，请把那一套书取下来。'我取下的是一部《外台秘要》。仲安随手一翻，指一处给我看，他说：'我忙不过来，请你把这方子抄出来，单抄药名，不用抄分两。'我看那方子前面的病情，果然有点像江老太太信上说的病情。我不能不暗暗佩服他的记性真好。我把方子抄了，他删掉了一两样，加入分两，交给我。我寄到内地去，后来听说，江老太太的病居然好了。有一天，他在我家中，冬秀说，他手臂上和背上有湿痒，仲安随手取笔开一方，后来冬秀用了很有效。所以我曾记在日记里：陆仲安治湿痒方：真川柏、茵陈蒿、苦参、地肤子、紫浮萍、茅苍术各一两，共为粗末，以纱布包之，擦痒处。《外台秘要》十卷，是唐朝王焘搜集的古来秘方，仲安能记得其中某卷有某病某方，这是很值得惊异的。至于他为我治病的一段故事，太复杂了，简单说来，第一，我当年患两脚微肿，并非水肿。当时我没有正式请协和医院作详细检查，只去看我的熟朋友谢恩增先生，他并不是协和临床部门的医生，只是医校教员。谢君用很简单的方法，检查我的小便，说其中有微细的蛋白质成分，是'肾脏炎'，但很轻微。我当时毫无医药常识，始终没有经过第一流医院的正式检查，故我不敢说我当年患的病确是'肾脏炎'。第二，西医说，急性肾脏炎虽猛烈，往往养得好、治得好。而慢性肾脏炎是无法治的。如果我患的真是慢性肾脏炎，而被中医陆仲安用黄芪、党参治好了，那真是值得研究讨论的。第三，陆仲安确曾治好的肾脏炎病人是我的朋友马隅卿先生，但隅卿的病不是慢性肾脏炎，是急性的周身水肿，肿到两眼都睁不开了。有人介绍陆仲安来看，仲安用二两黄芪、二两党参、八钱於术。后来隅卿的病竟好了。这是事实。故用黄芪、党参治好肾脏炎，是西医也认为可治的急性肾脏炎，并非慢性的一种。第四，谢恩增先生的诊断是颇粗心的，我的病，他第一次诊断是心脏瓣膜的无力症，是一种不治之病！力劝我休养，他怕我不听劝告，特别约我午餐，力劝我停止工作。过了一些时，谢恩增也不坚持他的诊断了，后来他才又改断为肾脏炎！我忽略了一个要点：就是我应该先用最精密的方法确定我得的病是不是他所诊断的慢性肾脏炎。"

胡适这篇关于自己未患慢性肾脏炎的精彩告白，兹查胡适文存、日记、书信和诗词等，以及胡颂平等人的著作，均未见其身影，显然已被尘封。1991 年 2 月，香港《大成》杂志（第 207 期），编者将此文署"胡适《记陆仲安》"，以"佚文遗作"刊出。现在将它从尘封中捧上桌面，俾使诸子百家共赏析之。

那么真相究竟是怎样的呢？ 1921 年 3 月 30 日，胡适在林琴南所画《题陆仲安秋室研经图》长卷后作跋，他写道："林琴南先生的文学见解，我是不能完全赞同的。但我对陆仲安先生的佩服与感谢，却完全与林先生一样。我自去年秋间得病，我的朋友是学西医的，或说是心脏病，或说是肾脏炎，他们用药，虽也有点功效，总不能完全治好。后来幸得马幼渔先生介绍我给陆仲安先生诊看。陆先生有时也曾用过黄芪十两、党参六两，许多人看了，摇头吐舌，但我的病现在竟好了。现在已有人想把黄芪化验出来，看它的成分究竟是些什么，何以有这样大的功效。如果化验的结果，能使世界的医学者渐渐了解中国医药学的真价值，这岂不是陆先生的大贡献吗？"

胡适为酬谢陆仲安治病之厚谊，又为陆仲安亲笔题写宋人白话词扇面相赠。直到 1983 年 7 月，陈存仁将它与陈半丁为陆仲安所画山水扇面，一道发表在香港《大成》杂志上。全文如下：

　　　　瘦仙人，穷活计，不养丹砂，不肯参同契。两顿家餐，三觉睡，闭着门儿不管人间事。　　又经年，知几岁，老屋穿空，幸

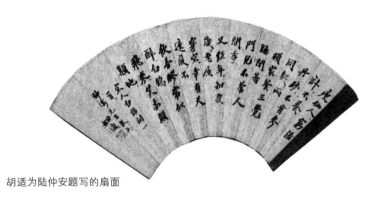

胡适为陆仲安题写的扇面

有天遮蔽。不饮香醪，常似醉，白鹤飞来，笑我颠颠地。

宋人白话词一首

仲安先生教正

胡适（图章）

胡适这番坦诚告白和吟诗寄情，足以证明两件事：一、陆仲安在他心中的位置是很高的；二、胡适确实得过肾脏炎，并且由陆仲安治愈。但是胡适对自己的病情持隐讳态度，难道其中还有隐情？据时在胡适家中工作的罗尔纲后来回忆："胡适患肾脏炎时，西医对这个病束手无策，中医陆仲安居然把他医愈，是一件盛传社会的大事。"罗尔纲佩服"陆仲安不但精研我国古医书，并博览到古代年谱、文集"，俨然学者风范。至于胡适有什么隐情，罗尔纲的解释是："胡适主张'充分世界化'；主张科学，他认为中医不科学，而中医陆仲安居然医好他，社会盛传，发生了不信西医的倾向。胡适怕对科学的发展有害，所以才不得不这样说的。"

中国史学会副会长齐世荣支持罗尔纲的看法，他在《胡适讳言中医疗疾》一文中，说："胡适为全盘西化论者，故不肯承认中医有治疗慢性肾脏炎的功效。"追根究源，他认为"胡适不信中医，但曾请中医看病，愈后即讳言其事"。

　　胡适的同乡石原皋在其著作《闲话胡适》中，也提及"早年，胡适患肾炎，那时，既没有抗生素，更没有激素，西医对这个病束手无策，他乃求之于中医。胡适请陆诊治，陆的处方，以黄芪、党参为主，分量特别重。普通药罐盛不下，乃用砂锅煮药，节制饮食。胡适坚持下去。经过陆仲安的精心治疗，他的肾炎居然全好了"。

　　我以为罗尔纲和石原皋的看法是合乎胡适思维的推理。从人之常情看，无论自己还是他人，都希望胡适无病长寿。再说，谁都不接纳病魔，谁都恐惧疾病的杀伤作用。何况胡适是一位令人尊敬的非常自爱的人哩！试再举例，1924年春，胡适"病复发，陶行知先生自南京寄书先生说：'我现在替老兄开一个百年康健的三服药方：一、辞去大学教授，二、停办《努力》，三、带着图书和家眷搬到庐山去住。'"这是一个高级玩笑，但它包含着人们对胡适健康的深切关怀和爱心啊！

　　尽管出现过负面影响，但胡适和夫人江冬秀与陆仲安的交往并未见减少，甚至抱有信赖以及感恩的心态。1921年5月24日，胡适在日记中说："出城到绩溪会馆，胡开文，金仍珠（还）先生家，又送四件衣料去谢陆仲安医生（此君即治愈我的病的医生）。"治好什么病，胡适未明说，兴许与肾脏炎有关。6月18日，胡适"出城访陆仲安医士，为江子隽婶问病状"。1922年3月11日，胡适"出城看陆仲安医生"。7月16日，胡适肛门肿疼，"同谢元大夫约，今早到协和医院去割。昨日陆仲安来诊看，说是痔疮。今天谢大夫说不是痔，是一个坐骨直肠脓肿。割后，大见轻松"。11月15日，胡适"左脚酸痛，理书时竟不能久站，细看痛处在左脚踝骨里面，面上有点肿，睡时又觉两腿筋肉内酸痛，颇有点怕"。17日，"出城访陆仲安，请他给我开一个方子"。22日，再"出城诊病，换一方"。

　　1923年间，江冬秀觉得全家受惠于陆仲安治病之福良多，她对陆医生感激之情也远胜于胡适。是年4月9日，胡适在日记中说他三哥之子："思永的病今天很重了，终日出汗多次，饮食不进。陆仲安来看，说没有大希望了。"因为"据陆仲安说，是'虚劳已成'"，不久，思永果然病故。6月7日，江冬秀在北京致函胡适，说："陆仲安医生，我们也要好好买点东西送给他。五月节到了，我想你到南方买点物礼（礼物）来送罢。北方实在没有好东西，又贵的（得）狠（很）。"8月18日，江冬秀又告诉胡适："陆仲安先生新造房屋，说起他阴（历）八月初搬进去住，要请我同小孩子去住几天。他虽然是客气话，我想应核（该）买点东西送他，因他替我们看病看得不少了。我五月节就是送了一点水礼，这一次他又进新屋，八月中秋又到了，我想请你买点南方的物件寄来送送他。请买［好］就早日寄来。你先前来信，你带去送人的物食（什）都失落了。"她很不高兴。8月22日，江冬秀告诉胡适："杜儿这一次先泻红白痢，请陆医生看好了。"9月2日，江冬秀说她"有个把月都是一夜不能睡［到］二三点钟，我自己到（倒）有点怕起来了。陆医生叶（叫）我买圆眼吃，你替我托人到上海买几斤带回来吃吃看"。23日，江冬秀写道："我病了一个多礼拜，先起是打摆子，我就吃金鸡纳霜，那（哪）知道越吃越利（厉）害，后来还是请陆先生一帖药吃就退了病。杜儿又病发热，下痢，也是请陆先生一帖药看好。"10月4日，江冬秀写道："小三面上黄见好了一点，陆先生开个面子药的方子把他吃吃，到（倒）见好多了。"

1926年8月15日，江冬秀写道："你的喉痛都好了，我狠（很）高兴，望你把陆先生送的补药那（拿）来长长（常常）吃点。我想到（倒）是你这一趟回来，好好买点东西送陆仲安先生要紧。你走之后，我到他家去一趟，送点东西把他小孙子，再送廿元泉给他，替你配药泉，他一定不肯收，再三客气。故你回来，可带点物件送送他罢。"

1927年2月15日，江冬秀又写道："两个儿子都出疹子，大儿子狠（很）重，有三个礼拜。这次全亏陆先生看好，全好了，请放心。你应该写封信谢谢陆先生，他的老太爷病重有三个月了，有九十多岁了。"

1930 年 8 月 21 日，胡适在日记上写道："李石曾说陆仲安曾治愈李光宇的法国夫人的芒（盲）肠炎，我本想，如果我这次真是患芒（盲）肠炎，很可以试试他的方子。但西医已证明不是芒（盲）肠炎了，故我不曾去看他。他已知道我病了，说要来看我，我今天去看他，告诉他不是芒（盲）肠炎，而是有痢疾的微生物。他说：'我治痢最灵。'便给我开了一方。"9 月 26 日，胡适说："五六日后，另请陆仲安先生来诊看，他说是秋瘟，用凉药，颇有功效。"

1934 年 3 月 20 日，胡适在日记中又写道："冬秀说起陆仲安有一个治湿痒的方子，屡试甚灵。怕他失去，故要我记在此地：真川柏、茵陈蒿、苦参、地肤子、紫浮萍、茅苍术各一两，共为粗末，以纱布包之，擦痒处。"等等。

胡适与陆仲安的互访及对话，以及胡家继续登门求诊，信赖中药方的功效，足证彼此友情至深。难能可贵的是江冬秀在致夫君的信中，展现出一位善良妇女的风采，向世人传递出对一位名中医给予自己家庭所有成员的健康关怀和赐福的感激之情！

罗尔纲先生目击："1930 年夏秋，胡适在上海生了几次病。当时陆仲安是上海最红的医师。胡适得病，都由一位熟识的西医先诊断过了，然后打电话请陆仲安来用中药医治。陆都是赶着前来的。胡适［在上海的万航渡路的］住房小，汽车停在门前，保镖的白俄就拿手枪守卫。那时我屡发疟疾，胡适看了病后，也请陆仲安给我诊治。厨子、女佣感暑，胡适同样请陆仲安诊治，一团和气，悉心诊治。""陆仲安因为治好胡适，声名大振，走了红运，他感激胡适，比胡适感激他还大。"接着非常感慨："我很佩服他对胡适的义气，否则像他这样红的医师，断没有每次一接电话就赶着来的。"

谁知，胡适在"民国九年（1920）曾患糖尿病，服了陆仲安的中药才好的"消息不胫而走。实际上此前1919年11月24日，一位署名"宵"（实为徐凌霄）者，即在上海小报《晶报》上发表了一篇《胡适与黄芪》的文章，矛头指向胡适的糖尿病。1923年1月初，邵力子在他创办的《民国日报》上发表了一篇《胡适先生到底怎样啦?！》的随感。胡适看后焦躁不安。1月5日，他去北京协和医院，说："最近我因发现糖尿，从十二月廿九日起，来往在亚洲第一个设备最完全的医院里，受了三十次的便尿分验、三次的血的分验、七日的严格的食料限制。内科专家也看过，神经科专家白发的伍德思博士也看过。然而他们到今天还不肯给我一个简单的答案。"次日，胡适在《努力》周刊上，登出"胡适启事"，宣布"此次诊断的结果，是'生理的糖'，不是糖尿病，我很安慰！承各地朋友慰问，十分感谢。"

可是陆仲安诊断的结果是"糖尿病"！这是胡适不能接受的，何况糖尿病是一种令人谈虎色变的恶魔。由于胡适的名气大，患此顽疾与否，特别引人注目，于是在社会上一场是与不是、有与没有的轩然大波陡然而起，并且到胡适仙逝前几乎都从未间断过。

陈存仁在其1983年7月《张一鹏与陆仲安》一文中回忆，早年"我和陆仲老每次谈话，不免要讲到胡适之的糖尿病，是他用何种药物将他治愈，陆先生也毫不保留，将药方告诉了我"。当他俩谈到胡适在林琴南那幅画上的跋文时，陈存仁听陆仲安说："胡适之先生后来矢口否认他的糖尿病是中医中药把他治愈的，不但口头否认，而且笔之于书。"这使陆仲安先生非常气愤。"陆先生竟然黯然泪下，摇头叹息。"陈存仁说，从此他不敢再追问下去。未料噩运接踵而至，林琴南那幅长卷后来被陆仲安的儿子要去，陆公子乘飞机出国，不幸飞机失事，机毁人亡，那幅长卷也被焚毁。陆仲安闻之，因失可信物证，又逢老年丧子，以致怨愤交加，终于抑郁而卒。

1938 年 9 月 24 日，胡适在答复江冬秀的来信时，曾激动而又悲痛地说："陆仲安的儿子死了，我竟不知道。我写一封信，请你带去（他若不在上海，此信不必寄）。如此说来，那天死的十几个人之中，许多是熟人。中国飞机师姓刘，是刘崧生的四弟。胡笔江我也认识。"江冬秀接信后，曾将胡适的亲笔信面交陆仲安。主宾交谈中，陆仲安请江冬秀转托胡适办一件事，江冬秀照转不误。1939 年 5 月 8 日，胡适在答复江冬秀来信时，严肃地说："你上回信上说起陆大夫儿子的事，请你对仲安先生说，美国医科最难，绝不会有这种文凭可得。请你代我问候他一家。"虽有此理所当然的回绝，可两家交往并未终止。1941 年 9 月 27 日，江冬秀写信告知夫君："我这几个月来新添了一个胃气痛病，三个礼拜前，有一天晚上痛快要痛死，后来到天亮再（才）好点，睡了一个钟头。前两天去看陆大夫，他劝我要根本治好。但是一服药近三十元，吃了两剂实在吃不起。昨晚又痛，狠（很）轻，大概慢慢地会好，不去管它。"这是所知的胡适家人求助陆仲安治病的最后一次。

同为沪上名中医，陈存仁得到陆仲安治疗糖尿病的药方后，对它的疗效持肯定态度，不过他觉得陆仲安的这个药方仍有提高的空间。此后又得知冬瓜也有治疗糖尿病的功效，于是他"对陆仲安的药方略加修正，委托星光制药厂制成药丸，果然能使糖尿病完全断根。间接也是拜陆仲安先生之赐"。

胡适得过糖尿病的社会认同度之高，使胡适烦恼不已，他本以为启事已出，业已公开否定，就应风平浪静了。未料树欲静而风不止，就连国民党军政界高官刘峙对胡适的糖尿病也存疑虑。刘峙曾是国民党高级将领，写信时依然是总统府资政。按胡适的习性，刘峙之辈根本不属自己朋友圈中之人。既然刘峙问候自己，当然也不敢怠慢，更因触动痛处，因此于 1960 年 1 月 13 日，在给刘峙复信时，除了内容单一、有点儿失礼外，还将夹杂着的烦恼和愤怒，顺势一股脑儿倒了出来。此信既系"另类"，也属首次问世，兹全文公示如下："经扶兄，谢谢先生一月八日的信。我从来没有患过糖尿病，报纸所传，全是瞎说。竟劳先生函问，使我不安。关于我患糖尿病的传说，最早见于某种中国医学辞典。我也曾屡次更正，但传说至今未绝，我也就懒得更正了。随时更正无稽的传说，颇似'与影竞走'，永不能断除的。此次因先生见问，我可能试再作一次更正。"

1961 年 4 月 5 日，暮年的胡适答复秘书胡颂平的疑问，说《民族晚报》上有人说"胡适在民国九年曾患糖尿病，服了陆仲安的中药才好的"。胡颂平问："先生有没有吃过陆仲安的中药？"胡适说："陆仲安是我的朋友，偶曾吃过他的药，但我没有害过糖尿病，也没有吃过糖尿病的药。他（按指陆仲安）开的药方，被人（实际上是指陈存仁）收在一本好像是什么药物大辞典里，……完全是瞎说。"

一波未平一波又起，次日，《民族晚报》又登一篇《陆仲安善医消渴》的文章，说胡适曾患糖尿病，后被陆仲安医治好的。又说西医俞鸿宝（即俞凤宾）曾设法抄送药方登在丁福保的《医药杂志》里。胡适认为"也是瞎说，将来真需要写一点纠正的文字了"，意思是该算一下总账了。

但是在《民族晚报》之后，谁又是糖尿病公案旧话重提的人呢？言谈及此，不妨向读者介绍一个小学生与胡适谈论糖尿病的有趣故事。1957 年，一个台湾小学五年级学生余序洋，不幸得了糖尿病，入医院当晚竟呈昏迷状态，幸得悉心急救，终从死神魔掌中被救了回来。他在医院住了一个多月，方才回家休养。父母为他搜集了许多医疗糖尿病的书籍，其中就有陈存仁的《津津有味谭》。余序洋看到

"内中有一篇详叙糖尿病中医疗法的长文，说及胡适之先生在 20 多年前，也曾患过糖尿病，由上海名中医师陆仲安治愈的事，并开有药方，并列药名和分量做证。言之凿凿，使我十分相信"。这位天真的小学生，想与"同病相怜"的前辈胡适交流一下。1958 年，胡适回台湾就任"中央研究院"院长之初，余序洋迫不及待地"给胡适写了一封很简单的信，并将陈存仁那篇文章内的事实和方子抄寄给他，请问他有没有这回事"。胡适收信后，其心情可想而知。三天后，他便给余序洋复了信。现将复信全文转录如下：

序洋先生：

谢谢你的信。你看见一本医书上说，我曾患糖尿病，经陆仲安治好，其药方为生芪四两……我也曾见此说，也曾收到朋友的信，问我同样的问题。其实我一生从没有得过糖尿病，当然没有陆仲安治愈我的糖尿病的事。陆仲安是一位颇读古药方的中医，我同他颇相熟。曾见他治愈朋友的急性肾脏炎，药方中用黄芪四两、党参三两、白术八钱（慢性肾脏炎是无法治的，急性肾脏炎，则西医也能治疗）。但我从没有听见陆君说他有治糖尿病的方子。

造此谣言的中医，从不问我一声，也不问陆仲安，竟笔之于书，此事使我甚愤怒！我盼望你不要性急，糖尿病在今日已有注射胰岛素调剂方法，已是一大进步。若在往日，此病旧名"消渴"——你信上说的"日形消瘦"——是没有治法的。匆祝你安心静养。

适敬上

四十七年四月十二日

余序洋接到胡适的回信后，小小年纪的他，会在糖尿病问题上陷于困惑，但他知道自己是个小人物，竟然在三天内便接到了这位"名满全球的胡先生"的回应，他当即抛开糖尿病这个棘手问题，说："心中真有一种莫名的感激！想不到竟是这样谦和、真挚而热诚，真具有孔子温良恭俭让的美德。从此以后，他在我幼小的心灵上，便成了一位难忘的大人物。"胡适去世后，余序洋"感到万分的哀悼"，他于 1962 年 3 月 2 日，在台北报纸上，发表了一篇《哀悼胡适之先生》的文章，公布了胡适给他的回信，同时赞美胡适暮年"不顾自己的健康，不愿安心静养，扶着病体为中国学术鞠躬尽瘁，竟以身殉道了！胡先生您不愧为一代完人，您的学问、道德、人格、精神……处处都做了我们青年的模范。胡先生，请您安息吧！"

胡适与罗香林

胡适致罗香林亲笔函

近读《罗香林论学书札》，喜见收有胡适复罗香林一函，罗香林致胡适一函，共两封信函。经查胡适来往书信集，再阅胡颂平所编《胡适之先生年谱长编初稿》《胡适之先生晚年谈话录》，季维龙编《胡适著译系年目录》等，均未见入录。兹将胡适复罗香林函抄录如下：

香林先生：

　　在中大文史学月刊（二，5）上见大著《神秀传疏谬》上半，甚喜。注中（33）说未见我的《跋曹溪大师别传》（坛经考之一），此文曾载武汉大学《文哲季刊》第一期。

匆匆问

大安

胡适
廿三,八,四

屡承赠大作，十分感谢。

适之

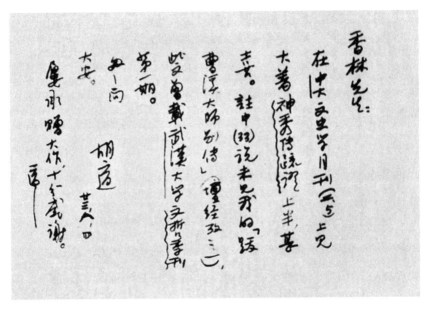

1934 年 8 月 4 日，胡适复罗香林函

　　此亲笔函是到目前为止所发现的胡适致罗香林的唯一信件，弥足珍贵。此函反映胡适在屡受罗香林赠书，而久未复函，心甚不安的背景下，主动为罗香林提供自己文章的出处，一方面帮助作者释困，一方面对赠书表示谢意，了却积压心头多时而又必须付还的人情。反映了胡适一贯坚持的待人对事不分高低、不计大小、礼尚往来、持之以恒的风度。

　　这件亲笔函提及一个很重要的事实，那就是胡适在函中说："见大著《神秀传疏谬》上半，甚喜。"胡适为什么会"甚喜"？首先要说清楚的是，罗香林在清华大学国学研究院时期便攻唐史，要为唐朝著名高僧神秀立传。而胡适早于罗香林便已对中古时期中国禅宗佛教的真正开山宗师有所研究。胡适曾说："北方禅宗的地位原是由两三位有力的和尚——'楞伽宗'里的九十多岁的高僧神秀，和他的两位弟子普寂和义福所确立的。他们被唐朝中央政府尊崇为'两京法主，三帝国师'。'两京'是指当时的西京长安和东京洛阳。'三帝'则是指'则天皇帝'（武后自称'皇帝'）和她的两个儿子，'中宗'和'睿宗'。这三位'皇帝'在宫廷之中对这些和尚大为尊崇，尤其是那第一位名叫神秀的和尚。神秀和尚于公元七百年（武后久视元年）入宫，死于公元七百零六年（中宗神龙二年）。在这些年中，北禅实在主宰一切。神秀和他的两个大弟子不但备受（朝廷）的尊崇，同时在民间也都被偶像化了。"作为学术上的同好，胡适目睹后起之秀的佳作而"甚喜"，那是再正常不过的事了。

　　罗香林（1906—1978），字符一，号乙堂，广东省兴宁县新镇客家人。1926 年入读清华大学史学系，先后师从梁启超、朱希祖、陈寅恪等，学习中西历史、民族史。1930 年升读该校国学研究院，治唐史、百越源流史。1929 年，他的处女作《广东民族概论》问世，继有《中国民族史》《历史之认识》出版。1933 年，撰成《民族与民族研究》《古代越族考》和《客家研究导论》，特别是后者，这是一部探讨客家人之渊源、系统、迁徙之原因和经过，以及分布、语言特征、文化特色等公认的客家学之奠基作。罗香林于 1932 年秋，应广东中山大学校长邹鲁之聘，任校长秘书，兼广东通志馆编修，撰成《广东通志总目说明书》，时年 26 岁，可谓少壮英才。胡适与罗香林没有师生关系，但是在罗香林的心中，胡适这位国学大师，甚至比他的导师更有名气，因此将胡适看作偶像，尊为私淑师长，写文章要引用胡适的著作，自己出版的《客家研究导论》《广东民族概论》《中国民族史》等书要奉赠给胡适请求指正了。个中道理也就不言而喻了。

　　胡适对罗香林也因接受其赠书而逐渐加深了印象，此后对罗香林在各种刊物上发表的文章，特别是有关佛教方面的佳作尤其注视。1953 年，罗香林在《国学季刊》第五卷第一期上，发表了一篇唐史方面的《唐相房融在粤笔受首楞严经翻译考》，此文被胡适看到，留下了深刻的印象。七年后——1960 年 12 月 27 日，胡适在台北家中收到佛教月刊社寄来一本内刊南怀瑾的《楞严大义今释》，胡适看后对他的秘书胡颂平说："《楞严经》是中国佛教影响最大的一本书，因为是中国和尚伪造的，人家看得懂，不像翻译的佛经难懂。南怀瑾用白话来解释，倒有道理，不过是批评梁任公的文字，因他一个人提出这书是出于中国和尚的伪造。"接着说："南怀瑾的文章是引用罗香林的观点的。"

罗香林致胡适函

现在我们再来看看第二件有关胡适的信函。这是 1961 年 6 月 21 日，罗香林致胡适的亲笔函。此函有标题，名曰"致胡适之先生劝请出席港大学术会议书"，但此函同胡适致罗香林亲笔函一样，也是未录入胡适各种著作和书信集的遗漏之件，亦系难得之物。兹将此函全文抄录如下：

适之先生道席：

自去冬以出席东亚学术研究会中日韩会际会议，得蒙宠招（召），并聆鸿教，景佩之忱，与日俱积。香港大学本岁适为创校 50 周年纪念，经于一月及三月相继举行含有教育性与社会性之庆祝典礼，并决定于九月由各学院召集各种有关学术会议，以为最巨庆典。其中由中文系林仰山教授所筹备者，有关于中国南部与东南亚之历史考古语言与文化等会议。其请柬及拟请先生主持其中第五项之讨论会议各缘由，经于三星期前由学校及林教授等直接寄奉，谅登记室。鄙意此项会议，令含有中西学术之融合，与中英国民交谊之增进等意义，不仅为庆祝港大 50 周年纪念已

也。先生久负中外重望，倘蒙莅临出席，不特于学术，有甚巨影
响，即精神方面，所由增进世界人士对中国之观感者，亦必甚
巨，深望先生，早为决定行期，是所至祷。至所邀各在台学者之
来往旅费，则经由学校当局，函请美国亚洲协会，将名单送与在
台分会，嘱为就近办理。得便乞派员往该分会一询，如万一该分
会有所不便，则学校当为直接汇上。至先生到港后住地，则林教
授亦必预为安排（住于其家，即甚方便），绝无困难也。香林年
来曾赶作《香港与中西文化之交流》一书，经于上星期出版。兹
奉上二册，一请俯赐削正，一请转交与贵院史语所图书馆为祷！
天气渐热，诸乞珍卫。肃叩道安。

后学罗香林敬上

一九六一年六月二十一日

罗香林致胡适亲笔函，具有鲜明的特点，主要是恳切劝请胡适出
席纪念香港大学成立 50 华诞的学术活动。为此，他首先道出了他与
胡适的关系，罗香林说，他在与胡适同时出席中日韩三国学者会议
时，"得蒙宠召，并聆鸿教，景佩之忱，与日俱积"。这就是说，1960
年 10 月 31 日，胡适在台湾召开的"中日韩三国学者会议"上致开幕
词，他强调中国佛教史及中、日、韩三国的佛教史，是需要三国来合
作研究的。会议期间，当胡适知道罗香林已应邀出席会议，非常高
兴，于是他邀约罗香林进行了一次热情的长谈。估计罗香林在接受教
诲过程中，已提前邀请胡适出席第二年香港大学成立 50 周年的纪念
活动，而胡适要么未置可否，要么已婉拒。但是事过年余，而罗香林
邀约之心未泯，故而才出现实属无可奈何的再次"劝请"之举。

罗香林用心良苦，再函奉劝，首先回顾中日韩会议期间，自称
"后学"，"得蒙宠召""面聆鸿教"，不仅难忘，而且"与日俱积"，即

从情谊切入，以情打动师心。然后花费很多笔墨，为胡适的到来进行了精心的安排。事实上，1961年，71岁的胡适多病，困居台北，他从2月22日到6月25日，住院四个多月。刚回家不久，7月间，患急性肠炎，又住进了医院。即便出院在家工作，也是抱病而为，因此活动也已被病魔冻结。原定应邀赴美出席麻省理工学院100周年纪念及为昔日老师威尔恪思百岁生日祝寿，包括出席香港大学50华诞等活动，都因病被迫取消。其实胡适与香港大学是有前缘的，早在1935年1月，胡适应邀到香港，在香港大学接受了生平第一个名誉博士学位，此乃开胡适一生所得35个名誉博士学位之先河。此次因病，取消外出，事非得已，很为罗香林与胡适未能相见而惋惜。

胡适与朱偰

　　说起朱偰与胡适的关系，也许人们还不大熟悉，但是说起朱偰的父亲朱希祖，知者则多矣。其实朱偰与其父都是北京大学门内之人。朱希祖是北京大学著名教授，朱偰则是北京大学的学生，加上朱希祖与胡适又是早期北京大学的友好同事这层关系，作为出色的后学，朱偰便自然地与胡适结成忘年交了，特别是在学术上，朱偰仰仗胡适的提携和鼎力相助而有所获。

朱偰其人、其事、其文

　　朱偰（1907—1968），字伯商，浙江海盐县人。幼承庭训，聪慧过人，熟读诗书。1919年入北京第四中学，兼学德文。1925年，考入北京大学政治学本科，1929年毕业，是年考取德国柏林大学研究生班，攻读经济学，兼修哲学和历史，后获哲学博士学位。1932年回国。历任国立中央大学经济系教授系主任、国立编译馆编审。其间发表多篇经济金融等方面的论文，引起财政部长孔祥熙的注意，遂被聘为秘书。1941年，出任国民政府的"康昌考察团"成员之一，赴西昌考察。三年后升任财政部专卖事业司司长。抗战胜利后，作为中国政府代表去越南接受日本投降，之后出任财政部赋税署署长。1948

年，他以中国第二代表的身份，赴日内瓦出席第三次国际关税贸易会议等。

1949 年后，朱偰继任南京中央大学经济系教授、系主任。1951年 9 月，因其学术成就，受刘伯承和陈毅的接见并叙谈。之后，朱偰应邀陪同刘伯承和陈毅参观南京名胜古迹——清凉山、莫愁湖、石头城、凤凰台、瓦官寺、阮籍衣冠冢、紫金山、八卦洲，最后瞻仰了南唐二陵。朱偰在途中，一面引导参观，一面做了精彩的讲解。1952年，朱偰加入中国农工民主党。1954 年担任江苏省文化局副局长，分管全省文博及图书馆的工作。1957 年，因大声疾呼保护好南京明代古城墙，而被错划成"右派"。从领导岗位上被拉下马。1959 年，下放到江苏人民出版社当编辑（曾审阅过我的一部书稿，蒙彼厚爱，同意出版，并交上海大东印刷厂印成一校稿寄我，后他调走，拙著就没有下文了），一面参加体力劳动，一面挨批挨斗，度过了四年的艰辛岁月。

1961 年 6 月，朱偰被摘掉"右派分子"的帽子。阴霾已去，朱偰再度出山，荣任江苏省图书管理委员会副主任，在历史悠久的南京图书馆上班。这时他因是著名学者的身份，仍旧担任江苏省政协委员。其间《南京名胜古迹》《漂泊西南天地间》和《浙江海圩建筑史》等相继出版。朱偰走访江苏所有名胜古迹。1962 年，朱偰曾点名让我陪同他去观赏太平天国壁画，他平易近人地与我交谈，那大学者风范给我留下深刻的印象。我为他提供了一些资料，他非常高兴。这是我第一次也是最后一次与朱偰先生的会面。

1965 年，朱偰向南京图书馆捐献了大批藏书和手稿，虽然受到了政府的表扬，可这样令人钦佩的善举，却没有能给他多舛的命运带来丝毫的扭转。1966 年"文化大革命"开始了，朱偰在南京图书馆的隔离室受审查，他再次挨批挨斗，任人打骂，又被抄家，既要参加体力劳动，还要游街示众，他承受着没完没了的痛苦和煎熬，他崩溃了！他写下遗书，说："我没有罪，你们这样的迫害我，将来历史会证明你们是错误的。"1968年7月15日，朱偰博士含冤含恨辞世于南京图书馆大门的水泥地上。后安葬于南京南郊花神庙中国公墓。十年后，1978年11月，朱偰才得到平反昭雪，恢复名誉，还举行了追悼会。终生至交著名书画家刘海粟送上挽联："真理长存，铁骨丹心昭百世；是非论定，文章经济耀千秋。"这是对朱偰毕生的真实而闪亮的写照！遂迁葬于功德园。

朱偰中西贯通，著作等身。19岁时便写出《五言诗的起源问题》。1930年，写出50余万字的《日本侵略满洲之研究》。在文博方面，研究成果更是斐然。他的诗词严谨，散文绚丽，情真意切，笔下生花。游记更是把景物的神化与人的情爱感悟融汇成一个超然而奇妙的境界，粗略统计，朱偰先后出版著作9部，游记类论文71篇，经济类论文62篇，金融货币类论文49篇，日记1部，等等。

偷写北京大学的往事

朱偰在北京大学读的是政治学系，系主任是周觉（鲠生）。前辈胡适的大名，早已如雷贯耳。对教授们的逸事趣闻，特别是视为长辈的胡适，他早萌回忆成文之念，只是因为忙于著书而搁置下来。待到"文革"被关押在南京图书馆隔离室时，他除了应付那些永远写不完的检查外，便利用造反派丢下的油印传单的反面悄悄地写下了北京大学胡适等教授的往事以及自己与胡适交往的珍贵史料。有时不幸被造反派发现而没收、训斥，可朱偰仍在这险恶的环境中，锲而不舍地完成了《回忆北大人物》。

朱偰在《回忆北大人物》和《我家的座上客》中，谈及朱希祖与胡适的友好情谊和学术交往。曾风趣地说："北大有三只'兔子'——丁卯年（1867）生的蔡元培，己卯年（1879）生的朱希祖，辛卯年（1891）生的胡适。三人各相差12岁，故有老兔、中兔和小兔之目。"朱偰又坦诚地说："胡适初回国时，在北大还是末学新进，因得到蔡老先生的赏识，所以步步高升。后来又以提倡白话文学得名，一直做到文学院院长、北大校长。（1927年后）他常到我家里来，看看我父亲的藏书，谈谈版本。父亲不大看得起他，批评他的《中国哲学史大纲》，写得肤浅，而且肯定地说，他出了中卷以后，下卷是写不下去了，因为他不懂佛学，又不懂宋、明理学。果然，他的《中国哲学史大纲》勉强出到中卷为止。"这一事例说明，当年20岁的朱偰，在北京大学读哲学系时，早在自己的家中便认识36岁的胡适教授了。

朱偰又给北京大学一些著名教授即"北大上层人物"的政治前途进行了盘点，他指出其中做官的，有蔡元培、蒋梦麟、胡适、翁文灏、王世杰、朱家骅等；当上立法委员的，有马寅初、狄膺等；做了参政员的，有傅斯年、周鲠生等；也有后来堕落成为汉奸的周作人、李泰分等。

祝贺胡适荣任驻美大使　求助在美出版影集

朱偰从北京大学毕业后便去了德国留学。1932年获得博士学位后，回国先任教后也做了官，而且官位越做越高。朱偰虽然一手拿着官印，另一手仍紧握笔杆，创作从不间断，各种成果，陆续出版。抗战胜利后，朱偰在南京又恢复了与胡适在学术上的交往。难能可贵的是，朱偰依旧视胡适为前辈，自称"后学""世侄"，恭敬有加。特别是当胡适对自己有所求助时，必全力以赴，立马帮助解决。当然，自己遇到困难，也不吝奉函求教，二人之间充满了和谐的气氛！朱偰的日记和致胡适的亲笔函，就是有力见证。

1938 年 9 月 17 日，抗日战争期间，国民政府任命胡适为驻美国大使，胡适于 10 月 6 日到馆视事。全国人民对胡适寄予厚望，这当中包括时任国立中央大学经济系主任的朱偰。1939 年 3 月 10 日，朱偰曾用国立中央大学用笺致函胡适，曰："适之先生左右。久疏奉候，时深驰念。前闻先生荣任驻美大使，深庆坛坫得人。比维德业日隆，起居迪吉。为祝为祷！"

朱偰曾于 1934 年至 1935 年，去北京故都城郊内外摄古迹及建筑照片 500 余张，这是一个很可观的数字，是一个非凡的成就！他精选了 380 幅，编成《故都建筑摄影集》，其中故宫部分为外界从未发表者，内容分城阙、宫殿、苑囿、坛庙、寺观、陵寝六编，并略加考证，附以中、英文说明，冀以保存故邦文献于万一。朱偰以为胡适大使在美国多年，人缘向好，社交面广，知彼者众。因此便想辟蹊径，拜托胡大使为这本摄影集找到出版的机会。于是朱偰致函胡大使，说道："兹将英文序一篇，样张二纸，附邮奉上，恳先生就近代向美国出版界接洽付印事。"朱偰又强调"其所以拟在美国出版者，用意有三：一、保存故都文献（因国内目前无力印刷，故不得不求之海外）；二、宣扬中国艺术；三、宣传日人破坏文物之暴行（如盗取故都文物，破坏古迹建筑物等）"。朱偰又为出版商献计："至于销路方面，一、因北平为世界有名古都，旅游者众；二、因中国建筑艺术，以北平最为完整；三、因该书出版后，可作家庭消遣读物，必甚可观。此中关系，亦请向出版商说明，以坚其信心。"朱偰最后向胡大使提出希望："该书现已全部脱稿，因避敌机轰炸，正藏重庆郊外古庙中。如蒙代为接洽，略有眉目，即当全书寄奉也。至于出版办法，采取版税或完全出让版权均可。"信末称"后学朱偰谨上"，名下盖私章，以示慎重。

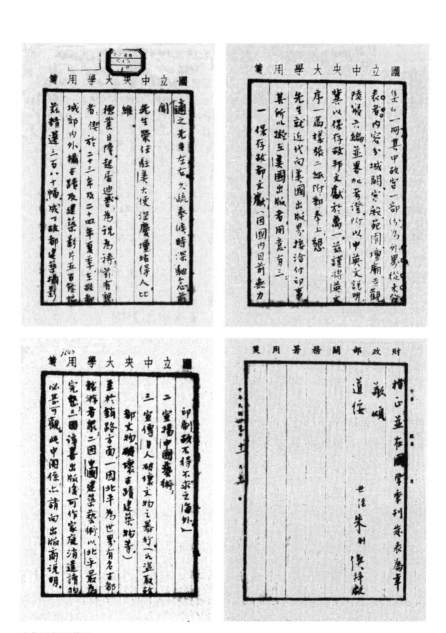

朱偰致胡适信函

朱偰用心良苦，殊不知，当时胡适在美国，虽贵为大使，但为抗战既要游说美国上层，争取军事和经济的支援，又要演讲于民间，争取道义的支持；还深受心脏病困扰，经常住院，有时不得已，施出下策，对大使馆实行"无为而治"的领导。朱偰拜托的结果是可想而知的了。

朱偰的这封求助信，用毛笔正楷书写，使用抬头敬辞，有标点。它连同 1946 年朱偰给胡适的三封信，一直保存在北京东厂胡同一号当年胡适寓所内。1948 年底，胡适仓促离开北平时，未能带走，因而留了下来。1993 年，《胡适遗稿及秘藏书信》出版，才使朱偰等人与胡适的往来信函重见天日。

朱偰家藏《水经注》与胡适结下一段特殊情缘

朱偰有写日记的习惯，主录当日大事，叙工作，谈著作，问读书，记社交，会师友等。从其女朱元春公布的有限的"朱偰先生日记摘录"中，我们看到了朱偰与胡适在南京的交往片段，体会朱偰对胡适的惦念和敬意。特别由于朱希祖珍藏有明抄宋本《水经注》，从而与后半生潜心为"水经注案"考证的胡适大师，结下了一段特殊的情缘。

1946 年 10 月 25 日，朱偰的日记记载："中午应蒋慰堂（字复璁，时任中央图书馆馆长）之请，赴中央图书馆宴。到胡适、溥心畲、齐白石等。下午陪同胡适、陈垣赴盐仓桥看先君所藏明抄宋本《水经注》。胡适叹为海内孤本。"胡适毕生都在研究《水经注》，故有此家访。是日，胡适在日记中留有记录："朱偰（伯商），逷先之子，邀往他家看逷先所藏'明抄本'[《水经注》]。颇不如我所期望之好。"次日，胡适到江苏省立国学图书馆，见柳翼谋先生，借观了三部《水经注》，皆可宝贵。

10 月 27 日，朱偰"中午赴励志社，欢迎胡适之、傅斯年大会聚餐。傅报告北京大学近况"。

11 月 10 日，朱偰"开始写《关于〈水经注〉的几条笔记》，辑录先君遗著，备投北大《国学季刊》发表。尊胡适之先生之嘱也"。

11 月 11 日，朱偰致函胡适曰："适之校长先生道鉴，前大驾莅京，在慰堂兄席间得陪末座，并得聆大教，无任欣慰，承嘱检录先君遗著，备在北大《国学季刊》发表，兹辑录先君关于《水经注》笔记及言论若干条，敬请指正，并在《国学季刊》发表为幸，敬颂道绥。世侄朱制偰拜启。"（此信用的是财政部关务署的信笺。全文无标点。用抬头敬辞。）

11 月 25 日，朱偰在日记中写道："修书至胡适之先生，表示先君遗书明抄宋本《水经注》可以借阅，但有二条件：一、作跋文一篇，该书已有章太炎、王国维二先生跋。二、介绍商务印书馆影印以广流传，而竟先人遗志。想胡必能应允也。"

是日朱偰致胡适信函的全文抄录如下："适之校长先生道鉴，前寄奉先君关于《水经注》笔记若干，则以供北大《国学季刊》填白之用，想蒙鉴察顷晤慰堂，从吾二兄传达先生之命，欲借先君所藏之明抄宋本《水经注》从事校勘，自当遵命，谨案先君遗书，已有章太炎、王国维二先生跋文，今如得先生赐跋，可鼎足而三，将来影印流传，文坛传为佳话，此有恳于先生者一也。明抄宋本《水经注》为海内孤本，先君遗命将来作为"郦亭丛书"第一种，交与商务印书馆或中华书局影印，以广流传，唯战后印价高昂，迄今尚未进行，现值商务印书馆朱经农先生亦在京开会，如蒙先生介绍由该馆影印流传，俾得竟先人遗志，不特有俾于文献，即先君亦将感激于九泉，此有恳于先生者二也。先生文坛祭酒学者权威，如蒙惠允，定可乐观厥成，一二日内便当将明抄宋本《水经注》亲自送上，以便校勘。敬颂道绥。世侄朱偰拜启　惠复请寄中山东路祠堂巷鄙署。"（此函用的也是财政部关务署的信笺。全文无标点。用抬头敬辞。信的第一页右上角，胡适用毛笔写了三个字"口伯商"。）

12 月 2 日，朱偰在日记中写道："傍晚赴中央研究院，与傅孟真谈南京古迹，候胡适之不归，乃先归寓。"次日，朱偰再"赴中央研究院访胡适之，交出明抄宋本《水经注》二十册，借其校勘之用。谈《水经注》案久之"。二人交谈后，达成共识。

12 月 5 日，朱偰在日记中写道："傍晚赴中央图书馆茶会，到中外汉学家多人。由胡适之演说'中西文学之演变'，颇有见地。下次并拟请余担任'南京古迹'讲演。"

12 月 17 日，朱偰又记道："傍晚赴国际旅行社，北京大学四十八周年校庆及胡校长生日之宴。到师生三百人，情绪极为热烈。席间，胡适之、蒋梦麟、傅斯年、罗家伦各有演说，以适之演说最富历史意义，且饶有精彩。"

胡适乐为朱偰家藏《水经注》题跋

胡适将《水经注》看成是一个案件，从而对《水经注》的版本比对和考证付出了巨大的努力和代价。胡适所知多种版本《水经注》，其中包括朱希祖的明抄宋本，尽管胡适对朱氏藏本并不太看好，但他仍答允朱偰的要求为之作跋。未料朱偰心急，12 月 25 日，又给胡适写了一封信，说道："适之校长先生道鉴，前蒙惠允，为先君旧藏书明抄宋本《水经注》作跋，至感雅意。继又在北大四十八周年纪念会席上得聆谠论，对于前辈诸先生——提及并志追念之忱，具见先生高义，恭聆以后，低回无已，比闻国民代表大会即将闭会，文旆亦将不日北返，主持校务，拟请早日赐跋连同《水经注》赐下，俾得珍藏，无任感荷。敬颂道绥，世侄朱制偰拜启。"（此信规格同 11 月 11 日函。）

胡适是一个重义守信之人，他在收到外界各种来信后，多数是亲笔回复，实在忙不过来时，才请知己代笔，据知有罗尔纲、胡传楷、王重民、王崇武等。即便代笔人写好后，胡适还要慎重地进行修改。当胡适收到朱偰 12 月 25 日来信后，仅过两日——27 日，胡适便写成《记海盐朱氏家藏明抄本〈水经注〉》跋的初稿。可见速度之快！12 月 29 日，胡适又忙寄给朱偰一封谢函："伯商吾兄，前天托梁子范先生送还尊公旧藏明抄宋本《水经注》二十册。乞恕我不曾亲自送还的罪过。顷写成一跋，蒙王崇武代抄一份，先送呈，乞指正。俟到北平后，当自写一本送呈。匆匆敬谢 吾兄借校此书的厚谊！并问双安，并乞代问令堂大人安。弟适敬上 卅五，十二，廿九。我明早北回。"

不过，此跋当时并未发表，事过近两年——1948 年 11 月 12 日，胡适将此跋文进行了修改，12 月在《国学季刊》新第八卷第三、四合期上发表。现收入 1968 年 10 月出版的《胡适手稿》第四集上册。

胡适的这篇跋，是请王崇武代抄的，但是胡适在抄稿上，用红色、绿色和黑色笔加以修改而成。胡适这篇"记"正文前的版本考证之跋文全录如下："明抄宋本 四十卷 二十册 海盐朱遏先先生藏，今归他的儿子朱伯商先生。每半叶十一行，每行二十字。《水经注》现在只存四个完全的古本：一个是《永乐大典》本，一个是黄省曾刻本，一个是这部明抄本，一个是常熟瞿氏藏的明抄本。黄本卷十八脱去一页，大典与此本都不脱。此本与黄本都无郦道元自序。此本避宋讳'匡''恒'诸字，但都不严。钞手很愚劣粗心，故很多脱字误字。例如卷三页十八记酒泉延寿县的石油一段，第一行'注地'误作'泾地'，第二行'凝膏'误作'疑膏'，第四行'谓之石漆'误作'谓之石石漆'。四行之中，乃有三误。此三处，大典与黄本都不误。此本不错误之处，最可供校勘。黄本所错十四页与脱文一页，此本与大典都不错不脱。卷八页二十下二行，'范巨卿冢，名件犹存'。大典与黄本皆作'名件'，与南宋洪适所见本相同。吴涫本始臆改为'石柱犹存'，实无古本的根据，而朱谋玮、谭元春、项因、黄晟各本因袭其误，全谢山、赵东潜皆误信为有所依据。残宋本此处已残缺，幸有此本可与黄本，大典本相印证，可以使人知道从洪适以来一切古本都作'名件'。此本与残宋本及黄本都最相同，故可用残宋本与黄本校订此书，使我们可以还原一部南宋本的《水经注》。"由这篇跋文不难看出胡适知识渊博、古今贯通！而他一贯一丝不苟的治学精神和认真细致的工作作风，实令人钦佩！此跋胡适手写原稿，现藏台北胡适纪念馆。

拟定《人海沧桑》力作　欲为胡适等人作传

1946年12月底，胡适飞回北平。次年为觅一种《水经注》版本，曾由南京去上海一趟。10月间，又来南京出席中央研究院第二届评议会，为了拟定第一届院士候选人名单，会议结束立飞北平。12月间，再来南京出席中华教育基金会董事会议。1948年3月，胡适再度南下，出席中央研究院会议，当选第一届院士，并出席国民代表大会。5月回北平。9月再来石头城参加第一届院士大会，会后去武汉、杭州，旋回北平。虽然胡适与朱偰都很忙碌，但此时的北平与天津战事日紧，胡适忧心忡忡，师生二人虽然年余未能见面，但朱偰却也分出心来为他校长、前辈的仕途烦念起来。是年12月13日，朱偰在日记中写道："午赴中央日报馆开社论委员会，陶希圣报告北上请胡适组阁经过，战局仍属危急，云云。"这是指11月24日，翁文灏辞行政院长职，蒋介石急派陶希圣去北京大学，邀请胡适南下从政，就任行政院院长，胡适当即以有心脏病婉辞这件事。此时，北平已被人民解放军包围，朱偰惦念着胡适的安危。

12 月 15 日，蒋介石派出专机，将胡适接走。朱偰在 12 月 16 日的日记上写道："北平危急，胡适夫妇已于昨晚专机来京。"一颗惦念的心这才放下。17 日，蒋介石夫妇宴请胡适伉俪，为胡适祝贺 57 岁生日。是日，朱偰在日记中写道："晨七时起，上午乘汽车进城到署办公，批阅公文。午在署用饭，下午赴鼓楼五条巷十二号之一奥地利使馆，开中奥文化协会，余被选为常务理事。三时赴中央研究院开北京大学 50 周年校庆，胡适主席对于患难中之北大备致怀念，并以临危离校无面目见南京校友，涕泪交流，令人伤感。朱家骅、蒋梦麟、傅斯年等相继致辞，举行酒会。"重庆《大公报》报道，是日"胡适讲话时，泣不成声，说：'我是一个弃职的逃兵，实在没有面子再在这里说话。'"1948 年 12 月 17 日，对于胡适来说，这一天的确是个悲凄的难忘的日子。对于朱偰来说，这一天是他与校长、前辈最后相见的日子，并且没能说上什么慰藉的心里话。此后身分两岸，直到胡适仙逝，师生终未能再见面。

北京大学是母校，胡适是自己的校长，这两方面在朱偰心中有千斤重，不可泯灭。胡适在台北谢世后，1965 年 5 月，朱偰在南京图书馆工作期间，拟定了一个名曰《人海沧桑》的 64 位人物的传记名单，胡适大名赫然列于其中。此时的朱偰，是一位已摘掉"右派分子"帽子、降了职的普通职员。不过，顺境或逆境，都难不倒这位真正学人的前进步伐。

朱偰在《人海沧桑》丛书中，对他心中的 64 位传主，是这样分类的：一、北京大学 19 人——蔡元培、胡适、蒋梦麟、马寅初、沈尹默、马裕藻、钱玄同、周鲠生、高一涵、罗家伦、傅斯年、朱自清等；二、留德 13 人——蒋复璁、冯至、姚从吾、俞大维、桂永清、梁宗岱等；三、财政部 12 人——孔祥熙、俞鸿钧、徐堪、徐柏园、关吉玉等；四、中央大学 6 人——柳诒征、胡小石等；五、越南 6 人——卢汉、凌其翰等；六、外国 8 人——胡志明、范文同、苏加诺、尼赫鲁等。之所以选择了以上这些名人，朱偰说那是因为他们"与余有直接关系者，拟写为小传，以保存近世史料"。

朱偰从 5 月 22 日开始到 6 月 19 日止，日以继夜，先后写出《人海沧桑》第一卷，以北京大学为中心。这些以"写出北京大学盛衰聚散历史，亦中国近代文化史上之重要关键"为目的的人物传记，计有《蔡元培传》《蒋梦麟传》《沈尹默传》《沈兼士传》《马裕藻传》《陶履恭传》《陈大齐传》《周鲠生传》《钱玄同传》《马叙伦传》共十部。唯独没有《胡适传》，颇感遗憾！但此时朱偰并未停笔，7 月 9 日至 11日，仅用了三天时间，他便快速地完成了《北京大学大事年表》（终至 1930 年）。至于包括《胡适传》在内的 54 位名人小传，朱偰均含恨未能完成。这实乃为致命的形势所迫，因为从次年起，"文化大革命"的邪风恶雨向朱偰不断袭来，这位杰出的学者无力顾及学术事业，却在频繁地遭斗挨打中，被无情地击倒，终于在蒙冤抱愤中离世。

胡适与龚钺

龚钺，字骏礼，福建福州人，出身于官宦世家。1918年毕业于上海圣约翰大学。旋赴京，再毕业于北京大学国学院。后进入外交界，1924年赴法留学。1929年，获法国巴黎大学法学博士学位。先任中国驻西班牙公使馆随员，旋任中国驻法国巴黎副领事、领事、代总领事。1935年回国，任上海法政大学教授。抗战胜利后，1946年，复膺使命，东渡扶桑，出任中国驻日代表团专门委员兼法律处处长。中华人民共和国成立以后，龚钺毅然丢弃功名，放弃优越生活，突破阻力，于1953年举家归国。1954年分配到南京市文物保管委员会任委员，受到全会人员的热烈欢迎。由于他是归国华侨中法律界著名学者，故从1955年到1986年，被选为历届人民政协江苏省委员。1981年荣任江苏省法学会副会长。1991年起享受国家首批特殊人才津贴。

北京大学图书馆编《北京大学图书馆藏胡适未刊书信日记》，其中有一件首次问世的龚钺致胡适的亲笔函，弥足珍贵。惜编者因不了解龚钺而未能对该函加注释。龚钺曾是我20世纪50年代初期，在南京市文物保管委员会工作时的同事，我尊其为前辈，故乐为之著文，以填补空白。

龚钺博士致胡适函小考

现将该函全文抄录如下：

适之夫子大人钧鉴：

生自离北大将十载，于兹年来萍踪无定，致未暇承教，然此心固未曾一日或忘也。生前年自日本游欧归后，日唯耕读乡里，除致力我国学术思想研讨外，近于诗词略感兴趣，然鄙国人依声填词之不知所以然也。特撰□词一卷，虽不敢继《尝试》之后，然实有心一改我词界也。

夫子为我国学术泰斗，读《词选》，生无日不萦回于其间。兹附拙著一册乞赐教之（另册乞致赵飞云、马古渔、朱希祖。夫子余致国学系同学及图书馆）。肃此　即颂
著祺

生　龚钺（私章）犊夫谨上

示乞寄"上海莘庄"

此函是龚钺作为北京大学国学系的一位学生写给导师胡适的。何时所写，未见胡适著作与信函提及。兹据胡适《四十自述》说，他于1917年至1925年，历任北京大学教授和英文系主任。1931年至1937年上半年任北京大学文学院院长兼中国文学系主任。1946年至1949年任北京大学校长。胡适的《尝试集》是1920年由北京大学出版部出版的。1927年上海商务印书馆出版了《词选》。故我以为龚钺致胡适的信，应写于1936年至1937年间，因为1937年下半年，胡适已离华赴欧美去了，而此时龚钺已从中国驻法国代总领事任职期满，经日本回国临时在家休息。此函是他读了《尝试集》和《词选》

后有感而写。

龚钺之函结构严谨，措辞稳健。他因身受胡适的教诲，故在函中充满了敬意，尊胡适为"学术泰斗"，敬谓"夫子"，对师长之"教"则空格，将《尝试集》奉为佳作，不敢妄论等。此函中心意思是奉寄自己创作的词向前辈请教，但也表示要革新之愿望，等等。

此函系用八行毛边纸，以毛笔楷草相间体直书。原无标点，现标点系后加。另函中漏字和漏书名号亦为后加。原函末签名之下盖有"龚钺之印"篆文私章，显示慎重。

我所知的龚钺

20 世纪 50 年代初期，龚钺在南京市文物保管委员会工作，他在文物组，我在史料组。最初他是以一位罕见的归国华侨、外交官及法学学者的形象映入我眼帘的。

当时的南京市文物保管委员会设在梅园新村 17 号（今中共代表团南京梅园新村纪念馆）。龚钺夫妇住在楼上，我在他家楼下办公。

龚钺夫妇对年轻的我，尤显亲切。我们从点头微笑到嘘寒问暖，我逐步了解他是位知识渊博且健谈的学者。直到龚钺一家乔迁新居后，多年来，我都难以忘记龚钺和他的家人。

龚钺潜心著作，事业有成，早在法国时期，即有法文著作《西耶士的宪法理论》在巴黎出版。1938 年著有《欧美各国现行宪法析要》，另有《比较法学概要》（商务印书馆出版），我有幸在龚钺书房内见过此书。未料耄耋之年的龚钺，犹然徒手"爬格子"，又出版了法学和史学新著《国际法的渊源与发展》《蒙古帝国史》和《中亚细亚与突厥斯坦》。

2007 年 5 月，我在澳大利亚墨尔本大学图书馆查阅《东方杂志》

1938 年商务印书馆发布每周新书通告，
内有龚钺著《欧美各国现行宪法析要》

时，惊喜地看到了 1938 年 12 月 6 日，上海商务印书馆在"每周新书"广告中，向读者推荐龚钺的《欧美各国现行宪法析要》，赞扬"本书取欧美各国最近宪法，钩元提要，缀绎成章，每国一篇，读之不觉其疲，易于省忆。且叙及各国宪法之嬗递及宪政上重要习惯，较之读宪法全文，可得许多补充知识"。

中共十一届三中全会以后，龚钺给邓小平写信，要求政府用其所长。后来信转回中共江苏省委统战部，龚钺的愿望得以实现，江苏省政协委员会礼请他担任法制组副组长，同时推举他为江苏省法学会副会长。他再度执笔，除完成《国际法的渊源与发展》的论文集外，先后写出《论建议权与决议权的区别　民主与集中的协调》《建议制定行政诉讼法》《加强法制有必要树立法律系统》等佳作。

龚钺享寿 95 春秋，诚如其女公子龚昭梅所说，龚先生的胸怀充实而坦荡，一生平和而不平凡。尤值得称赞的是，其著作等身，以毕生的精力，为充实中国法律学的宝库做出了卓越的贡献！这对当今法制建设和依法治国，具有一定的参考价值。

胡适与舒新城

　　为人忠厚，心地善良，乐于助人，是胡适毕生恪守的美德。由于人缘极好，社会接触面广，知名度高，这一良好人品和优越的社会关系，早为胡适的朋友、同事和门人所熟知而看重，因此求助者便不乏其人。甚至有与胡适并不相识的追求者也投函求助，也偶有间接托人求见者，等等。从胡适如山似海般的书信中不难找到受惠者的证据。时任北京大学文学院院长的胡适，在受到北京大学同事钟作猷的拜访求助后，虽不敢说是赴汤蹈火，至少也是未负重托吧。1932年6月17日，胡适为钟作猷给中华书局编译所所长（相当于总编辑）舒新城的亲笔函，便是一件尘封80多年珍贵的遗物。兹将此函，抄录如下：

新城先生：

　　顷见先生复北大钟作猷先生的信，知中华肯收买他的《基本英文典》稿，先生的厚意，我们都替他感谢。但我觉得他此书是一部很有用又很可销售的书，卖五百元实觉太少。我想劝先生允他用抽版税的办法，版税不妨稍低，如百分之十之数。倘蒙允许，不胜感谢。尊意如何，仍乞直接复钟君。匆匆问近好。

弟胡适上
廿，六，十七

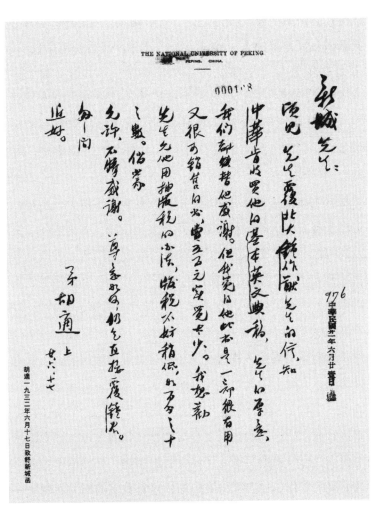

THE NATIONAL UNIVERSITY OF PEKING
PEPING. CHINA.

000108

新城先生：

顷见先生覆此人铸作献先生的信，知中华曾收买他的港本英文典稿，先生如蒙意，我们新城替他致谢。但我以他此本是一种很有用又很可铭售的书，费五百元实觉太少。我想劝先生劝他用抽版税的办法，版税太好稍低，如多至十之数。俗常免许不胜感谢。尊意如何，即乞直接覆铸氏。

匆匆一间

近好。

弟 胡适 上

廿六·七

1931 年 6 月 17 日，胡适致舒新城函

1931 年 6 月 17 日，胡适致舒新城信函

胡适在函中，对舒新城概尊称"先生"，遇"先生""中华""允许""尊意"，均抬头或空一格，表示敬意。对自己，称"弟"（实际上胡适年长舒新城两岁），用"乞""上"谦词，可见其良苦用心！

舒新城是湖南溆浦人。1917 年毕业于湖南高等师范学校英语部。1920 年任中国公学中学部主任。1928 年到中华书局主编《辞海》。1930 年起任编译所所长，后任副董事长及代总经理。1949 年后，当选全国人大代表，上海市政协委员会副主席。1958 年复任中华书局编审委员会主任和《辞海》编辑所主任。1960 年 11 月病逝。一生著作宏富。

舒新城生前置身于握有决定出版大权的重要位置上，他与社会各界贤达之士有着广泛的接触，其中不乏文化巨匠、书画名宿、文辞书家以及高等院校著名教授等。《中华书局收藏现代名人书信手迹》一书中所收致舒新城等信函的现代名人即有 306 位，胡适便是其中一员。诸函中，类似北大钟作猷的要求，以及胡适等名家的斡旋不少，恐怕舒新城欠下的人情债一定也不少。这一点，胡适是心知肚明的，所以他要舒新城将答案直接回复钟君，这是可以理解的。俗话说，在其位谋其政，实际上舒新城在《狂顾录》一书中，曾阐明其出版方针和原则是："我们只求于营业之中发展教育及文化，于发展教育文化之中维持营业。我们为着公司生存与教育文化前途计，很不愿意迎合社会的弱点，作投机的事业。无论什么出版物，必得慎重考虑——我们经过慎重的工作，也有无裨实际的，这是我们的能力问题——所以一种系统的出版物，经过计划、集稿、整理、排校、发行种种手续，常需历时数年。"可见其用心之良苦。

今阅《中华书局百年总书目》（1912—2012），欣知钟作猷的大作《基本英文典》已于 1934 年 4 月初版印行了，这是一个 25 开精装本的英语文法书，英文本。兴许胡适的宣传发挥了重要作用，是年9月，中华书局又给钟作猷出版了《高级英文作法与选读》，32开精装本，这是一本讲述英文尺牍、叙事文、描写文、说理文、论辩文的体裁和写法，并列举范文的专著。次年8月，中华书局再给钟作猷出版了第三本《英文修辞学基础》。9月，中华书局又接连给钟作猷出版了前著姊妹篇《英文修辞学基础习题答案》。一个作者两年内一连出版四本书，这样的好运，实不多见！得此佳音，胡适想必也感到快慰，因为他的辛苦没有白费，好人好心终有了好报！

胡适与门生金承艺

金承艺（1926—1996），满族，爱新觉罗氏宗亲。1945 年入北京大学政治系。曾为北平"中法汉学研究所"研究生。一生专治中国近代史、汉学、政治学，特别是清史研究，成绩斐然。1948 年去台湾，60 年代初担任胡适私人助理，是胡适晚年亲自指导和协助自己整理研究历史文献的得意门生之一。金承艺在台湾历任《自由中国》半月刊编辑、淡江文理学院讲师、台北"中央研究院"近代史研究所助理研究员。"雷震案"后，1963 年辞职避祸澳大利亚。之后，受聘于墨尔本大学，至 90 年代退休。1996 年 6 月，病故于墨尔本。

向北平、上海告别

1946 年，胡适自海外归来，就任北京大学校长。时金承艺是北京大学一年级学生，他曾回忆，开学典礼在北京大学第四院举行，因为"适之鼎隆声望回北大任校长，同学们极望一瞻校长风采，尤其知道他是最长于讲话的人，更希望能倾听任北大校长后第一次动人的演讲。适之先生这天讲话的内容，主要是鼓励同学们要审慎的思考（慎思），要能明辨是非（明辨），他特别强调南宋著《东莱博议》的吕祖谦的话——'善未易明，理未易察'——这八个字，要求大家重视，

胡适在台北与《自由中国》杂志社同人合影（胡适二排中，雷震后排中，金承艺三排左二，毛子水三排左三）

体验这句话。在当时，我是大学一年级已念完，刚要入二年级的学生，以我简单的头脑，以我的年轻无知，对于适之先生的话，根本有'莫名其妙'的感觉，至少我个人当时感到很失望，我想——难道一个享誉国际的学者，就只讲这一点'不知其所云为何'的这种话吗？心中觉得很不舒服。可是也就因为不太了解这句话究竟有什么含义，所以反而把这八个字很深刻地记在心中"。

渐渐地，国共分裂的局势明显，政治形势的紧迫使得每个人不能不面对现实，金承艺自不能例外。他说："我这个一向倾向自由主义色彩的青年人，……也不禁惊愕了。这时我才体味到适之先生在接掌北大后第一次演讲中，强调'善未易明，理未易察'这句话，是有'深意存焉'了。"其实胡适提出的这八个字，是要大家虚心承认"善"不容易明白，"真理"不易弄清楚，必须用自觉的方法去探求。

1947年春，北京大学部分左翼同学要求订阅上海《文汇报》。一天胡适从办公室出来，即被这批学生围住，随即提出要求，胡适当场拒绝了。这时恰好北京大学图书馆馆长毛子水在旁边，胡适遂对这批学生说："只有毛先生有权力订阅或不订阅《文汇报》！"于是这批学生转问毛子水，毛子水不答应，此事也就不了了之了。金承艺在这一场围攻中纯是旁观者，也是反对者。

1948年秋，金承艺认为"局势是一天天地垮下来了"，于是他将他的母亲及弟妹送往台湾。这之后的一天，金承艺在胡适家中茶叙。他后来回忆说："我焦急地向他表示我对时局的悲观，问他本人有否离平或迁校的意思？他苦笑。他说他是支持傅作义的，如果这个时候说迁校，对北方的民心影响太大。"不言而喻是说他对傅作义的兵力"保卫"北平是有信心的，因此对于在北平是走还是留似乎还未做最后的决定。

1948年11月，金承艺真正发现"崩溃是命中注定的了"，他顾不得他的校长做何打算，而是"赶紧离平去津转来上海，准备去台湾与母亲和弟妹们相会"。到上海后不久，令他欣喜的是"适之先生和几位日常与我最投契的先生，如张佛泉先生、王聿修先生等都先后出来了"。

金承艺目睹"在上海的这一阶段，适之先生的际遇最难堪，身为一个丢了地盘的空头大学校长，……自己的言论不被人欢迎，而且到处受人攻击，心情的沉痛，是可以想见的了。但他仍然不灰心！私下里和一些好友们商量，筹组《自由中国》日报在上海出版，……后来上海的局势也不稳定了，遂准备在台湾出版"。

1949 年 1 月 20 日，蒋介石引退，李宗仁任代总统，胡适去南京辞去总统府资政之职，旋再回上海住霞飞路。3 月 20 日飞往台北，住了七天又回上海。4 月 6 日在上海乘船悄然到美国去了。从此，胡适与祖国大陆永别了。但是金承艺却在阔别大陆 35 年后，即乘大陆对外实行改革开放政策之机，曾由香港重返北京探望过亲人。

"雷震案"的涉案者之一

1948 年，金承艺到台湾后，处境又是怎样的呢？按他自己说，他便投入原在上海要出版的《自由中国》半月刊，从开始筹备在台湾出版，直到 1960 年 9 月这份刊物宣告瓦解，他一直是身领其事的少数人之一。1956 年 7 月 16 日，雷震在致胡适的信中说："本刊编辑委员金承艺（创刊前即参加）先生，北大毕业，习历史。自三十八年在师范大学附属中学教史地课迄今，从未间断，深得学生爱戴。今年暑假起不聘了，校长黄澄（西南联大毕业，先生任校长时曾任职员，雪屏任厅长时发表为附中校长）亲自告诉金先生说，还是来《自由中国》社工作吧（校长知金为本社编委）！本社不能安插人，金君上有老母，还有妹、弟，今住在学校二间屋之宿舍。金君住《自由中国》社。金君为旗人，满清时可能是一贵族。不但吃成问题，即住亦成问题了。"作为社长的雷震感到无法解决，于是交给老校长，可是胡适仍无能为力。令金承艺始料未及的是，这份刊物除了给他一时的安乐外，差一点给他招来杀身之祸。

《自由中国》半月刊究竟是怎样一个拥有如此威力的刊物？这得从创办人雷震说起。雷震，1917 年在日本东京加入国民党，后来便在国民政府中担任过许多重要职务，与国民党党政要员有着广泛的联系。由于他与胡适关系较深，思想较开明，1949 年，国民党退到台湾后，一度出任"总统府国策顾问"和"中央改造委员会"下设的考核设计委员会委员。其间，他开始对蒋介石的独裁统治感到不满。1949 年 11 月，他与胡适、殷海光等人创办了《自由中国》半月刊，雷震是社长，胡适是发行人，金承艺是编辑。雷震、胡适希冀通过这份杂志"支持并督促国民政府走向进步，逐步改革，建立自由民主的社会"；另外对台湾社会的腐败现象与蒋介石的独裁大加抨击。这一来激怒了蒋介石。1954 年，雷震被开除了国民党党籍及全部官职。雷震并不屈服，针对当时"反攻大陆"的口号，在《自由中国》杂志提出了"反攻无望论"，进而把矛头直指国民党"法统"，公开反对蒋介石连任"总统"。

1957 年下半年，国民党当局除在《"中央"日报》拒登《自由中国》的广告外，还发动党、团、军的刊物对《自由中国》大肆围剿，声称"最近有刊物不断散发毒素思想，党为了消灭这股思想的流毒，曾严正指示各级组织要正视'思想的敌人'"。1960 年 5 月，雷震在《自由中国》第二十二卷第十期上发表《我们为什么迫切需要一个强有力的反对党》一文，呼吁在台湾坚信民主政治的人，尽快出来组织一个强有力的反对党，为下届选举做准备。同时联合地方反蒋势力高玉树、李万居、郭雨新等人筹组民主党，以打破一党独裁的局面。同年 9 月 4 日，台湾当局以"涉嫌叛乱，知匪不报"之罪名逮捕囚禁了雷震及其同事傅正、马之骕、刘子英等。雷震被判 10 年徒刑。

胡适在整个"雷震案"中，虽然早早辞去了"发行人"的头衔，但他自始至终是胆战心惊，胡适说"金承艺誊写的由成舍我起草的'请求总统特赦雷震'信，他们拿来要我签名"。胡适不无恐惧感。1957 年 7 月 26 日，胡适在给赵元任的信中更是交了底，他说："大半年来，所谓'围剿《自由中国》半月刊'的事件，其中受'围剿'的一个人就是我。"显然胡适是因为德高望重而逃过一劫。

作为《自由中国》半月刊的中坚力量，金承艺也难逃脱"雷震案"的罪名。其实早在1951年9月，金承艺便参加了与雷震、毛子水、殷海光等人的"恳请胡适继续担任发行人"的呼吁。1955年3月22日，金承艺又投入与梁实秋、雷震、毛子水、张佛泉、聂华苓等委员鼓动胡适写一二篇文章，反击大陆正方兴未艾的第二次"清算胡适思想"的活动。加之他曾提出过"让金门成为两岸之间商业交易站"的超前主张，而犯下"前科"。此次"雷震案"起，金承艺早被台湾当局定为问题人物了，只是机灵的金承艺连忙偕妻林慧卿避祸澳大利亚，总算幸免于难。

在这期间，1954年春，台湾召开"第二次国民大会"，胡适自美回来开会。5月4日，北京大学台北同学会在台湾大学召开纪念会并欢迎胡适校长。金承艺回忆："开会之前，北京大学前辈学长狄膺老先生和台湾大学钱思亮校长向我讲：'你是北大年岁最小的同学，今天就由你来致欢迎词吧。'我没有推辞。在致辞时，我就叙述当年胡先生在接长北大第一次主持开学典礼时所讲的那一段话。……那天，胡先生本不预备讲话的，但听到我的讲话之后，他很有感触，对往事的回顾竟勾引起他的话匣子来。他又讲了几十分钟的话。"这是胡适与门生金承艺离开大陆后在台湾的首次重逢，师生自然沉浸在欢快之中。

受邀帮胡适整理书稿

金承艺除了担任《自由中国》半月刊编辑外，他还是淡江文理学院讲师，"中央研究院"近代史研究所助理研究员。作为胡适的助理，他也被胡适看好。尽管胡适有点信心不足，终究仍对他委以协助自己整理文献之重任。

据胡颂平记载，1961年1月12日下午，胡适把胡颂平叫到书房，指着书桌上的一张纸，上面写着姓名，对胡颂平说："这三个人都是《自由中国》半月刊的人。现在《自由中国》决定停办了，这三人都要另外安排工作，其中一名金承艺想到台大法学院去教书，听说一时还没有成功。他是北大的学生，我想请他到此地来。""我有许多档案需要早点出版的，由他专门来管我的那些档案，可以早点印出来。"胡适随后取出一本《历代法宝记》，因为错误很多，上面有他批校的文字，需要早日出版。又说："还有一部《坛经》，也是花了我不少工夫，需要出版的。这两部共有十多万字。如果金承艺肯来的话，可以增加生产了。"而且胡适还说明，准备私人出钱，每一个月给他一千元。

当天下午五时半，金承艺应约来到胡适家谈这件事。事后，胡颂平出于好心，对胡适说："先生到院之后，没有用过一个人，为什么不把他安在总办事处里？私人出钱，他不是院里的人员，他的配给也没有的。"胡适问："他需要配给吗？"胡颂平说："配给就是柴米油盐。一个人的配给也值二百元光景。"胡适未置可否。

两天后，1月14日早上，胡适很高兴地告诉胡颂平："金承艺来帮忙，他来了之后，可以督促我工作，我非增加生产不可。"胡适又说："他是爱新觉罗，改姓金的。原是顺治直系后裔的大贵族。"胡颂平再次建议将金承艺"安顿在总办事处，使他工作起来也方便多"，胡适没有答允，说："我私人出钱，可以不受院里用人章程的约束。他本来要到台大教书，等台大聘他时，或许他要出去的，他可能是临时工作，不必占个名额。"

一个星期后的1月19日，金承艺到了胡府。胡适拿出早已准备好的《胡适文存》三、四集，其中包括有关神会及《坛经》等佛教经典文章，都夹上了纸条，交给了金承艺，他说："我预备出《神会遗集》，请你先看有关的文章，这是准备工作。等你准备好了，再给你正式工作，我希望你来增加我的生产。"胡适另外给金承艺《神会遗著两种》及《问答杂征义》各一本。又说："你需要什么帮忙的地方，颂平可以帮你。"金承艺走后，胡适对胡颂平说："不晓得金承艺怎样，可以训练起来吗？"

1月24日，胡颂平告诉胡适，他昨晚在交通车上与同车的严耕望"谈起先生私人出钱请金承艺来帮忙整理有关佛经方面的著作。严耕望说，先生的著作这么多，应该有人来帮同整理，早日把它出版。他强调说，先生的著作都是学术上有重要贡献和影响的，请人来整理，不是先生私人的事情，乃是国家学术上的事情，自己出钱请人来帮忙，未免矫枉过正。我们都觉得先生的训练年轻人，是为国家培植人才的责任"。胡适说："严耕望的意思很好，训练一个人是不容易的。像金承艺，他对佛经方面是完全不懂的，现在要他来做这件工作，年纪也大了，还不知道训练得好吗？现在还在试试阶段。我过去都自己工作，从不雇用别人，所以许多信都不曾留稿。现在还只是开端。"显然此次要金承艺帮忙整理意在留底稿，因为他对这位门人心中是有数的，虽有疑虑，但还是寄予厚望的。

胡适交给金承艺的各项任务，是否已经完成？从1961年6月17日，胡适"留王志维、金承艺、胡颂平三人午饭，先生举起酒杯来，说'希望明年今日，我已经是一个自由身'……随后谢谢大家对他的帮忙"来看，金承艺已完成了恩师所托之各项文献整理任务。

1961年9月16日，胡适因拥有陈垣（1880—1971）先生赠送的于敏中（文襄）亲笔信五六十封，陈垣原已编出次序，但胡适认为有错，于是又重新编了一下。事后，胡适决定再"交金承艺先生次序重编"，至此方告结束。这是有据可考的金承艺帮助胡适进行学术工作

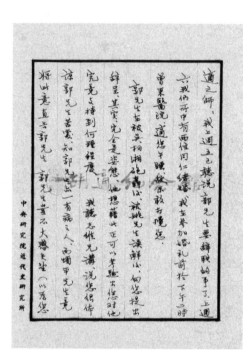

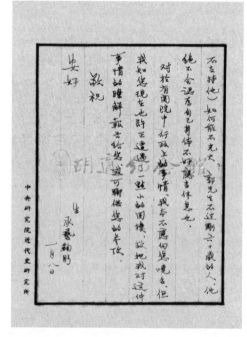

金承艺致胡适信函

的最后一次。

致函胡适陈述郭廷以辞职的内因

1961 年 11 月 18 日，胡适接到一封批评近代史研究所使用福特基金会补助费存在问题的信，矛头直指该所筹备主任郭廷以。不堪忍受的郭廷以于 1962 年元旦，托病向住院的胡适表示要辞掉筹备主任之职，当场留下辞职信。病中的胡适仍多加挽留，虽说"你的辞职，我〔说的〕不算数的"，但也陷入烦恼之中。

1 月 8 日，身为郭廷以下级、该所助理研究员金承艺，闻讯后立即给胡适写了一封信。函曰："适之师，我上周五已听说郭先生要辞职的事了，上周六我们所中有两位同人结婚，我在参加婚礼前于下午二时曾来医院，适您午睡，故未敢打扰您。郭先生在被吴相湘炮轰后，被姚〔从吾〕先生误解后，向您提出辞呈。其实，完全是姿态，他想借此正可以考验出您对他究竟支持到何种程度。我听志维兄讲，说您很体谅郭先生苦处，知郭先生亦有病之人，而颂平先生竟将此意直告郭先生，郭先生岂不大感失望（以为您不支持他），如何能不光火？郭先生不过刚六十岁的人，他绝不会认为自己身体不好，应当休息也。对于有关院中行政上的事情，我本不应向您晓舌，但我知您现在也许正遭遇了一点小的困扰，故把我对这件事情的了解报告给您，或可聊供您的参考。敬祝安好。生承艺鞠躬　一月八日。"

1 月 11 日，胡适出院回家，连夜口述，由胡颂平记录给郭廷以写了一封信。函曰："量宇兄，一月三日你来医院看我，坚决要辞职，并把辞函留在我的病榻边。这件事确曾使我感到很大的矛盾和困惑。这几年来，你任劳任怨，我很佩服你的精神，并且时常向人称赞你的美德。你几次向我辞职，我总是劝你勉为其难，不要抛弃你自己多年培养起来的'孩子'。别人对你的批评，从来不曾减少我对你的支持。此次你因为'自去春病后，体力迄未复元，难胜繁巨之任'，要'辞去近代史研究所研究员及筹备主任本兼各职，俾能充分休养……'并且你那天好像还对我说'不愿意把这条命送掉'一类的话。我和你同是心脏病人，去年二月二十五日，你和我同日被送进医院，去年七八月间，我在南港卧病，你来看我，我觉得你有发病之状，曾将我床边的药要你吞下，并请护士小姐扶你在客厅沙发上躺下休息。这些事都使我比较了解你病后的体力状态。我每对朋友说：'我自己病了，多蒙朋友们爱护我，不许我工作，使我长时期的休息；我的朋友们病了，我应该同样的爱护他们、体谅他们，不应勉强他们做可以妨碍他们的体力的工作。'我对杨树人兄这样说过，我对李先闻兄也这样说过，所以我看了你的辞职信，确曾有过三整天的踌躇、烦恼。简单地说，我绝对没有理由不重视你的健康。一月十六日早晨，我在病床上还在嘱托胡颂平兄赶往贵府的时候，你打电话到医院对胡颂平说，你下星期二起就不到南港办公了，这就使我觉得事态更紧迫了，所以我赶快请颂平兄赶到府上，代达我的三个诚恳请求：第一，我请你千万不要辞掉近代史研究所研究员与福特基金计划咨询委员，因为所内许多青年人需要你的指导，又因为福特基金的补助是你一年来努力的成果。第二，关于近代史研究所筹备主任的事，你和我都应该有一个长时间从容商量这件事，当然最好是你打消辞意（这好像是一个心脏病人对于另一位心脏病人的'不近人情'的请求）；即令万不得已，你和我也应该平心静气地考虑什么人可以暂时接替你，所以我很虚心地请颂平兄向你打听你在一月三日当面向我提出一位可能继承的朋友，并且很虚心地访问有无别位可能继任的朋友。第三，无论如何，在你和我没有能够从容考虑上述第二问题的时期，你千万不能摆脱所务，请你务必照常办公。以上是我当日拜托颂平兄代为恳请你的三件事。

后来我又托杨树人兄全权代表我劝你、挽留你，并且请他劝导我们想邀请的咨询委员们，使我们的咨询委员会可以开会。我早就想写一封信给你，在医院里起几次的头，都没有能写下去，因为我还在医院和护士的看护下，我不忍违背他们和我的朋友们监护的好意。我昨天出院，今天口授这封信转达我的诚意，请你谅解。假如你不太怪我不近人情的请求，我盼望你不要轻易辞去近代史研究所筹备主任事，我很诚恳地盼望你在不过分妨碍你的健康的条件之下，继续做我们应该做的事。杨树人兄告诉我，我们的咨询委员会可以开会，我可否请你早日定期召集咨询委员会，讨论研究我们的计划？可以吗？我想请树人兄协助你安排这个会的进行。（我还想请树人兄列席咨询委员会。）我现在暂住福州街二十六号。今天这封信是违背了医生、护士和内人的'命令'写的。我盼望不久你能来谈谈。敬问双安。弟胡适敬上。"

胡适这封长信在他书信集中应是不多见的。这封信是他在出院抵家当夜，违背胡夫人"命令"写就的，是在看过金承艺的那封密件之后怀着复杂心情写出的。这封长信是胡适力挽危局的刚柔并济之策，反映出胡适平等待人、以诚对人、以情感人、以理服人、以心及人。你我同此冷暖！释放出温馨的亲和力和强大的影响力！终使那位带有几分"矫情"也不乏实意的郭廷以折服。

郭廷以在收到胡适这封长信后，幡然醒悟了。次日，郭廷以即赶往医院看望胡适。据胡颂平《胡适之先生年谱长编初稿》记载："一月十二日（星期五）郭廷以来谈半小时。他说昨夜听到有人说他要威胁先生的话，十分惶恐。他表示对先生只有感激。咨询委员会的事，请树人用先生的名义召开，他一定会参加。近代史研究所筹备主任的事，只要先生以后找到继任的人，他随时可以交人家的，就决定这么办了。郭廷以告辞后，先生要胡颂平把刚才谈话的经过告诉杨树人，先生留一个条子给王志维：'志维兄：量宇兄来看我，已取消辞职了。'"关于郭廷以辞职一事，就这样被胡适的妙手化解了。

　　1月12日，胡适在处理完毕郭廷以辞职一事后，还要人"请承艺兄将我的《大藏经》的'史传部'二、三册检出，有便送来看看"。可是谁也没有想到，40天后——1962年2月24日，胡适因心脏病猝发仙逝了。未料这一天却成了金承艺与恩师胡适最后见面之日了。

避祸澳大利亚　觅得一方乐土

　　金承艺作为身涉"雷震案"的人员之一，不得不离开，去了澳大利亚。他的近代史研究所同事王尔敏说金承艺是1963年在近代史研究所辞职后到澳大利亚去的，但未说明辞职原因，也未说明为何选择澳大利亚。

　　金承艺为何能受到澳大利亚的接纳和欢迎，这也是有多层原因的，第一，1962年的台湾当局与澳大利亚维系着关系；第二，他满清贵族后裔的身份；第三，他是大学者胡适的门人和曾经的秘书；第四，曾在台湾几所高校执教，经验丰富；第五，曾是台湾"中央研究院"的研究员，并有专著问世，有清史翘楚之美誉，等等。因此，从1963年起，金承艺偕夫人林慧卿移民澳大利亚，求得安居乐业。金承艺受到墨尔本大学东亚研究系的重用，如鱼得水，一面执教东方学，一面从事学术研究，还为他人鉴定文物字画，从而在海外声名鹊起。

　　在墨尔本大学期间，金承艺曾与在澳大利亚国立大学任教和从事研究工作的华裔学者如骆惠敏、柳存仁、王赓武、王铃等交往甚密，用金承艺的话来说，"我们因属同好，每一聚晤，倾谈不尽，互换心得，深为投契"。1986年3月，金承艺应邀携带《清代吴可读的〈罔极编〉》考据论文去堪培拉出席一个学术研讨会，其论文受到了热捧。

金承艺远离是非之地，在澳大利亚觅得一方乐土，于本人是一件高兴的事。也有不同看法，比如，台湾著名作家李敖一声叹息，他说："当年《自由中国》的英雄，我们今天看到还剩几个了？我现在只承认一个胡虚一，他还在作战。其他的像聂华苓跑到美国去了，金承艺跑到澳大利亚去了……"1992年台湾学者徐怀谦曾到墨尔本拜访金承艺，受到金承艺夫妇的热烈欢迎。2003年12月3日，在澳华人女画家郁风从布里斯班专程来墨尔本拜访金承艺夫人，当林慧卿得知郁风是中国著名作家郁达夫的侄女时，十分激动，双方交谈甚欢，临别时，林慧卿还提供了台湾女作家林海音的家庭电话，为郁风赴台湾拜访林海音提供了帮助。

为《胡适之先生晚年谈话录》一书写批注

《胡适之先生晚年谈话录》是胡适最后一任秘书胡颂平编著的大作。该书于1984年5月由台北联经出版事业公司出版。全书322页，由毛子水作序。

胡颂平在随侍胡适的岁月里，把胡适的一言一行都记录下来，特别是将胡适晚年的言谈辑起来，弥足珍贵。除了编入《年谱长篇》以外，均收入该书。

胡适学识渊博，见闻广阔，他的谈话内容，小到一个字的读音、一首诗词的字句，大到国际局势的演变、社会背景的探索，无所不包。或茶余饭后，娓娓道来，逸趣横生；或有感而发，意气飞扬。不仅展示了胡适幽默风趣的谈吐、忧国忧民的情怀，更足以代表他晚年的智慧。

金承艺在墨尔本大学授课期间，便对这本《胡适之先生晚年谈话录》产生浓厚的兴趣。他认真阅读，特别是对涉及他的事件，信手加批添注。其目的一是为自己而辩，二是对他人他事有感而发。他不仅对该书作者稍有微词，就连对恩师也有褒有贬，难免成"有矢之的"。他的批注本意只是写给自己看的，故言词未加修饰，语气很坦诚，立意公允，实在无伤大雅。

现将金承艺的批注分成两类：一、在胡适言论旁画上长长的红线，未加批注，表示赞赏和认可；二、用红字并加标点直截了当地对言论提出认同、质疑或批评。

（一）画线部分

1958 年 12 月 2 日，"今晚在车上，先生谈起师门五年记，等于替中国公学做广告"。

1959 年 1 月 23 日，"以后我们写信，遇到重要的字，最好要写正字。我总觉得爱乱草书的人，神经不太正常"。

3 月 20 日，"久而敬之这句话，也可以做夫妇相处的格言"，"要能做到尊重对方的人格，才有永久的幸福"。

3 月 30 日，"做研究工作绝不能由别人代查的，就是别人代为查出来，还是要自己来校对一遍"。

5 月 16 日，"你们作的诗，如果不预备给别人看的，你作好了就烧了，那就随便怎么作都可以；如果要给别人看，那一定要叫别人看得懂才对。……第一要明白清楚，第二要有力量，第三要美。文章写得明白清楚，才有力量；有力量的文章，才能叫作美；如果不明白清楚，就没有力量，也就没有美了"。

5 月 29 日，"对于肤色不同的成见，世界各民族都是一样"。

10 月 27 日，"要看人家诗的好坏，要先看他的绝句；绝句写好了，别的诗或能写得好；绝句写不好，别的一定写不好"。

1960 年 1 月 9 日，"小孩子教不好，都是做母亲的没有耐心的缘故"。

2月6日，"一个爱国的人，不能把自己看得太重"。

2月27日，"当年蔡先生是不管事的，一切由杨杏佛独断独行，蔡先生受了杏佛的累不少！那时自由人权大同盟要我和杏佛参观北平的政治犯监狱，他回到上海后的报告并不实在。我在北平的英文报纸上声明杏佛的话完全不确，因为我是亲眼看见的"。

3月16日，"丁文江以为他的上代没有到了50岁的人，常怕他自己不会得寿。我告诉他不要相信那一套"。

3月31日，"怎么叫作通？第一要懂文法，第二要把意思表达出来。诗是如此，作文也是如此"。

4月25日，"我的文章改了又改，我是要为读者着想的。我自己懂了，读者是不是跟我一样的明白？我要读者跟我的思想走，所以我写文章是很吃力的。这是一种训练，这种训练是很难的"。

12月5日，"黄河有约五千公里的长度，带着混浊的泥沙下来，怎么会清？所谓'河清'，事实上是不可能的"。

12月7日，"我到任何机关是不带人的。我不带人，什么人都是我的人"。

1961年3月16日，"他们说西洋参可以强心，没有这回事"。

3月22日，"学外国语，要年纪轻些出去才好"。

9月20日，"我总觉得写字叫人认不得，是一件不道德的事"。

12月28日，"此间人家写的五四运动的文章，我连看都不要看，他们只有党派的立场，绝没有客观的判断"。等等。

金承艺赞赏胡适的这些话语，直接歌颂了胡师一贯的恪守道德底线和坚持严谨文风的精神，并且认同恩师的人生观、道德观和价值观。

（二）点评部分

1959年4月16日，胡适生病住院期间，看完了四本《基度山恩仇记》，金承艺用红笔批注："我成年后从不觉得《基度山恩仇记》有意思。只觉得是瞎'扯淡'而已。"

4月29日，胡适说："陈之藩用英文写的《氢气弹的历史》……文字很美。"对作者是学工程的竟能写出如此佳作，甚为赞许。金承艺则批注："所说之藩的事，多不正确。"

1960年1月4日，胡适记"钱用和、张邦珍、吴望伋等来，他们谈起以后的毛笔要淘汰了"。胡适说："我相信下一代会比我们写得高明。"钱用和说："他们会比我们高明，但绝不会比老师高明。"金承艺毫不客气地批注："这种'马屁'实在狗屁。"

3月16日，胡适说："让每个人都有在他职务以内的权力去处置事情，才能达到无为而治。他们遇到困难行不通的时候，我可以告诉他们：如果你管了一件事，以后别的事也要你来管了。一个人什么事都要管，结果什么事也管不好，这是不足为训的。"金承艺连批："我一直相信适之先生拥大政治家的才能。"

3月23日，胡适曾慷慨地说："一个人到了某一种阶段，没有人肯和他说实话，那是最危险的！"金承艺批曰："适之师岂不亦遇此种情况。"显然这是有所指的。

3月27日，胡适说："孟真（傅斯年）是很守旧的，那时穿上大袍褂，拿着大葵扇，来跟自己学习，丢旧拾新的。"金承艺批曰："我看傅孟真一样是'不通'的。"

6月3日，胡适说："雷震、夏涛声来，他们要组一个反对党，我劝他们不必组织反对党，而且一定没有结果的，他们不接受劝告，只好由他们去了。"金承艺批曰："何以只记事，无谈话？"

6月21日，胡适说："中古时代，从三国末到唐朝的文章，有许多是不通的，因为活的文字已经死了，用死的文字来写活的语言，所以很少能做通的。"金承艺狂言不羁地批道："适之师的意见，幼稚可笑！"

11 月 19 日，胡适为凌鸿勋的大作《詹天佑先生年谱》作序，写好后交胡颂平先看一遍，说："替人作序是件苦事体，你看行不行？"胡颂平说："先生文章哪有不行的道理？"这本是一件很平常的事。可金承艺看不惯当面奉承，批曰："为什么？"接着又写道："我就不喜欢这种马屁。"

1961 年 3 月 17 日，胡适对蒋复璁说："书，是要人看的，宁可让人把书看烂了，总比搁置书库里烂了好些。"金承艺极其佩服地批曰："又是一语破的！"

4 月 11 日，胡适感慨地说："一个人的日记，生前是没法发表的，一发表，一定会牵涉到许多人。"金承艺十分赞成，批说："一点不错。"

5 月 2 日，胡适看到李石曾发表的《谈五月》的文章，此人竟"将自己日记写错了，这都是粗心、大意、苟且的毛病！"金承艺不仅与适之师同感，而且还冲出一股怒气，痛骂"李石曾在我眼中，总有'老混蛋'的感觉"。

5 月 14 日，胡适对他的特别护士徐秋皎说："娶太太，一定要受过高等教育的；受了高等教育的太太，就是别的方面有缺点，但对子女一定会好好管理教养的。"金承艺顿生疑窦，批曰："先生之言何所指乎？"

6 月 30 日，胡颂平说只有两个人——丁文江、傅孟真才够得上做胡适秘书，胡适听后大怒，说："瞎说，他们两位的学问比我好，都可当我的老师。"金承艺连呼："我不同意。"

9 月 19 日，胡适平时常说："任何事我都能容忍，只有愚蠢，我不能容忍。"金承艺连叹："旨哉，斯言也！"

金承艺是凡人，胡适也不是神仙，因此门人偶尔对恩师"出言不逊"，可以说是一种释放、一种宣泄、一种感悟。这既不为过，也没超出底线。这也不影响金承艺在本质上对恩师永远的尊重之情。

评论胡适的祭文和挽联

胡适仙逝后，为了怀念他，凡达官显宦或低微布衣，认识胡适的和不认识胡适的，都以悲戚的心情写出祭文和挽联，竟达千件之多。这些挽联，很多出于名家之手笔，有的文情并茂，有的言简意赅，感人至深！1962 年 3 月，台北丰稔出版社将各方纪念胡适的文章、祭文和挽联汇集起来，取名《纪念胡适之先生专集》出版，公开发行。

金承艺认真地阅读了专集并进行了评说，一视同仁地剑指有名气的和不见经传的作者。他用红字对错别字进行纠正，还对"北大台湾同学会"的祭文，批上"不文不白，甚么东西！"八个大字，宣泄了自己是北京大学一分子的不满情绪。金承艺对其中 20 副，在顶端画上一个红圈，似乎给予肯定。对其中的六副则有轻重不一的批评，如在蒋匀田的下联"与公同属围剿人"旁画上红线，在姓名下谩骂其人"不通。这种人还说'与公同属……'真狗屁！"如对黄祝贵的挽联"民主自由音容已渺　科学实验规模犹存"，金承艺则批说："不能因适之先生一人死去，即说'民主自由音容已渺'，有语病。"而对胡钟吾的挽联下联开头几个字"开会以还看民主与自由……"不仅画了质疑的红线，还在红线旁写了"根本不通"四字。我以为这也是从语法角度讲的，应该说并无恶意。对于事实有出入的挽联，金承艺则心平气和地加以纠正。如对姚谷良将胡适写成"出生台东……"，则用红字纠正："适之先生非出生于台湾也。"作者宋英犯了与前者同样的错误，写成胡适死后被"火化"，金承艺也用红字"适之先生遗体并未火化"，照纠无误。

令金承艺愤怒并用了不够文明的话进行狠批的也大有人在，最突出的莫过于对陶希圣了。陶希圣所撰挽联："平生风谊兼师友　一代儒林失栋梁。"金承艺在此上联之右侧画了一条红线，并在红线之下写下"无耻之尤者也！"六个令人触目惊心的红字。人们不禁要问，金承艺缘何对他这位北京大学学长如此痛恨？胡适是1917年初抵北京大学任教授，陶希圣此时只是北大的一个学生，1922年才毕业。论资历，胡适与之是师生关系。陶氏于1931年任北大教授，从而与胡适成为同事。1938年，陶氏随汪精卫投敌，沦为汉奸。在此期间，胡适奉命写信规劝陶氏回首是岸，陶氏未听！1942年，陶氏回渝，揭汪日秘密谈判内幕，旋由蒋介石任命为国民党高官。1949年去台湾，依旧位尊，直至死亡。胡适仙逝，陶希圣还是治丧委员会的委员。这样一个有投敌污点的高官，而又有负胡适栽培的学生，现在竟侈谈什么"平生风谊兼师友"，怎能不遭受同为胡适门生的鄙视与谴责！这是无可厚非的事嘛！

论文多篇，专著一部，清史研究翘楚

综览金承艺的一生，他主要在台北近代史研究所和在墨尔本大学执教期间，发表了不少清史的论文。1973年11月，在墨尔本大学东亚研究系授课之余，写出《慈禧太后的家族》。1975年2月，写就《从〈永宪录〉来讨论年羹尧的年岁》。1976年，写就《从"胤禵"问题看清世宗夺位》；是年11月，再写就《胤禛：一个帝梦成空的皇子》。三年后，他又写出《"胤禛"非清世宗本来名讳的探讨》。1980—1982年间，写出《皇太极的继承汗位》。1981年初，写成《关于清世宗皇三子弘时》。1983年5月，写出《一项有关清世宗是否夺位的重要问题之探讨》。1983年11月，写就《关于李莲英的记述》。1984年9月，写出《萨尔浒战前的辽东情况》。1985年12月，写就

《康熙帝玄烨入承大统实录》。1986年，在《传记文学》上发表《名妓小凤仙的出身与下落》。1987年10月，在《传记文学》上发表《从王国维一封重要的信札说起》。1988年2月，在《传记文学》上发表长篇《吴可读〈罔极编〉手稿的发现——一个真史料掺入假史料的举例》。同时刊出但世间已失传的，尚有《关于同治帝遗诏立载澍为帝一事的辩正》《努尔哈赤的一生》等。以上论文发表于《"中央研究院"近代史研究所集刊》和台北《"故宫"季刊》、台北《汉学研究》以及台北《满族文化》。金承艺在撰写文章时，旁征博引，注重考证，这与他师出胡门是有很大关系的。诚如阎崇年先生所说，金承艺对于清史的探索，用功颇勤、独具慧眼、另辟蹊径、卓有成绩，特别是不循众见、不畏人言、尤重争鸣、鼓动思辨，旨在寻获真理。这是正直学者的品格与风范！以上力作，已由孟繁之先生编成《清朝帝位之争史事考》，于2010年由中华书局出版了。

此外，金承艺还在台北《新闻天地》杂志上发表了一篇《敢于孤独的人》。这是一篇讲述他在北京大学初识胡适师，随后各奔东西、殊途同归于台岛的凄苦经历的佳作，文中提供了一些世人鲜知的秘辛。

金承艺勤于写作，其文不在澳大利亚发表，实因本地虽有少量中文报刊，但无力接纳学术论文，尤其是长篇大论；而墨尔本大学更无中文创作园地。所以金承艺只好将作品寄往台湾的《自由中国》《"中央研究院"近代史研究所集刊》《"故宫"季刊》《汉学研究》《大学生活》《传记文学》《新闻天地》等刊物发表。虽说金承艺的生活看似平平淡淡，但其学术研究却是有声有色。《清朝帝位之争史事考》是其清史研究文章汇集，也是其生平唯一的学术宏著，但它是由别人在金承艺逝世后的第四个年头编成出版的。该书出版后，得多方推荐，金承艺亦被称为研究清史的翘楚。

胡适为胡汉文题词

胡适曾在台湾赠"汉文弟"一幅亲笔题词,"汉文"姓胡,为"胡汉文",乃胡适的族弟。胡颂平在其《胡适之先生晚年谈话录》中说,1959 年 11 月 14 日,"先生的族人胡汉文告诉胡颂平说,绩溪上庄姓胡的有两千户。他们的一支分作六房。先生是大房,胡文郁是二房,他是六房。这个村庄里也有各种日用品的小铺子,还相当的热闹,现在村名改称'适之村'了"。

胡适赠"汉文弟"之墨宝

胡汉文实为著名的安徽百年老店胡开文笔墨庄的正宗传人。胡开文笔墨庄始创于清乾隆四十七年(1782)的安徽休宁县,创始人胡天注。之所以取名"开文",意在"天开文运"。清同治八年(1869)在屯溪开设分店。事业有了发展,遂又在明光、安庆增添分店,主制贡品。到了清光绪十六年(1890),进入全盛时期,声誉日隆!总资产达二十万银元,职工有百余人,高级墨产量约三百担,产品远销北京等大城市。到了清末宣统元年(1909),因为社会需求量有了变化,胡开文笔墨庄不得不把重点转向普通墨的经营,遂改店名为"胡开文墨店"。至民国成立后,墨店已衰败,休宁总店的职工仅有六人,歙县分店也只剩下五人。但此伏彼起，芜湖分店却异军突起，有了发展，市场遂扩展到合肥、六安等地；抗日战争后，又扩展到郑州、开封等地，年产各种墨高达一万斤。待传到胡汉文这一代时，颇有作为的胡汉文又将总店迁到了上海这个当时中国最繁荣的大都市，生意做得异常风光，随后又在其他城市开办分店。由于他全心全意的付出，终获得满意的报酬，胡开文墨店已誉满华夏。

1922年9月9日，胡适兴致冲冲地"到老胡开文，坐了一会儿"。抗日战争期间，1943年2月5日，胡适情有独钟地再"到老（胡）开文，见祥钧叔"。

就在上海即将被解放的前夕，1949年3月底，上海胡开文墨店老板胡洪开，知道胡适正在上海，想邀请胡适赴家宴，向这位著名乡亲征询意见。胡适遂偕长子胡祖望赴宴，主宾之间说了什么，未见记载。宴后，祖望即去台湾，转去泰国曼谷。4月6日，胡适从上海登上美国"克利夫兰总统号"海轮，第六次赴美，从此再也没有回过大陆。此时胡汉文、胡洪开和国民党的上层人物怀着相同的心态，不过他们是生意人，为了扩张业务，胡汉文决定在台北开一家分店。他遂将上海总店的存货，装了两船，运到台北。

1949年4月，上海解放，胡汉文知道自己已回不了上海了。于是他在台北市重庆南路开设了专卖文房四宝的胡开文笔墨庄。为了招揽顾客，店中还挂着胡适亲笔题词。老店新开，风光一时。未料时运不佳，这座中华百年老字号商店，因为欠款无力归还，据李敖先生说，终被银行拍卖掉。而胡汉文退而靠卖水果度日。一代名店、一代名主，就这样被时代潮流湮没了！

至于胡汉文留在大陆各地的笔墨店，在公私合营后，已改头换面重新华丽登场了。令人高兴的是，如今绩溪上庄仍有由胡天注后人开办的"胡开文纪念馆"。

题词解读

由于胡开文生产徽墨的作坊和胡家小院只隔着一条小小的巷子，胡适自幼便是在徽墨芳香中成长的。往后胡开文笔墨庄名扬天下，被徽墨浸透了心灵的胡适，一生都未离开过徽墨、宣纸和歙砚，为各界人士留下了难以统计的墨宝。

翻阅胡适日记和书信，以及胡颂平编著的《胡适之先生年谱长编初稿》（增补版），发现胡适与胡汉文在台湾特别是台北这一阶段的交往还算不少。1954 年 3 月 12 日，胡适在日记中记道："郊游（胡汉文先生邀）。——改期。"另外，还知胡适离台赴美前，1953 年 1 月 10 日，胡适曾偕长子胡祖望出席过绩溪旅台乡胞的欢迎会，胡适应邀在讲话中勉励乡亲要发扬"徽骆驼""绩溪牛"的传统精神。兴至劲来，胡适挥毫为绩溪会馆题写了"努力做徽骆驼"的题词。

1954 年 3 月 14 日，胡适离美第二次返台时，应邀出席绩溪同乡程本海等的欢宴，重提"徽骆驼"精神。这两次同乡欢迎宴会中，胡汉文是必不可少的人物。1958 年 12 月 26 日，"晚七时，有胡汉文的宴会"。1959 年 4 月 21 日，"下午来看的有王世杰、雷震、胡汉文等"。11 月 14 日，"下午，胡汉文夫妇来访"。1961 年 2 月 15 日，春节期间"来南港拜年的有杨亮功父女、严耕望、胡汉文全家等"；26 日，到医院探望胡适签名的有刘真夫妇、金承艺、胡汉文等。另 27 日、28 日，3 月 2 日、12 日、14 日，4 月 3 日、4 日、9 日、11 日，5 月 3 日，11 月 27 日、29 日，12 月 5 日、14 日胡汉文夫妇均往医院探望病中的胡适。因来者众多，除政要外多以签到的方式，表达祝福之意。1962 年 2 月 7 日，"胡汉文夫妇来拜年"。未料这是最后一次。

1961 年 12 月 17 日是胡适 70 岁生日，台湾各界举行了隆重的纪念活动，活动中又出现了胡汉文的身影。因为是日胡适因病住院，从早晨八时起，胡汉文与罗家伦、蒋梦麟、杨亮功、胡颂平等到医院签名祝寿。此外，胡汉文又与钱思亮、陈雪屏、樊际昌、俞大彩、杨亮功、徐可缥、胡颂平、王志维等合送给胡适和江冬秀晨衣各一套。

1962年2月17日，胡适在南港家中，胡颂平说这天"胡家健、胡汉文来，先生要胡颂平加入谈天，笑着说：'今天是我们姓胡的的会议。'"胡适的幽默，立刻赢得一片欢声笑语。一周后，胡适便驾鹤西去。胡汉文每思他人生中与胡适欢聚的最后一天，就悲伤已极！

胡适逝世后，丰稔出版社于3月出版了《纪念胡适之先生专集》，内中收录了胡汉文写的"永仰音徽"。胡汉文还是治丧委员会的委员，排第52位。1962年2月25日，治丧委员会全体委员在台北极乐殡仪馆的灵堂，瞻仰胡适遗容并举行公祭与出殡活动，是与胡适永别的时刻。

胡汉文客死台湾，胡开文笔墨店永远歇业后，当年胡适给胡汉文的题词便由其子收藏。1956年，李敖先生上大学时曾在店内看到过这幅字，应该是外界观赏到胡适此字最早的人了。胡适这幅题词，采用北宋政治家、文学家王安石的《登飞来峰》诗中的后两句，用的是惯用的楷书，字迹工整，无标点。全文如下：

> 不畏浮云遮望眼
> 自缘身在最高层
> 汉文弟　适

李敖先生说，王安石这首诗"因寄所托的伤心，挥洒无余。胡适以'胡笔徽墨'出之，也别具怀抱"。胡适借用王安石的诗，激励同乡、族弟要不畏浮云岁月，寄望高瞻夺前程。

胡适是否给胡汉文族弟只写过这一幅题词？答：非也。近得知胡适于 1961 年 5 月 24 日，为胡汉文写了另一幅贺词。文曰："苍珮室　百余年前我族开文先生以此室名制墨，今题贺　汉文弟新厂落成　适之。"胡适还为贺词作了解读："胡开文用苍珮室名制墨。他的儿子如淳就用这些墨作为贡品，当时十八省都风行了苍珮室的墨，他家是很阔气的。"

胡适与戈公振

　　1995年，我有幸参加江苏省近现代文物鉴定组工作，在东台市博物馆喜见一封束之高阁85个春秋的胡适致戈公振亲笔信。查阅胡适有关传世档案手稿信函中均不见，有理由说，此次是首次面世。不过此并非二人往来唯一信件，戈公振在1928年11月19日，在上海曾给胡适写过一封信。

　　本函原藏东台市戈公振家中，后由其侄戈宝权捐献给东台市博物馆。专家鉴定组一致意见评定为该馆一级藏品。

　　本函为"中国公学大学部校长室用笺"，八行信笺，年月日系木刻字，下端刻"校址吴淞炮台湾"。函文及月日系墨笔竖写正楷字，有繁有简。函中遇先生则抬头，以示尊重，对自己则称弟，颇有降格以求的谦意。函仅署"壹月三日"，考定为1929年1月3日。

　　1928年4月30日，经中国公学校董事会推荐，胡适继任校长。新校长走马上任，面临的是人才、经费匮乏的局面，想要办好一所私立大学，殊非易事。胡适的出现给全校师生一副新面孔，受到各派师生的欢迎，学校局面很快便安定了。原来公学只有300余人，据罗尔纲先生回忆，一年后便发展到1300多人。学生安心潜研学问，公学"宁静得犹如我国古代的书院"。

1929 年 1 月 3 日，胡适致
戈公振亲笔函

罗尔纲亲身体会到，胡适继承了蔡元培"兼容并包"的优良传统，他聘请教授，不问派别，不限资格，如有马宗霍教先秦古文，有左派作家白薇教戏剧，有青年作家沈从文教小说创作，另有名家陆侃如、冯沅君教古典诗词，有郑振铎教西洋文学史等。其中陆侃如、冯沅君和沈从文都与学生的年龄相仿。胡适以身作则，他虽为一校之长，仍兼文理学院院长，每周四上午在大礼堂为学生讲授"中华文化史"大课。

胡适为让学生多方面接受教育，特别是提高专业人才的专业知识，想到了在社会上网罗杰出人才充当临时教授，作为补益。1928年底，胡适向当时沪上著名报人戈公振发出邀请，戈公振便允诺于当月 5 日上午 10 时到校演讲。胡适为了提个醒，1929 年 1 月 3 日，再给戈公振发去亲笔函，以表诚意。

胡适为什么如此青睐戈公振？这有一定的道理。除了胡适慧眼识英外，戈公振乃报界权威。二人早有交往，早已是朋友。戈公振是江苏东台人，毕业于东台高等学堂。1912 年任《东台日报》国画编辑。次年赴上海，在有正书局任职，不久升任出版部主任。1914年，调《时报》历任编辑、总编辑。1921 年，与潘公展、胡仲持等发起组织"上海新闻记者联欢会"，被推为首届会长。1924 年，受命国务院咨议。1925 年，在《东方杂志》发表《报馆剪报室之研究》等论文，并先后在上海国民大学、南方大学、大夏大学和复旦大学担任报学系或新闻学系教授兼系主任，出版《新闻学撮要》(梁启超作序)。1927 年 1 月，出国考察报业，出版《中国报学史》；8月，应国际联盟邀请，赴瑞士出席"国际新闻专家会议"。1928 年，在上海被推选担任文学团体"笔会"的书记；11 月 19 日，用上海《东方时报》信笺给胡适写信，告知他在阅读日本《朝日新闻》社论，发现该报"述及左右对西方文明之主张，特寄清览"，意在提醒胡适注意，同时谴责田中内阁推行开倒车政策。1929 年，戈公振进入上海大报《申报》，任总管理处副主任；创办"上海报学社"，出版《言论自由》杂志。戈公振在百忙中仍然致力于著译创作，他的《新闻学撮要》和《中国报业史》影响了一代又一代人，并将永惠后世。

1931 年 1 月 11 日，胡适在日记中说道："下午一点到笔会的宴会，见着戈公振、蔡元培、邵洵美、杨亮功、孟寿椿、郑振铎、赵景琛、张资平、盛成、虞岫云女士、杨智子女士等人。"二人所交不浅。此次致函可以说胡适是从心底里向戈公振发出讲课邀请的。胡适敬重戈公振，他在邀请函上除了亲笔赞扬戈公振"学术深湛，夙著蜚声"，还在函上加盖了一枚私章，以示慎重！可谓公旨私谊两全。

陈胡适以外，戈公振还以"笔会"具体负责人的身份，团结着上海文艺界一大批名角。1931 年 2 月 8 日，戈公振曾发出专函，邀请陶孟和、沈性仁、傅孟真、赵元任、陈寅恪、张奚若、余上沅、熊佛西、谢冰心等 13 人加入"笔会"。

戈公振由于劳累过度，心力交瘁，不幸于 1935 年 10 月 22 日，因患急性腹膜炎在上海离世，年仅 46 岁。旋葬于上海第一公墓，由上海著名报人狄楚青题写"东台戈公振之墓"，黄炎培撰写纪念碑文。

黎东方与胡适

黎东方（1907—1998），历史学家。出生于江苏东台县，毕业于江苏省立第八中学。1927年考入清华大学历史系，为梁启超关门弟子。1928年留学法国，三年后获法国巴黎大学博士学位。1931年回国，先后任教于北京大学、清华大学、广东中山大学、东北大学、上海复旦大学等。抗战期间，在重庆举办通俗历史讲座，被誉为"民国通俗讲史第一人"。抗战胜利后赴美，先后在福尔蒙等多所大学任教，后应邀去英国讲授中国古文物。他著作等身，出版了"细说体"的《细说三国》《细说清朝》《细说民国》等，以及《西洋通史序论》《中华民国简史》等，影响深远。

与胡适的缘分

黎东方景仰胡适，那是从他中学生时代开始的。黎东方在回忆录《平凡的我——黎东方回忆录（1907—1998）》中，为人们留下了颇有戏说风格的他与胡适缘分的回忆浪花，很值得玩味。

1921年，黎东方去上海，本想考进南洋大学附属中学，未料却考上了江苏省立第八中学（后改名省立扬州中学）。他感到幸运，因为校内人才济济，英文教师是徐谟（抗战期间任外交部次长、中国驻澳大利亚首任公使）、国文老师则是其后大名鼎鼎的朱自清。后来朱自清当上了清华大学国文系主任，而黎东方也成了该系讲师，由学生变为同事，这使黎东方十分高兴。

那么胡适的大名是怎样进入黎东方脑海的呢？原来他中学的袁老师（灌云县人）在课堂上"把蔡元培替胡适之的《中国哲学史大纲》（卷上）所作的序文油印了出来，读给我们听。其中给我印象颇深的几个字，是'我的朋友胡适之'。当时我心里想，这位胡适之一定也是老头子，和蔡老先生年纪差不多。他们两人是朋友呢。那一篇序文，尽管袁先生读得抑扬顿挫，以古文的腔调大读特读，我们是一群十四五岁的小孩子，佩服得五体投地，然而一句也听不懂"。

黎东方开始对胡适的《中国哲学史大纲》产生了兴趣，颇想买一本读读。"但是梅校书局没有，志成书局也没有。我向袁先生借，连袁先生自己也没有，原来那一篇蔡先生的序文，是从一本杂志上抄下来的呢。倒是胡先生的《尝试集》，我一下子便买到了。其中有拜伦的长诗《哀希腊》，中英文对照，堪称双绝，我便把它读了又读，读到滚瓜烂熟。"黎东方不由感叹"胡先生所写的白话诗，也清新动人。最有趣味的，莫如'我本不要儿子，儿子自己却来了'这两句。另一首颂扬烈士的，有'他们的武器：手枪、炸弹。他们的口号：干，干，干'！"真足以廉顽立懦，唤起年轻人的革命热忱。

黎东方诚服"这样的一位名人胡适之"，他说："我真想和他见见面。"多少年后，他幸福地回忆起："当时我自然不敢抱如此的奢望。谁知，不到十年工夫，我竟能在他所主持的北京大学文学院教书，有资格于任何一个星期天，到米粮库胡公馆找他闲谈；而且，当他病倒在协和医院之时，我有机会每天到医院里拜访，上天下地，胡聊一顿。在当时几千万个中国小孩子之中，能像我这样于十年之内便攀交了胡适之的恐怕不多。"字里行间洋溢着引以为荣的心情！

黎东方始终记住要读胡适的书。当他为了投考清华大学二年级，他"买了胡适之先生的《中国哲学史大纲》来，一口气读完，颇有故地重游之乐，却不曾料到胡先生的这本书救了我的小命"。原来，考场上发下中文题目，正是"儒法道墨渊源流派异同论"，"我满心欢喜，秉笔直书，洋洋洒洒地用文言写了三本半考卷。英文、数学与物理，在卷子上胡诌一顿。发榜了，我竟然［被］考取。这真是梦中也不敢希望的幸运"。黎东方把这一奇迹的出现归功于胡适的这部"天书"的帮助。

黎东方对胡适的《中国哲学史大纲》中卷、下卷的问世，寄予厚望。他说："'上卷'而无中卷、下卷，颇受士林讥评。"但他以己心比他心，从切身经验体会，公平地认为："中卷、下卷极不易写。所好，学术是人类的'公业'，我未能写完的，别人也可以写，而且很可能比我写得好。"

1931年9月，黎东方受北京大学之聘，名义是专任讲师，所教功课是中国通史和历史哲学。他自感中国通史教得还可以，但后者却引起全班学生的抵制，黎东方一气之下便辞职了。"事后，胡适之先生要我留在北京，'跟大家在一起谈学问'。于是聘我在中华教育文化基金会担任译书工作，指定翻译拜耳（Henri Berr）主编的《人类进化史》各册，逐一翻译。每月预付编译费250元，每译完一本结算稿费，每千字20元银币（袁大头），除扣除每月预付之款，每册全册译完清算照补。""于是，我先后译好两册半。译完的两册是：茅莱与达菲二人合著的《从氏族到帝国》，另一册为高罗兹老师的《希腊城邦》。"但第三册《罗马帝国机制》尚未译完。基金会秘书翁序东未敢耽搁，立将已译成的两部书稿交上海商务印书馆，惜因动乱，出版便无音讯。加之所欠第三部译稿未交，印书馆因待而拖延下来。此时，1933年夏，黎东方不辞而"逃出北京"，南下中山大学高就教授之职。胡适对黎东方的作为很是不满，黎东方也生编译委员会的气，"也气胡适之"，双方一时处于"不啰唆"的状态。1940年12月，商务印书馆和编译委员会恢复了与黎东方的联系，黎东方立即将《罗马帝国机制》译文交出。后来黎东方作了检讨，他说："我当时年纪轻，不懂事，有问题时又未知细心处理，分别一个轻重。"待到黎东方在台湾傅斯年图书馆看到了他的三部大书的英文译本，感到"负疚甚深，很想补过"，后悔错怪了编译委员会，也觉对不起好心的胡适先生。他在回忆录里坦诚地告白："今天，旧事重提，百感俱发，人生改过，只要肯改能改，虽垂死而未能完成，虽只做成一半或一小半，亦可得己之心之所安，而勉励后人效法。"

1946年9月，黎东方应赛珍珠之邀赴美担任一本杂志的副总编辑。临行前史学界几位好友为之设宴饯行，宴罢，黎东方出示自己的纪念册，请朋友题词。吴稚辉题"东方西方，其理皆同"。顾颉刚题"乘长风破万里浪"。冯友兰题"彼美人兮，东方之美人兮"。黎东方说："恰好胡适之先生由海外归来，也在我的纪念册上题了一页，又题一页。先题了'善未易明，理未易察'。其后又题了'有一分证据，说一分话；有九分证据，不可以说十分话'。"胡适这个题词是广泛施用的，似乎没有针对性，旨在励志。然而言者本无意，观者可存心，黎东方后来说："当时，我只有虚心受教的份儿。他似乎在责备我，说过证据不足的话。我当然只能'有则改之，无则加勉'了。"但黎东方的心中仍有疑窦，于是他便调查了解，结果"后来，有许多朋友告诉我，他们也得到了胡先生同样的题字，胡先生也很喜欢写'拿证据来'四个字"。这样才把一颗紧张的心放了下来。

其后，黎东方说他与胡适谈话时，听到胡适的语言中偶然夹着法语，后来便将自己的两部用法语译成的中译本书稿交与胡适，意在请胡适帮助解决出版问题。时间长了，没有下文，便向胡适索回，胡适连说早已归还，一度互相提醒再找，终无结果，双方产生隔阂。黎东方说："这两部稿子若是遗失，我不愧对任何人。"可见此事并未影响他与胡适的关系，黎东方说，胡适"是我的长辈，比我大十五岁，又是我的上司，爱护我的人"，这是毋庸置疑的事实。可见黎东方的心中长存有胡适这位亦师亦友的位置。

胡适仙逝后，黎东方沉痛地写了一篇回忆文章《适之先生二三事》，刊于台湾《文星》杂志3月号第9卷第5期上。兹摘录若干，以飨读者。黎东方说："适之先生在北平，住在米粮库。文章，他每天都写，然而写得不多，只有500字左右。他告诉我：'每天写，成为习惯，便不觉吃力。写得太多，就写不好。'最近，一个月以前，我到（台北）福州路（钱）思亮兄的住宅去看他，我谈到他的字，称赞他的字秀雅，似乎是瘦金体的加肥，加力。他说：'我一生吃亏，只会用毛笔写正楷，不会写草字，而且反对写草字。草字叫人家看不懂，叫人家浪费时间去猜，又常常猜错，对不起人家。我写正楷，最受检字工人欢迎。'"

黎东方又说，胡适"健谈，爱笑。有时候，他也会生气。因为，他和我们一样，是人。然而，别人一气，可以气上几天，甚至气一辈子。他气了不到半分钟，话锋便转到愉快的题目。每次，我和他谈话，都是毫无局促之感。我知道，对他说错了一两句并不要紧。他也骂错我两次，我竟然学会了他的宽宏大量，笑而不辩"。

黎东方又激情地赞扬胡适，说"他是一个真诚而纯挚的学者，同时也是一个极民主而'平民化'的大师。'人之有善，若己有之'这八个字，他当之无愧。他见到肯用功的后生小子，完全看作平辈一样，一本正经地如切如磋，虚心讨论。讨论之余，他又主动地设法帮助这些后生小子"。

　　胡适逝世的前一天，黎东方去南港胡府拜晤，胡适在问了黎东方生于何时后，一股莫名的伤感涌上心头，他对黎东方说："你还年轻。我羡慕你。你可以随意工作，还可以工作多年。我是想做工，而医生不许我做。"说时，他长叹了好几次。黎东方也深感悲戚！他最后说，胡适"送我出了房门。我辞别了他。唉！这一别竟成永别"。

刘真与胡适

胡适在教育界拥有众多友人，其中有一位安徽同乡、台湾师范大学校长刘真（1913—2012）。此君既是教育家又是国民党官员。胡适为人重乡情，敬乡贤，虽年长刘真22岁，却始终尊称其为"兄"，自称为"弟"，写信用"敬上"。而刘真也总是谦称自己为"晚辈"，直到暮年都对胡适心仪无垠、恭敬有加、赞美不已！二人既有公拜私访，也有书信之往来，刘真之子还获胡适亲赠罗尔纲著《师门五年记》之荣幸。

上下求索刘真与胡适的过往交谊，主旨是想研究胡适在教育板块的积极作为；另外，想到读者对刘真其人其事可能知之甚少，为填补空白，乐于献笔。

刘真与胡适忘年交

刘真，字白如，安徽凤台县人。毕业于安徽大学哲学教育系，复赴日本东京高等师范研究院，又赴美国宾州大学进修。抗日战争期间，任中国国民党中央训练团主任秘书，后任国立湖北师范学院教授。抗战胜利后，先后出任三青团中央候补干事、国民党第九届候补中央执行委员。1948年，任立法委员。

　　1949 年 4 月，刘真奉台湾省政府主席陈诚之手书，去台湾整顿台湾省立师范学院，任院长，学院升格为省立台湾师范大学后，继任校长，前后达八年之久。1957 年起，升任台湾省教育厅厅长。1963年起，任政治大学教育研究所所长、教授。后转任建设研究委员会委员兼文化组主任，教育部学术审议会常务委员。1968 年，赴欧美考察教育一年。著有《刘真选集》《清白集》《由中集》《师道》《办学与从政》《欧美教育》，主编《教育大辞书》，写有回忆胡适、梁实秋、傅斯年等文章 20 余篇。

　　刘真与胡适初次见面即叹相见恨晚，二人交谈甚欢。刘真在 2004年 7 月发表的《我所认识的胡适》一文中，回忆"1952 年秋，台湾大学校长钱思亮和我联名写信邀请胡适回来讲学。胡适遂至台湾大学讲授治学方法，在师范学院讲授杜威哲学，为时共两个月。在这初见之两个月期间，我与他常常见面，彼此也更为了解。胡适善饮，时常小酌两杯，又会讲笑话，为人风趣。虽然我是他的晚辈，他总称我白如兄"。刘真又说："胡适晚年来台主持研究院时，由于和我是安徽同乡，常常约我在星期日到南港小聚聊天。"胡适就连为什么叫"胡适"，都向这位晚辈交了底。刘真说："胡适亲口告诉我，他初到上海求学时，就读于澄衷中学，后来因志趣不合，而转学至中国公学，在这一段时间内，生活上非常苦闷，有一晚还被巡捕房抓去，因而对未来更感到彷徨。此时正逢北京清华学校招生，想去应考，就取名胡适，意思是'无所适从'，不晓得要到哪里去，乃以胡适之名报考。"

　　1958 年春，刘真宴请台大客座教授赵元任、杨步伟夫妇，并邀梅贻琦和胡适作陪。胡适知道刘真夫妇都是留日的，还特意带来一瓶珍藏的名曰"菊"的正宗日本清酒，足见胡适是位重情好义的人。刘真对胡适也是心折不已，是年 11 月 11 日，胡适复刘真信即是明证。信曰："白如先生，我刚回来的第三天，就接到你从台中寄来的一大篓柚子,而且是麻豆的白柚,非常名贵。这几天我已把柚子分几家朋友尝尝,使大家都能领受老兄的好意。前天(八日)下午又承老兄远道来看我,恰巧我在主持一个院内的委员会议,无法抽空和你谈谈,十分抱歉。 胡适敬上 一九五八、十一、十一。"

12月8日,"晚应刘真的宴会"。

1959年1月1日,新年元旦,"刘真夫妇拜年"。2月8—9日,春节初一、初二日,"刘白如(真)夫妇来拜年,稍久谈"。初二,胡适应邀回访,"晚上到刘白如家吃饭,喝了不少酒,主客是赵元任夫妇"。2月13日,"复刘真一信,谢他对旧庄国校的爱护与协助"。

胡适非常看重刘真在台湾省教育厅厅长任内的良好业绩,1959年11月1日,胡适在自家当面夸奖刘真"在省教育厅任内颇肯做事,为公立中小学教职员办了好几件重要的福利事业——如'公立中小学教职员福利会筹集管理委员会'及'教职员子女助学贷金''教职员年长退休补助金'等事,都很切实"。

1960年1月31日,"今天来拜年的有杨亮功,刘真、石裕清夫妇等"。 12月17日,是胡适的69岁生日,"到南港来签名祝寿者:刘真、金承艺等200人"。

1961年1月1日,刘真夫妇照例赴胡府问候,胡适很感动!刘真后来回忆往事,非常感慨地说:"在省教育厅工作期间,胡适有一次对我开玩笑,说我做了官却给他带来不少麻烦。因为有许多人知道他和我是同乡,常有人拜托他写介绍信给我,希望获得中学校长职位,胡适曾坦率地告诉这些人,他说你如果真的是个当校长的人才,不妨毛遂自荐,不必托他写介绍信。胡适说他从来不写推荐人的介绍信,以免增加朋友的麻烦。"刘真深深理解并赞赏胡适体谅朋友的儒家忠恕之道。3月12日,刘真得知胡适生病住院,即与夫人一道去到医院探望。

二人在美国的交往

1953 年 3 月，刘真为台湾省立师范学院成立家政系、工教系，欲去美国取经。23 日，他给胡适去了一封短信，告诉他将于 4 月上旬到纽约拜访并求助，胡适遂复一封热情的信。

白如先生：

三月初，我在华府知道你已到了，曾托大使馆中熟人代为致意。今天收到廿三日的短信，知道你四月二日到九日住纽约，我很高兴！若有什么事我可以帮忙，或事先准备，或有什么人你愿意见见，——请早日赐告。

三月三十〔日〕夜，我须出门三日，四月二〔日〕夜（或三日晨）大概可以回纽约了。我的电话是 Butterfield-8，-5199。学校给你们定的 William Sloan Hotel 即是青年会的旅馆，离我的寓所，有五十多条街。请你给我一个电话，以免相左。

匆匆敬祝　同来诸位先生旅安。

弟胡适敬上
三月廿六日

4 月初刘真抵达纽约，到胡府后，受到了热情款待，十分激动。当晚，胡夫人还亲自下厨，为他举办了家宴。用心良苦的主人还特地请来负责保管清华大学存在美国银行的庚款基金的梅贻琦作陪。因为得到胡适的助力，刘真幸得梅贻琦慷慨拨划的五千美元，供师范学院增添设备。刘真大喜，感谢胡适想得周到。

1957 年春，刘真应邀赴美出席美国全国教师联合会，途经纽约，胡适又要请他吃饭，刘真知道胡适刚因肠胃病动过手术，还在家休白如先生：

三月初我在華府，知道你已到了，姐曾托大使館中一人代為致意。今天收到廿日的短信，知道你の月二日到九日住紐約，我很高興！若有什麼事我可以幫忙，或事先準備，或有什麼人你願意見，請——賜告。

三月三十夜我須出門三日，（或四日晨）□月二夜大概可以回紐約了。我的電話是 Butterfield - 8,-5799。學校給你们定的 William Sloan House 即是青年會的旅館，離我的寓所約有五十多條街。明日請你给我一个電話，以免相左。

匆匆敬祝
同東諸信先生旅安
　　　　　　弟 胡適敬上
　　　　　　三月廿六日

胡适复刘真信函，1974 年 3 月，刘真在台北《传记文学》上首次刊布养，就婉谢了。会议结束时，胡适给刘真打了电话，说他不能到旅馆来告别，又说李田意教授代他在日本拍到《拍案惊奇》古本的照片，但邮寄太重。刘真明白，连说愿亲自带回，交台湾正中书局出版。胡适对刘真为国外学人热心服务的精神"深表佩慰"！一天，刘真在纽约应邀出席华美协进社的欢迎餐会，胡适夫妇也来参加。刘真看到来宾签名簿上，胡适先签了夫人江冬秀的名字，随后才签上自己的，牵动了刘真的感慨，他不由感叹"胡适一生提倡维新思想，可是却实行旧道德，夫妇相敬如宾，白头偕老，一直为人称道"。1953年春，刘真在纽约看到《自由中国》登载了一位读者的来信，传师院有些师生要为自己立纪念碑，却因遭到某些教授的反对而流产。刘真对胡适说他"内心颇为难过"。胡适听到刘真的心里话，便以前有任卓宣（叶青）、后有台湾大学教授写书对自己大张鞭挞，皆一笑置之。刘真受到教诲，决定"只问是非、不计毁誉"。

称赞胡适关爱扶助后学成才

胡适关爱年轻人、乐于资助积极向上的青年学子是有目共睹的，刘真更是深有体会。有一次，胡适在台北三军球场进行演讲，在编译馆工作的陈之藩（1925—2012，河北霸州人）是热心听众之一。刘真说："会后，陈之藩就给胡适写信（据查陈之藩曾在天津和台湾高雄给胡适写过十三封信，均存于北京东厂胡同一号当年的私宅），他向胡先生提到，为什么不继续写《中国哲学史大纲》下半部？胡先生告诉他：'因为隋、唐以降，中国的哲学思想受到佛教禅宗的影响很深，而他本人对这方面研究尚不成熟，所以不敢贸然执笔。'他们二人也因通信而建立起友谊。有一天，陈之藩到台北市云和街梁实秋家中聊天，我也在座。陈之藩表示想出国留学，但苦无两千美金的保证金。

梁实秋便提到胡适存有一笔钱，是专门用来帮助青年留学用的。于是梁便写了一封信给胡适，胡立刻答应下来，并开了一张美金支票给陈之藩。在陈之藩出国前，胡适向陈之藩表示他的散文写得很好，如果到美国留学，是否可以考虑改习文科，经费方面，他愿意负责筹助。"后来陈之藩到美国宾夕法尼亚大学就读，他怕将来文科毕业找工作困难，仍继续学电机，终获理学硕士学位。后去英国剑桥大学，再得哲学博士学位，旋在美国休斯敦和波士顿两大学任教授。晚年在香港中文大学任教，直至离世。出版有《陈之藩文集》及《在春风里》《剑河倒影》《旅美小简》等散文集。

胡适有一个美德，那就是借出的钱，从来不盼望收回，因为胡适给陈之藩信中曾说："我知道我借出的钱，总是'一本万利'，永远有利息在人间的。"因此，借入者守信要归还，借出者根本不愿索回。此外，尚有刘真不知道的更感人的事情。曾任中国驻美国大使胡适秘书的傅安明，在回忆与胡适相处的《如沐春风二十年》的长文中写道，胡适说"中国读书人最重气节，不愿受人馈赠。故我每次寄款总说暂借，以免伤害他们的自尊心"。傅安明说："胡夫人常说：'适之帮助穷学生，他开起支票来，活像一个百万富翁；待我，他就好像是一个穷措大。'……其实他对夫人尊重而体贴，毫不吝啬。他这些送人之款，多系由各处所送演讲费中支付。胡先生是'贤者'，他对平生助人之事，是终生不提一字的。"

刘真曾回忆起，师大理化系有一位助教学业成绩异常优秀，已得到了美国某大学的全额奖学金，就是欠缺签证保证，无法成行。刘校长遂与文学院院长梁实秋、理学院院长陈可忠商议解决办法。梁实秋想到了胡适，他建议三人联名写信求助。胡适见信后，慨然允诺，随即复信："可忠、白如、实秋三兄，示悉。×××君事，理应帮忙，今寄上 Cashier's check 一张，可交 ××× 君保存。签证时

此款即可生效。将来他到了学校，可将此款由当地银行取出，存入他
自己名下，便中用他自己的支票还给我。匆匆　敬祝大安　弟适之
一九五五、六、十五。"

胡适这封复信，被梁实秋收录在他的散文集里，罗尔纲在《胡适琐
记》里也加收辑。这两位名家之意，都在于彰显胡适助人为乐的美德！

刘真曾笔录下《师门五年记》中一段往事："胡适对他的学生也
非常照顾，有一位中国公学毕业生罗尔纲（广西人），曾随胡到北平，
任胡的家庭教师，同时也替他整理文稿，在胡家中做了几年之后，适
巧清华大学讲授近代史的蒋廷黻因出任驻苏俄大使，中国近代史这门
课，清华大学有意请罗尔纲来接替蒋的职位，胡适听见后，向清华表
示不大赞同。罗以后知道此事，很不谅解他的老师。胡适后来坦率地
对罗说：'蒋的课你怎么能接下去？做事情如果第一次做不好，将来
对你有不良的影响。'"胡适处事缜密，实在是为罗尔纲着想。罗尔纲
终于明白了胡适的良苦用心，颇为感动！后来在《师门五年记》中提
及此事，表白心迹。刘真接着感叹："罗尔纲一直留在大陆，未来台
湾。胡适对这本书很满意。有一次，我带我的第二个儿子刘捷生到研
究院看胡适，胡适和捷生谈得很高兴，曾把这本书送给捷生做纪念。"

刘真不认识罗尔纲，但当他看到胡适亲手赠给其子刘捷生（实
际上是送给刘真父子共享）的《师门五年记》后，便打开了一扇新
窗——不仅认识并认同罗尔纲在师门中春风沐浴的人生，同时也领悟
了作为师长的胡适对高才生罗尔纲的育人之功。更可贵的是令他信服、
明白了胡适与罗尔纲楷模式的师生关系对后世的启迪作用和影响力。

最后拜访和告别

1961 年 12 月 17 日，胡适在医院中度过他的 70 岁大寿（虚岁 71

岁）。时仍在教育厅厅长任上的刘真和夫人石裕清，也和蒋梦麟、罗家伦、杨亮功等祝寿者一样，在病房门口的祝寿簿上签下了自己的名字，表达了祝愿。

1962年2月，春节前二日，刘真因公到台中小住。"偕同内子前往胡适寓所提前拜年。那时胡适正在寓所养病，我为了不打扰他，只留下了名片给他的秘书，（未料）胡适听到我和他的秘书谈话的声音，特地从房里跑出来，手中还拿着稿纸，我内人遂向胡先生说：'胡先生要养病，不要再写文章了。'胡先生答道：'不写文章，活着干什么！'"谁知这竟是最后一次面晤和谈话。次月24日下午六时三十五分，又是一个未料，胡适在研究院院士会议上，因心脏病突发而去世。治丧委员会中包括刘真。刘真除参加一切治丧事宜外，还向胡夫人发出唁函。同时以刘真、石裕清夫妇二人名字献上挽联一副："文化启新犹一代宗师崇朝野　乡邦先樾荫万方多难哭耆贤"。此外，刘真还组织在台的安徽大学校友会呈上挽联一副："是青年导师无关宏淑亲承此日同声一哭　钟黄山间气若论文章道德如公独有千秋"。

2004年7月，胡适仙逝42年后，年届91岁高龄的刘真著文回忆说："很多人在胡适去世后，都说胡适是中国近代难得一见的完人，他一生关心政治而不热衷政治，但开风气不为师。就我所认识的当代学人中，胡适是最值得敬佩的一位。"又曰："胡适虽已逝世多年，他的思想学术，至今仍尚有争议，但就他的人格风范而言，我相信他终究是一位永远值得崇敬的不朽人物。"

陈之藩与胡适

陈之藩（1925—2012），河北省霸州人。他的祖父曾在山东省某县当县长，后在京师大学堂教哲学。其父本是北京大学学生，后因病退学，在本县某小学当校长。陈之藩在县小学读书。1937年，到北平上中学，常往北平图书馆看书，爱读俄国高尔基、陀思妥耶夫斯基，中国鲁迅、茅盾及胡适的书（如《留学日记》等）。中学毕业后，因大敌当前，顿萌为国献身之志，惜无路费，于是在北平观象台谋得一个临时工作。在筹足了旅费之后，便与家人不告而别，独闯天下了。

陈之藩先到河南，半月来目睹"饿殍遍地"后，直感到"眼泪让心火烧干了！"到了陕西潼关县，又转凤翔县，参加国民党的军事训练，不幸得疮病，险些丧命。病好后，考入公费的国立西北工学院读书。

抗战胜利后，考上天津北洋大学电机系，1948年获理科学士学位。旋去美国，获宾夕法尼亚大学理学硕士；再赴英国剑桥大学深造，荣获哲学博士。之后，担任美国休斯敦大学教授、波士顿大学教授、麻省理工学院客座科学家，香港中文大学教授、系主任。五次去台湾，先后在台湾大学、清华大学、成功大学教书，还被台湾中山科学院聘为研究指导顾问。发表电机工程论文百余篇，专著两部，散文三卷。晚年获英国剑桥大学艾德学院院士，英国电机学院院士等。2012 年，病故于香港，享年 87 岁。

陈之藩并非胡适同乡，也非上海中国公学毕业生，又不是北京大学毕业生。胡适并非他的业师，且年长他 34 岁。陈之藩为何会心折于陌生的胡适？

在阅读了陈之藩在英国牛津大学出版的《陈之藩散文（卷一）》（中文版）之后，特别是熟悉了书中《大学时代给胡适的（十三封）信》《纪念胡适之先生的九封信》，加上看了胡适致、复陈之藩的信后，发现陈之藩因仰慕、求教而主动奉函胡适。珍惜才华的胡适对年轻的优秀学子特别是文才出众的佼佼者，总是张开双臂热情欢迎并给予高度赞赏。二人心心相印，交往甚密，因而结缘。

胡适心中的陈之藩

胡适可谓桃李满天下，他的学生榜上并无陈之藩的大名。但是陈之藩在致胡适的信中，总是尊称"适之先生"或"胡先生""先生"，而自称"学生"或"生"，将自己纳入胡适学生的光荣行列，胡适则回称"之藩兄""之藩"，也乐于接受这位编外高才生。

1959 年 4 月 29 日，胡适对他的学生兼秘书胡颂平说："陈之藩用英文写的《氢气弹的历史》一本书，是去年十一月里寄来的，我一直没空看，这回总算看完了。陈之藩在这本书上写了几句话，说起这本书就不肯放手的，太精彩、太紧张了。他是一个学工程的，但他的文字写得很美。他本来是南开大学工学院的学生。他的父亲是在傅作义那边做过小事情的。三十六年我在北大当校长时，曾要他到北平来看我一次，那时就认识的。在那个时候，一般青年都是思想'左'倾，而他从俄国小说里认识俄国。我是那个时候认识他的。"

胡府聆听教诲　感悟人生价值

陈之藩在天津读书时，便造访位于北平东厂胡同的胡府。在美国执教后，又从曼城登门纽约的胡府。最后还去台湾拜谒台北胡府。陈之藩在胡适面对面的教诲中获得的人生价值，虽仅只言片语，实属珍贵！

1947 年，陈之藩在天津北洋大学上学，距离北平不远，感到写信不能尽言，于是决定利用暑假去北平面谒时任北京大学校长的胡适。2003 年 7 月 15 日，他在香港回忆了第一次拜访胡适的情景。陈之藩时年 22 岁，是个贫困生。他记得那天："我穿着短裤，忽然觉得很失礼，至少应换一条长裤，但长裤上有补的地方，更寒碜。到了东厂胡同，深宅大院，王府似的，我才觉得还是应该穿那条补了的长裤。乍看到胡适先生，就觉得他随和，话未说两句，贺麟训导长来了，与他商量学生要游行的问题，我就告辞了，等于什么话也没有说。我出来时，觉得胡校长这么忙，还能继续做他爱做的事吗？就是做他爱做的事，也没有工夫吧！"有一次，胡适在家中赠陈之藩八字秘诀："开门见山，水清见底"。陈之藩暗自吃惊，他感到"开门见山不难，少费话就行了，水清见底不易，让读者水清见底，是谈何容易的事"。

1947 年 7 月 8 日，陈之藩说："从先生宅中走出来，我感到我的前途更加茫然，我的想法越发孤独，我有一个想法：趁年轻学好英文，学会德、法文，从事我的梦想。我以往的奋力可以不求旁人，因为看书、练字、读外文，只要有时间有恒 [心] 就可以了。可是，今后，我的气力已不济了。从前我还以为有人了解我，现在才知道我距离先生的想法也很遥远。"

1955 年某天，陈之藩经过三天路程，飞到纽约，已迫不及待地到了胡适家中。胡适对陈之藩要来看望自己，很是高兴。胡适告诉这位学生，他头一天便打电话到机场了解航班，结果打听到要延误两小时才到。陈之藩很感动！"随后，他为我弄一壶茶、一个大橘子，要我解一解旅途的劳顿"。陈之藩这才有空打量一下胡先生的住宅，他发现"胡先生住的地方很安静，并不太宽敞，是一所大楼的第五层，设备当然还不坏。不过书籍的零乱与堆积和北平的东厂胡同差不多。胡先生在案头拿起两大本剪报，微笑着递给我。那两本剪报是清算胡适思想'遗毒'与红楼梦事件的"。胡适告诉小客人，"这是香港友人寄给他的"。陈之藩"接过来一看，上面全是批判胡适的报纸，举凡开会、批判、检讨、清算有关胡适的政治、哲学、文学思想"。陈之藩面对这些材料不知说什么是好，他说："我坐在胡先生的小屋里，凝视着胡先生的书架，笑了！胡适问我：'你不吃个茶叶蛋吗？我替你拿。'"陈之藩连说："不要，我还是愿意听听老话——胡先生。一上午，在谈话中就这样滑过去了，我很兴奋，但也很哀伤。"最后"胡先生送我到火车站，在汽车上，他向我介绍纽约城，我也不大听得进去。在火车上隔着窗子，胡先生在招手，一个人寂寞地回去了。他是一个不可救药的乐观者。看着年老的乐观者去远了，年轻的悲观者却在车厢里发呆"。

1957年，陈之藩在美国费城住下，便给胡适写信，告诉他准备去美国南方一所"小大学"去任教。随后，便由费城去纽约东城81街去拜访胡适。这次，陈之藩刚跨进胡府大门，就见胡适已出门迎接，劈头第一句话便是："之藩，你在宾夕法尼亚大学念的是什么学位？有两年半了吧？"陈之藩大吃一惊，连忙回答："是两年半才念了个硕士。过去两年中，我每个星期日到费城的中国饭馆去做一天工，挣约17元，拿这17元吃六天也够了。暑假在湖边做暑期工，可挣几百元，交学费也差不多了。"陈之藩感谢胡适"那两年半中，总是为我担心"。因为胡适从接到陈之藩的来信后，便着手"查了美国教育年鉴之类的书，知道那个'小大学'的情况，并且知道得相当详细。比如曼（菲斯）城是美国的第十九大城，有 50 万人，那个'小大学'的电机系，只有两个教授等"。胡适见他的文才横溢，曾劝他攻读中文系，做一个出色的作家。可陈之藩婉拒了胡适的厚意，还是选择了电机学。胡适并未生气，还是为他在理工和文学取得双赢而高兴！

有一次，陈之藩去纽约看望胡适，见胡适"正在看朱熹。他说：'之藩，记住这几句了不得的话：宁近勿远、宁下勿高、宁浅勿深、宁小勿大。'他说完这四句，到房里给我倒了一杯酒，要我干杯"。五年后，陈之藩回忆先师教诲，仍然历历在目。他说胡适"这几句话对我的震撼力，较威士忌还凶，至今使我晕眩！使我震荡"。

还有一次，陈之藩在胡适的纽约家中，胡适送他"一本《丁文江的传记》，当夜回到费城，便在学生宿舍里，直到天亮把它读完"。他随即给胡适写了一封长信，实际上是一篇精彩的读后感。陈之藩说："我觉得这本传在胡先生的著作里，是很有地位的。"接着赞扬并感叹"胡先生对朋友的柔如流水，温如春光，但他与丁在君先生的交谊，比普通的人要深厚得多。丁先生死了，胡先生所看得起的人没有什么了，他变成一个热闹场中最寂寞的人"。陈之藩后来忆及"胡先生在纽约的书斋不大，但挂着一个独有的小像，[留着]很怪样的胡子"。他问胡适这是谁？胡适要他猜，陈之藩猛然想起，反问："难道是丁先生吗？"胡适用提高了的笑声，向这位才子学生做了无音的回答。

胡适驾鹤西去后，陈之藩如竹筒倒豆子，说出了实话。他说他与胡适："两个人虽是谈不来，可是谈一晚上，很愉快地分别，我总是喝得醉醺醺地走到电梯，他总是送我到电梯的地方，热烈地握手，并常说他近来没有什么会，意思是愿我再来谈天，可是也不勉强我。"

这一对可爱的师生楼梯告别式，真应了古话所云"酒逢知己千杯少，话不投机半句多"的默契。

2005年6月12日，陈之藩在为《在春风里》补作序时，忍不住又忆起那段往事。他心犹苦戚地说道："从1955年我去美国，到1960年，正是胡适之先生在纽约最是冷清、最无聊赖的岁月，我才可能有与他聊天、谈心、说短道长的幸运。他是位多忙的人，这段时期之前，我在北平，之后，我在台北，各见过他一次。初次相会时间有十分钟。第二次谈话的时间，也不到二十分钟，为陈诚的造访而打断。在美国，尤其我也在纽约市的三个月，我常到胡寓闲谈，应以小时计了。所谈的是天南地北，我所受之教，常出乎我意外，零碎、复杂得不易收拾。"

书信往来交谈　获益也有争议

2003年7月15日，陈之藩在香港认真梳理了他与胡适的交往，交谈途径有二：家访和写信。陈之藩给胡适写过有案可查的信，共22封。其中13封是在天津北洋大学读书时写的，9封是在胡适仙逝后写的，当然这些信，胡适已无法看到了。对陈之藩来说，无论是家访还是往来书信，主题皆为解放战争、价值观等问题。双方的观点中，既有默契，也有共识，也不可否认地存在着争议。

1947年，正是国民党军队节节败退的时刻。陈之藩此时是天津北洋大学电机系三—四年级的学生，8月间，他听到胡适的一次电台广播，说："我觉得与他的意见不同，遂给他写了一封信，他很快就复了我一信，彼此的通信就这样开始了，他几乎每信都复我，有时很短，有时也相当长。"1948年，陈之藩接到胡适从南京鸡鸣寺寄来的信，"他的诚恳与和蔼，从每封信我都可以感觉到，所以我很爱给他写信，总是有话可谈"。

陈之藩在 1948 年 8 月 4 日致胡适一函，他说："我与先生谈了一次话，先生对我很失望吧！'承百代之流，会当今之变'，先生有哲学的底蕴，有科学的训练，有足迹遍天下的眼界，有古今数千年学识的素养，先生应该以青年时的勇猛精神，创造当今中国思想的道路，这是目前人人所需要的空气了。"因此，他奉劝"先生之考证《水经注》，其不重要，无多少问题"。意即可以放弃《水经注》案的研究，因为它在现实中并无价值。胡适当然不能接受。8 月 22 日，陈之藩大学毕业后，又致函胡适，旧话重提，写道："依我看，先生的《水经注》，也应该勉为国难束之高阁，拿起您的笔来，将二十年来中国思想上断了线的风筝拉回来。"他希望心中的"大人物"，对那时社会"物质上的艰困、通货的膨胀，表现出力挽狂澜的成绩"。陈之藩特别希望胡适站出来，来"扭转局势"。他把一介书生太神圣化了！胡适心知肚明，从未正面回答他的问题。而陈之藩自己倒是痴人说梦，结果他终于明白自己得了"幼稚病""受了联想的骗"。但是，陈之藩有时又陷入困惑，他说："与胡先生的故事有很多，算是朋友吗？又不是太谈得来，不是朋友吗？他实际上改变了我的命运。我常常想起他来。"

陈之藩在费城一家书店"买来一部先生的《留学日记》，没有一夜，我就把它读完了。我对先生青年时期又有了大概的认识，最感动的是'不自欺，不欺人'那两句话"。他认为"这句话是够简单的了，但是却拷打着每个人的天良"。他又坦诚地说："胡适之先生是用科学方法整理中国哲学史的第一人，他显然是因为无法处理玄之又玄的时代，[故]下册一直写不出来。而冯[友兰]先生却把佛老与理学整理得那么清清楚楚、井井有条，有思维的安排。他能担起历史的重负，把一堆如麻的糟粕织纹成锦，而着色成章。"

陈之藩总结了历史的经验，他感谢"先生给我的信，在我的生命中划了一道闪光，使我自励自强、自奋自发，将永不陷于惰性，或为环境屈服"，永远保持"勇猛志愿"。就像 1948 年 11 月 12 日，在致胡适信中所表白的："遵守着先生给我们的老实话，拼命地把自己陶铸成才！"

借钱可以不还　还钱则不接受

陈之藩"因穷极"，曾向胡适借了 400 美元。1957 年 10 月 11 日，他给胡适写了一封谢函，同时附上归还的 400 美元支票一张。胡适看了很不高兴，10 月 15 日，立即回复他一封带有幽默味道的信，称"之藩兄：谢谢你的 Oct.11 的信和支票。其实你不应该这样急于还此四百元。我借出的钱，从来不盼望收回，因为我知道我借出的钱总是'一本万利'，永远有利息在人间的"。陈之藩说"胡适回美以后，一张支票即寄来了。他愿意我用掉他的钱，他根本不想收回，可是说是借出"，意在给自己留面子。此事令陈之藩非常"感动"，他后来在纪念适之先生的信中，高呼："如果不是诗人的怀抱与圣者的胸襟，怎么能写得出这样的信来。"陈之藩后来每读此信时，总感自惭，产生自责之心，竟重负在身，感到仿佛是跌倒在"一位圣者的面前"，甚至想洗个澡，清除思想上的污浊。当然，陈之藩称胡适为"圣者"，称"自己污浊"，也太过分了。借钱有因，还钱有理，本是人际交往中一件小事。胡适包括胡夫人江冬秀被人借钱或主动赠款的，据知有李敖、罗尔纲、吴晗等，胡适伉俪从未公开或暗示索回，这是事实。

陈之藩懂得了恩师借钱予人不求还钱，绝非"摆阔"，而是他无私的境界。面对胡适这份厚重的乐于助人的美德，陈之藩说："胡先生看到别人的成功，他能高兴得手舞足蹈；看到旁人的失败，他就援救不遑。日子长了，他的心胸，山高水长已不足以形容，完全变成了天无私覆、地无私载、日月无私照的朗朗襟怀了。因此，生灵涂炭的事，他看不得；蹂躏人权的事，他看不得；贫穷，他看不得；愚昧，他看不得；病苦，他看不得。而他却又不信流血革命，不信急功近利，不信凭空掉下馅饼，不信地上忽现天堂。他只信一点一滴的、一尺一寸的进步与改造。"

称赞胡适是诗人　只爱胡适一首诗

胡适喜欢写诗，尤爱写白话诗，产量也不低，评价也各有千秋。陈之藩也爱写旧词和新诗，他将胡适的新诗一一拜读，说胡适的诗"多是说理诗。就是最初的诗，是用比拟作的，而自誓诗'又不伤春，更不悲秋'，我认为这是先生的特色"。但他对胡适的诗作也略有微词，"胡先生的新诗，我喜欢的很少，因为即便有些诗意，一加凉水，也就没有诗味儿了"，"这也是先生（诗作）的缺点"。陈之藩说："我最喜欢的一首诗，不是收在他的集子里，而是收在志摩的文集里，那是适之先生写给陆小曼的诗，题目大概是《瓶花诗》。我与适之先生谈诗时，总是很坦白地对他说，我只爱这么一首。其后随口背给他听：不是怕风吹雨打，不是羡烛照香熏；只喜欢那折花的人，高兴和伊亲近。花瓣儿纷纷落了，劳伊亲手收存；寄与伊心上的人，当一封没有字的书信。"

陈之藩明白，"胡先生这首诗是和徐志摩的：轻轻的我走了，正如我轻轻的来；我轻轻的招手，作别西天的云彩"。又说："我总觉得胡先生是个诗人，而作不出诗来，这是中国文学界一大损失。"胡适复了陈之藩一封信，为自己写诗进行了辩解。陈之藩终于弄明白"一个性情最柔的诗人，受了严酷的考证训练，把一个最配做诗人的胡先

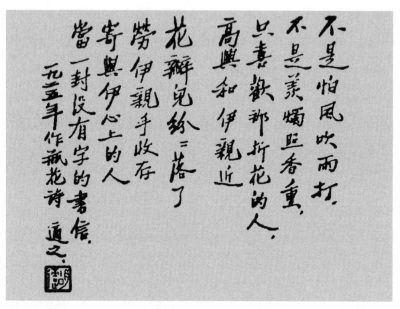

不是怕风吹雨打，
不是羡慕蜡烛光重，
只喜欢那折花的人，
高兴和伊亲近

花瓣儿纷纷落了
劳伊亲手收存
寄与伊心上的人
当一封没有字的书信
一九五五年作瓶花诗 适之

胡适《瓶花诗》

生给扼杀了"。

对胡适重周作人轻冯友兰有异议

陈之藩与胡适交谈的频率并不算高，但他的智商高、洞察力强、复述力好，所以他对胡适与同辈学者的关系颇知一二。

陈之藩在美国费城时，曾写道："胡先生对周作人的偏爱，是著名的。他曾不止一次跟我说：'到现在还值得一看的，只有周作人的东西了！'"陈之藩还知道胡适晚年还在尽力搜集周作人的作品。更甚者，早在"七七事变"发生，胡适离北平时，曾规劝周作人南下，意即不要留在沦陷区。周作人未听，结果成了汉奸文人，最终成了阶下囚。陈之藩不满地说："胡先生为他辩护、为他洗刷。[他]在给法院的证词中，比较了北大的藏书、比较了北大建筑的今昔，把周作人说的不仅不是汉奸，而且是个功臣。周作人坐监时，他［还］去探监。"陈之藩的这番话，实是批评胡适的言行不当。未料陈之藩掉转头来又为胡适开脱，也是中肯的，他说："胡先生的辩解，实在并不是用什么理智分析，而是那份热爱的心肠。"

抗战胜利后，胡适回到北平。陈之藩说，"有一次我向他（即胡适）述说了抗战时期，冯（友兰）先生的书对思想界所起的影响，我们知道胡先生的思想与冯先生的思想距离是很远的。然而胡先生说：'冯先生那几本小书，对于社会是无害的，冯先生以他的功力战胜了他的天才。'"陈之藩听罢，不由暗自感叹地说："这样的话出在另一个哲人的口中，我们不能不感觉是一个很恰当的评价。'在天地境界中的人不受才的限制'，冯先生的话，正可以以他的功力来说明。"陈之藩从恩师的口述中，清楚地认知胡适对自己心上之人的阴暗面，一贯的态度是：瑜可掩瑕，瑜存瑕亡。别无选择！

陈之藩又说："胡先生平生最钦佩的一个朋友，是丁文江。因为丁先生叫作宗淹，是崇拜先天下之忧而忧，后天下之乐而乐的范仲淹的。"至于对"丁文江先当上海总办，是给军阀做事。胡先生在丁传里，不知用多少话来阐述他的那个'如俟河清，当待何日'的哲学，能使自己有贡献能力的机会，就得干一下才是"。有一次，胡适问陈之藩："之藩，你知道曹锟的长处吗？"陈之藩答："贿选！"胡适很严肃地说："曹锟的长处是公平。因为他公平，所以提拔出那么多走卒式的将领来。"陈之藩对胡适破成见、立新说的用心，表示"我真佩服"，虽然哭笑不得，但承认"我是太幼稚了"。

惊叹《丹诺自传》——"一杯烈酒"

1957年夏，陈之藩在纽约收到胡适寄给他的《丹诺自传》，当他怀着感激的心情看到扉页上胡适的亲笔题字——"一位最可敬爱的美国人自传,送给之藩 胡适 一九五七,七,廿"后,十分惊愕。因为他来美国已两年多了,从未听到丹诺其人,更不知丹诺是美国何方神圣。此刻见到胡适题字,恍然大悟,他决心不负师情,一定要探个究竟。

陈之藩后来方知对胡适思想有很大影响的美国人有两位:曼钦和丹诺。但令他困惑的是为什么,在中国,从没有听胡适提过丹诺,至少他不曾看到胡适写过此人。但是"在美国,他向我提过这两个人不止一次,赞美他们也不止一次"。陈之藩对"胡先生在中国不谈丹诺,想不出所以然来",显而易见,胡适在中国未找到知己,故无倾诉的对象。现在是将陈之藩当作海外知音才这么说的。

陈之藩接到《丹诺自传》后,连晚饭都忘记吃,直到夜半三更,一口气把它看完了。他终于明白,丹诺是美国历史上一位著名律师,他专给看起来没有希望的嫌犯进行辩护,从而将他们从死亡线上拉回来,其中最有名的案子,是给20世纪一件令人发指的儿童惨杀案——"娄伯·里波路"案的成功辩护,在美国上下引起轰动。陈之藩读罢,顿感"这本传好像一杯烈酒、一团火焰,使自己的情感,为之沸腾,为之澎湃"。从此,他"认识了丹诺,每次去纽约,总要购两本与丹诺有关的著作,并与胡先生谈谈丹诺"。他不由得联想到"胡先生心肠之软、言语之硬,都非常像丹诺"。陈之藩感同身受,最后他运用优美的散文,称胡适"喜欢丹诺的一颗仁慈、热烈的心,他喜欢丹诺的一支火辣、才华的笔。丹诺的人道主义,丹诺的废止死刑论,丹诺的无神论,全合乎胡先生的胃口"。

"适之先生,天上好玩吗?"

1962年2月24日,胡适在台北不幸离世。当时陈之藩在美国曼斐斯城大学任教。"适之先生的噩耗传来后，我哭了。课也不再上，回到我的住处，打开我的箱子，找出胡先生的信，不觉得他是过世的人，好像他的谈笑就在目前。"

陈之藩是性情中人，他在胡适仙逝后的"寂寞的环境里，寂寞地写成"九篇纪念胡适的文章，悉数收在《在春风里》中。1962 年 3 月 11 日，他在"纪念适之先生之九"的名曰"寄"的函中，呼唤着恩师："适之先生，天上好玩吗？希望您在那儿多演讲，多解释解释，让老天爷保佑我们这群茫然的孤儿，大家决心日行一善，每人先学您一德，希望您保佑我们。"

陈之藩告知先师"自从您离开人间后，美国可热闹了，我在这儿星期一早晨看到报的。课上不下去，哭了"。又说他现在再将美国侨胞所办的《华美日报》的报道转告先师："上个礼拜，纽约有个纪念会，到了好多人。林语堂先生有个演说。他说，'适之不在乎青年的崇拜。适之先生在道德、文章上，在人品、学问上，都足为我辈师表'。"陈之藩此举，足证心同彼此，他同意林语堂就胡适的人品所给予的极高评价！

陈之藩心头亦被掀起回忆先师的浪花，他说："胡先生的行止，在报上常可以看到，对于您入世的精神，愈感钦服，既不向往周作人的新村，也不向往鲁迅的乌托邦。几十年来，先生依然是从地下建造天堂，而且总是那样洋溢着乐观气氛的。"陈之藩尤夸奖"先生与罗曼·罗兰最相像，他喜欢历史、地理、考据，先生亦然"，又云："在我所看过的先生的文章中，就很少看到不脚踏实地的用语用字，满篇每句均诚朴得很。""光先生给我的信，在我生命中划出了一道闪光，使我自励自强、自奋自发，将永远不陷于惰性。"

1962 年 3 月 2 日，胡适大殓，陈之藩在美国曼城为胡适写了一首集古人诗句的诗，以追慰先师对故友丁文江的缅怀，诗曰："残灯无焰影幢幢，此夕闻君谪九江。垂死病中惊坐起，暗风吹雨入寒窗。"

他认为这是一首"血泪诗，道出友朋之情，过于手足；短歌之哀，甚于痛哭"。多情伤感的陈之藩最后落笔："我写至此，泪已满落稿纸，再也写不下去了。"

陈之藩从年轻到暮年对胡适的爱戴和赞美虽然有些显得过分，不过这是一位非业师培养出的忠诚学生和晚辈的真情大流露，实在难能可贵！

陈之藩是一位名扬海内外的理工专家，也确是一位杰出的散文作家，他留下的文学作品远不如电机专业著作多。不过他的文学作品如《大学时代给胡适的信》《在春风里》《旅美小简》《剑河倒影》《看云听雨》《散步》等，足以大饱吾侪之眼福矣！

兹据陈之藩于 1962 年 3 月 9 日，用美丽的抒情散文诗赞美先师胡适的《春风颂》，作为本文的结尾。颂文曰："并不是我偏爱他，没有人不爱春风的，没有人在春风中不陶醉的。因为有春风，才有绿杨的摇曳；有春风，才有燕子的回翔；有春风，大地才有诗；有春风，人生才有梦。春风就这样轻轻地来，又轻轻地去了。"

附：2016 年 11 月 10 日，因出席在北京召开的第二届世界华文文学大会，得以赴天津参观陈之藩当年就读的北洋大学（今天津大学）旧址，喜获良机，感慨良多，谨志于斯！

胡适的广西之行

赴广西前的港粤之行

胡适为了接受香港大学授予他的荣誉博士学位，欣然由北平南下，1935年1月4日，从上海乘"哈里森总统号"抵香港。在港五日，一面观赏迷人景色，一面接受荣誉博士学位，这是他一生中所受美国、英国和加拿大等所赠之35个荣誉学位中的第一个；同时应香港教育会之邀，用英文和中文就教育改革问题，进行了五场演讲，主张将香港办成南方新文化的中心，他的演讲既赢得了称赞，也招惹了非议。其间，他还结识拜访了新朋旧友。

胡适来港前，罗尔纲托胡适将他在香港的妻子陈婉芬和儿子罗家骝、女儿罗文起，顺便带回北平，胡适很乐意地接受委托。

胡适应两广有关方面之邀，决定顺路往广州和广西游览一番。1月8日抵广州，因他在香港演讲反对广东政要文人提倡读经复古，致惹人恨，因此只在羊城两天半，遍游了黄花岗、镇海楼、中山纪念大礼堂等名胜古迹，一场演讲也没进行，可谓"黄连树下弹琴——苦中作乐"而已。

畅游广西十二天

在广州期间，胡适接到白崇禧和黄旭初来电，欢迎他来广西讲学游览，胡适欣然接受邀请。

1935年1月11日下午，胡适和刘毅夫（原名兴亚，沈阳人，时在励志社工作）同乘西南航空公司"长庚号"，由广州飞往广西梧州。胡适之所以要先到此城，盖因广西大学在此，而广西大学校长马君武本是胡适的老师，后又继任上海中国公学校长，再说广西大学一些教职员都是中国公学时代的老朋友，情深谊长，所以他的游兴浓浓。

胡适每到一地，照例是要应邀进行演讲的，这似乎成了主客必需的礼仪功课，在广西自不能例外。从梧州开始，胡适先后做了十余次演讲，其中最主要的一次，是1月12日在中山纪念堂的那场演讲，讲题为"中国再生时期"，大意是中国的文化在历史上经历过多次复兴运动，"然而返老还童的目的仍是没有达到"，原因主要是没有新的科学做指导（此长篇演讲词刊于1935年1月22日至25日的《梧州日报》）。其他讲题有"治学的方法""个人主义与团体主义""元祐党籍碑的教训"等，均受到广西各界人士的欢迎。

1935年1月，胡适与广西大学部分教员合影（前左二为胡适，前右二为马君武，图片上端系胡适亲笔题记）

胡适应马君武之请,对广西大学全体师生演讲一次,并与部分同人合影留念。当晚,胡适被老同学谢厚藩拉去他家喝茶聊天,夜深始过江。次日在中山纪念堂对公众进行了演讲。胡适称他在梧州的一天过得非常快乐。

1月20日,胡适告别梧州,乘飞机到达南宁。他受到白崇禧和桂军将领潘宜之、广西省政府委员兼教育厅厅长邱昌渭等党政军要人的热烈欢迎,被安排在设施很好的新式俱乐部"乐群社"居住。使胡适兴奋的是,他在梧州和南宁都用上了自来水,在一个省的两个城市有自来水,实在是难得。

白崇禧对胡适的光临甚觉荣幸,并希望胡适在广西多玩些时日。胡适婉言谢绝,告诉白崇禧:"我因为我的朋友贵县罗尔纲先生的夫人和儿女在香港等候我伴送他们北上,不便改期。"白崇禧觉得言之有理,却心犹不甘。14日,罗文干(字钧任,曾任司法总长、外交部长等职)和罗隆基(字努生,曾任大学教授,时任北平《晨报》社社长)抵达南宁,白崇禧托他俩再劝劝胡适多住些时日。有此一托,胡适面对盛情感到十分为难。白崇禧甚至戏笑着说,可以下令封锁水陆空交通,把胡适扣留在广西。万般无奈,胡适乃托广西省银行驻香港办事处,把他和罗太太一家的船票改期。经此调整,皆大欢喜,胡适也高兴有机会在广西畅游。

胡适在南宁住了六天,其间对公务员等各方面演讲五次,中间和罗隆基到武鸣县玩了一天。19日,飞往柳州,住在航空署,游览半天,还抽空进行了一次演讲。20日,飞往早已向往的桂林,游览了两天,也做了两次演讲。22日,偕罗隆基、罗文干、刘毅夫和飞机驾驶员赵志雄、冯星航,在桂林县公署曹文泉科长的陪同下,雇船去游阳朔。舟行漓江一日半,23日终抵阳朔,胡适一行在此小游。后应邀乘汽车到良丰的广西省立师范专科学校游览并演讲,之后急忙乘车赶回桂林，其时近半夜矣。24日，从桂林本欲飞往梧州，因大雾，折去柳州吃午饭，饭后顺着柳江、浔江飞往梧州，在梧州吃晚饭并住了一晚。25日，结束了广西之旅，飞往广州，马不停蹄，于当晚乘火车赶回香港。26日，胡适偕罗尔纲夫人及其子女，乘"胡佛总统号"，经上海回北平。

对广西的赞赏和忧虑

胡适对广西之行进行了小结，赞扬当时的广西有五大优点：一、全省没有迷信和恋古的空气，没看见有人烧香拜神，人民都在忙于做工；二、俭朴的风气，到处"灰布衣"，每套衣服连帽子不过四元，看到破衣赤脚的学生，可知教育也比较普遍；三、全省出口贸易有很大入超；四、全省官兵二万余人，那是建立在人民的自卫之上的；五、有武化精神，注重兵役法，历史上的太平天国、刘永福和冯子材有影响。

关于广西的前途，胡适在南宁对公务员的演讲公开表述了他的忧虑，那是财政困难，新建设缺乏人才和智囊团，他还隐晦地批评当时存在着的软抗的独立趋向，他一贯主张中国要统一，认为只有这样，国家才能富强起来。

难忘广西山水

胡适向往广西山水的美景已非一日，他本是一位博览群书的饱学之士，来桂前，曾熟读唐代柳宗元、南宋诗人范成大等名家游广西的诗作，同时仔细读了徐霞客的游记。他对古人畅游广西之佳篇领会颇深，因此在游览时，常对古人游历观察的伟大成就表示认同，但也恰当地指出古人之不足。胡适认为广西山水的确是"一种特异的山水"。

胡适所见漓江两岸及阳朔的山,"悉自平地崛然特立,玉笋瑶簪,森列无际"。又说:"山皆中空,故峰下多佳岩洞。"他从飞机上俯视,只见大地一簇一簇的圆锥体黑山,笋也似的矗立着,密密地排列着,不由想起柳宗元的名句:"桂林多灵山,拔地峭竖,林立四野。"他又说,这种山峰不限于桂林,他从飞机上看见贵县南山诸峰和武鸣四周诸山、柳州诸山都是一样的美。他说这种山岩被地质学家称为喀斯特(Karstic)山岩。

胡适十分钦佩徐霞客对广西岩洞的考察,是脚力之健、精力之强、眼力之深、笔力之细。他对照古人,直觉"我们坐汽车,匆匆游山的人,真不配写游记"。

胡适说无人不知桂林有个独秀峰,徐霞客当年两度到桂林,虽费尽心机,却因受阻而未能登上独秀峰,终致两次"失望怅然"。胡适庆幸自己能荣登独秀峰,还数了从山脚盘旋直上山顶的台阶凡360级。不过他觉得它只是桂林诸峰中高一百多米的小山峰而已,因古人的哄抬而身价提高罢了。我于20世纪80年代曾登上独秀峰,所见所闻,不能不赞同胡适的观点,也认同徐霞客所写独秀峰"其异于他峰者,又亭阁耳"。但我在峰顶上感到比古人和胡适大师快意的,是将全城新建筑、新景色、新气象尽收眼底。

游七星岩,赏石碑

胡适游了桂林的最大岩洞七星岩,他从曾公(曾布)岩进,从栖霞洞出,用时55分钟,在洞中见到泉水和状态奇伟的钟乳石。胡适说徐霞客当年游洞时,向导用松明照路。千百年来游人靠松明烟与煤油照明,结果将洞壁都熏黑了。胡适所见七星岩共有十五洞,但他只

游了十五分之一，就这样都感到在洞内"固是迷不知西东"，出洞后
"还是杳不知南北"。他不由得佩服徐霞客当年连日游洞，记述井然，
自愧不如。

胡适还知道洞内外多唐、宋、元、明代名人题名石刻，他在龙隐岩
看到洞口临江，由于水冲和气湿，加上经年的风化，以致岩上的摩崖石
刻多被侵蚀，但他还是喜见狄青的"平蛮三将题名"碑，字迹颇完好。
在龙隐岩以西，他又看到了一块久求不得的宋朝"元祐党籍碑"。出栖
霞洞下山在路旁崖上又见到范成大和张孝祥等的题名。在舜山韶音洞，
他又看见张栻（南轩）的石刻，觉得这简直是一次考古之旅。

出岩洞后，胡适一行登楼小坐，极目前展清流，远眺桂林诸山，
在晚照中真是气象雄伟，大有流连忘返之感。

小游阳朔，余兴难泯

广西人有一句引以为豪的话："桂林山水甲天下，阳朔山水甲桂
林。"胡适一行泛舟漓江，他身历其境只觉名不虚传。到了阳朔，他
们冒小雨乘汽车到青厄渡，泛览诸峰，重重叠叠，紧挨江上，比起诸
山无树木的桂林，阳朔山上有树，更显秀丽。阳朔亦多岩洞，胡适未
能尽情投入，他希望以后还可旧地重游，可惜未能如愿。

胡适高兴的是在阳朔，他比徐霞客多知道、多游了一个"光岩"。
在同伴刘毅夫带领下，一班人分坐三个竹筏子，手执火把，低头弯腰入
洞，洞内钟乳石密布，宛如进入幽境。最后一洞的顶上有三个小洞透入
光线，这就是"光岩"之名的由来。刘毅夫告诉胡适，"光岩"颇似浙
江金华的名胜"双龙洞"。我到过阳朔，惜未玩过一个岩洞，但曾匍匐于
扁舟进入双龙洞之中，顺流游玩过，除此独特的入洞法外，双龙洞内还
有潺潺发音的洞内瀑布，这是其他岩洞所没有的，确是非凡仙境。

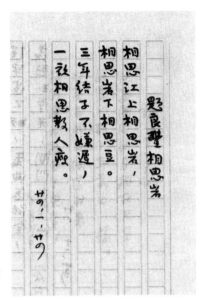

題良豐相思岩

相思江上相思岩，
相思岩下相思豆。
三年结子不嫌遲，
一夜相思教人瘦。

廿四·一·廿四

1935 年 1 月 24 日，胡适
为良丰相思岩题诗

在良丰为相思岩取名

从阳朔往桂林归途中，胡适应良丰师范专科学校校长罗尔棻（罗尔纲族兄）之邀，舟歇良丰镇（原名雁山）。他在该校向 230 位师生做了一次演讲。晚饭后，在校长和几位教师的陪同下，手提汽油灯游雁山和岩洞。说来有趣，这个岩洞千百年来一向无名，今大学者光临，众人便敦请胡适为之题名，胡适很高兴地取名为"相思岩"。为什么取了这个富于诗意的名字？原来是言之有据的。这座雁山公园本有花树三千多种，但因屡次驻兵，花树多荒死，时剩几百种了。胡适非常关注正在开花的绿萼梅，发现在灯光照映下，它会更加奇艳逼人。园中有几棵高两丈的大树吸引了胡适的注意，原来它叫"红豆树"，往往三年才结一次果，果呈红色，当地人给它取名"红豆"，由于生长期缓慢，所以显得很珍贵。有位教师沈君曾收集不少，他见胡适非常喜欢这种红豆,于是就回家取了来,送给胡适一行每人若干粒。后来胡适见此红豆,诗兴大发,便作《寄题相思岩》,诗曰:"相思江上相思岩,相思岩上相思豆。三年结子不嫌迟,一夜相思叫人瘦。"此诗充满情感,耐人寻味。

胡适由于返港心切,在柳城只匆匆过客似的玩了几处名胜——立鱼山和它的部分岩洞。傍晚去罗池庙瞻仰柳宗元祠堂,对祠中苏东坡题词石刻进行了考证。

留得颂诗传后人

胡适是当之无愧的文史大师,也是一位不可多得的白话文诗人。在漓江一日半的旅程中,有一事使他铭刻难忘。在船上听桂林女子唱起柳州民歌,他很受感动,禁不住当场记了下来。当时弄不明白的字句,便请陪同的曹文泉科长帮助解释,这样一共"记了三十多首,其中有些是绝妙的民歌"。现录三首,以飨读者。

一

高山高岭一根藤,

藤上开花十九层。

你要看花尽你看,

你要摘花万不能。

二

石榴开花叶子青,

哥哥年大妹年轻。

妹子年轻不懂事,

哥哥拿去耐烦心。

三

如今世界好不难，

井水不挑不得干。

竹子搭桥哥也过，

妹妹跌死心也甘。

这些民歌山曲和普通村姑，竟引得胡适诗兴大发。他在离桂去粤的飞机上创作了《寄题相思岩》，却谦虚地自嘲"这究竟是文人的山歌，远不如小儿女唱的地道山歌朴素而新鲜"。

胡适对广西山水趣恋恋，对八桂人缘情依依，在飞机上又作了一首名曰《飞行小赞》的诗：

看尽柳州山，

看遍桂林山水，

天上不须半日，

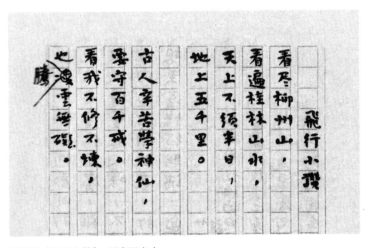

胡适作《飞行小赞》，颂广西山水

地上五千里。

古人辛苦学神仙，
要守百千戒。
看我不修不炼，
也腾云无碍。

胡适的广西履痕收存于《南游杂记》一文内，此文刊于 1936 年
《独立评论》中。胡适亲笔题写的"廿四年一月在广西大学胡适"之
照片，则是弥足珍贵之物。

胡适在香港

胡适对香港早就十分向往了，但直到 20 世纪 30 年代，因得到香港大学之邀请，接受该校赠予荣誉博士学位，才有机会访问香港，为他的辉煌人生增添了新的一页。

赞香港迷人景色

1935 年 1 月 4 日，胡适从北平到上海，乘"哈里森总统号"轮船抵达香港，在码头受到香港大学副校长威廉·韩勒尔爵士（Sir William Hornell）等的热烈欢迎。胡适"身着灰绒长袍，外罩黑呢褂，鼻架博士眼镜，操北京腔，态度庄严"，一副大学者的风度，令欢迎者敬仰不已。

胡适下榻韩勒尔家。胡适生平第一次到香港，心潮澎湃，所见所闻，感慨颇多。香港的迷人景色，特别是香港之夜，令他折服。

胡适去香港前，曾函托香港大学文学院院长佛斯特博士为之安排活动日程。佛斯特十分尽心，将每天上午留给胡适自由活动，下午从一时起则进行演讲和宴会。事后，胡适很感激，他说："西洋人是能体谅人的，所以在港五天，很从容。"佛斯特还担任胡适的导游，在他的陪同下，胡适遍游了市区和浅水湾、深水湾和赤柱等，又匆匆做了九龙、大埔和水塘的过客。他说他这个久居北方的人，到香港真有"赶上春天了"的感觉。晚上，坐电车上山顶，看到全港万家灯火，他说："气象比纽约和旧金山的夜色还要壮丽。"

幸会新朋旧友

胡适在港期间，会见了不少新朋旧友。此时前北京大学校长蒋梦麟、上海沪江大学校长刘湛恩博士（1937年因抵抗日本侵华，拒绝出任伪教育部部长，在上海街头被日本特务暗杀）恰巧从菲律宾开罗三国教育会议路过香港，老友相逢，免不了祝贺一番，谈话主题便自然落到香港大学中文教学改革问题上来了。老友们的支持使胡适的信心更足了。

这期间，胡适还专门拜会了在香港养病的国民政府前主席胡汉民，此君在1931年被蒋介石软禁于南京，八个月后释出便居于香港。胡适访问时，见他"兴致很好，谈锋很健"，有很多感触，对胡汉民说了一句"武官不要钱，文人不怕死，天下太平矣"，此话后来带给他不少麻烦，不过他也并不介意。此次香港会晤成了一场绝唱，1936年胡汉民病逝羊城。胡适闻讯，曾致电哀悼。

喜获荣誉博士学位

胡适声誉卓著，不仅在内地受到重视，也蒙受当时香港唯一高等学府香港大学的青睐。香港大学决定授予胡适荣誉博士学位。胡适甚感欣慰，来港接受这份殊荣，还计划趁机在香港教育界推广他的中文教学改革蓝图。

1935年1月7日，香港大学副校长韩勒尔致辞说："香港大学深知胡博士为中国文学复兴之始创者，港大有理由感于胡博士者，盖其曾协助港大编纂汉文应如何入轨道，现在，在指导中。今日胡博士在座，本人敢谓港大汉文必有复兴。"韩勒尔已将港大为何授予胡适荣誉博士的原因和希望说得很清楚了，身着博士服的胡适满面春风致答词，他谦虚地、衷心地感谢香港大学给他这份殊荣，答应一定全力支持港大的中文教学改革。

香港大学授予境外学者荣誉学位并非寻常之举，意义重大。而胡适早在18年前即已获得实质上的博士学位，他为什么对这份荣誉学位还如此热衷呢？事实证明，胡适的确想抓住良机在香港推广他的中文教学改革计划，另外，香港大学给他的这份殊荣的确使他永生难忘，二三十年后都为此激动不已。令他意想不到的是，往后他又获得来自世界各界授予他的34个荣誉博士学位。可纪念的是在香港大学这里，他获得了第一份好运。

反对八股风，提倡用汉语课本

胡适在香港五天，与社会各界人士多有接触，发表言论也不少。如在接受记者采访时，曾公开反对香港大学读经背诵古文倒退的教育体制，他自己说，当时他"很小心地希望香港的教育家接受新文化，用和平的手段转移旧势力，使香港成为南方的一个新文化中心"。

胡适应香港华侨教育会负责人巢坤霖（1888—1953）之邀，对两百多位中文老师进行了三场英语、两场汉语演讲，强调教育有两种方法，一是提高，一是普及，他认为在普及的基础上再讲求提高，这样的教育才会有稳固的基础。他劝告华侨学校采用汉语课本，云云。胡适还与香港中文学校视导员罗仁伯细谈，发觉香港中小学的中文教学存在着更严重的问题，他诚恳地希望罗仁伯运用自己的影响和权力，促成中小学和华侨学校破旧立新，采用白话文的汉语课本。

胡适在演讲中，还有所顾忌地、小心地提出广东话不适宜用作教学工具，因为广东话流传面狭窄，又有潮州等多音特点，不似普通话南北咸宜，这是无可非议的。可是胡适又说什么"广东自古是中国的殖民地"，此话原意是说广东话历久未变，但是这不仅是措辞不当，有语病，而且立意也错了，以致惹起广东人的抗议和非难，特别是陈济棠总司令和邹鲁校长等守旧派的恼怒，使几天后的广州之行遭到冷遇。

推荐许地山到港大实行中文教学改革

胡适回北平后，牢记对香港大学的承诺，根据香港大学的意图，他郑重推荐了著名作家、燕京大学教授许地山（1894—1941），香港大学随即聘其为文学院教授。

许地山到香港大学后，即将课程分为文学、史学和哲学三系，经此调整，内容既贴切充实，又有条理，并逐渐与时代合拍。除香港大学外，许地山还在中小学大力提倡白话文课本，又举办教师研讨会，创立职业教育等，尽心尽力，有口皆碑。这位教育改革家本可大展宏图，不幸因心脏病突发，于1941年8月4日去世，年仅49岁。这位生于台湾、来自北京的文学家、教育家，从此安眠于香港，香港大学为之树碑立传。许地山教授过早谢世的不幸消息，令香港大学、香港教育界、胡适和世人怅然！据新闻追踪报道，许地山谢世后，香港大学及香港教育界的中文教学改革，从此一蹶不振，胡适对此也徒叹奈何！

因公过港　旧地小游

1937年8月13日，日军侵犯上海闸北、江湾等处。蒋介石指定北京大学文学院院长胡适、北大教授钱端升和北大政治系主任张忠绂（子缨）这三位留学美国的博士，出使英美等国开展国民外交，旨在唤起英美等国上下层人士对中国抗日战争的同情心，争取欧美各国政府对中国抗日战争的大力支持。

国难当头，敢不应命。1937 年 9 月 13 日，胡适从武汉乘飞机于下午抵达香港。这是他第二次访问香港，虽然是过路性质，但也是胡适人生中有意义的一块里程碑。

胡适一行抵达香港机场时，由他澄衷学堂时代的老同学、时任香港中国银行行长郑铁如和香港中国旅行社邓宗弼来接，随即下榻半岛饭店。郑铁如当晚举行宴会为之接风洗尘。饭后，胡适打出去的第一个电话是给佛斯特，这位香港大学文学院院长即刻赶到半岛饭店，旧友重逢，交谈甚欢。胡适得知两年以来，香港大学中文教学在挚友许地山教授实施下成绩斐然，心中十分高兴。佛斯特随即电话告知同在香港的理查兹（I. A. Richards）夫妇说胡适已来港，后者即邀胡适谈天。于是胡适搬到 Gloucester 饭店，老友重聚，欣喜异常，大家喝酒畅谈，到深夜 12 点半才分手。胡适很高兴，这种意外的邂逅和畅谈是十分难得的。

次日，胡适到中国银行换了 4500 美元，留下 500 美元给因为母亲、妻子皆病推迟赴美的张忠绂，希望他安顿好家人再赴美会合。他自己花了三个半小时，在中华百货公司购置新衣和生活用品。中午邀约佛斯特等朋友到半岛饭店用膳，晚间由佛斯特设家宴款待。饭毕，佛斯特陪胡适再去山顶作旧地重游，胡适非常高兴，他"望见全岛夜景，最壮丽"，大有流连忘返之叹。

9 月 16 日，胡适去机场，此时忽接菲律宾马尼拉来电，说天气不好，飞机停飞，只好与钱端升快快回到饭店等待。谁知，天公实在不作美，台风来了，飞机根本无法起航，胡适在烦闷中度过

"九一八"，只得与钱端升以酒遥祝前线抗日战士取得胜利。9月19日，恰逢中秋节，他们应邀去了"国民酒家"吃海鲜，他说"地不甚佳，而菜甚佳"；当晚不巧"雨后，月光不好，时时听爆竹声，是拜月亮的"，失去了一次在香港过中秋赏月的好机会。

就这样在香港耽搁了三天，9月20日九时半，胡适与钱端升及中国官方乘客应尚才、俞逢汉同机离港。从此，胡适与香港缘尽，以后胡适均经东京直飞台北了。

胡适在中西文博界的考察与交流

胡适一生在世界范围内的文化、艺术、教育各个领域的社会活动非常频繁，如倾心购书、为人题字、观摩戏剧、品赏电影、远足旅游等。本文针对胡适关注在中国及美国、英国、法国、德国、加拿大、苏联和日本的博物馆、美术馆、图书馆和档案馆，以及私人收藏家珍藏的各类文物的展览和出售动向。他情有独钟的是那些流失海外的中国古代和近现代文物、壁画、字画和善本书的"生死存亡"，特别是对后者尤为关心，他全心全意地要使流失海外的国宝踏上漫漫返乡路。这种坚持不懈的精神，实在令人感动并钦佩！

不仅如此，胡适还拥有一班考古和博物馆界的老少知己，如李济、屈万里、夏鼐、曾昭燏等。他与这些专家学者保持着密切的联系与沟通，可贵之处在于他有虚心求教的良好心态，给世人留下了深刻印象。

胡适自身没有多少文物字画藏品，从胡适日记中得知，他在市场上曾购买过两三件。在驻美大使任内，友人送他一件瓷器，他放在办公桌上时时观赏，当他离任时，却完璧归赵。古代字画，他也只有一件罢了。宋子文主动展示自己收藏的古代字画时，他却惊愕不已。要说胡适曾拥有过的大宗藏品，那就是难登大雅之堂的 5000 个洋火盒了。

为了给读者提供一份胡适在中西文博界的观赏、考察与交流的原汁原味的清单，兹据胡适日记和家信及胡颂平等人的著作，将胡适始自 1914 年 9 月 8 日、终于 1962 年 2 月 7 日的内心独白和公示于众的谈话等实录披露如下。瞧！胡适是怎么看的，胡适是怎么说的，胡适的结论是怎样的，胡适的作为给了我们什么样的启示。

在国内的观赏与考察活动

1918 年 11 月 6 日，胡适在"致近仁老友函"中，夸奖："龟甲文字的研究，要算罗振玉先生为第一。"

1920 年 2 月 22 日，"与［蒋］梦麟去［北京］厂甸，玩了两点多钟，买了一点玩物"。什么玩物？未见明说。

1921 年 7 月 2 日，在北京"一个古董摊上买了一幅杨晋的小画（杨晋是康熙、雍正间人）、一尊小佛。这是我生平第一次买古董"。

1922 年 3 月 27 日，"夜九时，到协和医院听安德森讲演《石器时代的中国文化》，他在河南渑池县仰韶村发掘得许多石器，有石斧、石刀、骨针及初期的陶器。他用幻灯助讲，讲了二时"。

4 月 1 日，胡适"与陶孟和同去看 J. G. 安德森。他引领我们看他在仰韶村掘出的古石器与古陶器。计石器：石箭镞、石斧、石刀、石凿、石纺环、石镯。陶器：土弹子、平底鼎。鬲：此器三足皆中空，此可想见当时人的聪明，盖陶器不易传热，故增多其受热的面积，使水易煮沸。尖底瓶：此瓶与现在北方大车夫与船户所用之油瓶同形。蒸汽炉：此炉底有百余个小孔，孔大如○，底上有水汽结集的痕迹，可见此必系用来作一种蒸笼用的。此又可见其人之聪明。进步的陶器：此种皆赭黄色，有黑色白色的"图案"。安德森说，此种图案不似中国式，乃与中亚细亚及南俄发见的太古陶器上的图案甚相同。他又说，旧日考古学者发掘古物，往往重在文字方面而遗其器物，或重在美术而遗其环境，都是错的。他自己的方法，重在每一物的环境；他首先把发掘区划出层次，每一层的出品皆分层记载；以后如发生问题，物物皆可复按"。胡适说："此种陶器仅存碎片，不能'拟补'成器。我初见了它们以为必系晚出之物。但安君说，它们确实与那些石器同在一个地层内掘的。安君是地质学者，他的方法很精密，他的断案也很慎重，又得袁复礼君的帮助，故成绩很好。我请他为《国学季刊》作一文，记此事的原委，他却谦让请袁复礼去作。"

7月7日，胡适在山东济南，"去看本年新设的历史博物展览会，原来是一团糟！竟全无排列，全无历史的系统，只是一堆古董，乱七八糟地堆在几间房里！此外还有商品及他种学校成绩的展览，更是不伦不类了！听说此馆报销五千元，成绩竟全如此！"胡适怀着满腔怒火"出门去看教会所办的广智院，此为一个很大的通俗教育博物馆，陈列的有动植物标本、历史、宗教、卫生、风俗、工艺、交通、人种及其服式、建筑、游戏、病菌、人文，等等。院中尚有演讲堂，有游艺室——中陈留声机等，有读书报室。此乃英国浸礼会牧师怀恩光所经营，原名济南研究院。以十五年的经营，方才做到这个地位，现在成为齐鲁大学的一部。此院在山东社会里已成了一个重要的教育机关。每日来游的人，男男女女，有长衣的乡绅，有短衣或露着半臂的贫民。本来此地赛会期内，来游的人每日超过七千之数。今天我们看门口入门机上所记的人数，自四月二十六日起，至今天共七十日，计来游的有79817人；自开〔馆〕至今，共有来游的四百五十五万人！这个东西比那历史博物馆，真可使山东人惭愧死了！"胡适此行，观察之细，记载之详，爱护深切，批评中肯。

1923年4月1日，胡适与陶孟和"在北京中国科学社社友会开会，袁复礼先生讲演河南、奉天两处发现的石器时代文化，到会只六人，可见北京讲学之风之不振。袁君与安德森皆以为古代陶器之有色

泽花样的，是受西方文明的影响。我不以为然。我以为，与其用互相
影响说，不如用平行发展说"。

1929 年 4 月 20 日，胡适"与丁西林、傅孟真、胡刚复同游全国
美术展览会，费了五个钟头，尚不及看中国画部。西洋画部，很有进
步的表示，殊可喜。参考品部，日本人送来的八十多幅之中，很有佳
作；其最佳者，有寺内万治郎的'镜'等四幅。参考部之古画部，有
陈小蝶先生藏之山水册页二百多幅，署名'逸园'，为作者游历所到
每日写景之作品。每页前有日记，略记所写景物。其体裁略似《鸿雪
因缘》，而画笔远胜过之。有李祖韩先生藏之曹雪芹画像手卷，他邀
我去细看。看了之后，我说：'此人号雪芹，但不姓曹。'祖韩大失
望，颇不心服。细检卷后题咏……我断定此人是翰林院中一个前辈，
不是《红楼梦》的作者"。

12 月 17 日，胡适置身杭州"西湖博览会的教育展览，本有各组
专家的审查报告，但当事者又要我和王云五、郭任远作总批评。他们
推我起草，我今天写了一篇批评，约有二千五百字"。

1930 年 10 月 10 日，胡适参观地质研究所的"地质调查所周口
店发掘得之二原人头骨及同时代之动物。世界所得原人，此北京原
人可列第二。而此次发掘皆依学者预定计划，使此原人之环境完全
呈现，方法之精密远胜于以前种种发现，在学术上之贡献极大、价
值最高"。

1935 年 7 月 3 日至 7 日，胡适与任叔永、陈衡哲夫妇及次子思
杜等七人，走遍了平绥铁路全线。其间，游览了山西大同云冈石窟。
他写道："在此勾留了不过两个多钟头，只看见一座很简陋的破寺，
寺外有大小石窟，中央十窟、西方九窟。石窟前有贫民的土屋茅棚，
猪粪狗粪满路都是，石窟内满地鸽翎与鸽粪，还有乞丐住过的痕迹。"
又说："原来大佛像身上是镶嵌珠宝的，现在都挖空了。诸窟中的小

像，凡是砍得下的头颅，大都被砍下偷卖掉了。佛力久已无灵，老百姓没有饭吃，要借诸佛的头颅和眼珠子卖几块钱来活命，还不是很正当的吗？"胡适目睹这处 1500 年前的佛教美术的重要中心，如今竟破败到这一地步！以致五味杂陈，难怪说出了那样心酸的话！

1937 年 1 月 6 日，胡适"上午开北大行政会议。到怀仁堂吃午饭，饭后，看北平研究院考古组在陕西掘得的新石器时代遗物"。

1943 年 1 月 21 日，"今天收到四川岳池陈树堂先生一封信。此君家藏书画万余件，名'朴园收藏'，有独秀、尹默诸人题诗。独秀诗云：'百年乔木读书堂，允矣吾宗世泽长。文物不随戎马尽，蜀中独有鲁灵光。'我也题小诗云：'海外欣闻有朴园，藏书万卷至今存。好为宗国留文献，岂但楹书贻子孙。'"此诗当为佚文再现吧。

1947 年 10 月 19 日，胡适在南京时，"曾昭燏女士邀在中央博物院吃蟹，饭后看博物院新建筑，甚赞叹其在大困难之中成此伟大建筑"。

1948 年秋，淮海战役将起，国民党败迹已定，于是在将黄金运台的同时，想到了将文物也运往台湾。当时的教育部政务次长杭立武出面主办其事。1949 年 1 月 14 日，在南京朝天宫博物院内举行中央博物院第三届理事会第四次会议，讨论文物图书运台具体事宜。会议主席是王世杰，出席的常务理事有翁文灏、朱家骅、傅斯年、张道藩等，胡适也置身会中。曾昭燏列席并任会议记录。

1949 年 3 月 26 日，故宫博物院常务理事会在台湾省台北招待所内举行，出席会议的有五人：王世杰、胡适、李济、傅斯年、杭立武，在会议记录上依次签名。胡适在会上提出"特派员一职，究系负押运责任，仰负永久责任"。

4 月 6 日，胡适第六次出国，再未参加这方面的会议了。

1952 年 12 月 1 日、5 日、6 日，胡适在台湾大学演讲时，专门谈了 1926 年他第一次踏上欧洲大地后，首要任务是去伦敦大不列颠博物院和法国国家图书馆，检阅 1907 年、1908 年被西方探险家——英国斯坦因博士（Dr Stein），法国汉学家伯希和（Pelliot）先后从中国甘肃省内著名的敦煌石窟中"偷去的敦煌石室材料"的现状。胡适说"石室里面所藏的都是五世纪初至十一世纪的宝贝，里面除了中国文字的经以外，还有一些少数的外国（即中亚细亚）的文字材料"，这是指敦煌石窟中浩瀚的古代经书和壁画遗产。胡适不由得激动地回忆说："到了大英博物馆，头一天就看到一个正在展出的长卷子，就是我要找的有关材料，后来已继续找了不少。到法国，傅斯年从德国赶来和我一起看敦煌卷子，一连三天，找到了所要的'禅宗''神会'〔和尚〕的语录。满心欢喜！都照了像带回国来，四年之后，在上海整理出版，题为《神会和尚遗集》；还为神会和尚写了一万字的传记。"纵览对流失海外的敦煌石窟艺术品的不懈索求，持有如此浓郁之情，除了胡适大师，怕难有第二人。胡适除了向台湾大学师生讲述

1909 年，伯希和（右二）在北京
与中国学者胡适（右一）等合影

了敦煌石窟艺术品的故事，还告知师生，他所知晓的敦煌经书卷子，英国有 5000 多卷，法国有 3000 多卷，中国有 6000 多卷，散在中国与日本民间收藏家手中不到百卷。最后，他语重心长地强调，"我所以举上面的例子，目的是在说明材料的重要"。

1958 年 4 月 8 日，胡适从美国返回中国台北，10 日，就任"中央研究院"院长。12 月 17 日，他在台北说："抗战期间，我在驻美大使任内，有一位记者写了一篇关于我的报道，说我是个收藏家，一是收藏洋火盒，一是收藏荣誉学位。这篇文章当时曾给我看过，我觉得没有什么不可以的地方，就让他发表了。谁知这篇文字发表之后，惹出大乱子来。于是有许多人寄给我各处各式各样的洋火盒，因此我还得对每个人写信去道谢。后来我把我自己的洋火盒寄给一些送我洋火盒的人。谁知有一位朋友把我送的洋火盒在报上刊出来。我的洋火盒是篆字'胡适'两字的图章，白底红字的封面，于是又惹出来不少麻烦，很多读者纷纷来信向我索要洋火盒。我的（对）洋火盒，并不是有特别大的兴趣，只不过是我旅行到过的旅馆，或宴会中的洋火盒，随便收集了一些，加上别人送给我的，在我的大使馆任内，就积有 5000 多个，我留在大使馆内。"这些洋火盒想必多已散失了，真是可惜！

1959 年 10 月 31 日，胡适接得台北"《中华日报》送来今年八月廿六日金门兵士炸山发现明监国鲁王'真墓'里的宁靖王术桂撰的《鲁王圹志》全文。我读了很感兴趣。今天下午写了一篇跋文《跋金门新发现'皇明监国鲁王圹志'》，交给《中华日报》编辑人甘立德发表。《中华日报》收到跋文后，为此发表编者按。说'金门新发现'鲁王冢，胡适等确信系真墓——咸认足可纠正若干史家过去的误载"。

1960 年 1 月 27 日，"一位来问金石甲骨文字的客人，胡颂平介绍他去见屈万里。之后回来报告了［胡适］先生。先生说：'我对金文甲骨全不懂，你看我的文章里有没有引过甲骨文字，一句之中有几个认不得的字，我是不引的。'"寥寥数语，表达了胡适在学生面前实事求是的良好学风。

1960 年 2 月 11 日，胡适目睹台北"历史语言研究所的'考古馆'里的殷墟石刻的照片，许多外国人看了很欣赏，他们原先以为古代的文明，只有罗马、希腊，看了这些三千年前的殷墟石刻，才知道他们那时还跟小孩子似的。这些照片，应该有位专家作些说明文字才好"。

2 月 22 日，胡适在台北出席"故宫博物院"理事监事会议，商讨文物运美展览事。

6 月 7 日，"梁唐穆带来日本瓷器一小匣送给胡适，里面装有六只小酒杯。胡适对于日本的小工艺很赞美，说：'他们是把东方的 gentle 表现出来，做得精致、价廉，来争取外汇。'"

11 月 9 日，胡适看见大陆 1952 年出版的《敦煌变文》一书，其中一篇《魔窟变文》之下，注明"绩溪胡氏"。胡适说："这样对我称绩溪胡氏是很客气的。这位编者不知是谁，一定是我的朋友，可能是周汝昌的兄弟？"

11 月 17 日，"太原一个公园里有两个碑：一个碑刻上一千个字，必须人人要认识的字；另一个碑刻上八百个字，乃是山西人必须要认识的。像'口口''阌乡'，我们读过《史记》《汉书》的人都认得了，但有一个'崞'字，音郭，是山西的一个县名。当时我不认识这个字，于是有人说胡适之不认得崞字"。胡适用坦诚的心态，回敬一些人的嘲讽，思想上并无负担，彰显大师风范。

1961 年 1 月 2 日，美国博物院的凯纳齐来访，想要将陈列的中国鸦片枪和妇女缠足模型等"陈迹"撤掉，换成新展品。胡适支持此做法。

1 月 5 日，胡适遂"偕凯纳齐到齐如山家去看戏剧用具模型展览"。奇怪的是，他为什么不去"故宫博物院"呢？

6月1日，胡适埋怨道："昨夜我给雪艇说，听说政府拿出三千万元建筑博物馆，我们连一张日本第一流的画也没有，更没有一张西洋的名画；故宫的古物不完备，郑板桥等的作品连一件也没有。这能算是一个现代的博物馆吗？"公开对当局的做法表示质疑和不满。

9月2日，胡适在台北接待"雷荣德·莫耶夫妇来参观。我陪他们去看［'中央研究院'］考古馆。这是半年来我第一次陪朋友参观"。

9月30日，胡适的贴身秘书胡颂平告诉胡适："屈万里送回祝枝山的几幅字，说已给别人看过，只怕不是真迹。胡适说：'明朝写草书和这几幅字的草法完全不同，很熟的人很多，他冒用大名家的名字，可以卖大钱的。让我得空仔细看过后再复某君。'"此事反映胡适慧眼鉴别仿古字画的功底。为了对人负责，他要再仔细琢磨后，再给人以有说服力的答复。

1962年1月18日，"致信王世杰、孔德成，商议博物院所藏珍贵史料、孤本、善本书，应多留一两份显微摄影，供学人校阅研究之用"。

2月7日，抱病的"胡适要到［台北］南港去看看，由胡颂平、［护士］徐秋皎陪往，去看傅斯年图书馆。问问全部图书的卷数，说：'十几年前已有二十万卷，现在至少也有三十万卷，为什么不检查一下，还用十几年前的二十万卷数？'"此行是胡适生前最后一次关心图书馆事业发展。胡适为什么对傅斯年图书馆的藏书量停滞不前的状况非常不满，盖傅斯年去世已十年矣，另外，基于自己多病，触景生情，从而拨动了缅怀故友的心弦，故生此发自内心的宣泄。

2月17日，病中的胡适致信台北故宫博物院，强调在此原子时代，凡藏有孤本、珍本史料的机构，都负有复制保存的重大责任。他还拟了几条实施办法，希望常务理事们能就此事做出决定。这竟成为胡适赠与文物博物馆界最后的金玉良言。因为一周后，他便与世长辞了！

在欧美等国的考察与交流活动

·美国篇·

胡适于1914年6月间从美国康奈尔大学毕业。1914年9月8日，在致其母的信中，他说道："初六，为星期日，往游波［士顿］城公家藏书楼，中藏书一百万余册。下午往游美术院，中藏古今东西雕之像、石器、铜器、金石、古玩、名画无数。中有中国古画数十幅，皆极佳。有宋徽宗《缂丝图》真迹，为稀世之宝。"胡适此行，开其外国文物博物馆界观赏考察之首页，也开其中西文物博物馆界交流之先河，意义重大！胡适在《留学日记》（原名《藏晖室札记》）中，对此美术馆描述得更详尽。他说："此馆全由私人募集而成，建筑之费，至二百九十万金。全馆分八部：埃及部、希腊罗马部、欧洲部、中国日本部、油画部、印本部、铸像部、藏书部。其油画部颇多真迹。其中国部范宽一画，及宋徽宗《缂丝图》真迹（幅甚长），真不可易得之宝物。其日本部尤多佳作。东方钟鼎，甚多佳品。其古镜部，尤多工致之品。"

1914年10月24日，"韦莲司女士，以在纽约美术院所见中国画相告，谓最喜马远《山水》一幅。此幅余所未见，他日当往访之。纽约美术院藏中国名画九十幅，中多唐、宋名品。余在彼时，心所注者，在摩根所藏之泰西真迹二十九幅，故不及细观他室，亦不知此中乃有吾国瑰宝在也。今承女士赠以院中中国名画目录一册，内如唐

［朝］裴宽《秋郊散木图》，宋［朝］夏珪《山水》（疑是仿本），元［朝］赵子昂《相马图》及《宋神宗赐范文正画像》（乃伪作也），又有东晋顾虎头（长康）《山水》一幅，当是伪作"。

1915 年 1 月 20 日，胡适"与郑莱君［再］往游波城美术院，访其中国画部主者，承令一日本人指示余等，其人名富田幸次郎，极殷勤，指导甚周至。所见宋徽宗《捣练图》，马远三幅，夏珪二幅，其一大幅夏珪画尤佳。尚有多幅深藏内室，不轻示人，如君等明日再来，当一一相示"。次日，"晨往美术院访富田幸次郎，与同至藏画之室。此院共有中、日古画五千幅，诚哉其为世界最大'集'也。是日，所观宋、元、明名画甚多，以目力有限，故择其'尤物'五六十幅观之。今记其尤佳者如下：一、董北苑《平林霁色图》；二、阮文达藏《宋元拾翠》册页；三、宋［朝］陈所翁画《瀑龙图》；四、赵子昂画《相马图》；五、管夫人《墨竹》；六、王振鹏《仿李龙眠白描》；七、仇宝父《骑士图》；八、无名《犬图》；九、无名《蜻蜓图》；十、无名《观瀑图》；十一、元人钱舜举《花卉》；十二、马远《观音》；十三、无名《释迦》；十四、学吴道子画三幅；十五、陆信中《十六罗汉图》十六幅；十六、宋［朝］赵其昌、林定国作《五百罗汉图》一百幅之十。上记之十六幅，皆足代表'佛氏美术'。出藏室，复观宋徽宗《捣练图》，此画真是人间奇物，不厌百回观也"。

1 月 23 日，胡适复"至纽约美术院，韦莲司女士亦至，导余流览院中'尤物'。女士最喜一北魏造像之佛头，其慈祥之气，出尘之神，一一可见。女士言：'久对此像，能令人投地膜拜。'此像之侧，尚有一罗汉之头，笑容可掬，亦非凡品。院中有中国画一集，皆福开森氏所藏"。

1937 年 3 月 17 日，"到美国圣经会去参加他们的'圣经展览'

开幕典礼。我有短演说——'圣经与中国文学'"。

1938年2月6日,胡适在美国西北部斯波坎市,"德里斯戴尔上校接我去住在他家中,他的夫人曾在中国甚久,收集中国漆器、瓷器甚多,其家中处处是中国器物,使我生故乡之思"。

4月11日,"与林斐成先生同去游美国国际历史博物馆(实为纽约市自然史博物馆)"。胡适感叹地说:"二十多年没有来此地了。"

9月3日,"大雨,去参观兰迪斯博物馆,规模甚大,不能看多少,只见其一部分"。

9月9日,胡适在华府"游历史博物馆,其中百分之七八十是军器、甲胄",见"1885年掘得的遗物甚多,今陈博物馆中,我们去参观甚赞叹其青铜器及拼花小路之工巧"。

1939年10月10日,纽约举办世界博览会,当日举行"中国日"典礼。胡适笑谓:"真是唱戏!"

1940年4月13日,胡适在驻美大使任内,"下午到市立博物馆灌音(即录音)。此地收名人语气也是很别致的一种史料"。

4月14日,"布洛夫人曾为我塑像,今天我去看塑像,很不坏"。

9月20日,"早起去看费城博物馆,其中有一所中国房子,号称'明代',但有乾隆戊午匾额。博物馆得借吾友 W.M. 克罗泽尔夫人藏的刻品多件及瓷器多件,陈列在此"。

1941年1月3日,"昨夜同国钦回到华府,在子文寓中吃晚饭。他捧出一些册页来给客人看,有恽南田,有道济。我竟不知道宋子文收藏古画"。胡适的感叹,令人沉思!

1月16日,胡适"到纽约,换车到新港,住在耶鲁大学。下午四点,在耶鲁大学的艺术馆讲堂,讲'一位历史学家看中国画'。这是我生平第一次大胆讲中国画!"接着又说:"耶鲁大学向摩尔夫人借得她收藏的中国画精品二十一幅，今日开始公开展览，我来是为此事开幕的。摩尔夫人亲自到场，听我演说。摩尔今年 84 岁。她的画大致很精，有姚叔来替她收买；故大致可靠。晚上展览开幕，欢迎会来者有二百多人。"

1942 年 9 月 18 日，胡适上午十一点离开双橡园，卸下大使之重任，重归大学者岗位。是日，胡适到纽约，临时下榻纽约宾馆。他记："老友 G.J. 诺贝克近年颇以余力作雕塑，成绩颇好。他要给我塑像，故邀我去，将全身尺寸量好。还请他的助手欧文·雷曼博士给我照了许多相片"。

1943 年 1 月 11 日，"诺贝克今天最后一次敲定，我很喜欢这像"。

1 月 4 日，"昨天，卢芹斋夫妇来访，他去年送我一个绿玉的香炉鼎，价值 2500 美金。我留在馆中陈列了半年，下任时，带了来还他，今天请他带了回去"。

1 月 9 日，"卢芹斋邀我去吃饭，见着大都会博物馆馆长弗朗西斯·泰勒夫人和凯恩夫人，饭后，到凯恩夫人家去看她收藏的几件青铜器"。

1 月 13 日，"王济远兄来邀去大都会博物馆，看布置'中国现代画家展览'"。

2 月 13 日，"元任夫妇开车来接我去看波士顿的中国中心，看见去年怀尔德利从重庆带来的现代中国画与木刻"。

1950 年 1 月 4 日，胡适说："王毓铨近年在美国古钱币学会工作，替他们整理会中藏的中国古货币。今年他要回国去了，他邀我今天在（去）参观。我到会所（百老汇街 156 号），毓铨领我看他们收藏的希腊、罗马及欧美两洲的古今钱币，最后专看中国古货币。会中藏古货'布'两千多枚，'刀'一千多枚，古钱六七百枚，真可说是很丰富的了！（中国至今没有这样一个大收藏！）古代的'布'行三

晋，'刀'则行于齐。此地理上的差别，我从来不知道。今天看古刀、
布上的地名，始知之。"

1951 年 5 月 6 日，"今天到费城去看'独立厅''自由钟'，又到
宾夕法尼亚大学去看大学博物馆"。

1952 年 1 月 14 日，胡适"写信给陈源（通伯）先生，请他代照
不列颠博物馆所藏的世界最古的印本书（唐懿宗咸通九年戊子刻的
《金刚经》）影片给来"。

1 月 31 日，胡适"得陈通伯回信说'贾尔斯博士很起劲，提
议要照至少十三种敦煌卷子给我展览'，我回信去，要他加上卡特
说的石刻《金刚经》敦煌本。我还要贾尔斯博士的小册子《敦煌六
百年》"。

2 月 1 日，在普林斯顿，写《中国印书的一千年》，作"中国书
展览"的小序。

2 月 20 日至 4 月 20 日，在"葛思德东方书库办书展于普林斯
顿大学图书馆"，胡适任馆长并主持"中国书展览"。胡适说："中
国印刷书籍的历史是本次展览的主题。展览分五个部分：一、手
稿；二、碑铭的拓印本；三、刻板印刷；四、活字印刷；五、现代
印刷。由于普林斯顿大学对基督教徒在中国的传教工作一直比较感
兴趣，所以，我们在现代印刷展览部分安排一个特殊的展出：《圣
经》的不同中译本的展览——有文言文译本，有白话文译本，有用
十二种方言和八种土著语言译的《圣经》，也有用满文、蒙文、藏
文译的《圣经》。在这些《圣经》译本中，大多数方言译本和全
部的土著语言译本均为首次翻译并被印刷成书。馆长胡适，馆员
Shih-Kang Tung。"

2 月 20 日，"中国书展览，各架书都摆好了。我不很满意，因为
有些书竟无地可放，又有些书，我认为不能不收入，而版本不好，不

能不暂缺。前者如元刻的书，一本都没有列入。后者如《本草纲目》，如《农政全书》，都没有原刻本，所以不列入"。这是所知的胡适在美国亲自主持办好的一个中国历史书籍的专题展览。兹从他的怨气可证他对展品取舍标准是很严格的，对下属馆员处置展品不当颇有微词。

1953 年 9 月 9 日，"我很盼大都市博物馆和公共图书馆，能利用此款，多收各国的象棋与象棋史料"。

1955 年 7 月 19 日，"康奈尔老辈布林克霍夫先生请我去看四十年前威拉德·斯特雷特送给他的一幅画，画是道教神像，是匠人面。左下幅有'广慈庵'一印，盖在绢上，又画一小幡，金字写'刑部启心郎周天成等造'。画似是晚明的画。检《明史·职官志》，无此官。《辞源》有'启心郎'条，说清初各部设此官，为诸贝勒管部者备顾问。顺治十五年（1658）废"。

1957 年 1 月 8 日，作为博物馆行家的中国嘉宾，胡适应邀去洛杉矶，他记道："晚上到加利福尼亚俱乐部，参加洛杉矶县博物馆的今晚'唐朝展览'的开幕宴会。饭后到博物馆。这个展览是亨利·特鲁纳先生筹划的。有巴黎的吉梅博物馆，有剑桥（马萨诸塞）的福格博物馆，堪萨斯城的 W.R.纳尔逊美术馆，（德国）柏林的民俗博物馆，纽约的大都市博物馆，及日本、英国、美国各城市的博物馆借珍品参加。这是很难得的一个展览。"

1 月 24 日，"今天，斯坦福大学的谢克等来午饭，他们谈他们希望（台湾）台中的艺术藏品能来此展览"。 这是所知的胡适在美国博物馆等及其与同好之间的最后一次活动。30 日，胡适去了纽约。

·英国篇·

在大英博物馆检阅敦煌卷子

1926 年 8 月 16 日，胡适欣喜地说道："第一次出［国］游，去看大英博物馆（B·M），匆匆得其大略，以后仍当来细细研究。"

9月24日，"到大英博物馆看见莱昂内尔·贾尔斯，他允许我来此看敦煌卷子，我很高兴"。

9月25日起，至10月1—20日，12月3—29日止，胡适忙里抽闲，在大英博物馆耐心、细心地检阅着敦煌卷子（写经本目录）。到29日最后一天，竟看完5000目片。他发现"其中颇多可注意之卷子"，便"摘出了一些目，共分三部：一、禅宗史；二、俗文学；三、杂部"。此时胡适收到家中寄来的《禅学思想史》，他略一翻阅，颇有所得。回寓后，他"把巴黎读书的注释用英文写出，寄与伯希和，使他可以修正写本目录上的错误"。他认为英国收藏的敦煌卷子，"其中有许多是巴黎已见过的，可供参校"。同时"重检《续高僧传》的《达摩传》，全行抄出"。10月30日，胡适从德国第三次返回伦敦，为了快速解决敦煌卷子誊抄和拍照的问题，急去大英博物馆，访贾尔斯，未果。于是便"写信与伯希和、贾尔斯、李显章（寄100镑，请他找人代抄神会语录）"。是年底，胡适将去美国，但是敦煌卷子抄写问题尚未落实，胡适再"访贾尔斯博士，存了十镑钱在他处，请他为我管影印敦煌卷子的事"。

1938年8月16日，胡适"到大英博物馆，看其中的罗马和希腊生活的一部分，很有兴趣"。

8月22日，"访贾尔斯，饭后与贾尔斯同观博物馆中的中国部分"。

在美术馆观赏中国壁画

1926年9月25日，胡适"与庄士敦去游美术馆，看了许多名画"。

12月16日，"今天B·M展览中国古代壁画，邀请少数人来参观开幕。最大幅为观音与二菩萨，得自直隶××县之清凉寺。余为金刚及菩萨，得自山西的一个佛窟。此诸件皆属于伦敦寓公希腊富翁乔治·伊莫弗泊勒斯，他所藏的中国美术品为世界有数之大观"。

参观历史古迹

1938 年 8 月 5 日，胡适"从伦敦到圣艾夫斯，约有 280 多里，汽车走了七点钟，路上绕了一点路，去看'大石丛坛'。此地在索尔兹伯里平原，为古代一个民族所立，其石甚大，不知古人如何能搬运如许大石。当名为'大石丛坛'，其布置皆依夏至冬至日出入线为主。此为英国史前绝奇的古迹，据学者考据，其建立在新石器时代，约在 3500 年前。买一本小册子，专论此地的；途中读了，甚感兴趣"。

·法国篇·

游览宫殿和博物馆

1926 年 8 月 22 日，胡适说，是日上午"十点，（使馆职员）林（小松）君来邀我同去游罗浮宫（Louvre）。罗浮宫是世界的一个最丰富的美术馆，其中最有名的雕刻，如米罗的《维纳斯》，如《胜利女神》；最有名的古画，如达·芬奇的《蒙娜丽莎》《吉欧孔达的妻子》；如米勒的《拾穗者》和《晚钟》；如法兰斯·哈尔斯的《波希米亚女郎》；如莫利罗的《年轻的乞丐》；如格勒兹的《送牛奶的人》，都是我久想见的。从前但见印本，今天得见真迹，真使我欢喜"。"下午与林君同游罗丹博物馆，此为奥吉斯特·罗丹（1840—1917）一人的作品展览馆。罗丹为现代最伟大的雕刻家，能使冷硬的石头呈现情感，呈现活动，并表现理想。他的功力最深，意境极高，而手段足以达之。我曾见过他的几件作品，今日始得畅观他的作品的大部分，徘徊不忍离开"。

10 月 18 日，"我前年作《禅宗史》长编，曾指出关于达摩的材料，只有道宣《续高僧传》最可信。我在巴黎时，与伯希和谈此事，他似不很赏识道宣。他论（菩提）达摩一文，甚称引杨玄之《洛阳伽蓝记》述达摩之二事，却不引道宣之原文。……今天我到 B·M，重检《续高僧传》的《达摩传》，全行抄出，更觉道宣可信。伯希和之不注重此传，似因为他看不懂此传全文"。伯希和回答胡适的论点，似有难以苟同之意，说"这份笔记（指《续高僧传》）很含糊"。胡适认为伯希和的评价"甚不公道。故我把此传抄出，供参考"。

11 月 19 日，胡适在伦敦"东方文化学校，会见伯希和。他今天在此演讲'西方艺术在中世纪的中国'，有许多材料很新鲜。伯希和给我带来影片三卷：一、《历代法宝记》；二、《楞伽师资记》；三、《神会语录》长卷"。

11 月 20 日，胡适"去看贾尔斯博士。下午去听伯希和讲演'基督教在中亚和中国'。他讲得很好，有许多新发现的材料"。这些演讲皆离不开敦煌遗产这个主题，也证明伯希和毕竟是一位汉学家，对盗取的中国敦煌佛教艺术进行了研究，且有新意。因而使一心为学术的胡适，由于获得有益的新材料而感到欢悦！

·德国篇·

1926 年 10 月 24 日，胡适早就知道德国著名的"中国通"理查德·威廉在法兰克福创"办了一个'中国学院'，专宣传中国文化。其意在于使德国感觉他们自己文化的缺点；然其方法则［有］意盲目地说中国文化怎样好，殊不足为训"。

·加拿大篇·

1938 年 3 月 9 日，胡适"早起到多伦多。饭后，怀特主教与梅赛斯同去参观安大略皇家博物馆的中国部分。1933 年，我曾来此，现时布置更进步，其内容很值得研究。梅赛斯与怀特都在河南，故收集的古物最多，商、周、战国都很丰富。其铜器与甲骨部分甚可惊叹。在博物馆四个钟头，甚疲倦了，回寓"，休息。

3月 14 日，仍在多伦多，胡适于下午"去参观 C. 哈姆林先生的巴法罗科学博物馆，这是一个最新式的科学博物馆，我久想来参观，今天才如愿。此馆布置［的］确很好，罗伊·查普曼·安德鲁斯推为'比别的博物馆早二十年，不是过誉'"。

·苏联篇·

1926 年 7 月 30 日，胡适赴欧途中，在莫斯科稍歇，是日"下午到革命博物馆。馆中用史料表现革命史的各时期，起于 17 世纪斯坦卡·拉辛之农民革命，终于一九一七之'二月革命'及'十月革命'。最后为列宁厅，表现列宁之一生历史及著作。凡他的手泽、遗物，皆搜罗陈列；中有他变服为铁匠时的假发、铁锅、护照等。他死后的各国代表团体之花圈也陈列在此"。

胡适的藏书乐

一生寻书香　千里多欢歌

胡适曾说："我不是藏书家，只是一个爱读书能用书的书生；买书必须先买工具书，再买本行书。"又说："搜集书籍的范围应广，要无所不收，以一种'门户开放'的态度来收集天下之书籍，同时要把这种'藏书'的爱好推广到社会上，使不但用书的人、爱书的人收集书籍，就是一般人，也以收书为美德。"他感叹自己的本行到底是哪一门，因为门类太多，具体应归哪一门，似乎茫然。但是他又自解云："我所谓的'本行'，其实就是我的兴趣，兴趣愈多就愈不能不收书了。"接着他又慨叹地回忆起，1948年"离开北平时，已有一百箱书，约有一二万册"。至于这些书是怎么来的，胡适说："蒙朋友送了我很多书，加上历年自己新买的书，把我现在住的地方堆满了。"

胡适为什么这样热衷于搜集书籍，并且是海内外一并动手，那也是有原因的。他说："我这个用书的旧书生，一生找书的快乐固然有，但找不到书的苦处我也尝到过。"他哀叹，自己的大量藏书"都是些不相干的书，自己本行的书一本也没有，还需要依靠研究院史语所的图书馆及别的若干图书馆来过日子"。为了切实解决自己的"书荒"问题，寻找他这个理论的支撑点，他向读者讲述了曾发生在自己身上的两方面事例。一个是，胡适曾多年托人在北京征购重要善本——《文木山房集》无果，致使研究工作停滞。1918 年，在"带经堂"书店找到了，这一斩获，令胡适大喜，最终使胡适一万八千字的《吴敬梓年谱》得以在 1922 年出版。另一个是 1927 年，胡适"自欧美返国住在上海，曾有人写信告诉我，要卖一本《脂砚斋重评〈石头记〉》给我，那时我以为自己的资料已经很多，未加理会。以后和徐志摩在上海办新月书店，那人又将书送来给我看，原来是甲戌年手抄再评本，虽然只有十六回，却包括了很多重要史料"。胡适这次再也不愿失之交臂了。

胡适告诉人们要解决自己的"书荒"问题，必须要有一个积极的态度，并强调在珍本古籍面前，切莫坐失良机！他诚恳地向广大读者指出："根据我个人几十年找书的经验，发现我们过去的藏书的范围是褊狭的，过去收书的目标集于收藏古董，小说之类绝不在藏书之列。但我们必须了解，真正收书的态度，是要无所不收的。"

中国古籍东流西去　胡适迈开"找书"之旅

至于胡适是怎样在海内外寻找，又怎样从中获得快乐的，就必须简单地回顾一下中国珍本古籍的民间集散地、相关书肆的兴衰以及东流西去的缘由。近代百年中国遭受内忧外患双重战火的摧残，中国珍本古籍因此从皇室贵族、达官贵人以及收藏家手中流散出来，而赖以生存兴衰的书肆，单北京据说便有三百余家，以琉璃厂、隆福寺最具声名，并以前者为善本古籍荟萃中心。不仅如此，京城更东达齐、鲁，西至秦、晋，南及苏、浙、闽、粤、楚、湘、蜀。江南一带的南京、苏州和杭州、宁波、长沙等旧朝都城和首邑或为人文荟萃之地，也都是藏家辈出的地方，故书肆交易颇盛行。至于中国的珍本古籍东流日本、西去欧美，也是有原因的。近代东流日本，主要途径是日本侵略军有计划的武力劫掠，此类实例不胜枚举。而日本民间书商潜入北京以重价收购，也是善本古籍流失的原因之一。至于中国文物古籍西去欧、美、沙俄等国，那是伴随西方列强对中国的入侵后割地赔款再用武力抢夺进行的；还有传教士的搜集，美国哈佛燕京社等单位的高价抢购；外加华人移民的携带抛出，以及自然交流，等等。

面对本属中国自己的历史悠久的珍本古籍，由于种种原因，在时代大潮中不幸已东流、遗憾而西去。但是，除了国家运用政治权力和正义呼声能收回外，中国的一些海外华人收藏家、学者和有识之士，为保存和抢救中国传统文化典籍，做出了艰苦的努力。特别是运用经济手段，终使一些珍贵典籍踏上了漫漫返乡路，胡适就是其中的佼佼者和成功人士。

胡适喜逛旧书肆、书摊，结伴同行亦乐，只身前往亦乐，只为寻觅宝书。忙里偷闲，见缝插针。没有名人架子，与书贾聊天。不计价，不还价，宁亏自己，不损他人。无惧耗时，就怕没有书。今次买不到，下趟会再来。只要中意，赊欠也买。甚至讨债上门，心仪就好。自己太忙，无法分身，便用函购，请书店老板寄来或送书上门。买以致用，不为书架添摆设。谢绝重复，婉拒价昂。虽然我行我素，亦照顾夫人情绪。买回之书，不厌其烦，既记书名又留售价。获得称心和急需的善本古籍，大快朵颐，评述及时，留下宏论多多。

在全国各地的购书之乐

沿着胡适的足迹，探索他几十年来在海内外的"找书的乐趣"。据他日记等资料，逐年分类实话实录于下。

·在北京购书·

1917 年，胡适回国。1918 年，胡适在北京"带经堂"书店买到久求不遇的《文木山房集》刻本，参阅《全椒县志》，写成一万八千字的《吴敬梓年谱》，于 1922 年出版。4 月 4 日，"买得大乘百法明门论（明）释广益纂释，民国五年上海有正书局影印本一函一册"。

1920 年 7 月 26 日，买《水浒后传》十卷四十回卷首一卷，（明）陈忱撰，清刻本一函十册。在书衣上题："九、七、二六，胡适买的。价一元。" 11 月 18 日，胡适有书衣题记："出门过琉璃厂见此书，是定县王氏刻的，遂买了一部回来，实价十二元六角。"此书为《颜李遗书》二十种九十二卷，（清）颜元、李塨撰，清光绪五年（1879）定州王氏谦德堂刻本三函三十三册。

1921 年 5 月 30 日，胡适日记称："买得一种百二十四回本《水浒传》。我现在已得到的《水浒》，共有以下各本：七十一回本（金圣叹本）几种，《忠义水浒传》的前十回（冈岛璞译读本），《忠义水浒传》百回本（冈岛璞注日本文本），百十五回（《英雄谱》，合《三国演义》）两种，百二十四回本（光绪己卯翻乾隆丙午本）一种。又青木正儿先生代我抄得序例回目的两种：明版《水浒全传》（百二十回本）（京都府立图书馆藏本），百十回本（《英雄谱》）（京都帝国大学铃木虎雄藏本）。" 6 月 9 日，"今天买得《八旗人诗抄》，此书是铁保编的。但后来书成时，被嘉庆帝赐名为《熙朝雅颂集》，故书店竟不知有此书"。

1922 年 2 月 5 日，日记："下午四点到琉璃厂的火神庙逛书市，买得《瓯北集》一部；到劝业场买得小说三部。" 2 月 9 日，"买得一部万历版的《王龙溪集》。价三十元"。2 月 11 日，"今日是旧历元宵，为火神庙书市的末一日，我去逛了一遭，买了几部书：《烟画东堂小品》十二册，似是南陵徐氏刻的。中有宋人平话《京本通俗小说》残本七种，甚可贵。此外只有全祖望的《公车征士录》尚有用。价十二元。《唐三藏取经诗话》残本一册，罗振玉影印的，此书末有'中瓦子张家印'一行，王国维考定为吴自牧《梦粱录》卷十九之中瓦子；此书中已有'猴行者'，可供《西游记》考证的材料，价一元。《〈儒林外史〉评》二卷、二册。价一元。合刊天目山樵与黄某之评。光绪十一年当涂黄安谨子□（黄之子）刻。《四书或问》（朱熹著）：《大学或问》二卷，《中庸或问》三卷，《论语或问》二十卷，《孟子或问》十四卷；附《中庸辑录》二卷，卷首书'墨澜斋藏版'，但版式字样皆似吕留良天盖楼刻的。价一元。《延平答问》（朱熹辑）二卷，附《四先生年谱》，延平府署版。价一元。《陆桴亭遗书》二十二种、二十册；唐受祺辑。己亥刊。价五元。刘安世《尽言集》十三卷、四册。畿辅丛书本。价一元半。柳荣宗《说文引经考异》十六卷。咸丰二年至五年自刊本。价一元半"。2 月 12 日，"黄文弼君送我一部罗钦顺的《困知记》，嘉庆四年补乾隆二十一年翻明版刻的。黄君已收得《王心斋集》与莫晋刻的《王龙溪集》。他今天来借我的明版《龙溪集》去校勘一次"。5 月 31 日，"我近来买的书不少，竟欠书债至六百多元。昨天向（王）文伯处借了三百元，今天早晨我还没有起来，已有四五家书店伙计坐在门房里等候了。三百元一早都发完了"。6 月 27 日，"前日买得一部嘉应州杨掌生的笔记四种：一、《长安看花记》；二、《辛壬癸甲录》（道光辛卯—甲午，1831—1834）；三、《丁年玉笋记》（1837—1842）；四、《寐华琐簿》：总名为《京尘杂录》，乏光绪丙戌（1886）同文局石印。四种皆记北京男娼的事，中多史料，文笔也不坏"。9 月 9 日，"到中华书局，又到商务印书馆去参观新屋，买得上海新印出的《曲苑》一部，内有《江东白苎》四卷，是明人梁辰鱼的曲集，其中小令也有可看的，但不如元人的小令了。套数也有好的，但没有精彩（好的如《题幽闺女郎》一套）。又有焦循

《剧说》六卷，是我久想看的，今天总算见着了。焦氏此书是《宋元戏曲史》的先声，搜的材料很有可以宝贵的"。11 月 21 日，"到东安市场去买棉鞋，便中买得任公的《王荆公》一册，偶一翻阅，见他称引蔡上翔的《王荆公年谱考略》。蔡字符凤，金溪人，生乾嘉间，所著《年谱》二十五卷、杂录二卷；成书时，年已八十八岁。此书吾未见，当访求之"。

1929 年 9 月 17 日，"买得《南海先生诗集》四卷。（清）康有为撰、（清）梁启超手写。清宣统三年（1911）石印本一函一册"。书中有胡适题记："任公先生逝世后十余日，我买得此集八册，分送几位朋友留作纪念。这一本留给我自己。胡适，十八、九、十七补记"。

1930 年 7 月 14 日，胡适"翻开新买的盛时彦刻的《阅微草堂笔记》，其第九册中提及校雠敦诚《四松堂集》事，我前得此集，见纪昀短跋，尚不信其真出于他的手笔，得此旁证，始不疑"。8 月 14 日，"到清华大学图书馆，看见架子上有夏曾佑的《中国历史》百余部，我讨了一套来，病中重读一遍，深佩夏先生之功力见地"。

1931 年 2 月 19 日，"在叔永、莎菲家吃饭。下午同去游厂甸，我买了一部《二郎宝卷》，是嘉靖时刻的，作者是京南固安县的一个道士（？），名甫广。其文字甚不高明，但可考见其时的俗文学之中有'宣卷'一体"。22 日，"游厂甸，见初刻本《恕谷后集》，每篇有评语，是'四存'的底本。没有买得，颇怅怅。买得一部合信氏《全体新论》，与哈士烈（赫胥黎）的《体用十章》"。3 月 1 日，"下午逛厂甸，买得《恕谷后集》，甚喜。还买了几部小书。有一部是桐乡陆以湉的《冷庐杂识》，凡八卷，成于咸丰六年。偶尔翻看，颇多有用的掌故。是气象史料"。12 月 17 日，这一天正是胡适 40 岁生日，这位大学者另辟蹊径，独自购旧书 *An Introduction to the Industrial and*

Social History of England，并在题记上写道："在旧书摊上买得此书，送给我自己做生日的礼物。"这个自娱自乐的生日，过得何等潇洒！

毛子水（1893—1988，浙江衢县人，人称五四时代百科全书式学者）怀着悲戚的心情，于 1963 年著文说："胡适之先生战前在北平曾买到一部（清）咸丰九年墨海活字版印成的《谈天》。我三十年来把胡先生这部书据为己有，他亦不忍索还（现在北京大学图书馆）。在这三十年里边，我时常想自己再买得一部，但一直没有找到。去年（1961）我竟从日本一书店（琳琅阁）买来一部。本想等胡先生稍空闲的时候抱去给他一看的，哪知道他竟在本年（1962）二月二十四日去世了。"毛子水先生这一席回忆，让世人看到胡适虽然嗜书如命，但购书不仅为了自己，心中还常想到他人，尤其是挚友。胡适深知书是知识的宝库、提升学力的工具、进入新世界的钥匙、人人都该拥有的精神财富，自己既然得天独厚，自然以礼待人，将《谈天》借给渴求珍籍的毛子水长达 30 年而不急于索回即证明这一点。毛子水对《谈天》爱不释手，实因业务急需，长期据用未还，也深感不安，当他购得书后，准备归还时，胡适不幸已仙逝。这使毛子水悔之莫及，愧疚终生！

1935 年至 1936 年间，珍本古籍收藏家李盛铎（1858—1937）的"木犀轩"所藏古籍陆续流散于民间。李氏死后不久，日本书贾欲从其后人处重金收购，教育部得悉后，为防止国宝外流，计划以 30 万元收为公有，并派北平图书馆馆长袁同礼接洽。李家开价 60 万元。袁同礼即邀请胡适、傅增湘参加谈判，力劝李家后人勿将这批珍籍外流，李家遂减至 50 万元。但教育部只同意出 40 万元，李家仍不让步。胡适遂允可趁参加庐山会议之便，面向蒋介石请赠拨两万元，惜仍未达成协议。1939 年，李盛铎第十子李少微以 40 万元整批卖给了伪临时政府，后交北京大学文学院典藏。

1937 年 1 月 8 日，"与毛子水同去逛'厂甸'，天已晚了，买了几本书"。2 月 24 日，"与子水同游'厂甸'，只到土地祠一处，买了一些杂书：朝鲜本《朱子百选》（朱子的书札）。《宋词钞》（山阳王宫寿选）。初刻本江永注《近思录》。《诸子文粹》。《左文襄公家书》（两册，铅印本，无序跋，不知谁编印的，但这些信都写得很好）。杨守敬《晦明轩稿》。刘蕺山《人谱类记》（不很高明）。《千唐志斋藏石目》。《历代法宝记》（金九经印）。广百宋斋《封神演义》"。

1940 年 4 月 27 日，"偶检得《神童诗》乃是宋人汪洙（字德温，鄞县人）作的。他九岁有能诗名，其诗流传，世人辑录为集，用来训蒙，号《神童诗》"。

1947 年 6 月 9 日，胡适在书衣中记："王重民先生用法币 5600 元买了来（指清代赵一清撰《〈水经注〉释》，清末抄本，1821—1911 年，一函八册），送给我。"这是胡适藏书的另一源头。虽然此例不多，却反映出爱生对恩师嗜书如命心态了解之深透！

·去天津、济南购书·

1922 年 4 月 17 日，胡适在天津南开大学演讲、上课三周，间隙"买的（其实是赊的）孔氏微波榭刻的《戴氏遗书》一部（价 34 元）。我想将来作一部《戴震学案》，故搜求他的书"。18 日，"买得顾宪成《泾皋藏稿》一部，王伯《鲁斋集》一部。近来搜集哲学家集子，大不容易！一百块钱只可买三四个哲学家！"19 日，"今天松筠阁送来《四松堂集》一部。此书我寻了多少时候，竟于无意中得之！此本系最初的稿本，上有付刻时的校记、删节的记号、改动的添注。刻本所收，皆打一个'刻'字的戳子。此本真不易得，比刻本还更可贵。首页有'南皮张氏（按指张之洞）所藏'之印"。

1922 年 10 月 10 日，胡适应邀去山东济南出席第八届全国教育会联合会。12 日,"到山东书局,买得一些书:吕晚村(字留良)《东庄诗存》(此人出言极大胆,怪不得死后还遭大祸。他的诗很好,在当日应该算一大家),1.00。太清春《天游阁诗》,0.60。章实斋《信摭》,0.60。高士奇《江村消夏录》,2.50。——以上《风雨楼》零种,京沪都不可得了——万斯同《明乐府》,0.10。《朱子年谱》(湖北局本)。2.00(有王炳校勘记)。《归顾朱年谱》,2.50。朱记荣目睹《书目》,2.00。《通德遗书所见录》,1.00。《越人三不朽图赞》,0.70,(光绪戊子陈锦刻)两部。施补华《泽雅堂集》,0.50。丁宴《楚辞天问笺》,0.60"。18 日,"正午,到悦宾楼吃饭,饭后去看后宰门的书店,只买得石印的李文田的《元秘史注》及洪钧的《元史译文证补》,价六角"。

·去上海、杭州,到南京再购书·

1910 年 1 月 30 日,"归途道经一旧书肆,入肆得《巾箱小品》四册、《读书乐趣》四册、《说诗乐趣》四册、《芸窗异草》十二册,以一元二角购之以归"。时年 20 岁的胡适在梅溪首次购书。

1921 年 7 月 30 日,应邀去苏州演讲,会后"走了几家旧书店,多系小书摊,只有三四家略大。苏州的旧书店近来都闭歇了,旧书多到上海去了"。没有心仪的书,自然也就不买了。唯一的收获是,胡适把苏州所有大小书店都扫瞄了一通。8 月 13 日,在上海"与顾颉刚、郑振铎,饭后同去四马路看书店,我买了几部书"。什么书未说,但胡适颇有感慨,高兴地说"上海旧书比北京便宜得多"。8 月 17 日,顾颉刚在杭州为胡适买了商盘的《质园诗集》三十二卷,胡适非常高兴!后他考证出商盘其人,生于清康熙四十年(1701),死于乾隆三十二年(1767)。8 月 24 日,"到牯岭路亚东栈房访翼谋、希吕,邀了他们及程静宜女士到一枝香吃饭。饭后我去走书摊,买得

《灵鹣阁丛书》一部，《章实斋遗文》一本，《雪桥诗话》三部，《二妙集》一部，《二妙年谱》一部，《广仓丛书》一部，《雪堂丛刻》一部，《京师坊巷志》一部，《叶天寥年谱》一部，《阎古古年谱》一部，《查东山年谱》一部，《四洪年谱》一部，《绎志》一部，《宛陵集》（影宋）一部，《诸子通考》一部，《壬癸集》（初刻日本本）一部。共价四十二元"。8 月 27 日，"出门买书，外国书店下午都关门了，只买得《韩柳年谱》一部、《史通通释》一部、《元祐党人传》一部"。

1927 年，"自欧美返国，住在上海，曾有人写信告诉我，要卖一本《脂砚斋重评石头记》给我，那时我以为自己的资料已经很多，未加理会。不久以后和徐志摩在上海办新月书店，那人又将书送来给我看，原来是甲戌年手抄再评本，虽然只有十六回，却包括了很多重要史料。……可知曹雪芹死于乾隆二十七年冬，即西历一七六三年二月十二日，脂砚斋则可能是曹雪芹的太太或朋友"。

1929 年，在担任中国公学校长期间，胡适曾与上海中国书店老板陈乃乾来往数函购书，陈氏终为胡适购到，随即便条写道："胡先生，寄上元刻《周礼集说》十二本，实洋四十三元二角。《江东白苎》二本，实洋三元。邮费四角。"不数日，陈氏又函告胡适再"寄上《苏隄绝唱》《江东白苎》两种，再迟一星期可寄奉《湖州词录》即《湖州词征初稿》，得词征可不必再看词录矣"。又告之胡适，"词的一类书，徐秋余先生家所藏最多"。购书本是一件小事，但是书却发挥了巨大的功能，它在买主与卖主之间架起了一座友谊的金桥！特别是卖主，他超越了生意人的格调，表现出一番为买主在做学问上建好言、献良策的用心！

1930 年，仍然是在中国公学校长任内，忙里偷闲，胡适说："前不多时，我在一家旧书摊上买得一部小说，名曰《风月梦》，有道光戊申（一八四八，即太平天国起事的前二年）'邗上蒙人'的自序。

《风月梦》封面

序中自言此书说的是自己的经验，意在'警愚醒世'。此书写扬州妓女的生活，颇能写实，可以考见乱前的扬州的风俗。《风月梦》中有许多妓女唱的小曲，是和着琵琶唱的，其中颇有些有风致的。此类扬州小曲，别处不见采录，故我选抄几支"（有《满江红》等六首，从略）。

1946年8月3日，"孙子书（即孙楷第）先生为我收买到这些《水经注》：一、永乐大典本，50200八折。二、吴管本，25000八折。三、朱谋玮本（南昌本），35000八折。四、谭元春刻朱笺，30000。五、项絪本，16000。六、黄晟本，7000八折。七、沈炳巽本，25000。八、赵一清书，初刻本，25440。九、赵一清书，修改本，16000八折。十、赵一清书，张寿荣本，8000八折。十一、赵一清书，章寿康本，20000。十二、抄本明人《〈水经注〉摘》，2000。十三、杨希闵汇校，4000八折。十四、《全校〈水经注〉》，7000八折。十五、戴震自刻本《水经注》"。9月28日，又记"月来又收到一些《水经注》（看八月三日日记）：十六、《海源阁》过录沈大成校录何焯、季沧苇、戴震校本（底本为赵一清初刻），90000。十七、《全校〈水经注〉》（初刻校改本），7000。十八、王先谦合校《水经注》，8000。十九、杨守敬《水经注疏要删》，5000。二十、杨守敬《水经注疏要删》补遗，4000"。1947 年 12 月 26 日，胡适记："偶然检出孙子书先生去年春夏之间代我收买《水经注》账单一纸，总计 270640 元，作为物价史料。"27 日，胡适又补记："我后来续买到的：赵本，海源阁用沈大成本校，150000。赵本（口上初刻），5000。全校（初刻校改），8000。黄省曾刻，300000。王氏合校。"

1947 年 3 月 27 日，胡适说："王重民到北平，替我带来来熏阁陈济川卖给我的黄省曾刻本《水经注》。我在上海时，陈君送此本给我看，我说，我买不起太贵的书。他说：'别人须出六十万元，胡先生买，我只要三十万元。'我就买了。此书刻于嘉靖十三年甲午（1534），距今年已四百十三年了。此书是我收买《水经注》的最后一部。凡《水经注》的刻本，除宋、元刻本外，我全收得了。"8 月 28

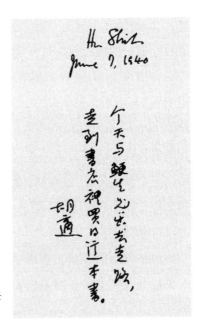

1940 年，胡适与周鲠生一同去
购书。此为夹在书内的记事单

日，胡适抵南京。9月2日，欣知"戴东原的手札十一封，我访求了一年，才知道在章劲宇君处，他住杭州余官巷三号。今天他拿了这一册来，又带了清代朴学家手迹二册。戴子高手札一册。黄生写屏条一幅。敦煌写本佛名经（有彩图）一卷。此人索价甚奢，我只好打消收买的妄想了"。

1949年春，胡适在上海正处于流亡美国前夕，情绪不佳，但他仍然上街逛书店，结果花了一万元金圆券，买了一部钱牧斋的《杜诗》，感到很舒心。从此停止了在大陆搜寻珍本古籍的脚步。

在美国、英国、日本走街串巷购买旧书

1910年9月，胡适就读于美国康奈尔大学时，便迈开了在外国各地网罗中西旧书的步履。

1911年9月18日，在美国"购C.Lamb的尺牍二帙读之"。27日，"出游偶见书肆有亨利·乔治著《进步与贫穷》，忆（马）君武曾道及此书，遂购以归，灯下读之。卷首有其子序一首，甚动人"。

1914年6月30日，胡适在美国波士顿"偶过旧书肆，以金一角得H.A.Taine's *History of English Literature*，又以九角八分得Gibbon's *The Decline and Fall of the Roman Empire*，二书皆世界名著也。书上有旧主人题字。其吉本《罗马史》上有'五月十六日，一八八二年'字，三十余年矣。书乃以贱价入吾手，记之以志吾沧桑之慨。吾有书癖，每见佳书，辄徘徊不忍去，囊中虽无一文，亦必借贷以市之，记之以自嘲"。

1926年8月7日，在英国伦敦。胡适记道："今天早起，上车站买报纸，见书摊有旧书出卖，其中有此书（1920年Einar Sundt著 *Imagination Labour Civilization*），书名很使我注意，所以买了回来看

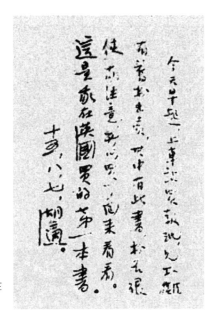

1926 年 8 月 7 日，胡适在
伦敦购书的记事单

看。这是我在英国买的第一本书。"

1936 年 11 月 12 日，将离开美国的时候，"在旧金山旧书店里买了一本 1932 年 Henry Smith Williams 著 *The Great Astronomers*，送给一个青年朋友了，我又去买这一本送给自己"。

1939 年 8 月 14 日，胡适出任中国驻美国大使期间，曾忙里偷闲在华盛顿逛旧书店，他记道："新买帕莱特（1848—1923）的《心灵与社会》四大册，是 1935 年译本。帕莱特是近代的社会科学大家，是意大利人，在瑞士教书多年。"12 月 22 日，在华盛顿"走书铺（布伦塔诺书铺），买了一些书来，预备送人"，买的什么书未说，送给什么人，也未明言。不过这条信息告诉我们，胡适不仅自己爱书、购书，而且急他人之所急、想他人之所想，心中总是装着他人。

1940 年 1 月 4 日，胡适"一直在寻找 John-W.Burgess 著 *The Reconciliation of Government with Liberty*，可是直到今天才买得这一

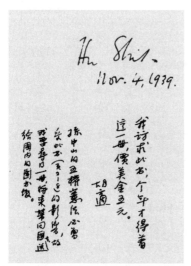

1939 年 11 月 4 日，胡适在美购得
孙中山五权宪法。图为记事单

册，价美金五元"。他很高兴，写道："孙中山的五权宪法必曾受此书
（页 2—8）的影响，故我要寻得一册，将来带回国去送给国内的图书
馆。"这一番话证明，胡适购书时还惦念着公众和国家的需要。用心
良苦！

8 月 22 日，"到〔华盛顿〕洛德米尔克旧书店，买了：伯顿
《天方夜谭》十七本。赫胥黎《全集》十一本。摩里《论妥协》。共
花三十元！"11 月，胡适应邀出席美国宾州大学创校 200 周年
纪念，"我参加庆典后，买得此书——History of The University of
Pennsylvania，1740—1940"。

1941 年 5 月 11 日，"今天是星期日，不意看见一家我常去的旧
书店开着门，走进去逛了一会，买了这一本书——1938 年出版的
Mark Sullivan 著 The Education of AN AMERICAN"。

胡适卸任大使后，移居纽约，住纽约东 81 街 104 号。1943 年 1
月 1 日，他记道："到唐人街，买到《鲁迅三十年集》全部三十本，
价二十元！今天我翻看了他的一些我不曾看过的'杂感'：《华盖集》

（1925）。《〈华盖集〉续编》（1926）。《而已集》（1927）。《三闲集》（1927—1929）。……回家看《鲁迅集》，到（次日凌晨）三点四十五分才睡。"

1月14日，"到特雷恩家，见着坎利博士等。买了两本短小的《美国史》：一、《美国简史》，作者为艾伦·内文斯。二、《美国，一位自由人的故事》，作者为内文斯和康麦杰。……此二书大致相同，大概前者是删节后者，另编成的。两书都很可读，见解很平允"。

3月19日，"收到彭泽［订正］的《说海》。（苏摩提婆的）《说海》，是印度友人潘尼卡送我的。共十大册。今天读了大半册"。

4月1日，"在旧金山买到一本1927年Paul Carus译的《老子道德经》"。7日，胡适说："我前天忽然写信给元任，说，哈佛一处有三部《四部丛刊》，未免太多了；我愿出一千美元买他的那部道林纸本《四部丛刊》。他今天写信来，竟愿意把这书让给我！我有了这部大丛书，加上我现在已有的书，我的'书荒'问题可算大半解决了。"19日，"元任兄把《四部丛刊》寄来了，我打电报给他说：'我觉得像印度的王公卷，缩印成四百四十册。原价国币二百元，出版在一九三六［年］十二月。我有了这三百多种书，大致可以解决我的'书荒'问题了。以后所需，只有《道藏》《佛藏》与理学书耳。'"

5月15日，在纽约唐人街买得此书——上海亚东图书馆出版的《独秀文存》（一）。胡适在书的封面亲笔写道"独秀死在卅一年五月廿八日"，显然胡适见物思人，购此书当是为纪念亡友用的。7月8日，"今天与保罗·纳普拉德教授久谈，他专治英美关系史，方法甚精密。他赠我一册他编印的《英国驻华盛顿大使致外交大臣格兰维尔勋爵的私人信件（1880—1885）》"。

1944年2月21日，日记："昨夜走遍纽约的唐人街，竟找不到一本《孙中山全集》，好容易找到这一本《三民主义》，讨价贰元贰

《独秀文存》，上有胡适纪念文字

角五！"11 月 24 日，胡适日记写道："上月我拍卖（买）得麦考尔（杜维艺术馆的艺术图书管理专家）的《中国艺术词典（A—P）》原稿本。"

12 月 9 日，他在波士顿记道："有一位老传教士罗伯特·利莱，五十年前在中国、日本带了一些书回来；他死后，其书归其侄约翰·罗兹，他很想把这些［书］卖去，但无人要。我今天与裘开明、杨联陞同去格雷夫顿南街 16 号，到罗兹家中去看这些书。书凡有五类：一、明治十三年（1880）弘教书院的缩刷《藏经》四十帙，没人用过，还是全新的。二、日本旧刻各种零种佛经。三、中国、日本的《新约》《旧约》经本旧版。四、英、美治中国学者（埃特金斯、贾尔斯、威廉斯）诸人的著译。五、中国旧书，但甚多佳版。我许以五百元买此批书。罗兹甚满意。" 21 日，"今天与杨联陞下乡到约翰·罗兹家中，费了六点多钟，把罗伯特·利莱的遗书清理出来，装成五木箱，即托罗兹交转运公司送到我的纽约旧寓暂存。有一些小部书，我们两人用手提箱带归"胡适获得巨大丰收，真是心花怒放！他与杨联陞"半夜从波士顿上车去纽约过节假。杨君在火车上作小诗：'才开寿宴迎佳客，又冒新寒到草庐。积习先生除未尽，殷勤异域访遗书。'"本月胡适还从一位传教士"累莲棠"（Robert Lilley）手上买了他的藏书，"其中有但明伦的《聊斋志异新评》十六册，是道光壬寅年（1842）刻的，已在百年前了。累君在中国八年（1867—1875），他买此书当在七十多年前，为但氏初刻无可疑。故可宝贵"。

胡适喜欢买书，挤时间阅读，1959年4月14日，他在台北家中，对秘书胡颂平说："从前我在美国时，看见袖珍本的莎士比亚的戏剧，是用圣经纸印的，薄薄的一本只要几毛钱，我就把没有看过的莎氏剧本买来，专门在地下电车或上厕所时看的，不过几个月就看完了。"可见他何等珍惜光阴。

1944年12月17日，是胡适的53岁生日。22日，胡适非常兴奋地说："纽约与华盛顿的朋友们——朱士嘉、王重民、冯家升、吴光清、韩寿萱、张伯训、陈鸿舜诸位先生——买了九册司各德的小说送给我。诸公的盛意可感，我当继续买全'人人丛书'的司各德小说，以作纪念。"但从胡适日记、书信以及胡颂平的出版资料来看，胡适的愿望落空了。

1961年2月7日，胡适对秘书胡颂平说，当时"大家都知道我的书读完了。这年十二月，我在华盛顿，一位已故的朋友Crozier的太太对我说：'Crozier的遗志，赠你美金200元，要你自己挑选爱读的书作为我们的赠书。'我感动他们的诚意，就托人在香港买得这部书（指《哈佛古典丛书》）及《五尺丛书》《大英百科全书》《二十五史》等。连运费刚刚花了196元美金"。利用"外援"，不能不说是胡适购书的另一门径，而且并非只此一例。

1950年5月，美国普林斯顿大学聘请胡适担任葛斯德东方图书馆馆长，任期两年。4月25日，收到香港的李孤帆书时写道："李孤帆给我寄的《四部丛刊》初编440册、书录一册，装船直运纽约。三月廿七日，船已到码头了，我托一家经纪人去办报关手续。到今天书一箱才运到我的寓中。从香港到纽约，需时一个月多。从纽约码头到我寓中，需廿九天！书价港币 1750 元，孤帆给我六折，合 1050元，运费等共 155.6 元，两共合美金（以 6.15 计）196 元，其中运费及杂费只有美金 25.30 元，从船上运到我寓中，被经纪人敲去 33.5 美元！此是我第三次买《四部丛刊》初编，第二次买缩本。海外得此四百四十册书，真如见老朋友！"

1951 年 5 月 26 日，胡适（时年 60 岁）在费城，这天他日记记载："走到列克星顿大街 857 号的模范书店，店主人马克斯·费尔伯独坐，我同他谈了一会儿，买了一大堆新旧书。他的书目上有福克译的《论衡》，我问他时，已被别人买去了。"这使胡适很感失望。

1952 年 1 月 13 日，日记："今天，房兆楹先生把全部《大清历朝实录》搬到我寓中。计有总目一函、10 卷。《清实系》118 函、1180 卷。《宣统政纪》3 函、30 卷。共 122 函、1220 卷。我此次决定买此大书（计价 700 美元），是感觉此书有用，而我知道这三百年的史实太少，所以想到这书在我手头也许可以引起我读清史的兴趣。"

胡适崇拜赫胥黎（Thomas Henry Huxley，1825—1895，英国博物学家），15 日说他"说理述学，都特别清楚明白，我生平最喜欢他的散文，上月决心托书店替我觅购全部，今天送来，我很高兴"。此处是指美国阿普尔顿公司 1904 年的初排本。

5 月 22 日，胡适日记记载："日本学者铃木大拙赠我日本公田连太郎藏的敦煌本《神会语粹》的缩微胶卷。"胡适亲题："为人辩冤白谤，是第一天理。——吕坤《呻吟语》。"接着又云："近日买得《丛书集成》零种两百多本，其中有《吕语集粹》，竟无此语。故大写在这里。"

1953 年 1 月 18 日，胡适由台北赴纽约途中在东京逗留，曾"与

（驻日公使）张伯瑾、王信忠去走书店"，他日记写"仅走了'汤岛圣堂'（孔庙）的一处，买了一些书"。次日，再"与王信忠走书店，仅到山东书店一家，（又）买了一些书"。买了些什么书，未见说明，想来总是满心喜悦、满载而归的了。

1961 年 2 月 7 日，胡适在台北家中对胡颂平说，他"买来日本出版的《清实系》，足足装满这样大的书架。后来我到台湾来了，我知道台湾有这部书，就送给普林斯顿大学了。他们要还我书价，我说，寄在你们学校吧。事实上是送给普林斯顿大学了"。胡适不仅关怀中国的图书馆，而且把爱心远递给美国及中国留学生，对海外莘莘学子学习中国历史是莫大奉献。这正好印证了胡适在 1960 年 5 月 30 日曾说过的"我的书将来还不是图书馆的书吗？我的子孙是不会看这书了"这句豪言壮语。

"找书乐趣" 台北尾声

胡适回台湾后，虽然健康每况愈下，但这并没动摇他的"找书乐趣"，他只是将原来事必躬亲、四面八方去"找书"的方式改变了一下，采取向台北一些旧书店进行预购，或请他身边的秘书胡颂平和王志维向境外函购，请他们亲赴台北旧书店取书、购书。

据胡颂平回忆，1961 年 2 月 7 日，胡适曾说："房兆楹夫妇是做生意的。房太太说，每本（指《丛书集成》）美金二角五分，买多少照算。我是向不给人还价的，就照她的价钱买来了。"也许这就是胡适的风格吧！4 月 14 日，胡颂平又忆及："先生对他说，你得空时写封信给香港集成图书公司的胡建人，问问汤用彤的《汉魏两晋南北朝佛教史》有无近年修订本？""你托他代我收买从前商务出版的伍译的《侠隐记》和《续侠隐记》及《清宫秘史》。"6 月 12 日，胡适对胡颂平回忆："大概是在'九·一八'之后，一天夜里九点，他们要我同到（北京）索古斋去买[《金瓶梅词话》]，索古斋老板见我去了，削价五十元，就以九百五十元买来了。"胡适庆幸这本《金瓶梅词话》没有被日本人买去。9月18日，"早上先生谈起：'前向新兴书店买了一部《太平御览》，是影印的。同时看见一部《太平广记》，乃是手写石印本的影印，怕错字，决定叫王志维去买一部《太平广记》。说《太平御览》缺了一页特地补印一页寄来，请你们补上去。又因各种版本散有错字，像《四部丛刊》本的《风俗通义》，是影印元版的，其中有两卷的错字简直读不下去，我是另借一部元刻本来读。就是宋版，也有错。'于是叫王志维去买一部《太平广记》"。可见胡适购买、读书之认真。胡颂平又说："12月9日，先生看见以前预约的《续资治通鉴长篇》出来了，说'这是北宋史料最详细的一部书'。"润物无声，胡颂平先认真地读起来，实际上是在找毛病。接着胡适也不失时机地逐册去阅读。

1962年2月15日，抱病的胡适对胡颂平说："你写信托（台北）启明书局代买齐如山的《国剧艺术汇考》四册，大中来，我答应买一本送给他。你不知道吗？刘大中（'中央研究院'院士）是个戏迷，他会唱，也会登台表演的。"众所周知，胡适重友情，惜人才。此举竟是胡适最后一次购书。八天后——2月24日下午6时35分，他就与世长辞了，永远地结束了引以为豪的"找书的快乐"。

胡适毕一生之精力和有限的财力，在海内外民间搜集中国和美欧珍本古籍及旧书。他这种抢救遗产之善举，尽管出于购以致用的目的，但是精明、审慎的胡适绝不会容忍一件糟粕，终是于私于公皆有补缺的裨益。胡适所购（包括外国和中国学者与友人之馈赠及转让）的中西古籍、旧书与史料，本身所具有的珍稀性与史料价值和利用价值，实在是不容低估的。功不可没。

胡适的墨宝遍华夏

这里所指胡适代人题字、作诗词、写对联，是指在大多是应对方的邀请甚至恳求的前提下，心情愉快地卷袖挥毫。当然也出现过情面难却，无奈之下找身边秘书代笔、自己提供图章的，实则是应付而已。当然也有少数时候拒绝服务，甚至严词面拒也在所不惜的。

胡适对于写字，向来很有自知之明，他从不抬高自己，甚至于过分谦虚，但也从不贬低他人。平心而论，他的毛笔字包括钢笔字，其书法水平，虽不是最佳的，但已自成一体，且别具风格。胡适的字是自喜人爱，写者乐赠，受者欣藏。

胡适代人题字、作诗词、写对联，虽含有休闲的元素，但实际价值不菲，既含有公益效应，又属文学活动的组成部分，其成果更应纳入文学创作的范畴之中。

临摹古人字帖，初尝题字甜头

纵览胡适日记、函札等资料，发现胡适为人题字，最早始于1910 年 5 月，即尚未留学美国之前，在上海为安徽同乡"章希吕书一扇［面］"，为旧同学"郑铁如写扇三把"。

1911 年 2 月 5 日，已是胡适考取官费在美国康奈尔大学读书时，

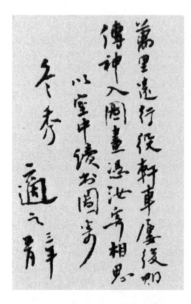

1914 年，胡适给夫人
冬秀的诗

知道自己的书法水平不高，曾"向沈保艾处借得颜鲁公《元次山碑》，偶一临摹，以悬腕习之，殊觉吃力，拟此后日日为之，不知有效否"。谁知事过六日，12 日，胡适再摹"写颜字二纸，似稍有进境矣"。感觉有进步，遂增强了信心。

1914 年 5 月，胡适在康奈尔大学获奖，任叔永为他拍了一张照片，名曰"室中读书图"。胡适在寄给江冬秀的照片背后，试笔题绝句，诗云："万里远行役，轩车屡后期。传神入图画，凭汝寄相思。"

1921 年 6 月 12 日，胡适在北京大学任教授。名气大了，求字的人开始多了，"（汪）原放买了许多扇子来，要我写。我是不讲究写字的，但人家要我写扇子，我总不［好］推辞，因为这是很好玩的事"。两个月后，8 月 25 日，胡适在上海，到出版《胡适文存》第一集的"亚东［图书馆］，为原放们写了几把扇子、几对对联"，晚饭后"又到亚东写了两副对联"。

1923 年 6 月 6 日，胡适在上海，为《胡适文存》第二集的出版，

「但開風氣不為師」，龔生此言吾最喜。同是曾開風氣人，願長相親勿相鄙。

適　十四，二，九，

1925 年，胡适和章士钊的诗

再次到"亚东，写了九把扇"。10月3日，主动"写了几幅字，分赠复三、伯涛、尹蔚章、陈積（女士）"。此举开馈赠友人题字之端。不过题字和写对联的内容未见公示，而馈赠之缘由也未见提及。但是，11月1日，胡适应"徽州会馆董事张晋莹之邀，……他们要我写对联，我只好写了七八副，内郡馆一副云：'此地宜有高楼，登临纵目，望曲折芦湾，微茫大海。我辈漫萦旅思，羁游回首，忆峥嵘白岳，秀逸黄山。'"这是所知胡适早期创作的精彩对联。

1925年2月9日，胡适为了和学术异见者章士钊休战，和了一首具有情愫之诗："但开风气不为师，龚生此言吾最喜。同是曾开风气人，愿长相亲不相鄙。"表现出学术大师间豁达和谐而又可贵之氛围！

1927年11月，胡适作《重印乾隆壬子本〈红楼梦〉序》，因爱此"国宝"，乃挥毫写下曹雪芹的"自题诗"："字字看来皆是血，十年辛苦不寻常。"字虽不美，然很工整，愉悦之情，跃然纸上。

章衣萍的《枕上随笔》中讲了这么一件事，1929年，胡适的《中国哲学史大纲》上卷出版，他寄了一册给章太炎。胡适在封面上亲笔写"太炎先生教之"等字，因为用的是新式句读符号，却在"太炎"两字旁画了一条黑线。章太炎看了大怒，连说："胡适之是什么东西！敢在我的名字旁边打黑线！"但是，当他看到下面"胡适敬赠"的"胡适"两字之旁也画了黑线，于是不得不改口说："罢了！这也算是抵消了！"

冰心在1991年8月26日晨，写出《回忆中的胡适先生》一文，她说："1931年，燕京大学庆祝建校10周年，我给校长住宅取名为'临湖轩'，那块青色的匾，是胡适先生写的［字］，下面还有署名。大概也是我通过燕大的美籍教师请他写的。如今那块匾也不在了。"冰心为文化名人，她也看好胡适的字，并且拜托第三者还是一位美籍教师出面，可见其良苦用心。这种求字的方式，因另辟蹊径，故值得特别一提。

中国公学时期为师生慨赠墨宝

1928 年 4 月 30 日，胡适出任上海中国公学校长兼文理学院院长。当时在中国公学任兼课教授的梁实秋在回忆《胡适先生二三事》一文中说："胡先生不以书法名，但是求他写字的人太多，他也喜欢写。我每次遇见他，都是看到他被学生们里三层外三层密密围绕着，学生要他写字，学生需要自己备纸和研好墨汁。他未到校之前，桌上已按次序排好一卷一卷的宣纸、一盘一盘的墨汁。他进屋之后就伸胳膊挽袖子，挥毫落纸如云，还要一面和人寒暄，大有手挥五弦目送飞鸿之势。""有一次，写好一幅字，抬起头来问：'你叫什么名字？'那位学生回答说：'胡不归。'胡先生说：'好名字，好名字！你一定是徽州人吧？'那位学生说是，胡先生乐了：'姓胡的一定是我们徽州人。'"梁实秋又说："胡先生字如其人，清癯消瘦，而且相当工整，从来不肯作行草，一横一捺都拖得很细很长，好像是伸胳膊伸腿的样子。不像瘦金体，没有那一分劲逸之气，可是不俗。"梁实秋又云："胡先生最爱写的对联是：'大胆的假设，小心的求证，认真的做事，严肃的做人。'"

梁实秋后来在《忆中国公学》一文中，回忆半个多世纪前，他在学生包围中乱中取胜，"看到桌上有剩纸剩墨，也沾光叨扰了他（指胡适）一副对联"。什么内容未见提及。

学生们索取胡校长墨宝的盛况，我们可以从当事人的回味中重新感受一番。徐鸣亚说："胡校长每到学校，同学都会请他写字。学校图书馆为期各位老师避免麻烦，特布告同学，凡是要请写字的，应先向图书馆乐捐两元，由图书馆代为办理。因此，胡校长每次到校，除了上课，都是在图书馆写字。他写的条幅，都加上标点符号。不过也有的同学不愿出两元钱，仍然拿着笔墨，在校长室对面的会客室请他写。"至于两元润笔费，统归图书馆购书用。学生张和重在其《刻骨铭心》一文中，回忆："胡校长在处理校务和授课之余，都抽出一两小时给同学写字。只要自备纸墨，总是来者不拒。在他走出校长室的当儿，同学们便手捧纸砚，一拥上前，争先恐后，嘈杂拥挤，每使先生进退维谷，无所适从。曾有人在旁大声笑问：'先生胡适？'先生总是温文尔雅笑嘻嘻地提着笔，口里说着'慢慢来'，而一笔一笔地在写。到了12点钟，大家一哄而散，下次请早。后来因为要字的人愈来愈多，学校才规定每幅字要收润笔两元钱，由先生带回家里去写。所有的收入，供作图书馆添购书籍之用。"沧桑半世纪，张和重仍不免面红耳赤地回忆在校时："曾经磨好墨三四次，都没有轮到。有一天，抱着万一的希望，只拿着笔去冲锋，因为没有托着砚台，居然给我顺利地突入重围，把纸铺到先生面前。先生提着笔回顾说：'你的墨呢？'我只嗫嚅地说：'请用这位同学的余墨，好吗？'先生一声不响，写出上联'孰不获而有实'，下联'独好修以为常'，还写了一个小中堂，题了款。然后又接着别人的纸写下去。我当时并没有什么感觉，只认为我想要的字已经得到了，心满意足。及至拿回来，再仔细一看，我的脸红了！而这一副对联，牢牢地刻在我的记忆里，使我永不忘怀。"老师无声的批评，学生的铭心的忏悔，多么感人的师生情啊！这个早已远去的故事，让我们今天都记住寓教于乐之中的价值。

1930年春，大家都知道胡适要离开中国公学了，请他写字的同学更多了，弄得他应接不暇，于是规定每人只可写一副对联或一张条幅。此时所写对联，大都为集屈原或《离骚》的诗句而成，如"吾方高驰而不顾，夫孰异道而相安"，还曾为一位女同学黄宝莲写了一副集《离骚》句子的对联："恐修名之不立，苟余情其信芳。"似乎有感而发，旨在励志。

当年的优秀学生罗佩光在《中国公学和两位最可崇敬的校长》一文中，回忆当年"胡校长平日为同学写对联、条幅，他写的大都是勉励同学的白话词句，或做学问的态度方法之类，如'为学要如金字塔，既能博大又能高'.'做学问要在不疑处有疑，待人要在有疑处不疑'.'大胆的假设，小心的求证'.'有几分证据，说几分话；有七分证据，不能说八分话'。记得最初他替我写的三张条幅：一、'莫等闲，白了少年头，空悲切！'二、'从今后要怎么收获，先要怎么栽！'三、'不作无益事，一日当三日；人活五十年，我活百五十'"。

罗佩文后来接到家人来信，告知胡适的题字已毁。1949 年 3 月

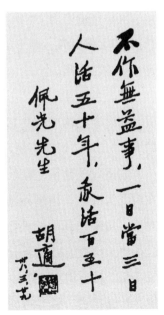

胡适在台北补写给
罗佩光的励志诗

29 日，罗佩光在台北见到了胡适，他不失时机地要求胡适重写一次，颇有点强讨恶要的架势，但是心胸宽广的胡适，还是满足了这位门生的要求，这是胡适代人重写题字的唯一一次。1971 年 8 月，罗佩光将这件条幅连同他与胡适的合影寄给胡适纪念馆，该馆遂制成明信片。据悉，该馆制成的胡适题字影印的明信片，还有"今后要怎么收获，先要怎么栽"，"宁鸣而死，不默而生"，"不畏浮云遮望眼，自缘身在最高层"，"知之为知之，不知为不知，是知也"，"容忍比自由更重要"，"远路不须愁日暮，老年终自望河清"，"非其义也，非其道也，一介不以与人，一介不以取诸人"，"明月照我床，卧看不肯睡。窗上青藤影，随风舞娟媚"，"风打没遮楼，月照无眠我。从来没见他，梦也如何做"等。售与观众，流传更广。

中国公学学生蒋昌炜著文，说曾受胡适"赠予《四十自述》《胡适文存》《词选》等书，另赠外子《胡适文选》一本"；在北平胡适曾赠其父中堂一副。详情未披露。

倪思谷也曾著文，回忆他在中国公学读书时，曾喜得胡适题词："持其志无暴其气，敏于事而慎于言。"他明白胡适寄孔孟之语，为他树立处世之准则。

胡适的学生、最后一任秘书是胡颂平。胡适辞去中国公学校长后，应该生之请求，于 1930 年 6 月 22 日，用钢笔为之写下有标点的题词："知难，行亦不易。"等等。

胡适代人题字，除乐趣外，难免也有苦衷。1953 年 10 月，胡适在台北为此曾表白过心迹，他说："我不能写字，但常常被人强迫写对子，故常想利用这机会介绍一些好的格言。我常用的有：一、'慈故能勇，俭故能广（老子），钩之于爱，揣之以恭（墨子）'；二、'种瓜得瓜，种豆得豆，跟好学好，跟衰学衰'；三、'近朱皆赤，近墨皆黑，佐饔得尝，佐斗得伤'；四、'圆不中规，方不中矩，柔而能刚，弱而能强'。"胡适之所以要这样做，是为了达到立德树人的目的。

胡适应有关单位包括新闻、商业和社会名流之请，曾题写名称或匾额。1933 年，他曾为一本人人爱读的上海《良友》画报题写"良友"二字，支持画报的发展。

1935 年 9 月，应上海一流的"新亚大酒店"之请，不仅题写了饭店招牌，还满怀激情地写了以下豪言："新亚酒店的成功，使我们深信：我们中国民族不是不能过整齐、清洁的生活。"从店方来看，这是利用出过洋的名人效应，招揽中外顾客，增长经济收益；从胡适来看，这是宣扬了中华民族的尊严，也大长了中国人民的志气。

胡适还以"不苟且"的严肃态度，批评社会舞弊乱象，提出打击的手段，以清除陈积的政垢，保护国家的健康肌体。1933 年 1 月，他曾为李孤帆所著《招商局三大案》题写："公开检举是打倒黑暗政治的唯一武器，光明所到，黑暗自销。"

抗战时期，胡适又为云南腾冲的和顺图书馆题写馆名，该馆后制

胡适为《良友》画报题刊名

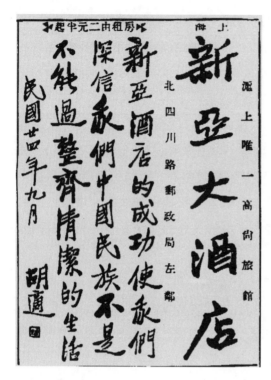

胡适为新亚大酒店题
店名和寄语

成木质匾额。这块匾历经 70 余年，至今仍高悬在这座中国第一个乡村公共图书馆的门楣之上。

1947 年，胡适应北京大学毕业生钟文典（生前是广西师范大学历史系教授）之请，为广西蒙山县一小学题写了"定荣纪念学校"的校名牌，支持乡村小学事业的发展，深得广西人民的欢迎。1947 年 6 月 10 日，为天津《益世报》栏目题写"读书周刊"。1948 年 1 月 3 日，怀着敬意，在《益世报》上，为《熊秉三先生逝世十周年纪念特刊》敬题刊名。

1931 年 7 月，为上海暨南大学教授邢鹏举（1908—1950）题写其《中国近百年史》封面书名。1933 年 9 月，又为王哲甫（曾在山西省立教育学院授课）的中国第一本新文学专著《中国新文学运动

胡适为《读书周刊》题刊名

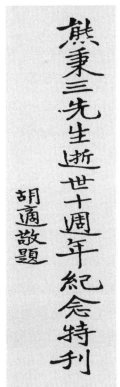

胡适为纪念熊秉三逝世
十周年特刊题刊名

胡适为与会同事刘驭万所著《最近太平洋问题》题写书名，大力支持中国科学家积极投身世界研究论坛

史》题写书名。1952年，为美国普林斯顿大学图书馆，手写"开卷有益"四字藏书票，等等。此外，胡适还为许多中西书籍和刊物题写书名和刊名，如《学生》《女子文库》《电影月报》等。此举造福于国家和民族，有利于社会和人生，实属维护公益事业的行为。

赠宝仍在途中　遗篇依存人间

胡适从不自认为是书法家，但他热爱书法，甚至到了痴狂的地步。个中苦与乐，自不待言，胡适也是十分珍惜他那一手毛笔字的，尤其是重视他赠予外人的每一个字的价值。

1930年6月，胡适离开中国公学这座"围城"之后，虽然再没出现被包围的那种惊心动魄的场面，然而求墨宝者依然活跃在他的周围。胡适在海内外照样春风得意，挥毫不止。

1920年，胡适对替他治过病的中医陆仲安既有好感，也有微词，他说："陆仲安是一位颇读古医方的中医，我同他颇相熟。"又说："陆仲安是我的朋友，偶曾吃过他的药。"为酬厚意，胡适曾特赠送四件衣服给陆医生，除外还为陆仲安题赠一幅扇面（详见前文《胡适与陆仲安、陈存仁》）。

1930 年 8 月 22 日，胡适在北京大学任教期间，兑现了三年前答应为唐瑛女士写的扇面，"扇子买了三年，今天才写了一首小诗送她：'静里细思量，到底算伊出色，经过疏狂豪逸，到夷然平易。许伊诗扇已三年，扇样莫嫌旧，扇是前年买的，诗今天才有。'"10 月 26 日，"晚在陈贯一（道原）家中吃饭，写了四把扇子"。

1931 年 7 月 8 日，"小曼画大幅山水，志摩要我题跋，我题了一首诗：'画山要看山，画马要看马。闭门造云岚，终算不得画。小曼聪明人，莫走这条路。拼得死工夫，自成真意趣。'"

1933 年 6 月 15 日，胡适从南京到上海。在沪期间，曾拜访中国新公学同事程瑶笙（1869—1938），"彼此欢晤间，适之先生乃亲笔题

1932 年，胡适给北京大学冬季毕业生题字

1933 年，胡适为上海浦东中学应届毕业生题词

诗一律，赠瑶笙先生"。同时赠清水先生白话诗一首，全文如下："放也放不下，忘也忘不了，刚忘了昨儿的梦，又分明看见梦里的一笑。清水先生 胡适。"

与此同时，胡适应上海浦东中学之请，为本年应届毕业生题词，曰："杨公发愿为国家造人才，诸位同学应该发愿把自己铸造成器。""杨公"指浦东中学创始人杨斯盛（1851—1908）。杨斯盛感慨自身"幼年失学，不获读书"，决意推行办教育，以为救国之大计。他曾捐银30万两，1908年建成浦东中学，敦请黄炎培为首任校长。该校自成立以来，坚持勤朴育人的方针，先后培养出张闻天、蒋经国、胡也频、潘序伦、范文澜、罗尔纲等英才。作为中国近现代教育界先驱，杨斯盛的立德育人的风范，胡适是感同身受的。因此，他有感而发写下这句上赞前辈下勉后生皆有指导意义的题词。

7月5日，胡适路过加拿大，住温哥华宾馆832室，应邀"到领事馆，写了几幅字，匆匆上火车"离去。

1934年2月3日，"七点到郭有守家吃晚饭，写了两副对子、一张单条、一张册页"。3月9日，在天津，"下午四点，到罗努生（罗隆基）处，写了几幅字，都不好"。4月30日，"晚饭到孙洪芬家，今天是他的儿子孙群10岁生日，他们要我题一

1933 年，胡适题赠清水先生白话诗

本纪念册，我写道：'你叫作骝，我也叫作骝，我们同名字，应该格外相亲。我们做马，要做两匹吃得辛苦的马；我们做人，要做两个世间有用的人。'"

1935 年 1 月 24 日，胡适由广西桂林飞抵柳州，适逢当地政府为一位失事的来自美洲回国抗日的华侨飞行员曾道成举办公祭，他因见过此君，并为他写过字，忽闻噩耗，"很伤感"，于是怀着无限的敬意，为这位抗日英雄写了挽联："报国雄心，竟成虚愿。凌空壮志，长忆斯人！"

1936 年 7 月 17 日，胡适在日本东京，与日本支会旧日之新人物"高木与我谈，甚恋恋。我送他一把扇子，写了杨诚斋一首小诗：'万山不放（许）一溪奔，拦得溪声日夜喧。到得前头山脚尽，堂堂溪水出前村。'三年前他送我一把扇子，上写'求则得之，舍则失之'二句，故以此报之"。7 月 22 日，"沈燕女士要我题她的纪念册，写一小词送她远游：'大海上飞翔，不是平常雏燕。看你飞飞飞去，绕星球一转。何时重看燕归来，养得好翅膀，看遍新鲜世界，更高飞远上！'"8 月 1 日，胡适在美国旧金山，"往访总商会，被人邀往国医馆分馆，写了二十几幅小条幅。黄朝琴总领事请吃饭"。

1937 年 1 月 11 日，在北京"中基会同人要我写字，写了一点半钟"。14 日，又"在中基会为人写了一点钟字"。4 月 19 日，在北京"张小涵五十岁，要我写一副家常对联送他，我集句作一联：'善未易明，理未易察（吕伯恭语）。仰之弥高，钻之弥坚（《论语》）。'"7 月 20 日，在上海，胡适应邀"到商务印书馆写字，并托张士敏先生代为取钱"，这似乎是商务印书馆抓住商机的表现——利用名人效应，创造生意高潮。可是在这以前胡适为人题字作词写对联，未见有收费之说，相反，胡适还要倒贴，如白送扇子等。今番督促店员勿忘"取钱"，似已对自己的精神产品商业化抱认同态度。

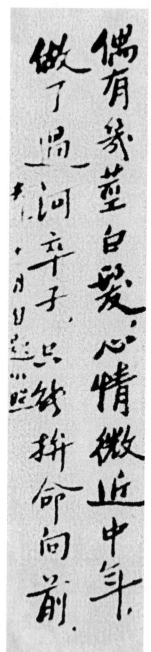

胡适为陈光甫在照片上题字，
表达了他仕途上无奈的心态

1938 年，胡适由欧洲到达美国。5 月 27 日，他在美国"福尼亚医生处治牙最久，不下二十多次。他买了一本《生活哲学》，要我题字，我写的是：'你拯救了我牙齿，我却拯救了你的灵魂，他们大笑。'"9 月 13 日，胡适出任中国驻美国大使，一代书生从政，终被推上仕途巅峰。10 月 31 日，在美国的挚友、银行家陈光甫向胡适索取照片，胡适遂在照片一侧亲笔题诗一首，曰："偶有几茎白发，心情微近中年，做了过河卒子，只能拼命向前。"

胡适在大使岗位上，有一件要事值得一提。那就是他在美国受到罗斯福总统的器重，《中国的文艺复兴》一书在美国芝加哥出版，罗斯福知道后特意买了一册，随即请胡适签字，胡适则乐而为之。这不仅反映了罗斯福总统与胡适个人的文化交流，同时也凝结了中美两国政府和人民在抗日战争中的战斗友谊！

1941 年 6 月 1 日，是赵元任、杨步伟结婚 20 周年纪念日。卸下大使重负后一身轻松的胡适，为挚友题诗祝贺。诗云："蜜蜜甜甜二十年，人人都说好姻缘。新娘欠我香香礼，记得还时要利钱！"此题诗具有通俗风趣的特点，用了"两个点点"的重复符号；还用了"礼"的简化字，这在他的墨宝中是不多见的。

1947 年，胡适在南京，应陈孝威之请求，将 1938 年写给陈光甫的四句诗再写给陈孝威。谁知此人回香港后，便将此诗发表在《天文台》杂志上。胡适闻此哭笑不得。

1948 年 12 月下旬，胡适应胡乐丰请求，为其写了一副对联，摘录王勃的名句："海内存知己，天涯若比邻。"一张单条，录陆游《卜算子·咏梅》词；一把扇面，写的是陈与义的《临江仙》，词曰："忆昔午桥桥上饮，坐中多是豪英。长沟流月去无声。杏花疏影里，吹笛到天明。二十余年如一梦，此身虽在堪惊。闲登小阁看新晴，古今多少事，渔唱起三更。"

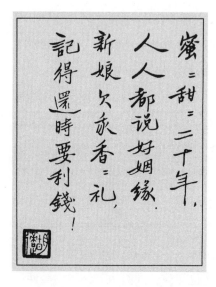

1937 年胡适作诗祝贺挚友
赵元任夫妇结婚 20 周年

1998 年，北京大学百岁华诞，该校举办了"北大人书画展览"，展出一件尘封的胡适给北京大学史学系教授邓广铭的条幅："昨夜松边醉倒，问松我醉何如？只疑松动要来扶，以手推松曰去！恭三嘱 胡适 这是辛弃疾的一阕《西江月·遣兴》。"

旅美居台心衰 人老题字日稀

1958 年 10 月 22 日，是胡适即将返回台湾，就任"中央研究院"院长之职的前七日。他在纽约为施肇基的回忆录作序，并一丝不苟地写下书名——"施植之先生早年回忆录"。

胡适曾说不再为外界奉赠墨宝了，到台北正式就任"中央研究院"院长之职后，竟真的公布了一封谢绝给人题字写对联的通用函稿。文曰："我从来没有好好地学写字，十几岁时，我曾临写颜鲁公，也曾临写褚河南，也曾临写苏东坡。无论临写谁，我总学不像，当时中国公学有一位会写字作诗的安徽同学汤保民（昭）先生曾说，'适之样样事都聪明，就是写字真笨'。我十九岁出国留学，更没有学写字的工夫了。民国六年回国教书，到现在四十多年了。这四十多年里，我写了三四百万字的稿子，或是讲义，或是文稿，我只有一条自律的规则，就是：不写一个潦草的字，不要叫排字工人排错。但在过去四五十年里，我没有费一天工夫去学写字。所以我自己知道我不会写字，更不配给别人写字。"

胡适这样坦诚地向世人告白，也毫无保留地道出心底话，那就是他爱书法、尊重历代书法家，也不否认对历代名家有评价。1961年9月5日，一位商人带来明祝枝山的横幅和董其昌的册页请他鉴赏，胡颂平说胡适"欣赏祝枝山的字，说他写得飞舞；董其昌的字，就不大喜欢，这本册页恐怕不是真迹，更不欣赏了。他最讨厌赵孟頫的字"。什么原因未明说，也算是一家之言吧。

1958年，胡适为施肇基题写书名

再说，胡适发布通告后，并没有当真就此放下笔杆，不过产量真的日渐稀少了。1958年12月16日，据胡颂平所记，胡适曾为"大陆来的艺人李湘芬，前回请我题词，我已当面答应她，于是就写了'自由是有吸力的磁石'给她"。

1959年3月20日，胡适应浦薛凤的请求，为其侄写了贺婚立轴，共十一字："晏平仲善与人交，久而敬之。"胡适解释说"久而敬之"可作为夫妇相处的格言。6月，据梁实秋说，"胡先生到台湾后，有一天，我请他到台（湾）师（范）大学讲演，讲的是'中国文学的演变'，以68岁高龄的人，犹能谈上两个钟头而无倦色。在休息的时候，《中国语文》月刊请他题字，他题了三十多年前的旧句：'山风吹

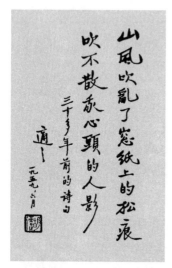

胡适为《中国语文》月刊题字

乱了窗纸上的松痕，吹不散我心头的人影。"胡适亲笔所写并加盖私
章之作，反映了他念念不忘好友曹诚英女士。

　　6月2日，雷震致函胡适："前请为中野义矩先生写的字，请先
生早日写好，他说他明日陪大使来看您。"（原注：中野，日本驻华大
使馆秘书。井口贞夫，日本大使。）雷震在函中逢"先生"和"您"
均空一格，对胡适表示尊敬之意。20日，雷震致函胡适，曰："送上
宣纸一张，请赐墨宝，耘农即沈云龙先生。"胡适未达所请。事过近
半年，雷震再函胡适，追请"沈云龙先生请先生写字，盼早日写好"。
12月28日，张德粹托芮逸夫请胡适题字，胡适照张氏来稿写，结果
发现张录错了字，大怒曰："我写东西，一向是查过原书的，昨天偶
然没有去查，就根据张德粹的错误而写了。"抱怨和叫屈是可以理解
的。胡适不是一个不讲理的人，周象贤请胡适写一个条幅，其中一款
用了"丰乐亭"三字，但最终被擅自改成"丰乐"二字，周象贤亲往
解释并道歉，胡适听罢，连说："'丰乐'两字比'丰乐亭'三字好，
因为两字的行款容易排，三字就难了。我给人家写的条幅都是两行

的，就是这个缘故。"

1960 年 3 月 12 日，"'中央研究院'的邻居某君送来一张立轴，他要迁居，请先生题字。先生叫胡颂平代写。胡颂平说：'我的字写得不好。'先生说：'你的字比我高明得多。你是练过字的，写了一生的毛笔字，还是你代我写吧。他们认不得我的字，写了盖个我的图章就是了，他们只看图章的。'"结果，胡颂平代写了"邻居之光"四个字，算是向邻居交了差，兴许那个邻居至今还蒙在鼓里哩。人们应该原谅胡适，因为此时的胡适多病，找秘书代笔之举，也是出于无奈。7 月 13 日，胡适应小同乡唐德刚（1920—2009）题写了一首新诗："热极了！又没有一点儿风，那又轻又细的马缨花须，动也不动一动。德刚兄嫂　胡适　一九六十，七，十三"。

11 月 23 日，胡适为孙德中编的《蔡元培先生遗文类抄》题写了书名后，又写了几张条幅。其中一张是给民航公司东京航务部负责人的，他写了王荆公的两句："不畏浮云遮望眼，自缘身在最高层。"胡适对胡颂平说"这两句给航空界人士最适切"。胡适在这之前已向他人写过相同内容的题词，这是经过比较之后做出的结论。

12 月 3 日，是挚友陈光甫 80 岁生日，胡适写了明朝顾亭林的

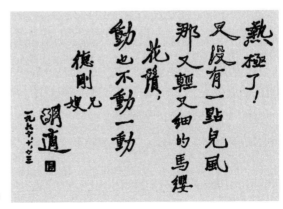

胡适为唐德刚题写新诗

两句诗："远路不须愁日暮，老年终自望河清。"以示祝贺并勉励迎接时代的挑战！

1961年，是胡适多病并经常住院的年份，即便这样，胡适仍然以带病之躯为同代学者、挚友和下属题字。是年春，"中央研究院"历史语言研究所陈仲玉，通过王志维恳求胡适写条幅。陈氏心中没底，谁知几天后，王志维却将胡适的一幅喜幛和一张题字送来了。这样的厚礼，怎能不让陈仲玉欣喜若狂呢！胡适的题字曰："俟我于堂乎而，充耳以黄乎而，尚之以琼英乎而。三千年前的情歌，给仲玉先生的新房补壁 胡适。"此诗出自《诗经·齐风》。一天，胡适的护士曹小姐带来一部《儒林外史》，请胡适写字留作纪念。胡适便写了："逍遥自在，做些自己的事吧！" 7月26日，是雷震65岁生日，胡适应身陷牢狱之灾的寿星之邀，在其纪念册上题写杨万里的《桂源铺》："万山不许一溪奔，拦得溪声日夜喧。到得前头山脚尽，堂堂溪水出前村。"鼓励狱友坚持，预告必有"出前村"的一天。10月18日，仍在狱中的雷震又致函胡适，说："我有一事恳求，十一月一日为内子宋英六十寿辰，请先生用红字写几个字送她。我在牢内，无法给她安慰，故劳先生赐几个字，其他什么也不要。"

人们可能以为胡适对求墨宝者一概开门接受，其实不然。1937年1月10日，胡适在日记上明白写着："余天休来，要我为《正风》杂志题字，我拒绝了。"什么原因，未见详述。

1961年9月6日，胡适对一位冒充是北京大学刘校长领导下新闻系毕业生王姓"骗子"的来访十分反感。胡颂平目睹此人"带来一些很俗气的风景画，请求先生题字。先生说：'我对画是外行，我从来不曾题些外行的画。'他又要把画留下来，先生说：'你看我的四壁没有一张字画。我不需要你的画，请你带回去。'总算把他送走了"。10月23日，"一位姓蒋的客人拿来一件仇十洲的长卷，请求先生题字。先生说：'我不懂画，更不会写字。这幅长卷上都是专家的题字，我不敢写。请蒋先生原谅。'客人说：'先生客气。'先生说：'我有种种的病，但没有客气的病。我是最不客气的。'……'我从来没有在名家的字画上题过字，辜负先生一番盛情，请原谅！'"胡适的言辞虽嫌辛辣，但有礼有节，仍不失风度！

那么胡适是否因为已有名人签字，自己就不敢或不便题词了呢？不。1961年9月25日，"在（台湾）石门水库工作的米曲（W. Y. Mitchell）由邓文超夫妇陪同来访。米曲带来一本他祖上留下来的一百年前的签名簿，上面有美国南北战争时的南方总统的签名，也有南方的总司令李将军的签字，也有艾森豪威尔（威尔）总统的签字，还题了几句话。米曲也曾请蒋'总统'、陈'副总统'签过字。今天，特地来请先生签名。先生签名之后，用英文写了：'我很感到荣幸能在这纪念册上题名，这是许多历史上人物题过名的值得纪念的一本纪念册。'"

1962年1月16日，胡适"接到一位姓郭的来信。信里说：'顷于梦中见先生伏案书七言绝句于纸上，晚间磨墨在侧。醒后惊叹不已，殆私淑之心切。有以致之欤。'接着就求先生便中写一张条幅给他"。胡颂平看见胡适"笑着说：'这也是要我写字的一法。'"2月7日，胡适去傅斯年图书馆，说："上午（李）济之来说，希望图书馆有一个匾额、一副对联，要我写。我对他说，如果有一副对联的话，还是用傅孟真的'上穷碧落下黄泉，动手动脚找东西'那副对子吧！"胡适又在图书馆门前仔细看了一遍，他"认为如要一个匾额，不如请于（右任）先生写几个大字在门口的横梁上"，说"自己不写了"。

面对同代学者和挚友的请求，他婉言谢绝了。这并非不讲情义，而正是对已故挚友傅斯年的尊重；不想班门弄斧，恰好是对前辈书法家于右任的高抬。当然在这个明智之举的背后，确有着尽人皆知的原因，那就是胡适重病在身，一切皆求淡化。

那么究竟谁荣幸成为得到胡适题字的最后一人呢？兹阅香港《大成》杂志第 218 期，胡家健（字建人）所发表的《胡适之最后墨迹》一文，刊出胡适的墨宝："乾隆甲戌脂砚斋重评石头记 送给 建人弟 适之"。题于 1962 年 2 月 19 日，证明胡建人是这位幸运者。在赠给小自己十二岁的乡弟胡建人墨宝之后的五天后——2 月 24 日，胡适永远地离开了世人，真正地放下了笔杆！

胡适与戏剧电影为伴的一生

人们喜欢观看电影，也热衷于电影刊物，所以举凡一部电影的广告、海报和简介以及影评都受到欢迎，而一份内容丰富、图文并茂、彩色厚重的电影画报，更是令人爱不释手。观众中竟也出现了痴迷的人，俗称"戏迷""影迷"的便是，这群人中也包括大学者胡适。人们也许认为胡适两耳不闻窗外事，一心只读圣贤书，给他一副刻板的脸谱。其实，胡适对文娱活动总是抱投入的态度，对休闲生活的质量从来是很重视的。他爱看中外电影和戏剧，并常有精辟的评论；既阅读还翻译过外国人的剧本，自己还写过剧本，同时还拥有戏剧界名角的朋友。这些构成了他休闲生活中一个精彩的部分。

为《电影月报》题写刊名

1922—1925 年，中国电影界开始逐渐进入繁荣时期，尤其是在"冒险家的乐园"上海，电影刊物更是精彩纷呈，夺人眼球。这一时期古装片、神怪片拥挤登场，对社会和人的心灵产生了污染，而与之相搭配的电影刊物，便成了那些电影的帮手。这些糟粕影片的泛起，引起了正直的有识之士的反对和批评，胡适便是其中一员。早在 1922 年，胡适曾陪友人黄国聪在上海观看新亚电影公司新制的《红粉骷髅》，他对这部神怪片非常反感，直批："情节绝无道理！"

1928 年，军阀割据告一段落，中国电影随之有了起色。4 月间，上海六家最大的电影公司——上海影业公司、明星影片公司、大中华百合影片公司、民新影片公司、华剧影片公司和友联影片公司联合成立上海六合影片营业公司。该公司编印发电影刊物《电影月报》。这是一份大型的专业刊物，由著名人士沈浩等编辑，邀请当时影坛著名人士撰稿，尤其邀请名人学者为封面题写刊名，旨在利用名人效应，提高刊物的知名度，从而赢得市场的认同，创造可观的经济效益。

胡适应邀为《电影月报》题写刊名，他用毛笔工整竖写"电影月报　适之题（私章：'胡适之印'）"。这个题字除了与大画家李苦禅等人所题具有等同作用外，还含有独特的功能，因为胡适所题是在1928 年第八期的彩色封面上，本期是"有声电影专号"，介绍有声电影的历史和美国等外国有声电影发展的情况，正是借助胡适曾留学美国，而且是在西方发达国家早已领教过有声电影优点的榜样人物。足

胡适为《电影月报》1928 年
第八期题写的刊名

见用心！1929 年 9 月，《电影月报》在出版了第十一、十二期合刊后，随着六合影片营业公司的夭折而停刊了。

在上海读书时与京剧初结缘

胡适与戏剧和电影结缘较早。1904 年春，13 岁的胡适，随三哥到上海读书，进入花花世界，从此与戏剧和电影结下了缘。

胡适常于课余或晚间去看戏剧和电影，旨在解闷消遣。1910 年 2 月 11 日，"是夜与剑龙观剧春贵部，有李百岁之《拾金》；贵俊卿、小喜禄之《朱砂痣》；李顺来、常春恒之《义旗令》。甚佳"。16 日，"是夜观剧春贵部，有贵俊卿之《空城计》，最佳；其'城楼'一节，飘洒风流，唯声稍低"。19 日，得悉"小桃红能演《空城计》，小桃红者，菊部花旦，予前为作诗，所谓'最是动人心魄处，一腔血泪染桃花'者是也"。23 日，"夜在丽仙观剧，有二女伶曰世伶玉、世俐玉，年皆十岁以下，合演《富贵图》，串新婚夫妇，风度绝佳。归时戏作一诗云：'红炉银镯镂金床，玉手相携入洞房。细腻风流都写尽，可怜一对小鸳鸯。'"同观剧者有同学欧阳予倩、林君墨和唐桂梁，有时受怂还请了小喜禄来教唱戏。19 岁的胡适哀叹自己"最不行，一句也学不会，不上两天，我就不学了"，倒是称赞欧阳予倩"后来成了中国戏剧界的名人"。不过胡适的剧评和写给演员的诗，却显示出他在京剧研究上初露的锋芒。

就读美国康奈尔大学，西方影剧使之大开眼界

1910 年 8 月，年仅 19 岁的胡适聪慧过人，踏上留学美国之路，考入康奈尔大学。令胡适兴奋的是，展示在他眼前的对他而言尚属陌

生的西方电影和话剧。

1911 年 3 月 18 日，胡适"夜与金仲藩观戏于蓝息院，是夜演 *White Sister*，为悲剧，神情之妙，为生平所仅见。今而后知西国戏剧之进化也"。3 月 31 日，胡适说："是夜，大学学生演剧于蓝息院，余往观之，景物布置，殊费经营，演者亦多佳处。"10 月 7 日，胡适"下午看影戏，有科学片《花的生长》，真妙不可言"。

1912 年 9 月 25 日，胡适"夜往戏园观南君夫妇演萧氏名剧《哈姆雷特》，此戏为萧氏第一名著。其中佳句，多不胜数，文人多援引之"。11 月 12 日，"夜，有人邀往看戏，戏名'officer 666'，乃一谐剧，写一盗画巨猾，情节甚离奇。予辈所坐乃在一层楼上，价最贱"。12 月 16 日，"至戏园看影戏，所演为本仁小传及所著《天路历程》。台下乐队为俄国乐人，高下抑扬，与台上情节相应"。

1914 年 2 月 3 日，"余与叔永（即任鸿隽）、仲藩同往观之，以花柳病为题，曲折达之，惊心动魄，真佳作也。演者都佳"。7 月 31 日，胡适"夜，往听此邦有名歌者 Evan Williams 歌曲于裴立院，听者二千数百人。余生平未闻大家歌喉，此为第一次，叹赏不已。余不解音乐，但喜听之耳。同行有梁士诒之女公子"。12 月 20 日，胡适"连日读赫仆特满两剧：《韩谢儿》《彭玫瑰》。又读梅脱林克（比利时文学泰斗、世界大文豪之一）的四剧：《安拉代泥和巴罗密得斯》《入侵者》《内政》《亭太吉勒斯之死》。又读泰戈尔（印度诗人）一剧：《邮局》。三人皆世界文学巨子也"。

1915 年 2 月 14 日，"仲述（即张彭春）喜剧曲文字，已著短剧数篇，近复著一剧，名曰《外侮》，影射时事而作。结构甚精而用心亦可取，不可谓非佳作。吾读剧甚多，而未尝敢自为之。"7 月 4 日，"夜复与［安特］、狄（鲁芬）两君，同往观伊（易）卜生之《群鬼》影戏，此剧改头换面，唐突西子矣"。

1916 年 9 月 16 日，胡适在纽约"去看一种戏，名叫《哑戏》，'哑戏'者，但有做工，无有说白，佐以音乐手势，而观者自能领会"。

1917 年 6 月 9 日，胡适离纽约，16 日到芝加哥，在此"读爱尔兰人丹山尼勋爵之戏本五种，甚喜之。丹氏生于 1878 年，今年未四十，而文名噪甚。此册中诸剧如下：《山上的诸神》《金色的毁灭》《阿基米尼国王和无名勇士》《灿烂之门》《失落的丝帽》。又读新剧六种：《温德曼女士的扇子》《沙漏》《月儿升起》《克顿谷》《红袍》《超越人之力量》"。旨在消磨海上难熬的时光。

任北京大学教授和校长期间尤爱影剧

1917 年 9 月 10 日，胡适回国，就任北京大学教授。1918 年 8 月 19 日，致函张厚载，因为此君反对戏剧改良，废唱用白，故胡适就其所发表的戏评文章提出批评，指出张氏反对的理由都不能成立。9 月间，胡适在《新青年》杂志上发表《文学进化观念与戏剧改良》一文，建议改良中国旧戏，注意吸收西洋戏剧中悲剧的观念。10 月，胡适晋升北京大学代教务长。是年，胡适与罗家伦曾将多幕话剧《娜拉》译成中文。

1919 年，胡适在《新青年》杂志上发表《论译戏剧——答某某》，同时发表了他创作的第一个中英文版本的剧本《终身大事》。

1920 年 2 月 19 日，胡适在北京一个"大帐篷看戏：《在梅布尔的房间》，是一本很好的滑稽戏。我三年没有看外国戏了"。

1921 年 5 月 8 日，胡适"校读沈性仁女士（陶孟和夫人）译的德林克沃特的《亚伯拉罕·林肯》第一幕及第六幕。为加一长注"。29 日下午三点，胡适在北京"到同乐园看戏（同乐园乃北京现在仅存的两三个老式戏园之一。旧名'天乐'，曾演过'昆腔'与'弋阳腔'两种戏，颇轰动一时，后又衰落）。今天有韩世昌的《游园惊梦》，陶显亭的《山门》，侯益隆的《闯帐》。今天第一次看《游园惊梦》，颇觉汤（显祖）氏此两出戏，最可代表明代的才子佳人的文学。"游园"极写女子怀春。"惊梦"写梦中男女相会时十分欢忻，可说是对性爱的赞颂。这种写法，虽是很粗浅的象征主义，但那个时代的'爱情见解'实不过如此"。6月3日，胡适谈论莎士比亚，说："萧士比亚在当日与伊里沙白女王一朝的戏曲家比起来，自然是一代的圣手了。平心而论，萧士比亚实多不能满人意的地方，实远不如近代的戏剧家。"10日，又是端午节，胡适"夜间，（美国人）毕善功先生请我看戏，北京新到一个英国戏班，名沃林剧团，今天演小仲马的《方便的结婚》，写法国十八世纪中叶的风俗，颇使人发笑。我自从（民国）八年除夕去看过一回英国戏，一年半没有看英国戏了"。11日，"夜与（汪）原放、（高）一涵去看戏，仍是沃林剧团，演的是一本滑稽喜剧《皮尔先生从旁走过》，很可使人大笑"。8月23日，胡适与郑铁如等在上海同游大世界游乐场，他"见里面看戏和看电影戏的都是男女杂坐、不分贫富老少，短衣的人尤多（先施入门只需一角），我颇感动，曾对（严）任光说，这真是平民的娱乐场！今晚见大世界的游人这样多，也有这种感想。这种游乐场确能供应一种平民的需要"。胡适心中有平民，赞称大众化和普及性，在那个时代是不可多得的。10月5日，胡适"到江西会馆看汉调的戏，戏也不见好，我就早走了。我现在真没有耐性看这种鹦鹉式的戏"。11月6日，晚上与张慰慈、王文伯、金岳霖"同到真光去看俄国戏班的游戏的歌剧"。

1922年2月16日，胡适曰："毕善功邀我去看北京美术会会员演戏，是夜，共演两出独幕戏，第一是爱尔兰诗人伊慈的《如愿之乡》，不甚可观。第二是苏格兰文人裴里的《罗刹林》，戏情既佳，做工也极好。"2月18日，"是夜，有中华书局编的国语独幕歌戏一种，用'探亲家'的调子，实在可笑得很"。3月5日，星期天，"晚上与（张）竞生同到真光听俄国达洛夫的光明歌剧团演奏《有罪的贞女》，幼稚。但音乐方面，他们远胜我国主角，唱得最好"。5月30日，胡适说："毕善功邀去看美国大学妇女研究会演的新剧：《遭禁锢的欲望》（滑稽戏）和《坐在火边的阿列斯》（喜剧），第二本尤好，我很高兴。"10月30日，"晚与黄国聪去看开明剧场开演上海新亚公司新出的《红粉骷髅》影片。此影是袁克文编的，情节绝无道理，幼稚得很"。

1923年4月6日，"下午到（北京）真光剧场看女高师学生演戏《赖婚》，是套着电影《东去之路》敷演出来的，演的真是坏极了：生平不知'肉麻'是怎样的，今天真有此经验了！第十一幕稍好，我赶快走了"。胡适不由哀叹："近年新剧实在糟极，我们竟无法分身出来做点救济的功夫，实在可愧！"

1924年1月13日，"与冬秀、仰之、成之同在真光看《茶花女》影戏，楚楚动人，乡间养病一幕尤佳"。

胡适在英国期间看了很多戏剧，评论也较多。1926年8月6日，"饭后与中国大使馆陈代办夫妇同去看戏，看的是一部音乐的喜剧，名'不！不！Nonette'。乐歌与舞蹈都好，但没有情节。我素不喜欢看此类戏，但旅行疲倦之后，看此种戏亦可以消遣"。8月13日，"晚饭后，庄士敦请我同去看戏，演的是易卜生的《社会的栋梁》，主演者为雪碧儿，她演得自然极了，神气极好。此为我第一次看演易卜生，我很高兴"。29日，"晚上，许楚僧夫妇及何思源邀我去看戏，演的是《茶花女》，我虽不能懂台上说的话的大部分，但能充分了解演作之佳。台下有许多人呜咽哭泣的"。

10月28日，胡适抵德国看望老友威廉·卫礼贤，是日，"晚上去看此间戏园排演威廉译的两出中国戏——《蝴蝶梦》和《大劈棺》，两出都不坏。第一出把四天王、韦陀、观音都合在一块，硬拉到庄子里去，很没有道理。但用电光机械的帮助，颇以奇景动人。做田氏的走路要学'旦角'的'台步'，竟不成话。但此戏总算一大成功"。11月13日，胡适由德国重返伦敦。"晚上一个人去看戏，戏为契可夫的《三姊妹》。好得很"。胡适还保留了演出广告单。

1928年3月28日，胡适"去访曾孟朴先生，他近年发奋译嚣俄（即雨果）的剧本全集，已出版四种，精神极可佩服。我有两函去赞叹他"。29日，陪宴上海"华童公学校长福特·卡普，饭后同去看影戏《王中王》，叙耶稣一生到钉死后复活为止。句句皆采经文，甚能动人"。"唯演'灵迹'，皆不删，使人看了不快"。5月7日，胡适对河南当局"凡公园、游戏场、戏馆及一切公共娱乐场所，一概禁止缠脚女子入内游玩"这一歧视妇女的规定，表示极度不满和反对。

1928年9月2日，胡适收到熊式一教授译的《可敬的克莱登》剧本，胡适认为"原书真好，译笔太劣"。

1929年7月19日，胡适建议在高中课程中，应加"戏曲（杂剧、传奇），可令学生试作戏剧"。

1930年7月25日，胡适在日记中曰，是日，"梅兰芳先生来谈在美洲的情形，并谈到欧洲去的计划。我劝他请张彭春先生顺路往欧洲走一趟，再作决定"。8月13日，"这几天，看了（宋）春舫所藏的许多剧本。中文剧本如（余）上沅改译的《长生诀》。（刘）大杰的《十年后》与《白蔷薇》。王独清的《杨贵妃之死》。郑伯奇的《抗争》《危机》《合欢树下》。洪深的《贫民惨剧》《赵阎王》。皆不成东西，使我失望。田汉译的日本现代剧三种，其中《婴孩杀戮》（山本有三）与《男人》（小山内董）两种很可读。（欧阳）予倩的《潘金莲》，我也读了，还可读"。14日，"读奥斯特洛夫斯基的剧本四种：《女被保护人》《贫穷与无罪》《罪孽与懊悔》《家庭纠纷》。第三种最好。此人是俄国十九世纪的大剧作家，而译本不多。读俄国契可夫等人的《愉

1930 年 7 月，梅兰芳（前右二）从美国演出回国，受到上海各界人士如驻苏大使颜惠庆（前右三）、胡适（后左一）等的热烈欢迎

悦之死》《美丽的暴君》《导师的选择》《婚礼》和《佳节》"。8 月 24 日，胡适记下，是日，"见吴经熊，他从美国回来，说：'美国只知道中国有三个人，蒋介石、宋子文、胡适之是也。'我笑说：'还有一个，梅兰芳。'"可见梅兰芳在胡适心中的地位，心同彼此，胡适在梅兰芳的心中也一样。

1930 年 7 月 25 日，梅兰芳登门拜谢胡适，罗尔纲和胡适全家目睹其欢叙情景。

1931 年 1 月 16 日，胡适被"刘子楷（崇杰）邀吃饭，时遇在座的梅兰芳、姚玉芙、马连良，彼此交谈甚欢"。2 月 12 日，"在齐如山家吃茶，再遇梅兰芳"。7 月 11 日，"晚上去看北平小剧院公演（赵）元任译巴茂女士的《软体动物》。这是小剧院的空前大成功。元任译此剧，成绩最大。这个剧本的最大成功在于用副词和助词、注音注调的方法，给写剧、演剧的人取法"。7 月 27 日，"李释戡邀吃饭，有梅兰芳及（余）上沅、（熊）佛西诸人，大家谈戏剧，我说，北京可设一国立剧场，用新法管理，每周开演二、三次，集各班之名角合演最拿手的好戏，每夜八点半到半夜止。每人有固定的月俸；其余日子不妨各自在别处演戏卖艺，但此剧场例定开演日子，他们必须来。其余日子，剧场可借作新剧试演及公演场"。胡适又感慨地说："我偶谈及老伶人钱金福七十一岁登台做武戏，在后台便喘嗽，一上台便精神抖擞了，此真是习惯的功效。兰芳说，此次他在广州与金少山合演《别姬》，金串霸王，中暑病倒在地，大家把他推扶出台，门幕一掀，他居然做到完场，没有错误。一下台便倒下了，医生赶来，四个钟头没有脉息，此例更奇。小翠花口吃得厉害，在后台练习，一说白句句拗口，但一上台，口齿清脆，毫不见口吃，这更奇了。"11 月 13 日，胡适"与（丁）在君同赴克罗兹将军的晚宴，饭后同听海费兹的提琴独奏。此君在今日可算是最伟大的提琴家，我今天听他奏琴，虽不懂此道，也极倾倒"。

1932 年 10 月 5 日，在长沙。胡适等人在湖南省政府何健主席官邸看美国电影和《狗明星》影片。

1933 年 12 月 19 日，"江敬海（瀚）先生今天七十七岁生日，有堂会戏，我与梦麟、叔永去贺寿，看了一出小翠花的《鸿鸾禧》，一出李香云的《辕门射戟》。小翠花能做淫悍妇。丁西林、徐志摩都很赞赏她，我从没有看过她的戏"。胡适感觉开了眼界。

1934 年 1 月 27 日，胡适"同祖望、思杜去看电影《生路》，是苏俄的影片，这里面有一种教育哲学，做工是教育、是生路。片子很动人，有力量。音乐也极好"。是年春，京剧大师程砚秋在北平演出，胡夫人江冬秀很高兴地对在胡家为胡适整理书稿并兼两个儿子家庭教师的罗尔纲说："你很称赞程砚秋，今夜他演《青霜剑》，我包了一个包厢，请你去看戏。"罗尔纲很喜欢地去看了。看后，罗尔纲久久不能自已，程砚秋的精湛演技确"幽咽婉转，曲折徘徊，感人心脾"。4月6日，程砚秋邀胡适吃晚饭，在座尚有刘英士、郭有守等。4月24日，"晚上去看（德国人）洪涛生译的《琵琶记》的德文本的公演，共摘出八幕：一、开场；二、嘱别；三、陈情；四、琴诉；五、祝发；六、路途；七、两贤；八、相逢。演蔡邕者为德人冯·施泰勒，颇卖气力。演五娘者为梅小姐，演牛氏者为王小姐，皆中国人。最出色者为'陈情'一幕之太监，名斯科夫，声容都好"。

1935年5月27日，胡适主持会议，请"张彭春在北大讲'旧戏与新国'，甚好。听者甚满意"。12月31日，"实秋送了两张戏票，我与小三（即次子思杜）去看《仲夏夜之梦》（莎士比亚原著），演得甚好"。

在日本、欧洲、美国寻影剧之乐

1936年7月19日，胡适在日本，"晚上看有声电影——罗纳德·科尔曼和伊丽莎白·艾伦的《双城记》，我不曾看过此片，甚喜欢赞叹"。22日，胡适去"看电影《狄兹先生进城》，这是一个很有趣的片子，看了很高兴"。28日，胡适离日本登舟经夏威夷赴美，在船上十七日。在舟上"晚上看罗伯特·泰勒和伊拉尼·德昂主演的电影——《深度着迷》，此片太多传教意味"。

1937年5月1日，胡适"与新六、尧生、叔永同吃饭，饭后同去看电影《黎明女神之翅》，唱歌三曲，其故事亦不坏"。

1938年3月21日，胡适在美国"晚上与于（焌）领事同饭，饭后同去看沃尔特·迪士尼的新电影《白雪公主和七个小矮人》，很喜欢其精巧"。4月27日，"与仲述谈。晚上同去看戏，这是我到美国后第二次看戏。戏是斯坦贝克的《关于老鼠和人》，主角乔治却不很好"。5月7日，"晚上与李国钦夫妇去看电影《汤姆·索耶》，甚好，惜山河遇险一幕太过火"。11日，"与罗伯塔·路易兹去看《苏珊和上帝》，是去冬最好的戏，主角都很好"。8月17日，"饭后，耶茨邀我同去看戏——《罗伯特的妻子》，主角都很好，戏情甚好"。9月3日，"晚上与弗兰克教授（时年75岁）去看马戏，其练野兽部分，甚好。连日许多烦闷，一齐暂时忘了"。这是胡适生平第一次观赏美国马戏。

1939年7月11日，胡适时在驻美大使任上，"晚上与陈、游（建文）二君及游夫人、韩权华、应××女士同去看电影——《幸福之邀》，这是我到华盛顿九个多月中第一次看影戏"。8月12日，在美国底特律"霍尔夫妇邀我去看密歇根州大学学生演的吉尔伯特和萨利文的歌剧——《伊奥兰瑟》，这是一本讽刺英国政治的歌剧"。9月15日，胡适与"大春、祖望同去（费城）看电影《老处女》"。10月31日，"与理查德·帕特森夫妇饭后同去看戏——《赴宴的男人》，讽刺可喜"。11月20日，"布鲁斯·史密斯夫妇邀我吃晚饭，并同去看戏——《夫人，散步吗？》，这是我在华盛顿一年多第一次看戏"。12月9日，"晚上国钦夫妇约我去吃饭，饭后同去看戏，戏为《与父亲一起的岁月》，极有趣，使人大笑不可止"。

1940年1月2日，"国钦夫妇与李敬思兄（国钦弟）同我去看电影——《随风而逝》。这片子演了三点四十分钟，中间没有休息，而观众不觉得太长，可见其成功！"2月5日，"史密斯夫人邀去看戏——《小稗子》，主角是国会议长之女，串一个无识的女人，最难，最有生采"。3月10日，"晚上与克罗泽尔夫人去看《天使琼》。焚身一幕最好，最后一幕实在不好，真是蛇足"。14日，"与克罗泽尔一家同在学者招待所吃饭。饭后与国钦同去看《雄性动物》新戏"。

1941年1月2日，在纽约，"晚上国钦夫妇约我去看戏，看的是《飞向西方》，是一本反纳粹的宣传剧本。很出色，很能感动人"。

1943 年 1 月 15 日，道尔顿制学校创办人"海伦·帕克赫斯特小姐邀我去听今晚的歌剧《茶花女》"。2 月 11 日，在波士顿，胡适受"顾临之邀，同去看影片《哈佛备战》"。23 日，"周公与大春与哈特曼夫人同来喝酒，饭后同去国家剧场看新戏《爱国者》，这戏很好，使我掉泪。这是我自动的去看戏的第一次"。7 月 12 日，"下午与霍夫曼夫人去看影片《索路豆斯·阿米勾斯》，甚好"。27 日，"国钦夫人邀我吃饭看戏——《贼中之王》。音乐很好"。28 日，在纽约。晚上，与 V.D. 哈德曼去看莫顿·怀尔德的《幸免于难》。观后，胡适与陈通伯均斥之"莫名其妙"。

1944 年 1 月 29 日，"卢芹斋夫妇邀去看《居里夫人》电影，甚感动"。2 月 1 日，"奥多恩·胡佛夫人邀我去看《奥塞罗》，（主演）罗伯逊是黑人，演此戏最大方，又最用力。我从没有看见演过。此乃第一次，十分受感动"。

1946 年 1 月 5 日，"与哈特曼夫人、祖望同去看戏——《合众国》，是一出政治讽刺戏"。1 月 10 日，"同祖望与哈特曼去看《皮格马利翁》，皆极好"。

归根台湾，念念不忘影剧

1948 年 12 月，胡适仓促离开北平。在这段非常时期，他只是在 1949 年 2 月 21 日，"与（朱）经农夫人及梅月涵同去看电影"，还悲戚地叹了一口气说："我三年不看电影了。"3 月 9 日，即胡适在去美国前暂居上海期间的这一天，在"静安别墅，饭后看电影《疯狂》。男主角雷蒙德·马塞，我曾相识"。真是黄连树下弹琴——苦中作乐。这是胡适在大陆所看的最后一部西方影片。4 月 6 日，胡适登上"克利夫兰总统号"踏上第六次赴美的辛酸之旅，从此永远地离开了曾给他留下了多少梦想和创造了多少奇迹的祖国大陆。

20世纪50年代开始，胡适在大陆成了被批判的对象，他返回台湾后，长时间未在日记中留下与影剧界的关系。只是到1961年1月5日，胡适在台北"到齐如山先生家看他的京戏图谱展览"，才见他恢复了与影剧界的联系。五天后——1月10日，抱病的胡适在台北美国新闻处看了一部《罗伯特·弗罗斯特》，他感到："很有意思，照相的技术好得很，弗罗斯特的简单乡村生活使人很爱慕！"4月21日，胡适看见台北报上登着新生戏院放映美国影片《雄才怪杰》的广告，他便推荐来访友人之子去看。23日，胡适正在观看齐如山送给他的一本《戏考》，发现里面有好几出戏，但只有《四进士》可以一看，不由得想起了梅兰芳，他在日记中回忆起与这位京剧名旦的美好往事："当年梅兰芳要到美国表演之前，每晚很卖气力地唱两出戏，招待我们几个人去听，给他选戏。那时一连看了好多夜，梅兰芳卸妆之后，很谦虚，也很可爱。"8月9日，胡适惊悉梅兰芳谢世的消息，很是悲伤！他说："我们是根据日本的电讯，日本是从大陆收到的消息。"胡适抱怨报道只提梅兰芳在苏俄的演出，却回避在美国的演出。胡适从书架上取出英文版的《梅兰芳》，反复看着梅兰芳演出《洛神》《醉酒》《别姬》《御碑亭》《群英会》的剧照；再看着杜威、孟禄、威尔逊等美国名流对梅兰芳的赞扬文字，还有自己的一篇佳作。难忘艺友，心中始终有梅兰芳的位置。24日，胡适竟然创作出一部中国传统剧目《四进士》，这个剧目又叫《宋士杰》，讲的是一位被革书吏、无权无势的宋士杰，敢于向在朝受宠的四个贪赃枉法的进士进行生死挑战的故事。这是胡适生平所创作的第二部很有教育意义的剧本，可惜没能搬上舞台。12月7日，胡适对秘书胡颂平说，他"在报上看见国际影剧戏院，这两天演的《圣法兰传》电影，主张将爱分赠世人，而教会无须拥有财富。告诉你的孩子，这是值得看的一部电影"。

1962 年 2 月 15 日，胡适在访客梅耶尔、刘大中走后，对胡颂平说："你写信托启明书局代买齐如山的《国剧艺术汇考》四册，刘大中是个戏迷，他会唱，也会登台表演……我答应买一本送给他。"事实证明胡适善解人意，总为他人着想。这种难能可贵的精神，实在感人！

为影剧传承留下珍贵诗篇

以上奉上的虽似一份流水账，但值得庆幸的是，它表明了胡适对中国和欧美影剧的无界之爱，情深意长。他对于影剧艺术的认真态度，诚如对《水经注》等学术问题的研讨，以及频繁的演讲，所采取的都是"不苟且"的态度。特别值得一提的是，胡适重感情，有理性，对人宽厚，于己则严。1938 年 4 月，日本侵略者对中国大肆蹂躏时，此时胡适尚不是中国驻美国大使，只是一位学者，在日记中却表白了心迹："我不大赴娱乐场，只是因为国家在破败状态。我们应该自己慎重，不可让人因我们而讪笑我们这民族全无心肝。"这是真话、好话、良心话！

即便是看戏或看电影，泰半是应邀入座，但胡适不降格视为应酬，而总是相当投入，他对剧情、导演、主演都了如指掌。出于政治偏见，对两岸影剧剧本及演出的褒贬难免出现有失公允之嫌，但总体上还是可取的。胡适以相当精力投入与电影戏剧有"血缘"关系的图书馆、博物馆、美术展览、音乐会和文物字画的鉴赏，以及在中美两国放下架子逛地摊、溜旧书肆去淘宝，还有长期的火柴盒收藏，再加上热爱旅游，等等。这些文化艺术的无穷魅力恩赐他多元化的休闲生活，实实在在给胡适和他的家庭带来无尽的欢乐！

胡适与德国汉学家卫礼贤的越洋友情

胡适一生引以为豪的是拥有许多外国朋友，特别是在学术上交往较密切的外国好友。著名汉学家理查德·卫礼贤（Richard Wilhelm，又译尉礼贤，1873—1930）便是其中的一位。二人在中国相识相知，成了学术交往上的朋友。卫礼贤回德国后，在家乡创办了一所中国学院。后来他俩有幸重逢于德国，再度欢聚。卫礼贤谢世后，其子承继父志与胡适结成学术上的忘年交，一时传为佳话。卫礼贤在其代表作《中国心灵》一书中，赞美胡适是新文化运动的领军人物；胡适亦在日记多处记下他与卫礼贤的交往。他们的越洋友情谱写了中德友谊的历史篇章！

译著甚丰的汉学家

卫礼贤生于德国西南名城斯图加特，早年丧父，由祖母和母亲抚养长大。1891年考进图宾根大学，攻读哲学和神学。考得神学职业资格后，便投入教会工作。1897年，柏林基督教会选派优秀牧师，他应征赴中国山东胶州新区传教。但他既不懂英文又不谙中文，柏林教会便派他先到英国去进修，经三个多月速成，于5月间，作为"同善会"的传教士，乘船到达当时被德国强占的山东青岛，在一个普通渔村落了脚。

卫礼贤本着对宗教的虔诚和对中国的好奇，渐渐扎下根来。他一方面发展教徒，一方面开办中德学校，除教德文兼授中文，逐渐领略中国文化的博大精深，于是不耻下问，遂向当地士绅请教，因而大有长进，五年后便成为一名"中国通"了。更令人吃惊的是，他从1905年起，竟先后看懂《大学》《中庸》《孟子》，以及《老子》《庄子》和《易经》等古籍。

中华民国成立后，1922年，卫礼贤以其"中国通"的声誉，被德国使馆调去任文学顾问，这无疑给卫礼贤创造了一个中国文学作品最丰富、文人作家最集中的活动空间。他在《中国心灵》一书中，特别推崇北京大学校长蔡元培建校之功，说："由蔡元培和他的同人奠定基础的北京大学，在新中国的精神生活中占据了无人替代的重要位置。"又说："可以说，北京大学站在了中国新文化运动的最前列。"是年，卫礼贤出版了他的《实用中国常识》，这是一本普及读物。1923年，蔡元培聘请卫礼贤为北京大学德国文学与哲学教授，因此在卫礼贤所开列的与他有交往的中国杰出人才名单中，便出现了康有为、梁启超、辜鸿铭、胡适等著名学者的大名了。

1924年，卫礼贤在经历了从清末到中华民国两大历史阶段的25个春秋之后返回德国。由于他的中文造诣很深，译著甚丰，因而早已名扬祖国。回国后，他即被法兰克福歌德大学聘为教授，主持中国学术讲座，充当中国语言班教席，主讲中国哲学、艺术及文化。随后，应邀去海德堡、柏林宣讲中国学术问题。与此同时，卫礼贤又锲而不舍地继续《易经》的翻译，终在柏林出版。1926年，《中国心灵》在柏林出版。1927年，在《中国文学研究》上发表了他的中文作品《歌德与中国文化》等。1929年，《中国文明简史》出版。1930年，抱病出版了最后一部《中国的经济心理》。可惜他译的胡适《中国哲学史大纲》德文版本尚未竣工。是年，卫礼贤不幸谢世，年仅 57 岁。令人惋惜！

创办中国学院

1924 年，卫礼贤离华回国，他带走了孔子的著作，带走了中国的传统文化，也带走了不少中国珍贵的历史民俗文物、民间家具和当时的器物等。他庆幸自己拥有如此美好的"物质基础"，获得了市政府的大力支持，又获得了好友、两位伯爵夫人的经济援助。于是卫礼贤抱持着弘扬中国传统文化，为德国人提供一个了解并热爱中国的窗口的宗旨，在家乡创办了一所中国学院。这个早期的中国学院附属在另一所学院内，规模不大，但一块"中国民俗展览会"的招牌却夺人眼球。早期的中国学院设三人主席团，九人工作委员会。卫礼贤任秘书，主持院务大事。他还聘请了一位中国学者罗博士为助理，由他负责展览会的日常事务。

卫礼贤辞世后，接任者是十分称职的"中国通"鲁雅文教授，也是中国瓷器、字画的收藏者。他曾在北京大学执教四年，故与梁启超、胡适、顾颉刚等著名学者既相识又对他们的作品颇有研究，而自己也正在编著一部《中国史》。由于鲁雅文等人的前赴后继，中国学院终于又获大发展。1935 年，中国学院获得中国教育部捐助的一笔款项后，又向中德两国私人展开募捐，随即又向中国购得一些近现代物品，租用了一所环境幽雅、古色古香的私人住宅作院舍。中国学院规模日隆，有了自己的品牌。

作为中国学院的核心——中国民俗展览会，在当时的欧洲也是独领风骚的。1935 年 6 月 13 日，中国首任驻德大使程天放（1899—1967）履任后，特前往参观，身临其境，切实地领受了创始人卫礼贤对中国的爱心和敬意。

这个中国民俗展览会坐落在一个三层楼的建筑之中。第一展室内陈列着清朝的总督部堂、巡抚部院以及状元、榜眼、探花等官衔木牌。二楼为第二展室，左屋内有一个中国民间祠堂的模型，神龛内供奉着祖先的牌位；右屋是一个演讲厅。往内便是一个很精致的中国式花厅，内部陈设紫檀木桌椅，正厅挂着中国教育部赠送的一幅未署名的古画。画旁挂着程天放大使撰写的对联："亲仁善邻，国家丽宝；讲信修睦，大同可期。"左边展室内展出中国从清朝的袍褂到近代的时装，一应俱全，美不胜收。三楼为第三展室，内一室，陈列着由丁文渊（1889—1957，江苏泰兴人，1912 年入上海同济大学，毕业后入瑞士楚里西大学，后于德国柏林大学获博士学位。曾任中国驻德大使馆参赞、法兰克福大学中国学院副院长兼中国民俗博物馆副馆长。1936 年归国，1942 年在四川李庄任同济大学校长。1957 年谢世于香港）从苏州买来的一顶华丽绝美、婚庆用的花轿，十分抢眼。另一屋则按中国民间习俗布置成一个当时的结婚新房，举凡床、帐、被、褥、桌、椅、木箱等陈设，均是中国货，营造出一派喜气洋洋的氛围。另一室则供放着孔子牌位，桌上放了几件祭品，显示了一贯的信仰和不怠的追求。此外，还有庞京周（1897—1966，江苏吴江人，1921 年毕业于同济大学，后任同济医学院院长）为鲁雅文撰写的一篇祭文，等等。

事实证明，这座中国民俗展览会，从创办人到继承者，能以少量的钱，用很短的时间筹备好，并及时对外开放，实属不易！从卫礼贤的构想来看，这个展览会重用实物少用纸质文献，乃是考虑给德国人从新奇中易于领略中国的传统文化，不失可收事半功倍之效。当然，缺乏系统性，忽略重点，放弃文献，只采取简单化和趣味性的手法，对帮助德国人理解底蕴深厚的中华传统文化，乃是难于达到真正目的的。

胡适与卫礼贤的学术交情

　　1926 年，卫礼贤在德国家乡，曾满怀深情地回忆说："我有幸在中国度过了生命中的 25 年的光阴，像每一个在这块土地上生活了许久的人一样，我学会了爱这个国家，爱她的人民。过去的 25 年之所以特别重要，原因就在于这是一个新旧交织的时代。我见识过旧中国，它的一切那时看来还将世世代代延续下去，我也目睹了它的崩溃，看着新生活的萌芽怎么从废墟中生长出来。"是的，卫礼贤确是清末民初时代大变迁的见证人，同时也是一位参与送旧迎新的外国传教士和汉学学者。

　　卫礼贤热爱北京大学，称校长蔡元培"成功地网罗了一批年轻的杰出人才"，从而向世人推崇"新文化运动的领袖人物胡适"的先锋作用和社会影响力。他夸奖胡适是蔡元培旗下"一位非常有才华的年轻教授，胡适（时年 31 岁）从美国学成归来，他不仅能说一口流利的英文，而且满脑子都是新思想，他在《新青年》上描绘了自己的新计划，并使用新的流行语言写作了大量著作。引领着其他一些杂志也进入了这一潮流。一时间，有四五百种杂志和报纸开始使用白话文，它们所登载的内容大多是从外文翻译而来。当然其中也有些报纸未能坚持下去而倒闭。这期间，胡适出版的一本有关中国哲学史的著作引起了巨大的反响。这本书的第一部分用白话文写成，它说明在表述科学问题的时候，白话也是一种灵活而且实用的语言形式"。卫礼贤接着又说："不仅新运动的领袖人物胡适是这样做的，梁漱溟和现代诗人徐志摩等人也使用白话文，其他一些人也用白话文写出了不少有价值的著作。梁启超和蔡元培也加入了进来，新文化发展到前所未有的水平。"

　　胡适对德国驻华使馆和卫礼贤也是赞叹不已。1922 年，卫礼贤被调到北京德国驻华使馆后不久，《胡适日记》写道，5月3日"晚上到德国使馆吃饭，新公使英语说得很好。头等参赞卫礼贤博士精通汉文，曾把十几部中国古书译成可读的德文。去年他动手译我的《哲学史》，今年因事忙搁起了。使馆参赞卜尔熙君说，汉学者傅尔克曾托他代买我的《哲学史》，也是想翻译成德文的"。胡适不由感叹地写道："不知这两个译本之中，哪一本先成功。"由此可见，卫礼贤本人学的是西方哲学，而胡适研究的是中国哲学，同为哲学，范畴不同，所以卫礼贤心仪胡适的《中国哲学史大纲》，从1921年起，便动手翻译成德文，为的是便于深入研究。此事说明他俩早已相识，胡适对卫礼贤的学识十分钦佩；双方对翻译工作达成过共识，胡适很关心译文的进度，可知其愉悦的心态！1922年6月28日，《胡适日记》云："晚七时，到公园，赴文友会。是夜的演讲为德国汉学者卫礼贤，讲《易经》的哲学，大旨用我的解释，没有什么发明。他承认我讲'太极'的'极'字只是'栋'字，只是一画。此说粗看似极容易，然轻轻一句话打倒了一切荒谬的太极图说，自是很不容易的事。国内承认此说的人尚不见有什么明白的表示；卫礼贤能赏识此解的重要，亦是难得的。我也加入了讨论，但这种题目太专门了，能加入讨论的人太少，减少趣味不少。"

1924年，卫礼贤离任回德国后，直到1926年10月，胡适踏上欧洲的大地，他俩又在德国重逢。24日（周日），火车进入德国境地，胡适心情极好，他在日记上写道："一路上天大雨，风景甚不恶，（莱茵河）的两岸有些地方很美，虽在雨中，别饶妩媚。"是日，"下午4时45分到［法兰克福莱茵河畔］，［理查德·威廉］在车站相候。同到［法兰克福·霍夫］换洗后，即同去［齐斯特夫］的官邸。在此地办了一个中国学院，专宣传中国文化。其意在于使德国感觉他们自己文化的缺点；然其方法则［有］意盲目地说中国文化怎样好，殊不足为训"。胡适在与老友卫礼贤阔别两年后，终又重逢，实在难得！次日，即 25 日，中国驻德公使魏宸组（1885—1942，湖北武昌人，曾促爱因斯坦来华讲学，后任波兰公使。1919 年巴黎和会拒签对德和约）特从柏林赶来看望胡适，胡适日记写道："二人闲谈了一个上午。下午着手写演讲稿——《中国的小说》。晚七时，中国学院第一次秋季大会开幕，在市中之罗马大道行礼。为法兰克福的一大名胜，古来日耳曼皇帝在此间加冕，有'皇帝厅'，今晚我们即在此集会。"会议开幕时，"海斯·帕萨兰特（院长）致开幕词；市长朗曼演说并致欢迎词，次为孔特·凯塞林演说，又次为理查德·威廉演说，我不大听得懂"。这是胡适与卫礼贤在德国法兰克福中国学院的一个集会上难得的相遇，尽管胡适洗耳恭听也不大听得懂卫礼贤的演说，殊憾！胡适接着又记下"是夜，市长请会员及来宾在此间宴会。见着伯希和、申德尔博士、埃勒博士"。

26 日，大会结束后，胡适参加了另一场演讲会，日记中记"是夜，有伯希和的讲演《中国戏剧》。他略批评德国的'中国学'，他说，德国科学甚发达，而'中国学'殊不如人；他说，治'中国学'须有三方面的预备：一、目录学与藏书；二、实物的收集；三、与中国学者的接近。他讲中国戏剧，用王静庵的材料居多"。胡适对这位德国汉学家的高见颇多赞赏。

胡适为了准备他的《中国的小说》演讲稿（见本文附录），在 26 日日记中抱怨地写道："足足费了我四十个钟头的工夫。若不是自己有所长进，若单为了三百个马克而来，殊不值得。三百仅足供行旅之费而已。"27 日，"晚六点三刻，我讲《中国的小说》讲了一点三刻钟，用英文说。我不知道此间人士有若干人能了解英文的演说，故插入三个笑话，做个试验，居然三次都有人笑了，我才安心了"。胡适终算满意而归。

胡适本想与魏公使同往柏林，奈因腿肿，当是太辛苦所致。28日这一天，是他在法兰克福的最后一天，因此观光节目排得很紧。他日记记载"与罗良铸君同去看中国学院，走去，走来，回寓时即觉脚痛。我想这不是好事，以后当节劳休息，不可临时抱佛脚，以致太辛苦了"。关于对中国学院的观后感，也许被腿肿困扰故未见留有片言只字，是日晚，胡适倒是兴冲冲地与魏公使一起去看了两出戏。之后，胡适应德国友人之邀进了晚餐。子夜12时45分与魏公使离开法兰克福市，搭上火车经比利时，一人换船过海，从而结束了他的德国之旅。谁知这竟是与卫礼贤的最后告别，六年后，卫礼贤便驾鹤西去矣！

1933年12月31日，胡适在日记上说，是日"尉礼贤之子海马特·威廉来谈，他把我的《哲学史》上卷译完了，已付印，他要我作一序文"。这说明卫礼贤生前未能将胡适的《哲学史》译完，但他的儿子却接手完成了父亲的遗愿。这既是一份凝结了中德两国学者情缘的纪念品，也是胡适与卫礼贤父子珍贵友情的见证！

胡适离开德国，却被德国国家科学院（普鲁士学院）看中，1932年6月2日，该院致函，通知胡适已被选举为该院哲学史学部通讯会员。这是件大好事，显然与德国驻华使馆和卫礼贤有关。德国科研机关聘请中国学者为会员，这还是第一次，消息不胫而走，社会各界函电祝贺者甚众。对此殊荣，胡适（时年41岁）亦复函该院表示衷心感谢！

1933年3月31日，国民政府致函胡适，请他出任教育部部长，他未接受。4月28日，再商请胡适担任驻德国大使，他又未允。但胡适与德国人的交往并未停止，他在12月27日的日记中说："应迪内德博士之邀吃饭，当时在座的便有德国公使夫女习与项临夫妇，谈甚欢。"

1934 年 2 月 28 日，胡适在日记中又说："德国教员洪涛生来谈，他译《琵琶记》为德文，今日来谈中国戏剧的演变，他说，元曲一个主角唱的剧本胜于后世个个角色皆可唱的剧本，此话亦有局部的道理。"

1961 年 11 月 23 日，抱病中的胡适，很高兴地接待"一位德国学人勒文施泰，因十九年前（1942）曾写信给我说，他痛心于中国所受战祸，发愿要到中国投军，为中国作战。我回他一信，请他想想歌德每遇到政治上最不愉快的情形，他总勉强从事离本题最远的学术工作，以收敛心思"，以鼓励他向歌德学习。"此君得我回信，颇受感动。后来他竟继续做教授生活。他曾在他的著作里引我此信。此事我久已忘了，但他始终记得，故今日特别要求来见我"叙旧。胡适满足了这位德国大学者的要求，这是胡适在生命最后岁月中面晤的最后一位德国朋友。

据报载，2011 年 12 月 2 日，一部由卫礼贤孙女贝蒂娜·威廉编剧兼导演的纪录片《沧海桑田——卫礼贤与〈易经〉》在德国柏林等各大城市热映。这部影片放映后，人们将卫礼贤誉为"伟大的德意志中国人"，更有学者呼之为"德国的孔夫子"。可见其与中国的亲密关系和影响，是多么深植于德国人和中国人之心底啊！

附录：胡适《中国的小说》演讲稿[*]

谁如果从事中国古典文学研究，一定会在跟其他民族比较中，为那些要求严格分章结构和自由创制的文类的缺失感到吃惊。中国古文学主要由抒情诗和短文章组成。早期的哲人们只留

---

[*] 此学术性英文演讲稿，原载德国 Sinieal 1927 年 11/12 月号。中文版由范劲先生译。

下了格言，后来的才作详细描述，其中有些包含着艺术性的小寓言和譬喻。却没有故事诗，也没有戏剧和自由发明的散文体小说。民众——至少是智识阶层——以事实性和理智为导向的生活方式似乎压制了每一种描述性文学，也驱散了一切的民间传说——它们毫无疑问是存在的。

随着秦、汉建立了最初的大帝国，不同地域和部落的宗教，以及他们的祭司阶层和拜神习惯，都有了紧密联系并渐渐混合成一个大的民族宗教，就是后来所称的道家。这个新宗教的文献里包括了许多神异故事，就像我们今天在《列仙传》和《神仙传》的集子里所得到的那些。所有这些显然表现着那个时代观念世界的故事，都取了短篇传记的形式，但其中也没有什么因为文采或佳构值得注意的。

大概小说在古中国不甚发达。在两汉、三国和六朝全部民间文学中只留存下两首故事形式的诗歌：《焦仲卿妻》和《木兰诗》。

诗歌《焦仲卿妻》是中国文学中最长的诗，历来被认为成于三世纪初。但是今天的学者如梁启超都倾向于把它算到晚得多的时间去，而把它的故事性风格归于佛教文学的影响。即使我同意一个相对较晚的产生时间，说这首诗是在佛教影响下写成的，却不能让我信服。显然在故事里面，并没有什么显示出哪怕最轻微的佛教信念的影响，所以这只能是在艺术形式中多少表现出来。毫无疑问，佛教文学的输入对中国的描叙文学有着巨大影响，中国章回小说和中国故事诗应该感谢佛教影响的地方，比人们所确知的还要多得多。

从四世纪到十一世纪，中国是不折不扣地被佛教经译文所充斥。印度人早就发展出了一种在幻想神魔故事上极富发明力、布局结构精巧的诗艺。在这方面，印度文学对于弥补古代中国经典的缺陷，正是必需的。中国精神为这种浩荡的卷帙、深邃的人性、诗性的伟力、幻想的发明以及这种构建——与它并列儒家的干枯经典显得苍白而过分清醒——之宏伟所惊愕、所眩惑、所慑服。

众所周知，佛经也是一种故事诗、一种戏剧。它总是以一个戏剧性场景起头，然后发展成一个包含着主干故事的对话。在佛经外还有大量本生故事和佛陀的生平记述。两部最感人的《普曜经》和一位圣者兼诗人马鸣的大型故事诗《佛所行赞经》，被完整地译成了中文。如此绝妙的作品必然会影响到汉民族的诗学精神。一些高品位的戏剧作品很快就在中国读者中极受喜爱。最引人注目的例子是《维摩诘经》，处在故事中心的不是佛陀本人，而是大圣者维摩诘，他的辨识法术胜过佛的其他大弟子。得知维摩诘生了病，佛派遣他的十个弟子去问疾，但每个弟子都不愿去，都推说不能胜任此项任务。每个人都叙述了自己同维摩诘打交道的经历。最后菩萨文殊师被选为佛的使者，前去那生病的圣者居室。故事余下部分讲述维摩诘驾驭法术的神通和他的神迹，以及让菩萨中最大者也晕头转向的深邃智慧。

佛经有许多译本，其中鸠摩罗什的译文因其简明的语言和优美文体甚至到今天还广受欢迎。它在中国的巨大影响，由文学中屡屡被引作典范，尤其是由以它为素材的大量古代佛教绘画可见出。

在斯坦因和伯希和二十年前在敦煌发现的古代中国写本中，我们找到了一些残简，它们是民间流传极广的维摩诘故事的片段。这故事部分是用带韵的散文，部分是用民歌诗行转出来。经常是一个一百字的段落被扩展成了五千字。整个故事如果以完整形式出现，一定是世界上最长的故事诗了。

在敦煌写本中我们还发现了叙佛陀生平的《法华经》或《莲华经》的变文，以及目犍连下到冥间访母的故事。所有故事都被僧侣们以浅白文体转述出向民众宣唱。有些直到今天还为民众喜欢，还在中国戏台上演出。

为照顾不识字的信众而将佛教故事以俗语讲出，这在中古中国的寺院广为流行。好像形成了一个职业讲经者群体，他们编写佛教内容的俗讲变文，把它宣演给不懂原文的虔诚热心的群众。在关于两宋的都城开封和杭州生活的作品中，我们发现在职业说话人中有一个阶层被称为"谈（佛）经者"。

对于历史研究者就生出一个问题：究竟佛经讲经者是所有世俗叙事艺术的鼻祖呢，还只是并存于中古中国——譬如在宋朝的都城——的众多讲故事人中的一种呢？

在敦煌写本中还有非佛教来源的残简，它们部分是韵文，部分是通俗散文。在佛经之外的世俗故事的存在引我们认识到，本土的叙事艺术已经有了发展。这大致可追溯到《列仙传》和诗歌《焦仲卿妻》。这种发展在唐时似乎已呈现相当的进步，因为我们发现了大量享有名望的作家，他们会时不时写出或多或少属于描述性质的故事来。其中有些相当不错。最了不起的故事里有一部《虬髯客传》，它被归到诗人张悦名下。它叙述一位豪侠的历险，此人想建立一个新帝国，但当他见到了后来唐朝的建立者李世民，就放弃了他全部野心，因为他承认后者比他更强。这个故事中特别值得注意的是人物塑造的力量和运用历史人物和史事的手腕。诗人元稹写了一部爱情故事《会真记》，很可能是描画他自己的经历，它受到如此推许，以至于几个世纪后有了至少四个据它写出的、出自不同人手笔的剧本。这只是由知名作者写出的数量不菲的故事——很可能受到了当时无论在僧院、市井生活中都时兴着的说话伎艺影响——中的两例。允许本土叙事艺术发展的说法成立，绝不是要否定佛经文学特别是通过民间说话人对中国故事诗和长篇小说演化施予的重要影响。这种影响在两个方向上发生着：一是印度文学无拘无束的自由创制对中国文学起着解放作用。它将中国人从严格依循事实的思维方式的禁锢中解脱出来，引他们到发明力的自由嬉戏中去。它赠给他们许许多多新的充满奇妙色彩和永恒福乐的天，不只是一个地狱，而是许许多多长时间地在民众心中保持生动真实的冥冥世界。它带给他们一个新的众神界，它引导他们，远远地、远远地越出我们本身生命的短暂区间，去思念重重世界的悠悠千年。事实上中国在精神上应归功于印度的，无论如何高估也不为过，当我们读到《西游记》或《封神榜》这类离开了佛教影响就根本不会存在的故事时，我们还仅是瞥见了一线微光。

佛教影响的踪迹其次表现在形式上。《天雨花》《笔生花》等里面的民间叙事文学是用七言韵文体写的；但在伴着音乐唱出的诗节间，插入了散文体的描写。这正是唐代佛经讲唱的形式——在《维摩诘经》的叙事体变文中有最好的表现——而且大可以追溯到传统上佛经惯用的形式，即散文体对话重复出现在散布的诗节或偈颂中。这种韵散夹杂的形式，同样清楚地表现在中国的小说传奇中。故事主要情节以散文写出，而开头结尾几乎总是一首或数首诗歌，而且在大多数情况下，都是那些描写豪侠性格、女子美色、事件发生地或战场紧要关头的片段用押韵的诗节来表现。这些段落让我们想到佛教的偈颂或早先的韵体民间小说。这当中的一个重要事实是，所有的世俗故事包括那些在敦煌废墟中发现的，要么全用散文（如《秋胡》），要么全用韵文（如《季布歌》），而没有用韵散混合的形式写成的。确实，唐代作家喜欢将大量的诗词插入他们的故事中去，特别是在《会真记》和《西游记》中。但这些诗歌要么是宣示隐蔽爱情，要么就是文人雅趣的重要部分。这类事实似乎更进一步证明了叙事艺术在本土发展的存在，这种叙事艺术在其散文形式上可上推到《列仙传》，在韵文形式上则可溯及《焦仲卿妻》和《木兰诗》的时代，后来在佛教影响下发生了演变，最终采取了在散文说白中嵌入诗体段落的形式。

小说艺术在九世纪时已渐发达。段成式谈到了 835 年左右一个街头说话人的存在，他明显是演说历史题材的。诗人李商隐在他《骄儿》中的一首诗里，讲到说书人嘲谑张飞的胡子，取笑邓艾的口吃。这两人都是三国故事中的英雄人物。在《东京梦华录》中我们了解到，宋朝时在京城里住着许多类别的职业说话人，其中每一家处理一个专门的领域，或者是历史故事，或者是那些涉及社会风俗和宗教问题的故事。

由这些职业说话人发展出来两种新的文学形式：话本和长篇小说。这本只是长篇小说短的未及展开的形式，因此严格说来并不与今天的长篇小说相符。总之中国的话本有它特别的自身形式，这种形式一直维持到最近。它几乎总是两部分：一个引子和一个主要故事。引子给出"教训"。这个教训由一个非常简短的、同下面的故事有着内在关系的故事显示出来。职业讲书人要吊起听众的胃口，他由经验知道，最有效的就是在较长的故事开始前用一个小故事使他们紧张起来。

留存给我们的这种话本有几百篇。其中不少可追溯到宋代，至少是南宋，多数则属明代。最著名的集子是《京本通俗小说》《今古奇观》《拍案惊奇》《今古奇闻》《醉醒石》《西湖佳话》《十二楼》。其中一些话本即使今天的读者读来也饶有兴味。语言浅近，常有精致的情节发展。上面列举的最后一个集子是著名戏曲家李渔所撰，显示出大师手笔的迹象；大体上可以说，这些话本显示了中国长篇小说的一个特定发展状态，它们原为娱乐听众而作，通过演说来动人，但在人物塑造方面往往不足。更严重的是，这一类叙事艺术受其自身形式所限，不能表现深刻的思想和错综繁复的构思，因为"教训"一成不变地居于真的故事起首，后者实质上是它的一个说明。

真正的长篇小说是讲史的延续，因为古代中国人没有产生出那种要求凭空发明和结构严整的文类来。最早的长故事全都属于讲史性质。故事本身在不断地演讲，供给说话人在顺序性描绘中运用的最恰当材料。

那种有计划地搭造文字作品的艺术的发展史是极具启发性的。开始我们只发现了没有内存布局意图的史事的随意排列。这一类中最好的例子是《宣和遗事》，一个北宋末年的民间话本。它讲述给我们徽宗皇帝的昏庸统治和北方中国所遭受的鞑靼女真人的毁灭性和屈辱的占领。有些事件是用口语写成，显然出自当时已有的民间话本。另一些是用半文言文写成，多数是原文摘抄那个国仇家恨的灾难岁月的时事记录。没有一个贯穿的情节，甚至没有想过从语言和风格上将不同事件的叙述统一起来。

然而我们渐渐注意到，说话人希望找到一种手段，借此使听众即使对于一个很长的故事也能保持注意力，而一个没有引人入胜的情节纠葛的史事铺陈是定然无法达到这一步的。就是佛经讲经者也是面临这一任务，要保证听众第二天还会到场。

职业说话人总要多少激发起好奇心。他编排素材和宣讲故事的方式，是要叫听众的心情绷紧到最高程度，然后突然中断叙述，在期望值被刺激到最高点的一刹间停下来。当一支毒箭正好射向恋爱中的男主角时，或者利剑扎向美丽无辜的主人公时，或者是勇敢的犯人孤注一掷想逃离监牢，而正将要被捉住时，说话人突然间击响了鼓，用那个无情的程序结束了一天的讲述：欲知后事如何，且听下回分解！这是中国长篇小说章节划分的缘起。是叙事艺术的合理的情节开展与谋篇布局的缘起：中国长篇小说的开始。

毫无疑问在明代中期以前，即 1500 年前，没有真正意义上的中国长篇小说，只有以章节划分的中篇小说和大量相当长度的讲故事。在民众中有一大批历史和神怪故事极受欢迎，就像三国的故事，玄奘和尚到佛教印度奇妙的取经经历，最后还有梁山一百零八位好汉的故事。它们家喻户晓，耳熟能详。在民间戏剧的舞台上总是能看到它们的人物形象。它们的历险故事口口相传，从一村到一村，从一代到一代。每个人，无论男女都可在它们之上加进些东西，这儿那儿添上去些本地色彩，时不时地作一点新的解释。那些民间传奇和故事的系列讲述就以这种方式，在文学最伟大的匠人——原初的人民群众的手中，历经了无数的变化完善。经过数百年这种无意识的发展后，它们猛然间握住了伟大诗人的发明力。由他们从民众那里接过，在艺术的精神中将其革新。传说保留着，可是情节被改造了，对话变更了，人物形象精炼过了，通篇计划被细细打磨。于是在十六世纪时产生了首批伟大的散文文学作品：《水浒传》《西游记》，还有《三国演义》也可算进去。

这三部小说的出现标志着中国长篇小说第一个伟大时代的里程碑，其中每一部都有一个漫长的历史，其最终形式是几百年未曾中断的发展的结果。三国故事耗费了八百年，才达到它最终的形式。玄奘去印度朝圣的故事同样要回溯到唐时，我们至少知道有两种早期的散文稿本，其中一种（《大唐三藏取经诗话》）出于宋末，而另一种较小的《西游记》很可能作于十四世纪。一直到十六世纪中叶以后，才有一位大天才——吴承恩，对旧的传说加工润饰，创造了他的杰作，即《西游记》今天的样式。

时间不允许我进一步考究在所有这些伟大长篇小说那里的漫长发展过程。我想挑出最了不起的那部《水浒传》，对其历史作一个简略的概述，以便说明这些伟大长篇小说从它们低级粗陋的开始渐渐发展起来的特别方式。

《水浒传》或者说梁山一百零八位好汉的故事要追溯到十二世纪，那时宋江和他为腐败官吏暴虐所苦的三十六位结义兄弟，结成一支可怕的强盗团伙，打败了前来镇压他们的官军。在过了许多个行侠施义的年头后，他们自愿投降官府，成为官军，在镇压方腊于今天浙江和安徽南部的大起义的战争中发挥了重要作用；当宋朝由于女真鞑靼入侵而破亡时，这些早先的强盗又在同进逼蛮族的战斗中冲杀陷阵。这种结合了忠诚与爱国心的侠义精神，赋予水浒传说以一种特有的高贵和特别的激情，这些品性将它塑造成了世界上最了不起的长篇小说之一。

《宣和遗事》里这个故事的最初版本只是几千字的简短报道。但这个传奇很快就生长起来。由三十六位结义兄弟增加到一百零八位。他们不再被看作无法无天，而是因恶劣不公的待遇才被逼落草的无辜市民，他们是道义的真正维护者。

当十三世纪蒙古人占领了全国之时，人民的思想又回到了作为民族侠义精神象征的水浒传奇。这个故事给元杂剧提供了种种题材。戏剧家非常自由地对这一传说做出自己的解释和塑造了不同的人物。在明朝初年（1400）很可能有一种关于这个伟大传说的一百回本写成。在1500年时有一位无名大师，一般被认为是施耐庵，作了一个估计有七十回的全新本子，它大大地胜过了原先的本子。十七世纪中叶时产生了一个叫金圣叹的大批评家，他摒弃了所有后来的那些增补，而使七十回本成为公认最完善的版本。

《水浒传》其实是一部抗议的作品，它的主导思想是，官府的贪腐是盗寇的起因。一个好强盗要胜过一个腐败官员。《水浒传》成功地在每个读者心中唤起了对于强盗的同情和对官吏的憎恨，这是它了不起之处。由这个主导思想，这部书以真切的方式投射出了中国民众灵魂深处的看法，使异议和反抗的精神得以维持，万古长新。这里我们看到一个几千字的故事在四百年间演变为各种各样的传奇和戏剧，最终成为一部一百章的伟大长篇小说。

文艺如同科学一样，在新形式的发明完善上步履迟缓，可是一朝被完善者运用就十分迅疾。中国长篇小说需要一千五百年才臻于成熟。可是一旦首批的伟大长篇小说问世，其影响就能马上感受到，在一百年里发展出了各种门类来。

在十六世纪后半叶出现了一部罕见地忠实于现实的长篇小说，标题为《金瓶梅》。撇开它的放荡恣肆，《金瓶梅》倒是极值得我们关注的，恰因为它对普通男女日常谋营的现实主义的描画。它以一种率直的方式演绎出每个家庭成员由习惯和生活方式所限定的发展，直至最后不可避免的结局。这里它接近于今天的自然主义。

十七世纪产生了第一部问题小说：《醒世姻缘》，这涉及了婚姻问题。

这五部小说可算是十六和十七世纪，即中国长篇小说第一期的代表作。《三国演义》代表着数量众多的历史小说，其中许多都可在街头说书人尚粗糙的故事那里寻到源头；《水浒传》代表了英雄传说；《西游记》是那些神魔小说中最出色的代表者，这类小说那几百年大计里出了许多；《金瓶梅》和《醒世姻缘》严格说来倒并不代表它们的时代，而只是它们领域中的先行者，这些领域只有到了后来才得到充分的探索。

十八世纪产生了大量长篇小说。其中《儒林外史》和《红楼梦》，作为最好的中国文学，显得尤为突出。

《红楼梦》之作者为曹霑，字雪芹。作者只完成八十回就于1764年死了。小说就以它未完成形式流传开去。许多人尝试将它续完整。最后在1792年，也就是作者死后近三十年时，一位叫高鹗的作了四十回的续文，发行了第一个"全本"。曹霑其杰作《红楼梦》里，成功地交与我们一幅满清盛世时上层家庭日常生活画卷，为我们绘出众多美妙的女子图像，其中一些堪同世界文学中最好的作品中最好的妇女形象媲美。小说主人公对于女性有一种近于宗教般的崇拜。在写作技巧上这部小说可以追溯到《金瓶梅》的自然主义去，它直率地描绘出一个无可奈何地颓败下去的家庭的故事。拿作者自己的话来说，他描出了一个方向，它指向那无可避免的结局："树倒猢狲散"。

十八世纪的另一部伟大长篇小说《儒林外史》，则在中国以外几乎无人知晓。作者吴敬梓是诗人兼锐利的思想者。对于儒者生活的扭曲和无益的思考构成他伟大小说的主要题材。儒学者，在人们看来是要被培养来统治民众和领导国家的，《儒林外史》则是对于这些人的奔忙的锐利讽刺。这本书给出了一系列万花筒式的画卷，它们是这个于事无补的阶层惟妙惟肖的例子。

最近一百年里，长篇小说呈两种趋势。中国北方的一些民间文学运动或多或少试图按《水浒传》的样式去写侠义小说，它们主要涉及豪爽的强盗头领的英雄事迹，由北京和其周边的职业说书人写成。对话简洁明了，素材极有趣味，形式上却更多民间韵意；但缺少艺术性和独特性，以及思想上的广度和深度。

另一方面，满清末年，中国南方出现了不少模仿《儒林外史》的讽刺小说。它们谴责社会人生，激烈抨击官僚集团的贪腐与无能。旧的社会秩序的一切弱点缺陷均遭到拷问，以至于十五年前满清的崩溃至少要部分地归功于这些小说。这一中国南方的文学是由那些不满于当时社会形势的人所推动的，它包含着时代烙印和某种个性。但这些小说多是急就章，更像是改革的宣传单而非永恒的艺术品。但不管怎样，其中至少也有两到三部值得注意的文学杰作，其艺术价值能与过往的伟大长篇小说的传统相称。

胡适与澳大利亚"华官"田伯烈

　　胡适的中西朋友遍天下。我在南京中国第二历史档案馆,从尘封的原始档案中,首次发现了胡适在驻美国大使任期内,与一位澳大利亚籍英国驻华名记者朋友——哈罗德·约翰·田伯烈(Timpefley Harol John,1898—1954)的资料。这份珍贵的原始档案记载着田伯烈与胡适"过去曾几度谈话",说明田伯烈对胡适颇为了解。此次新发现,填补了胡适生活的历史空白。

田伯烈何许人也

　　田伯烈在英国曾受过新闻专业训练,终成为一名杰出的新闻记者。据1936年英文原始档案说,第一次世界大战后,大约在1920年,田伯烈来华,住在北京。这期间,田伯烈已是英国路透社驻北京记者,复任英国《曼彻斯特卫报》驻华记者。此外,他还是英国基督教"公理会"教堂的负责人。他热心公益,曾创建了一个文化活动的社区,赢得声誉。英文档案说他在北京住了12年,是个自由人,观点也是自由的。他在中国结交了许多朋友,胡适就是其中的一位。那时胡适任北京大学文学院院长,1925年,出任英国庚子赔款委员会委员。作为新闻记者,胡适这样的要角儿自然成了他追逐的对象,何况二人的英语更为他架起了金桥。再一位便是时任燕京大学教授简又文，他是 1926 年任冯玉祥的国民革命军第二集团军总司令部外交处处长，后久居香港的著名太平天国史学家。田伯烈在京津颇有名气，1929 年冬，简又文邀约田伯烈去山西会见暂时下野的冯玉祥，并请他采访及对外报道。

后来，田伯烈又转往上海，住在爱德华七世大道 34 号。他的到来使上海有关部门十分兴奋。鉴于田伯烈有热心公益活动的经验，在一些人士的请求下，1936 年 5 月，田伯烈成了中外合办的慈善机构"中国华洋义赈救灾总会上海中心委员会"的成员。

1937 年 7 月 7 日，日本帝国主义在卢沟桥发动侵华事变，这一罪恶行径引起各国的关注。《曼彻斯特卫报》深知田伯烈在华十余载，特别是长期居住中国，与中国社会各界过往甚密，乃命他在中国观察战局，田伯烈到上海，即主动加入由他的留英朋友夏晋麟（1894—? ）和沪江大学校长刘湛恩（1895—1938）等组成的"抗敌委员会"。田伯烈的义举受到时任国民党中央宣传部副部长董显光（1887—1971）的赞赏，作为"伯乐"，董显光鉴于田伯烈既有专业知识又有丰富的国际阅历，加上对中国抗日大业的同情和投入，吸收他为"正式工作人员"，接着聘为中央宣传部国际宣传处的顾问。

田伯烈先被分配在国际宣传处上海办事处，不久国际宣传处处长曾虚白任命他为该处驻欧美宣传网不露面的负责人，旋任驻伦敦办事处和澳大利亚墨尔本办事处主任要职，成为中国驻外机构的一名"洋官"。董显光十分满意地说："澳人丁丕莱（即田伯烈）是我经常了解英美民意与在两国组成宣传的得力顾问，他从来没有使我失望过。"实际上，作为中国一名"洋员"和随后的外放"洋官"，田伯烈从此开始了他在世界范围内的人生新旅程。

田伯烈在中国逐渐声名鹊起。上海沦陷后，田伯烈身居虎穴，笔耕不辍。1937 年 12 月 13 日，日军攻陷南京，制造了惨绝人寰的大

c/o Gordon & Owen,
23 Kingly Street,
London, W.1.

May 11, 1938.

Dear Dr. Hu:

As you may possibly have heard, I have arrived in London
in order to supervise the publication of a book on the Japanese
military outrages that is to be published by Victor Gollancz
shortly. While here I am doing what I can to assist the China
Campaign Committee and have been doing a fair amount of speaking.

The immediate purpose of this letter is to urge you to
come to England, if possible, and help with the campaign here.
The position is that while a very gratifying pro-Chinese sentiment
exists among the people of Great Britain at large the attitude of
the City diehards and other influential groups is rather cynical
and cold-blooded, so far as I can see. These groups can be
appealed to only by the subtle presentation of China's case in
such a way as to show that it is to their interest to help in the
fight against Japanese aggression. I find the Chatham House
people particularly "sticky" and I think that you might help a
great deal there.

This afternoon I am addressing a group of Members of the
House of Commons and I hope to meet Lloyd George and Winston
Churchill later on in the week. Over the week-end I had some
very satisfactory sessions with Sir Arthur Salter, Professor
Adams of All Soul's, the Master of Balliol (Dr. Lindsay) and
E. R. Hughes, Reader in Chinese. I feel that if you were here
we could between us succeed in mobilising a group of influential
persons who would be able to exert the right kind of pressure
upon the Government. Unfortunately, it is not certain how
long I shall be able to remain in England as I shall probably
have to go over to America in connection with the simultaneous
publication of my book there. However, I shall be here until
the end of May or early June and I hope you will drop me a
line telling me whether you think you may be able to come
over here. The China Campaign Committee are very anxious
to get you, if they can.

With best wishes,

Sincerely yours,

H. J. Timperley

Dr. Hu Shih,
c/o E. H. Leafs, Esq.,
33 West 55th Street,
New York City.

1938 年 5 月 11 日，田伯烈致胡适英文函屠杀事件，田伯烈深感自己作为一名新闻记者的良知和职责，他决心向世界揭露日军的暴行。当他获得一批原始文献和档案后，用最短的时间，于1938年3月写成一部20万字的《日军在华暴行录》，这是一个外国人所撰揭露日军南京大屠杀罪行的顶风开拓之作。田伯烈认为这还不够，于是决定先回伦敦再去美国出版英文版，在世界上揭露日军侵略中国的罪行。

田伯烈抵伦敦后，一方面忙于出版之事，一方面融入社会，他发现伦敦各界对日本侵华有两种对立的观念。他很焦急，但感处置乏力，于是想到了挚友——在美国的胡适，发函求助。

现将此亲笔函的中译本抄录于下：

戈登与欧文收转

金利大街23号

伦敦 W. L.

1938年5月11日

亲爱的胡博士：

正如您可能已经听说的，我已经到达伦敦监督一本有关日军暴行的书出版，这本书将由维克多·柯兰茨出版公司刊出。在此地我将尽我所能帮助全英援华会（China Campaign Committee），而且我已经举行多次演讲。

这封信最直接的目的，是请求您即刻来伦敦，假如可能的话，即届此地的全英援华会。此处的情况是尽管在大不列颠人民中存在许多令人高兴的亲华情绪，但目前就我看来，很大程度上伦敦顽固分子和有影响群体的态度是嘲讽且冷血的。这些群体可以被中国事件的微妙表述并以抵抗日本牵涉他们的利益逐渐打动。我发现查塔姆宫（Chatham House）的政客们相当顽固，我认为你在此地将有巨大帮助。

今日下午我将为众议院的一些人发言，并且希望在本周的晚些时候能见到劳埃德·乔治（Lloyd-George）和温斯顿·丘吉尔（Winston Churchill）。上周末我有一些令人满意的会谈，和亚瑟·索尔特爵士（Sir Arthur Salter），万灵学院（All Soul's）的亚当斯教授，贝利奥尔（Balliol）学院的院长林德赛博士（Dr. Lindsay）、中文高级讲师修中诚（E.R.Hughes）。

我想假如您在此地的话，我们可以相继动员那些有影响的人物，使他们能够给政府一些压力。不幸的是我尚不确定我将在此地停留多久，因为我可能要飞往美国去联系同时出版我的另一本书。但是，我应该待在此地直至五月末和六月初，我希望您给我一个电话，告诉我您是否能来此地。全英援华会非常焦急地期待有您在此，如果可能的话。

祝

好

您的真诚的田伯烈

胡适博士

E.H.Leafe 特别收转 55 街西 33 号，

纽约市

田伯烈勤于耕耘，1942 年又出版了他的《日本，一个世界性问题》，这是继《日军在华暴行录》后的佳作。是年，他的第三本著作《澳大利亚和澳大利亚人》一书，又在美国出版问世。

田伯烈在抗战中的中国享有盛誉。1939 年 3 月，他从伦敦来重庆述职，"勾留匝月"，蒋介石、张群、孔祥熙、孙科、王宠惠、张嘉璇、徐谟、白崇禧、陈立夫、翁文灏、秦景阳、蒋廷黻、吴铁城、卢作孚、陈光甫、罗家伦、曾养甫、吴国桢、何廉，以及老相识冯玉祥均接见了他，并与他交谈；蒋介石还与他进行了密谈，希望利用他的影响，与英法两国领导人进行军事上的合作。

奉命赴美考察

田伯烈身为国际宣传处欧美宣传网负责人，1941 年春，奉命去美国考察。他由西部到东部，在华盛顿拜晤了美国远东司司长霍恩贝克，专访中国驻美国大使馆，不巧胡适因病住院。在西部，他目睹了从加拿大到美国的华侨抵制美舰运日物资的行为，甚为感动。他也听到了部分华侨对胡大使的非议。这些给了他很大感触，于是他着手撰写访美考察报告。我有幸看到了田伯烈这份用英文打字机完成、由国际宣传处译成中文后递呈蒋介石的报告底稿。

田伯烈在报告中坦诚地说："目前中国驻华盛顿大使馆仍有若干纷扰，其原因不外两端。一、因有人说胡大使曾发表'败北主义'之演词。二、因胡氏随时皆在卧病之中。关于第一点，予认为并不重要。予过去曾与胡氏几度谈话，确知彼并非所谓败北主义者，但彼并非一干练之外交家，故彼吐词或每有率直之处，将若干华侨认为不应该公开之事轻易说出。然就予个人在美国各处演讲及与各方面联系之经验而言，吾人纵然承认中国现有种种之困难及阻碍，亦不致会发生何种害处。且吾人承认种种困难及阻碍之后，提出其他可以乐观之原因，反足以使听者信我之真诚。"

田伯烈之言是正确的，也是有根据的。1938 年 12 月 4 日，胡大使在美演说时，激昂地呼吁："中国必须继续作战"，受到华侨的拥护。由于过度激动，讲毕即发心脏病，是为第一次发病，次日即住进

Dr. Stanley Hornbeck

田伯烈致国民党中央宣传部关于胡适大使问题的报告，图为国际宣传处的中译底稿

医院。谁知这一住就是 77 天，直到 1939 年 2 月 2 日始出院。美国驻华大使纳乐逊（Trusler Johnson Nelson，1887—1954）回国述职，惊悉他的异国同僚患病，便在中国驻纽约总领事于焌吉的陪同下到医院看望胡适。

胡适住院时，1 月 27 日，外交部曾去电质问胡适，在华盛顿曾否说过"粤、汉沦陷，中国政府态度发生动摇？"胡适复电曰，此系"妄传"，说他"能自己量度，望政府放心"。

要问当时有没有与田伯烈的报告更相近些的反映？回答是肯定的。1940 年 8 月 8 日，外交部长王世杰曾给胡适写了一封推心置腹的信，他说："兄自抵华使署后，所谓进退问题，便几无日不在传说着，有的传说出于公敌，有的传说则出于小人，有的传说也不是完全无根。同时与这些公敌或小人对抗的也不少，譬如最近返国的陈光甫就是一个。我不相信兄是头等外交人才，我也不相信美国外交政策是容易被他国外交所能转移的，但是我相信，美国外交政策几可以设法转移的，让兄去做则较任何人为有效"。此话对胡适持肯定态度。

田伯烈对胡适大使的疾病和对大使馆馆务的关心，反映出对我中华的爱心。比如田伯烈在上文所提报告中说："予认为彼此之病势实甚为严重，彼对于自身病状之危险尚未深知。但有人告予，若彼在最初未立即加以注意，恐早已一瞑不视矣。"接着又大胆地说："中国大使馆因胡氏之病，对于馆务之进行，现已并无效率可言，……大使馆中似已无人愿负责，且无人能负责矣。"虽嫌夸张，但不完全是假话，况且出于善意，故可听之。

田伯烈接着献策，说："予特建议，由端纳顾问电太平洋关系学会秘书吾加特尔，嘱彼向诊治胡氏之美国医生取一关于胡氏病状之秘密报告，研究彼之精力是否足以担负今后数月之繁巨工作，如报告之情形甚坏，则可由政府提出一特别干练之人员，先征求胡氏之同意，然后派充大使馆之额外参赞。"又建议中国政府应新派"具有主持馆务之能力，现任大使馆参赞，虽亦颇具有能力，但欲其长时间负全馆之责，恐尚不逮"。他认为待到理想的强人接手后，胡大使"即可安心养病"了。

在报告的末端，田伯烈特别表白心迹，他说："一般之意见皆属如此，因非予一人之私见也。"

与田伯烈上述观点和建议所见略同的人，也是随手可寻得的。1940 年 8 月 14 日，傅斯年致胡适一信，既具体又明确，既有义又富情，也可谓一针见血，然其深度广度又在田伯烈之上。傅斯年说："馆中职员班子始终未曾组织好，凡事自办，故效率难说。"胡适自初任以来，一直遭到孔祥熙之反对，因此他奉劝胡适"既为国家办事，不妨稍有损焉"，意即吃点亏照顾大局算了。傅斯年又说胡适在美国"只拉拢与中国既已同情者，而不与反对党接洽"，再告诉胡适："此间（指重庆）友人大有议论，是近日高贼宗武夫妇常驻大使馆，先生岂可复以为人类耶？"警诫胡适不要被汉奸污累。关于胡适个人之事，傅斯年不遗余力地转告，众议胡适"只好个人名誉事，到处领学位"，指出此虽是身不由己之事，然还是劝他"此等事亦可稍省精力，然后在大事上精力充足也"。更是竹筒倒豆子，又提及"馆中纪律亦缺欠，先生看到人家打牌，自己也加入，此事似值得考虑"等。真是一番肺腑之言。

胡大使患有心脏病时常住院，大使馆群龙无首，影响了正常业务的进展；更由于胡大使确非一位干练之外交官，加上知识分子弱点的暴露，以致馆内滋生不正之风，皆是客观事实；再者，一百多次演说，难保不会挂一漏万，便被"公敌"和"小人"所利用。胡大使对田伯烈、王世杰、傅斯年等诤友所提之事，该负责任的自不可推卸，但瑕不掩瑜，胡适心中总是装着国家前途民族命运和当前抗日大业，所以他一直带病坚持工作，这也是应该受到敬重和赞扬的。

胡适担任驻美大使是否是角色错位问题，回答是否定的。田伯烈在美曾"与主持国务院远东政策之洪贝克谈话，予觉彼等对胡氏之尊重及信任，皆甚为明显"，针对来自内部的非议，田伯烈公正地指出："若无充分之原因，遽将彼撤换，恐将引起华盛顿方面之不良印象。"但是一向抱持"超然地位"，一向爱做"自由分子"的胡适，还是觉得"封金挂印"而去为上策。1942 年 5 月 17 日，胡适在致王世杰、翁文灏的信中，表示要辞去大使职务。9 月 11 日，按沈锜说胡适终被免职了，是出于"蒋公对美国的失望和无奈"。随后国民政府任命对美国不甚了解的魏道明（1901—1978）为驻美大使，同时聘任胡适为行政院高等顾问，但遭到胡适的拒绝。

结　语

田伯烈在结束了美国考察后，即去重庆向国际宣传处例行报告了他的美国之旅。就在胡适免职的前两个月——1942 年 7 月，田伯烈被调任国际宣传处驻澳大利亚墨尔本办事处主任。次年，国民政府改任国人充当驻外宣传机构负责人，田伯烈乃被免职，从而结束了他在华服务五年的使命而返回伦敦，从此再也没来过中国。1954 年，田伯烈谢世于英国，年 56 岁。

胡适——澳大利亚和新西兰的良友

　　胡适平生出国 6 次，到达世界 8 个国家——美国、英国、法国、德国、俄国、加拿大、日本和菲律宾。可惜未到过澳大利亚和新西兰。但这不等于胡适不了解澳大利亚，不等于他未与澳大利亚有过联系与接触，更不意味着他对澳大利亚就不向往。相反，胡适在日记、演讲稿、书信、文章和谈话中，都明白无误地显示出遥念并心仪着澳大利亚和新西兰；特别关注抗日战争时期，几位在中国任职的澳大利亚籍要角儿，包括一些知情人、同情者和境外邂逅的学者、艺术家的命运。再从澳大利亚方面看，胡适在澳大利亚政府和政治家、学者心中也是享有盛誉的，尤其是晚年，知名度愈来愈高，作为良友，胡适荣幸地成了澳大利亚联邦政府诚恳邀请讲学之贵宾。

胡适了解澳大利亚

　　日本侵略者发动战争之后，不仅中国是最大的、直接的受害者，就连远在南太平洋的澳大利亚也受到威胁。为了揭穿日本侵略行径，对亚洲、对南太平洋，以及对世界的严重危害，同时争取美英等强国的同情和支持，中国政府特派胡适充任国民外交使节，前往欧美各国访问并游说。在这期间，胡适把中国抗日的命运与澳大利亚的抗日举措联系在一起。胡适确信，澳大利亚和新西兰是中国的抗日盟友。

胡适对澳大利亚的历史、政治制度、地域、人口、城市分布等状况，了解得很准确。1935年1月，胡适生平第一次应邀去香港大学接受法学博士荣誉学位时，在英国朋友陪同下登上山顶，目睹香港万家灯火的迷人景象，他相信了一位曾到过澳大利亚悉尼的朋友的话，香港的诱人夜景可与壮丽的悉尼夜景媲美！1937年，他在美国演讲时，便说澳大利亚和新西兰都是"英国在各地所建立的新国家"，并誉澳大利亚是"人间乐土"及"和平乐园"。

胡适对澳大利亚与新西兰的政治制度颇有好感，特别对其选举制度情有独钟。1937年，他曾说："澳洲和纽西兰也是两个了不得的民主发祥地，无记名的秘密投票，说是从澳洲开始的，世界各国公认的妇女参政与劳工参政，最早也是由澳大利亚和纽西兰开始的，然后才遍布于世界。"1958年，恰逢他所心仪的这个选举制度百周年，胡适在2月12日再度赞美"澳大利亚式选票，1956年开始在南澳大利亚实行，几十年内，遂推行于许多国家"。不过，此次却不客气地指出："但澳大利亚式选票，也有作弊的法子，例如'废票'之类，记此，以见前年（1956）是澳大利亚式选票的100年！"胡适奉澳大利亚民主选举为经典，但也指出这种制度仍是有懈可击的，这是胡适的一贯作风！胡适一度对"澳大利亚和纽西兰都是工党当国，都倾向于社会主义的经济方法"似乎褒贬不清，然而也未做深刻的点评。

与澳大利亚官方的接触与交往

1934年4月25日至5月5日，澳大利亚副总理兼外交部部长约翰·蓝山（Sir John Latham，1890—1962），对中国进行了友好访问，这是澳大利亚在中国并无一名外交代表的特殊情况下进行访问的。意

约翰·蓝山

义不菲！蓝山在华访问期间，从中央到地方，受到了隆重而热烈的欢迎，其中包括中国著名学者胡适。

1934 年 5 月 3 日，蓝山一行抵达北平，当晚 7 时，英国驻华大使贾德干（Sir Cadogan，1884—1968）在大使馆举行欢迎茶会。胡适应邀出席，他当日在日记中记道："晚上到英国使馆，参与欢迎澳洲副相的宴会。蓝山说他曾在墨尔本大学做过二十年的教授，教过哲学，后改法律。他是那地的名律师。"

1940 年 10 月 24 日，时任中国驻美大使的胡适，应邀出席在纽约召开的"第二次为自由斗争"座谈会，有幸与澳大利亚驻美大使加塞（Casey）相识并交谈。加塞大使还倾听了中国大使旨在抗日的对全美广播的"挽救中国的民主"精彩演说。之后，加塞大使不断将胡适所作有关澳大利亚方面的演说传回本国。12 月 22 日，胡适邀请美国克罗泽尔将军夫妇，霍恩贝克博士，同时邀请老朋友澳大利亚加塞大使伉俪出席宴会，主宾叙旧甚欢。

1949 年初，内战胜负已见分晓，国民党败局已定。国民政府外交部通知各国驻华大使馆撤往广州，以备赴台。这时，澳大利亚驻华

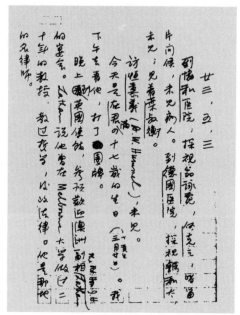

《胡适日记》记录参加
欢迎蓝山宴会

大使欧辅时（Kelth Office，又译奥菲瑟）正处于犹豫之中。是时胡适正在南京，他于 1 月 7 日，主动 "访 Australia Ambassador（澳大利亚大使）"。为何目的而去？结果如何？日记中未见记载。但他写道，是日中午 "12：30 张治中先生午饭，我谈及平津问题应有急救办法"，如此一来，胡适与澳大利亚大使的话题应离不开时局范围，并与摸索一下澳大利亚未来的动向有关。18 天后，胡适即将离开南京去上海，1 月 25 日，在日记中又写道："Dinner（晚餐），8——Australia Ambassador（澳大利亚大使）（五台山十二号）。"胡适第二次匆匆赴南京五台山 12 号的澳大利亚驻华大使馆造访驻华大使，主宾谈了什么？胡适在日记中并未提及，其中的玄机，至今仍是一个谜。不过这与第一次走访交流的主题，应该不会有什么差别。实际上，胡适说他当日："搭夜车回上海，在车站站台上等了四点多钟，始得上车。"从此，胡适与南京永别了！

关注"白澳政策的毒素"

抗战胜利后，胡适对澳大利亚政府继续推行"白澳至上"政策所采取的措施，也许并不十分了解。然而事件既已出现，也就自然引起了胡适的深切关注，特别是胡适早被澳大利亚政府看中，欲邀请他去澳大利亚讲学。

1947年9月6日，天津《大公报》发表了一篇名曰"白澳政策的毒素——人类和平之一威胁"的社论，批评澳大利亚这项政策对我在澳华人及待入境的中国人的危害。社论首先回顾了华人入境的事实，它指出："华人入澳，远在1851年。首批3000人是由厦门去的。不到4年，排华的举动便开始了。在1859年仅淘金业便有42000（名）华人。到1901年，白人澳洲建立。而澳洲全洲性的移民律颁布后，华侨数目到1921年便减到不及一半。移民律最巧妙的是不许带女眷（欧籍妻子格外通融）。所以在15000（名）华侨中，女子约200人。英籍的华人，只要面孔是黄色的，也难入境。30年前在凡尔赛会议席上，日本代表曾提出民族平等案，坚持反对的是澳洲代表。在当前的联合国里，澳代表向来是最热心主持正义的，尤其代表小国向大国争起平等来，其抱负之崇高，发言之滔滔，真是令人起敬。但澳代表在旧金山会议更大的成功，是阻止了安全理事会过问'白人澳洲政策'。"

"二战"时，澳大利亚若干学者如悉尼大学的邓肯（W.G.K. Duncan）教授和泰勒（Griffith Taylor）教授，曾著文粉饰澳大利亚的种族政策，说澳大利亚资源并不富裕，又说澳大利亚空地并不如外间想象之多。他们的论据是澳土三分之二在热带。换言之，白人不惯开发热带，所以宁可把饭白撂在那里，也不能分给肤色不同的人吃。

"澳洲人一向喜欢说,他们的排亚并不是出于种族成见,而是为保持白人的生活水平,生怕亚洲的廉价劳工一到,澳洲的好日子就过不长了。姑不论这个理论的勉强,问题是,在人类息息相关的今日,一个国家孤缘独立,以人工手段维持一个沙漠绿洲般的生活水平吗?如果这次战争产生了一个模糊而积极的政治哲学,那是由罗斯福、韦尔斯以至华莱士的'天下一家',其经济意义不外是'有饭大家吃';身为联合国最活跃之一员的澳洲,其行动表现却是不折不扣的'有饭同色人吃'。

"我们不是为了中国过剩人口被拒而责备澳洲。一旦中国走上建设之路,百事待举,中国不应该有过剩人口去累赘人家。但加拿大已经继澳洲而'选择入境人种'了。为了人类永久的和平,我们无法不大声控诉。

"澳大利亚有三百万方哩的面积,大小相当于美洲,而人口(七百二十万)犹少于伦敦一城。然而一世纪来,他们厉行'白人澳洲'政策,一面四下广招白种移民,一面对有色移民死力拒斥。中国人民虽始终对任何黄色十字军不发生兴趣,但抗战期间,盟国间这个种族矛盾却是隐约存在着,到旧金山会议讨论到托治问题时,才透体暴露出来。上届战争使世界进步了几许呢?且听最近澳洲移民部长克勒韦(Arthur Calwell)氏的声明。他说,澳洲立即征求一百万名美国退伍军人,津贴川资,发给住房,并有四万六千个现成职业在等候,但同时声明,美国黑种退伍军人概无资格。好奇的美国记者问其所以,克氏解释说,是怕为亚洲人开方便之门。这声明使我们读了不禁替那些死在战场上的千万英魂叫冤,我们肯定地指陈,如果这份感觉、这种表现没有变动,则不但上届战争是白打了,而人类战事也还难避免。因为正如水平线在政治警觉日渐增高的今日,这种老牌的白人架子是不会永远搭下去的了。"

胡适熟读了这篇引经据典、既犀利又尖锐、既富讽刺而又使人易于消受的社论之后，已感同身受，因而便把这份得之不易的宝贵数据，收置于自己的著作之中，并亲笔在社论旁写下："大公报（卅六，九月六日），因为澳洲朋友希望我去澳洲一行，故剪存此文。"当作备忘录，这是有一定道理的。再者，这对他往后是否要去澳大利亚讲学，应该还是有一定的影响的。至少眼前让胡适对"白澳至上"政策所溢出的"毒素"多少有些了解吧！

信赖端纳　关心莫理循

胡适对清末民初在中国服务的澳大利亚友人中，最信赖并怀敬意的莫过于端纳了。

端纳（William Henry Donald，1875—1946），1903年由澳大利亚来到香港。之后在中国服务40年，先后投奔张人骏、孙中山、张作霖、张学良，最后是蒋介石，充当中国政府首脑、政要的私人顾问和朋友，还结识了著名学者胡适这位好友。

1931年4月8日，中英庚款董事会在南京经济部召开第一次会议，胡适与端纳同席。胡适等推举贺莱为副董事长，推举端纳为秘书，会计为曾镕甫。

1934年2月11日，胡适日记写道："张汉卿手下的人，王卓然、王子文、王化一皆可算是正派的人。唐纳德（即端纳）护持他最多，余人多是'陪他玩而已'。"

1936年12月，"西安事变"爆发了，全国一片哗然。此时，刚从美国回国的胡适，也随大流地投入了对张学良的文字讨伐，12月20日，胡适在上海《大公报》的"星期论文"上发表了《张学良的叛国》长文，主张进兵西安"平乱"，营救蒋介石。胡适平时给人温文尔雅的印象，此刻却变得如此坚决与强势，倒是给人三分惊讶！但胡适不丢本性，立即想到端纳是护持张学良最多的谋士，觉得端纳是一位可以左右张学良的关键人物。事实上，端纳奉宋美龄之命已奔赴西安了，带去宋美龄给夫君蒋介石的慰问信。事后，胡适著文说："我们在此刻所能确信的消息，是端纳先生曾飞到西安，亲见蒋先生平安无恙，我们预祝他平安出险，我们深信平安出险是毫无问题的。"字里行间充溢着对老友端纳的信赖和称赞。"西安事变"结束后，张学良负荆请罪，亲陪蒋介石到南京，旋被扣押；端纳这位澳大利亚客卿于1946年病故于上海。二人未曾再见面。于是胡适在日记和文章中，给后人留下的雪泥鸿爪，是十分宝贵的。

莫理循（George Ernest Morrison），1862年出生于澳大利亚维多利亚州吉隆市。1894年，初抵中国旅游，出版《一个澳大利亚人在中国》。1897年，在北京担任英国《泰晤士报》驻华记者。1912年，受聘为袁世凯的政治顾问。彼在华二十载，利用当记者时所得工资和做总统顾问所获丰厚待遇，筹办一座亚洲图书馆（又称"莫理循文库"），该馆藏书五万余册。后因要去英国治病，不得已将图书出售，惜中国无人问津，结果被日本人以35000英镑买去。日人善待这批图书，便在"莫理循文库"基础上扩建成"东洋文库"。1953年1月20日，胡适去日本东京考察，在日记中写道："又去看东洋文库，即是以Morrison's Library为基础，建立起来的东亚书库。没有受损失。"胡适何尝不为"莫理循文库"未能留在中国而难过，他一定要去日本看一看，目睹"莫理循文库"一切安好，也感到宽慰。

与澳大利亚学者、艺术家的友谊

胡适的一生广结善缘，四海喜结异乡情，天涯邂逅多朋友，其中

1917 年 8 月 29 日，莫理循（前中）将他的亚洲图书馆藏书卖给日本，图为与买主在馆内留影

Tuesday, January 20, 1953
20th day—345 days follow

上午见客。

下午去看国会图书馆（National Diet Library），馆长金森氏（Tokujiro Kanamori）带那去参观。馆中现有三十万册书。

又去看 东洋文库，即是 M. Morrison's Library 为基础，建立起来的东亚书库。没有受损失。

又去王川，看静喜堂文库，即是以岩崎氏的"皕宋楼"藏书作基础，建立起来的中国珍本书的本库。也没有受损失。馆长诸桥氏，极老了，双目近于失明，还殷勤款待。

晚上赴改造社晚餐谈话，社长名Hara，其内有名上原博士（Uehara）。谈的是世界文化问题。

1953 年 1 月 20 日，胡适赴日本时参观了"莫理循文库"，
在日记中说"没有受损失"

也包括偶遇的澳大利亚友人。

早在 1921 年 9 月 17 日，胡适在日记中说，他在赴京"火车中遇着一个澳洲来的艺术家，名 Hardy Wilson（哈迪·威尔逊），我们在车中谈得很相投。他到京后，请我今夜吃饭，我去了，谈得颇有趣。此人有点傻气，他很好玩"。

1922 年 10 月 9 日，胡适在由南京北上的津浦列车途中，再"遇澳洲人 John A.Brailford（布雷斯福德）；他在京时曾来看我，又搜求我的英文著作，将作文在 Stedd's Review（Melbourne）(《斯特德评论》墨尔本）上发表"。

胡适年轻时，喜欢打网球、打台球。1926 年 8 月 15 日，胡适在英国，饶有兴味地欣赏英国与澳大利亚板球的决赛。当时观众有15000 人，胡适即其中之一。

向墨尔本致电

胡适一生在海外几十年，至于他有哪些澳大利亚和新西兰本土朋友，著作中鲜有道及。但胡适曾拜托一位未署名的澳大利亚朋友办事。胡适为了率团出席 1937 年 8 月在日本东京举行的"世界教育会议"，于 5 月 19 日，曾给墨尔本的一位朋友发了一份电报，这份电报收在他的日记中，全文抄录如下：Aceres，Melbourne：Planned trip upset by government insistence heading delegation to Tokyo World Education Conference August. Beg you release me 1937.Hushi。译文是："墨尔本：计划好的旅行打乱了，政府坚持［我］率代表团去东京参加八月份的世界教育大会，遗憾地请求你宽免。胡适 1937。"

1937 年 6 月 17 日，胡适给北京的英国通济隆商号打电话问询，终得到墨尔本方面的回话，说届时将有两艘轮船——"柯立芝总统号"和"俄国女皇号"从墨尔本出发，经香港过上海到日本东京，胡适很高兴"有船甚便"了。这是今日所能见到的胡适与墨尔本的唯一关联，弥足珍贵。

1938 年 2 月 8 日，胡适在美国西雅图旅馆，邀请美国马丁教授、德国麦森·冯·布莱汉教授和澳大利亚林登·V.曼教授同用早餐。饭后同乘汽车到华盛顿教育学院。胡适应邀演讲了一小时，美国和澳大利亚教授称赞不已。演讲毕，校长菲希尔邀请诸位教授吃午饭，饭后同归西雅图，一路上谈论甚相投。为酬陪同之盛情，临别时，胡适将自己的照片分赠澳大利亚林登教授等留作纪念。

澳大利亚政府邀请胡适讲学

1959 年 4 月，澳大利亚邀请胡适赴澳大利亚讲学。此时胡适正

卧病医院，黄少谷（1901—1996）亲往，希望胡适病愈后便前往澳大
利亚。黄少谷虽未给胡适下达时间表，但语气却很肯定。面对澳大利
亚政府的这番美意，胡适非常感谢，也感到十分为难，因为自己年届
古稀，病又重，且对黄少谷的"命令式"颇为反感。他觉得"每次经
过日本，日本邀请演讲我都没答应，朝鲜也没有答应，而且澳洲附近
的纽西兰那边也有许多朋友，如果在澳洲演讲，那么纽西兰、日本、
朝鲜这三个地方就没有理由不答应了"。为了平衡，不得罪任何一国，
胡适对澳大利亚只好拒绝，却做出了一个令人捉摸不透的"还在考虑
之中"的答复，有关部门也只好"等因奉此"回复了澳大利亚。

　　1959 年 5 月 5 日，董作宾与贺光中来胡适家，胡适留他们便饭，
席间，曾到过澳大利亚的贺光中与胡适说起澳大利亚政府想邀请胡适
去讲学的事，胡适仍然未置可否。

　　胡适原以为施了一个缓兵计，去澳大利亚讲学之事便可不了了
之。谁知八个月后，张平群奉黄少谷之命，给胡适一个电话，催问胡
适次年（1960）能否去讲学？胡适这下没有了退路，只好照实回电：
"我想跑，但在二、三月里正是国民大会开会期间，跑不了，不好意
思。明年六月，西雅图有个 Congress 大会，我必须去，我老了——
有点怕——我必须事先准备三四个演讲稿。"胡适请张平群"把这个
意思报告黄少谷"。

　　胡适丢下电话后，便对秘书胡颂平说了掏心窝子的话："如果要
我去，人家以为把我送走，怕我乱讲话，这很不利，也不好；我已跑
了（指自行决定去澳大利亚）也不好，真是两难。"由于主客观因素
的干扰，胡适失去了或说故意放弃了去澳大利亚讲学的机会，而澳大
利亚政府也只好抱憾了！

　　1959 年 7 月初，胡适去夏威夷大学，接受他一生中 35 个荣誉学位
中的最后一个文学博士学位。1960 年 12 月初，作为"中研院"院长，

他抱病去了美国西雅图，出席了他认为非去不可的"Congress"——在华盛顿大学举办的学术合作会议。这之后，赴澳讲学之事再也没有提上日程，可谓不了了之。

晚年垂念新西兰劳工党政府总理

胡适对大洋洲的另一英国前属地新西兰抱有与澳大利亚相同的心仪之态。早在1912年10月，胡适在美国康奈尔大学文学院读书时，便"与新西兰人A.Mc-Taggart君为友，同出散步，日朗气清，天无纤云，真佳日也"。1938年3月，胡适在美国西雅图时，曾接待慕名前来的新西兰斯特拉夫妇，并与之交谈。8月，胡适在法国巴黎卡塞姆饭店吃茶时，见到新西兰菲希尔教授并与之交谈。

1960年12月7日，他接到一封来自新西兰的一位曾见过面的年长者朋友的飞鸿，写信人是快下台的新西兰政府总理纳苏（N.Nash）。

胡适未去过新西兰，他接到纳苏的来信，喜出望外，但读信后，颇多感慨，对秘书胡颂平说："纳苏近年七十八岁了。最近的纽西兰选举，他的劳工党失败了。他也快下来了。我在三十年前就知道纳苏是未来劳工党领袖。这个人样子很难看，很粗，但替纽西兰做了不少的事。在劳工党执政二十年中，每个孩子出生后，孩子的母亲可得到每月三元五角的补贴，年龄大了，还有增加，一直补助到（孩子）十六岁为止。如果读书的孩子，可以补助到十八岁。纽西兰码头工人的薪水比大学教授都高。美国也是如此。"胡适在70岁的时候，称赞新西兰劳工党执政后推行的社会福利政策，给民众带来的实惠，反映出他晚年对外国福利政策的关注。

胡适为马仕俊之死而悲伤

胡适尝言自己不懂自然科学，却以拥有杰出的科学家朋友和学生为荣。他常挂在嘴边或留在日记中的驰名中外的科学家，便有张文裕、吴大猷、马仕俊、吴健雄、袁家骝、杨振宁和李政道等。他对这些科学家的科学研究，不仅情有独钟，而且寄予厚望。当然，他们在海内外的生命安危，也是时刻放在胡适心上。

马仕俊（1913—1962），祖籍四川会理县。生于北京。1935年，毕业于北京大学物理系。1937年，以优异的成绩考取了公费留学英国。1941年，获剑桥大学博士学位。抗战期间先后在北京大学、昆明西南联合大学任教。1946年起到1953年止，先后在美国普林斯顿高级研究院、美国芝加哥大学核物理研究所，在爱尔兰都柏林高等学术研究院，又在加拿大渥太华国家研究院从事核物理研究工作。1953年至1962年，应邀从美国去澳大利亚，在悉尼大学理论物理系从事长达九年的研究和教学工作，主攻方向是介子理论和量子电动力学方面的研究。他还以渊博的学识和认真严谨的学风，勤恳执教，为世界培养了许多杰出的物理学家，是世界公认的理论物理学权威之一。

1962年2月4日，这一天正是中国的农历除夕，胡适看到报纸上报道，美联社悉尼3日电讯，题目曰"原子专家马仕俊突在悉尼死去——尸体在屋顶上发现"。报道说："49岁的原子科学家马仕俊博士，昨天被发现死在悉尼大学的一幢建筑物的屋顶上。他是悉尼大学的物理学高级教授。警方报道说，警察在尸体附近发现一只塑料袋、一个哥罗芬（麻醉药）瓶及一本记事簿。 马博士，1937年毕业于北京大学，后来在剑桥研究四年，他在1953年加入悉尼原子研究工作之后，曾在都柏林、芝加哥和渥太华任职。他被认为是近代物理学理论权威之一。"胡适见报载马仕俊在澳大利亚悉尼自尽的噩耗，既觉困惑，又感悲痛！亦对这一突如其来的意外十分震惊！他在日记上写道："今早见这个坏消息，很不舒服。我打电话请美联社打听详细情形，今天没有回话来。"2月5日，是"旧历壬寅元旦，来拜年的朋友很多，有八九十人。我见着的很少，多数人知道我尚未完全复原，只留名片或签名而去"。当客人散尽，胡适便立刻给在美国的吴大猷写信，将"剪报上的马仕俊死耗给他看"。吴大猷当时奉胡适之命，在美国主持延聘物理学人才，以便集中到北京大学建立一个现代物理学中心。吴健雄、张文裕、胡宁和马仕俊都在胡适的计划之中。

胡适为了实现他的这个宏伟蓝图，并从"以为国家将来国防工业之用"的高度着想，同时开出当时在国外的"中国专治这种最新学问的人才""钱三强、何泽慧女士、胡宁、张文裕、张宗燧、吴大猷、马仕俊、袁家骝"八位杰出科学家名单。胡适亲自向白崇禧和陈诚致函，请他俩从科学研究经费中指拨美金五十万作为筹备经费，并保证可在四五年内做出令人满意的成绩来。可见胡适的雄心壮志和良苦用心！但是他心中的年轻的科学家马仕俊却突然自尽而亡，这怎不令他惋惜又悲伤！

马仕俊在悉尼大学草草地结束了本可继续辉煌的生命，终寿才49岁。实在可惜！只知挚友丁文江之死，令胡适大有与之同去的悲痛；未料马仕俊之自尽，亦令胡适心中哀伤不已，且是胡适临终前犹抱疑团而去的唯一一人。马仕俊辞世后不足一月，胡适也驾鹤西去。殊堪叹惜！

胡适与柳存仁

柳存仁其人其事

柳存仁（1917—2009），又名柳雨生，笔名杨保义、公权等。祖籍山东临清，生于北京。1935 年考入北京大学国文系，受教于胡适、钱穆、郑奠、罗常培、郑天挺和孙楷第。1939 年获北京大学文学士学位。其间，他向上海各报及《宇宙风》等刊物投稿，不久便成为上海滩上一位颇有名气的年轻作家。接着创办了《风雨谈》月刊，更是轰动了上海滩。抗战胜利后，他一面在香港皇仁书院和罗富国师范学院教授中文，一面潜心于学术研究。1957 年，获英国伦敦大学哲学博士学位。1962 年移居堪培拉，即被澳大利亚国立大学聘为中文系主任和教授。1966 年，又担任亚洲学院院长，全程长达 20 余年，直至 1983 年退休。他对建立和发展澳大利亚的中文教学与汉学研究，居功至伟。特别引世人注目的是，他看完由胡适推荐到香港大学任教的许地山教授珍藏的 1120 册《道藏》后，写成 50 册《阅道藏记》笔记，成为澳大利亚首屈一指的《道藏》学者。1969 年，再获伦敦大学文学博士学位。1972 年，获韩国岭南大学荣誉文学博士学位。1988 年，获香港大学荣誉文学博士学位。1989 年获墨尔本大学荣誉文学博士学位。1996 年，获澳大利亚国立大学

柳存仁博士和夫人

荣誉博士学位。对从事中国传统文化研究的澳籍华裔学人来说，实属罕见！他又被选为澳大利亚人文科学院首届院士和英国及北爱尔兰皇家亚洲学会会员。

柳存仁声望远扬，曾被美国哥伦比亚大学、夏威夷大学、哈佛燕京学社，法国巴黎第八大学，日本早稻田大学，新加坡大学，马来亚大学和香港中文大学聘为访问教授和访问研究员，享誉全球！

鉴于柳存仁已是一位斐声国际的汉学家，对澳大利亚乃至世界做出了卓越的贡献，1992 年，澳大利亚联邦政府特授予柳存仁 Order of Australia 勋章和勋衔的殊荣。1998 年 5 月，北京大学百年校庆，作为资深校友，柳存仁受邀回母校参加庆典，并在以前校长名义举办的"汤用彤学术讲座"上演讲，他称赞了前校长胡适和汤用彤诲人不倦的精神！

柳存仁从 20 世纪 70 年代起，在中国大陆和台湾出版了五部有关道教方面的专著，在其中的"孔子""老子""庄子"篇章，深入浅出地对道家与道术进行了精辟的剖析，应该说这与继承胡适的治学思维有关。柳存仁在他的《道家与道术》和《外国的月亮》大作中，除称赞胡适的人品外，还多次提及胡适与他的业师钱穆教授等在"老子"等问题的学术争论，颇有史料价值。

心仪胡适老师

1935年，柳存仁（18岁）考入北京大学国文系。那时胡适是北京大学文学院院长兼中国文学系主任、教授（45岁），二人相差27岁。从年龄上说，胡适是长辈，二人是师生关系。不过，柳存仁投奔的是王国维、梁启超和钱穆等国学大师，其授业老师是钱穆（1895—1990，字宾四，江苏无锡人）。他也听过胡适主讲的《中国文学史纲要》，与胡适是一种非真传弟子的师生关系。但胡适却是柳存仁始终心仪的导师，因为柳存仁一生熟读胡适的书，他著作中常引用胡适的论断，由此衍生出对胡适的仰慕和敬意。

我阅《胡适遗稿及秘藏书信》，喜见内中有柳存仁致胡适四封亲笔信笺（惜无信封）。这对认知胡适与柳存仁的"师生关系"，无疑是一份新的资料。

柳存仁致胡适的信中，有两封是用北京大学的信笺，墨笔竖写，有标点符号，楷字端正，注重格式，逢"先生""吾师""您""赐寄""示知"均空一格，以示尊重，自称"学生"或"生"，且字体小于正文，以示卑恭。

兹将四封信的全文抄录如下，以飨读者。第一封曰：

适之先生：

暑假前听先生《中国文学史纲要》课，言及封神传著者问题，曾说大概是扬州陆长庚作。后读独立评论，见先生与张政烺先生

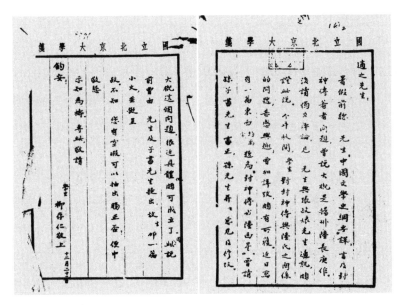

柳存仁致胡适信函之一

通讯，颇证此说。今年秋间，学生对封神传与陆氏之关系的问题，甚感兴趣，曾加详考，颇有所获。近日写有一篇东西，万余字，题为《封神传与陆西星》。曾请孙子书先生审正，孙先生并加意见及修改。大概这个问题，很近具体，颇可成立了。因此说前曾由先生及子书先生提出，故生那一篇小文，并拟呈政，不知您有空暇可以抽出赐正否？便中敬恳示知为祷。专此。敬请

钧安！

学生柳存仁敬上

十二月二十二日

第二封信全文如下：

适之吾师：

久疏问候，时常想念。生前作陆西星作封神传考证，曾蒙在北

大文史周刊发表者，近又得一条证据：封神演义中有摘星楼，有黄飞虎夫人贾氏坠楼于其下。《嘉庆一统志·扬州府志》：古迹有摘星楼，在府城西北隅。《旧志》：贾似道筑宝祐城，在甘泉县西北四里。《方舆纪要》云：宋宝祐四年，敕贾似道筑。建楼于上。摘星楼即其处也。陆西星是扬州兴化人。兴化距甘泉即宝祐城不远，疑封神作者是扬州人，又得一证。不知吾师以为可采否？盼政事鞅掌之暇，□□够赐函指教。生自离北平后，即来沪，因舍下向住沪。生亦在光华大学借读，教授有张歆海、蒋竹庄、吕诚之诸先生，今夏即算卒业。罗莘田先生带有函来，郑毅生先生去冬过沪，亦劝作滇游，当时因踌躇未果。郑石君先生仍在诸暨枫桥转阮家埠，此即其详址。生近在沪《大美报》上编一《文史周刊》，曾挂号寄呈二期南北诸师友均曾函请惠稿。内容仿昔日《读书周刊·文史周刊》，题眉即用前"文史周刊"，吾师所写者放大，想能获赐诺。北大在昆明亦假《益世报》编《读书》双周刊，但生尚未得见内容。卫聚贤先生近在沪办一《说文月刊》。章氏国学会亦移沪，出版《制言月刊》，并创太炎文学院。去年在沪报上曾读大作短诗，用藏晖室主名寄苦雨斋者。未审近日政暇尚有何讽泳（咏）否？倘荷赐寄，以光篇幅，不胜忭幸！谨当公之报端，亦可沟通"孤岛"与外界之文讯也。匆匆。敬请
钧安！

学生柳存仁拜上
三月廿四日

柳存仁致胡适的第三封信，是用普通白纸写的。兹全录如下：

适之先生：

久疏函候，想念殊深。去岁曾寄上拙编上海《大美报》《大美晚

报》"文史周刊"，谅达左右。学生现仍在上海光华大学及太炎文学院史学系任教，每周授课九小时。北大同学留沪而时往还者，近有叶玉华君（尝与罗膺中先生撰《唐人打令考》），现任江苏教厅编审也。又郑石君先生近将由浙返滇，安置家属居沪，学生已代觅妥房屋，闻郑先生不日即将抵沪矣。钱宾四先生亦将由苏州来沪。生近日研究工作，封神传小说作者已告一小段落。近日获得明万历本《宗子相集》，内有子相致陆西星诗文若干篇，有一首称寄五岳三山人；而小说中陆迷人作歌，则又有"五岳三山任我游"之句。此考证一。《一统志》有摘星楼在扬州附近，贾似道所建。而小说中黄飞虎夫人贾氏死于摘星楼。陆西星扬州兴化人，自然熟悉本地风光。此考证二。又光华学生（兴化人）供给该地陆西星之传说不少，颇与小说相合（闻尚有当地出版之道书可证）。生也又重写一文，刊拙作《西星集》（散文，宇宙风社出版），容印好即寄请审正也。又北大四十周年纪念集，生已负责校对完竣，差堪告慰。去秋，美国芝加哥大学曾函商介绍生去芝大授汉文，后生恐英文程度尚差，拟获一研究；终因候选人甚多，名额不敷作罢，故今仍在国内。然此一年来，西洋人所著之汉学书籍，浏览亦复不少，此则意外之新收获也。最近林语堂先生返国，在香港时，语堂及其兄林憾口先生，曾数度介绍生与许地山先生赴港任教，因生系粤人，在港较他省人方便，闻许先生甚赞同，大约七月左右可以成功。不知吾师亦肯赐一短函与许先生，早为介绍否？闻政口甚忙，琐事渎陈，尤觉不安。然学生三五年后在港或可对国家不无贡献，则皆吾师之力也。在港可省多习一二种□□□讯会。

　　专此，敬请

钧安！

学生柳存仁敬上

六月八日

倘蒙赐航函寄港，又可较速，尤感尤感。

柳存仁致胡适的第四封信，全文如下：

适之吾师：

屡次寄奉《文史周刊》，想均得达左右。生现侥幸已在北大国文系卒业，刻任光华大学史学系讲师，并早兼太炎文学院课程。生无时不思远游研习，近曾函芝加哥大学东方语文学系，请求补助留学，曾将尊名列入，俾便证明，便中尚恳赐□函□该校系主任，加以介绍为祷。琐事费神，至深感激！近日钱宾四先生过沪，光华大学曾开会欢迎。北大出版组主任李晓宇先生亦已来沪，接洽印行四十周纪念刊事。其校对之责，亦由生兼任之也。匆匆。敬请

钧安！

生柳存仁敬上
八月卅日

并乞先赐一为祷。

生近从光华张咏霓校长假得嘉靖本《宗子相集》，发现宗子相赠陆西星诗文若干篇，颇可与封神演义参照。近曾写成短文补充旧作。

柳存仁的四封信，反复证明他对胡适老师的心仪态度，如曾将自己主编的刊物寄请老师斧正，再如在他听过胡适讲课后，曾主动为之做实地调查，最后经加考证成文，帮助胡适解释历史谜团。另外，信函也证实学生多方面求助于老师。纵览《胡适日记》和《书信集》均未见有相关回应，也许是这四封信因为被困睡在信山函海

1951 年，柳存仁（席地左一）与作家叶灵凤（后左一）等在香港合影

之中，而被忽略。直到胡适离开北平东厂胡同一号住宅，因得到中
国社会科学院学部委员耿云志先生率众整理出版，才使这些信函
"复活"，重见天日！

台北胡适纪念馆

胡适喜欢明清之际的大学者、诗人顾亭林（1613—1682）的诗，他常以其《五十初度时在昌平》中的"远路不须愁日暮，老年终自望河清"，表达自己的心境，并与大家共勉。

2013年9月下旬，我满怀崇敬之情专程赴台北参观了胡适纪念馆和胡适故居，还瞻仰了胡适的墓园。在胡适纪念馆，首先跳入眼帘的就是这幅胡适画像和这两句诗。胡适纪念馆实际包括三个部分：

一、胡适纪念文物陈列室；二、胡适故居，胡适和江冬秀的卧室、客厅和书房；三、胡适夫妇及其儿子的全家墓园。

纪念馆陈列室是1964年美国美亚保险公司史带（C.V.Starr，1892—1968）先生捐款建造。史带是胡适的美国好友，年轻时到上海创办美亚保险公司，由于经营得法，业务很快扩展到亚洲各国以及美国，声誉日隆。1955年，美国明德学院（Middlebury College）要颁赠予名誉学位，史带找胡适商量，胡适认为史带是一位完全靠自己的力量与智慧成功的企业家，不仅鼓励他接受，还答应陪他去领奖。史带这才大胆高兴地去接受了这份殊荣。胡适仙逝后，史带缅怀亡友，捐献 25000 美元作为胡适纪念馆的筹备基金，之后数年，史带又陆续捐赠维修费用，以致有今日之壮观新貌。

胡适纪念馆负责人李朝顺先生得知我从南半球的澳大利亚专程而来，盛情接待并亲自全程陪同参观、讲解，使我受益匪浅。参观陈列室时，本以为可以拍摄展品，谁知明文"不许"，很感失望，试想一个人如何能在这么短的时间内，将这几百件陈列品过目不忘地全记在脑海之中？也许该馆负责人看出了我之困惑，故而网开一面，特许可在陈列室略拍几张。如此破格优待，令我感激。

浏览其全部展品，深感胡适从诞生到成长、成为伟大学者之过程，以及他在学术和文化上的进步，对中国乃至世界均做出了卓越的贡献。可惜现在能记下来的展品亦已微乎其微了。只是对 1958 年胡适曾在书桌前伏案为罗尔纲的《师门五年记》作"后记"的珍贵照片，留下特别深刻的印象，这与我曾师从罗尔纲有着密不可分的关系。

铜像前的胡适亲笔名言"要怎么收获，先那么栽"，更使我感悟到这是一切莘莘学子的座右铭。除外，还欣喜地发现柜里陈列着该馆

在胡适纪念馆中的胡适铜像前留影

新出版的《胡适与雷震往来信集》，忽又见到可售之《胡适在台湾》光盘，该馆负责人李朝顺先生又热情地取来一册《师门五年记》（我现拥有两册），这些难求的珍贵资料，令我感动、激动、爱不释手。

随后负责人又亲自陪同去了胡适故居参观。这座南港区故居，很有来头，原来1957年，蒋介石特下令为胡适建造，因蒋介石决定特别任命胡适为"中央研究院"院长。1958年11月5日，胡适回到台北，便入住这个坐落于很幽静的"中研院"内的新居。这座新居占地165平方米，有书房一间、客厅连餐厅一间、客房一间、卧室两间。胡适在建造前便提出自己出资2500美元，其他由公家垫付，并表示自己逝后，住宅归公。

负责人告诉我，故居内所展示的各类展品，皆依循胡适生前原样布置，顿让人在遗物中与先人产生亲密接触之感。会客厅里有红褐色的书柜、布面沙发、古旧的老式藤椅等。餐桌上放着胡适夫妇曾使用过的碗、勺，旁边的说明牌上写着："胡适中西结合早餐：一碗稀饭、一片面包、一碟小菜、一杯橘子水、一杯咖啡。"紧挨客厅的一侧是胡适和夫人江冬秀的卧室。室内物品摆设，特显整洁而朴实。

客厅的正对面则是胡适的书房，置身其间，实实在在体会到这里见证着一代大师的伟大和辉煌。橱内整齐地排列着精致的古典藏书，凡中外史学、哲学、文学、艺术、宗教等无一不涉，这些书籍多是胡适赴台后购置、搜集或朋友的赠品。在此书房，不由得又让我穿过时光隧道，忆起从1953年到1964年，曾在南京侍奉太平天国史学家罗尔纲先生左右时，也曾目睹相似的书房。罗尔纲步胡适师之后尘，先辈们都在书架上放满各种书籍和手稿，正因为他们拥有如此丰富的资源，才能大展宏图，广结硕果。

今日，在胡适与罗尔纲两位大师均已仙逝的漫长岁月后，能跨过海峡，亲临胡适书房，重温胡适为罗尔纲的《师门五年记》撰写"后记"之场景，顿觉后学三生有幸！

离开胡适故居，在负责人陪同下，我们一行步出"中央研究院"，穿过马路，登山进入胡适墓园。我虽已高龄，且有疝病缠身，但仍可精神抖擞、步履稳健地攀登近 40 级台阶进入墓园。这里有一块斜坡形黑色大理石墓碑，上面镌刻着 1962 年 10 月 15 日，由胡适挚友毛子水撰文、"中央研究院"适之先生治丧委员会所立的墓碑，铭文如下：

> 这是胡适先生的墓。
> 这个为学术和文化的进步，为思想和言论的自由、为民族的尊荣，为人类的幸福而苦心焦虑、敝精劳神、以致身死的人，现在在这里安息了！
> 我们相信形骸终要化灭，陵谷也会变易，但现在墓中这位哲人所给予世界的光明将永远存在。

由于胡适生前喜欢白色，所以整个墓园以白色为基调，路面满铺圆润的白色鹅卵石，四周则铺架白色正方形廊檐，庄严，肃穆，别具风格。

墓碑正面的围墙上悬挂着一块白色大理石，上书蒋介石所题"德智兼隆"四个金字。往下便是胡适夫妇的坡形合葬墓，墓碑的斜面上，镌刻着于右任所书"'中央研究院'院长胡适先生暨德配江冬秀夫人墓"二十个金字（江冬秀于 1975 年 8 月病逝于台北，9 月与胡适同穴安葬）。在胡适夫妇墓不远处，便是其长子胡祖望（2005 年 3 月病逝于美国，享寿 86 年）之墓碑。另有胡祖望生前为在大陆的亡弟胡思杜（1957 年自尽，年仅 36 岁）所立之小型四方形纪念碑，上写"亡弟胡思杜纪念"。胡适一家四口安葬于此，实是幸事！在胡适墓前肃然敬立，不由默默背诵着他既用来自省、又教诲他人的"远路

胡祖望喜看儿子胡复手捧美国
康奈尔大学毕业证书

不须愁日暮，老年终自望河清"。同时也想起胡祖望的独子即胡适孙
儿胡复，已于1978年5月毕业于美国康奈尔大学。胡适、胡祖望、
胡复三代人同毕业于同一母校，一时传为佳话！

　　胡复与其母曾淑昭现在安居于美国。

　　虽然胡适离开我们越来越远了，但他仍然活在我们心间，其音容
也依然根植于他的亲人的脑海之中。2011年12月17日，逢胡适诞
辰120周年，两岸都举办了国际学术研讨会。令人高兴的是，胡适长
媳曾淑昭女士由美国赶赴台北与会，为会议增彩！

胡适与罗尔纲

——从《师门辱教记》到《师门五年记》

罗尔纲感念师恩　奉献《师门辱教记》

罗尔纲与胡适结缘于 1928—1930 年的中国公学。在校时，罗尔纲是获奖学金的优秀学生之一，他给校长胡适留下深刻的印象和好感。随后五年师生相处中，胡适视罗尔纲为亲人，信函往来总以"尔纲弟""尔纲兄"相称，这使禀性忠厚、素来知恩图报的罗尔纲，对胡适师追随不渝、感激不尽。师生情谊，获得广泛赞誉，形成世代师生之楷模。

中国公学文学士罗尔纲

（1930 年摄）

　　1943 年 2 月，广西桂林文化供应社总编辑钱实甫（1909—1968）向罗尔纲约写自传稿，罗尔纲以自己只是"一无成就的后生末学"辞谢。可是钱总编辑一而再、再而三地要求，罗尔纲盛情难却，只能从命，但希望钱总编辑出个题目，钱总编辑便说："你写跟胡适之先生做学问不是个好题目吗？"罗尔纲立即"想起适之师以'不苟且'三字教我，使我终生感戴，受用不尽！我觉得我这一段故事，或许可以使青年人领会得到一位当代大师那一条教人不苟且的教训，去做治学任事的信条吧"。于是愉快地接受了。

　　罗尔纲回到广西家乡，用了十天的工夫匆匆草成一本三万余字的《师门辱教记》的书稿。至于为什么叫"师门辱教记"，那是因为罗尔纲在 1937 年出版了一本《太平天国史纲》，胡适对此书颇有微词。罗尔纲沉痛地感到有负师教，因此把此书叫作"师门辱教记"。他原本怕书稿里有不得体的话，因此不愿立即寄出，想让胡适审阅后再定。可是出版社来函催稿，罗尔纲再次觉得盛情难却，就寄出了。钱总编来函问罗尔纲要什么报酬，罗尔纲回答："是为践朋友的诺言。"故坚辞报酬。1944 年 6 月，这部新书《师门辱教记》便由桂林建设书店出版了。随后，罗尔纲收到书店几十本（有说十几本，又说 40 余本）赠书，仅此而已。

　　不久，因在抗战期间，桂林形势紧张，罗尔纲只带了少量《师门辱教记》离开四川。初时不敢示人，后来还是给同事发现了。1944年冬，中央研究院社会研究所图书馆主任宗井滔第一个读了《师门辱教记》，读后十分惊讶，连忙对罗尔纲说："我曾经看过一本胡适之传，看过几篇写胡适之的文章，到今天我看了你这本小册子，才见到胡适之的伟大！"这给了作者莫大的鼓舞。

　　1945 年，罗尔纲往美国前后寄了两册《师门辱教记》，一寄赵元任转，一寄纽约胡适私宅。因未见回音，于次年 7 月底，从四川李庄

1945 年 12 月 13 日，胡适在罗尔纲寄赠的《师门辱教记》封面上的题记

1945 年 11 月 10 日，罗尔纲在赠
胡适《师门辱教记》扉页上的题记

镇再用挂号往北京大学寄给胡适《师门辱教记》等三本书，意在听取恩师意见。其实罗尔纲对已出版的这本小书仍不满意，是年 2 月，罗尔纲在李庄镇将《师门辱教记》进行了修改，之后将修改稿寄到重庆独立出版社，请卢吉忱（逮曾）重印，卢先生请胡适写篇序。后来，王崇武也向罗尔纲提议请胡适作序。对于友人的建议，罗尔纲自然很重视，心虽想，初"不敢乞求"，最后还是斗胆向胡适提出请求，结果"却敬悉吾师如此过爱逾恒"。胡适满足了罗尔纲的愿望，1948 年 8 月 3 日，在北平将序文（附正文之后）寄到南京罗尔纲的办公室，胡适在附信中说，《师门辱教记》："这部自传，给他的光荣，比他得到的三十五个荣誉博士学位还要大！"罗尔纲也以同样的心态，感激地回敬："幸得师荣赐序文，则学生微名亦将附师盖世大名而长垂不朽矣！"由此对话，可见师生二人的心情均沉浸于激动之中！

1947 年 11 月，罗尔纲接到董作宾从美国来信，告知邓嗣禹博士想作一篇《近十年来研究太平天国史实之曙光》，希望罗尔纲提供写作计划中的著作题目、内容大要和已发表的论文等。罗尔纲拟寄一册《师门辱教记》给邓嗣禹，旨在表白自己虽然"是一个有辱门墙的学生，但为学生还是有师承的"。罗尔纲为了这本师承之作，特意发表了一个声明，他说："我这部小书，不是含笑的回忆录，而是一本带着羞惭的自白。其中所表现的不是我这个渺小的人生，而是一个平实慈祥的学者的教训，与他的那一颗爱护青年人的又慈悲又热诚的心。"

1948 年 5 月 30 日，罗尔纲在致胡适信中，又说："最近夏作铭（鼐）、王之屏（崇武）两兄都来向学生讨这本小册子看，他们看后都主张快（再）印，说（这）是一部给少年人良好的读物。作铭兄并主张加相片进去。"这种亲切指点使罗尔纲的情绪再度被激励起来，于是罗尔纲便给顾颉刚写信，并附寄了一本《师门辱教记》，请顾颉刚帮忙介绍到文通书局再版。是年 6 月 6 日，罗尔纲又致函胡适，告诉他"顾颉刚先生已回信，他亦盛赞此小书，说真挚动人，又说可作史学方法读。他拟介绍给一间印过他的汉代学术史的小店印，学生不愿意，已复信谢顾先生了"。8月10日，罗尔纲执着地再写信给胡适，曰："蒙师在百忙之中，赐给学生这篇师恩洋溢的垂爱之序，微名将借赐序得列为一代大师的门徒，这是一生最大的光荣、梦想不到的光荣！"罗尔纲唯恐这本小册子在小书店印出，有损胡适的威望，所以他"敬乞师直寄与朱经农先生请商务印书馆出版"。虽然独立出版社已将《师门辱教记》重订稿及罗尔纲自序一并寄往北京大学，可惜直到胡适离开大陆都未能付印。罗尔纲的这个希望终究还是落空了。

1948年8月至12月，先是济南解放，接着是东北战场上的锦州、沈阳解放，直至东北全境解放，这时距北平和平解放只有不到两个月的时光。国民党败局已定。罗尔纲深知此时身为北京大学校长的胡适，已"陷在泥坑痛苦挣扎"的"苦闷"之中。罗尔纲于10月21日给胡适奉上最后一封信，不出一个月——12月15日，胡适就被蒋介石用飞机接往南京，从此便与北平永别了。当时胡适仓促地只带走几册正在校勘研究的《水经注》和他最珍爱的二十六回残本甲戌本《脂砚斋重评〈石头记〉》，无可奈何地丢下了大批书籍和信函。

1949年4月6日，胡适（时年58岁）自上海登轮去美国，从此与大陆永别了，从此与挚友高一涵、翁文灏、周鲠生等，爱生顾颉刚、罗尔纲、吴晗、黎昔非、夏鼐等，再也没有见过面。

胡适不忘回敬爱生　自印《师门五年记》

胡适离开大陆后，流寓美国，度过了长达九年的生活。这当中有两次短暂的台湾之行，一次是1952年11月19日至翌年1月17日，为时近两个月；第二次是1954年2月至4月，为时一个半月。往后于 1958 年 11 月 5 日才回台湾,直至 1962 年 2 月 24 日仙逝,他都再没有离开过台湾。

胡适在美国和台湾的漫长的十三年中,仍牵挂着罗尔纲和他的《师门辱教记》。

1952 年 12 月 5 日,胡适在台湾大学广场上,向全体师生做了两天的"治学方法"演讲,其主旨是"大胆的假设,小心的求证",这也是胡适毕生的治学精神。讲演中他引用了罗尔纲信中的论述,虽未公开指出名字,但学子一听都知道所说的就是在大陆的罗尔纲。胡适说:"我有一个在广西桂县(广播录音整理者王志维误将'贵县'写成'桂县')的学生来了封信,告诉我说,这个话不但你说,从前已经有人说过了。乾隆时代的鲍廷博,他说留仙(蒲松龄)除了《聊斋志异》以外,还有一部《醒世姻缘》,因鲍廷博是刻书的,曾刻行《聊斋志异》。"胡适接着加重语气地说:"他说的话值得注意"。1952 年,台湾社会处在白色恐怖统治之下,关于大陆著名人士,谁都退避三舍。可是胡适却在大庭广众面前,勇敢地不点名地赞扬了罗尔纲的学识,这实在是难能可贵的。

1952 年,胡适在美国期间,他的安徽小同乡、忘年之交唐德刚为了替他作传,与他相处了一段时间,之后写成《胡适杂忆》一书。唐德刚在书中回忆道,"胡先生后来又在那乱书堆中,找出罗尔纲写的小册子《师门辱教记》给我看,说:'你看尔纲会那样地批判我?'"唐德刚说:"说不定罗尔纲的思想真正搞通了呢!"胡适听了大怒,连说:"胡说!胡说!"唐德刚又说:"胡先生直摇头,又说'不可能!不可能!'"唐德刚哑口无言。胡适是一个真诚的人,他的一喜一怒,确实发自内心深处,对罗尔纲心地坦荡、信赖有加、爱之深切、一片真情!而罗尔纲对胡适也从未说过半句不敬的话,尽管罗尔纲与顾颉刚曾一度因胡适而受批挨斗,说了一些"批判"的话,但始终未从根本上动摇过他们对恩师的敬重之情。

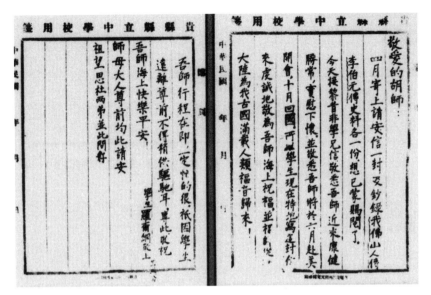

罗尔纲致胡适函，"敬为吾师海上祝福"

罗尔纲致胡适函，遥祝胡师四十寿辰"千秋长健"

1958 年，胡适回台北荣任"中央研究院"院长，他的许多朋友看到了罗尔纲的《师门辱教记》，都劝胡适把它印出来。胡适说："独立出版社卢总编辑过世已好几年了。"接着又凄凉地说道："尔纲和我两人成了'隔世'的人已近十年了。"胡适为了回敬、保存他与罗尔纲这段师生情谊，决定自费出版此书，书名改为《师门五年记》。1958 年 12 月 7 日，为此书写了简短的后记，作者仍署名罗尔纲，此书只作为赠送友人和后学之礼品。

《师门五年记》的出版，花费了胡适不少苦心和精力。1959 年 1 月 23 日，胡适致台北艺文出版社主任严一萍的信函说："承老兄帮忙，承艺文同人热心帮忙，使《师门五年记》两次印成，我衷心感激。嘱我只需付一千元台币即可。这是老兄与艺文的过分好意，更使我不安！我请坊间朋友稍作估计，都说两千册单算纸张就不止一千元，所以我送上支票一千七百五十元。此间朋友估计这是最低的成本和费用，千万请老兄收下，使我稍觉心安。"

1958 年 12 月 17 日，是胡适 68 岁华诞之日，又是北京大学成立 60 周年之际，在这双喜临门的日子里，北大校友会为校长胡适三鞠躬贺寿；同时赠送两本织锦签名祝寿册给胡适，胡适则回赠校友每人一本《师门五年记》。在场的胡适学生和曾经的业务助手金承艺获得一本，他读完后说："我得承认，这本小书使我很受感动。如果这本书，仅仅是叙述罗尔纲自己与胡适之先生师生间相处五年，对师恩的报道，那我以为它就不会感动人了。我所以受这本书感动，是因为这本小书中有'从来没有人这样坦白详细地描写他做学问的经验'（胡先生在序中的话）。它不单是介绍出一位对学生的态度如煦煦春阳，而对学生求学问的态度却又要求一丝不苟，一点也不能马虎的先生，并且叙述出一个极难得的虚心、笃实、肯接受教训的学生。做学问而一点不苟且、永远说实话，这大概在任何时代都是可遇而不可求的事。可是在这本书里，有一个不苟且，说实话的学生，这真不能不使人感动了。"这篇读后感，具有相当的感染力！我与金承艺先生曾处于澳大利亚墨尔本一个屋檐下，可惜未能谋面，因为我移居之年，却是彼谢世之际。但有幸的是，2005 年我间接地从他的遗孀林慧卿女士手中接受了金承艺的那本《师门五年记》。这是一件有意义的纪念品，我很珍惜！

12 月 17 日当晚，《自由中国》半月刊负责人雷震给胡适写信，告诉胡适："《师门五年记》，我一口气读完了，真正写得好，请再赐四五本……如有多的，可赐二十本，我当寄至美国写文章的朋友。"28 日，胡适特赠小文友李敖一本《师门五年记》，还亲笔写上"送给李敖先生"。值得注意的是，胡适在写李敖姓名时，另行抬头，以示敬意；而李敖在接受此书后，备感荣幸，深感自己"被特别照顾"。

1960 年 3 月 5 日，雷震再函胡适，告知："有人要先生所印之《师门五年记》，请赐下一本。为感！"胡适当即满足了他的要求。3 月 7 日，胡适"先后接到东海大学历史系学生侯炎尧、邓振维两君来信，都要讨本《师门五年记》"。胡适随即函告在该校任教的挚友张佛泉先生，已"交邮局寄上二十本，请你就近分赠侯、邓两君各一本，并赠图书馆五本，其余留存尊处备用"。

1959 年 1 月 21 日，胡适在复张隆延的函中，除向给他拍纪录影片表达"诚恳的谢意"外，还给摄影队寄呈二十五册《师门五年记》作为回礼，并说以后如再需要，还可奉送。这是胡适除发给北大校友会每人一本外，已知大批量的一次赠书。

说起张隆延，胡适还与他有一段笔墨缘。1943 年 10 月 14 日，胡适在日记中很高兴地说："见张隆延能作诗词。"23 日，胡适就中国驻美使馆庭园景色，赠诗两首：

两树窗前七叶枫，三秋日日赛花红。

康桥红叶虽然好，依旧他们来梦中。

　　　右双橡园七叶枫

雪夜独坐月到窗，窗上藤影龙蛇绕。

一声"剥落"破万寂，藤花豆荚炸开了。

　　　　右双橡园追忆

隆延先生指正　　胡适　　　　卅二，十，廿三

　　1959年7月，师从钱穆的历史学家严耕望（1916—1996），看到了《师门五年记》，读后感触很深，于是致函胡适。他在信中说："前天在友人处见到罗尔纲先生所写《师门五年记》，假（借）归一气读完，深感罗先生真璞可尚，而先生之遇青年学生亲切、体贴、殷殷督

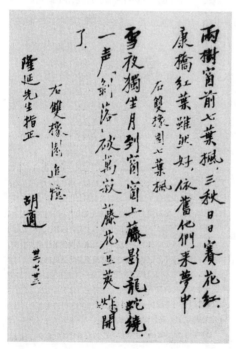

胡适题赠张隆延之诗

教，无所不到至极，读之令人神往，深感此书不但示人何以为学，亦且示人何以为师，实为近数十年来之一奇书。不识（知）先生手头尚有存余否？如有存者，乞预留一册惠赐为荷。"严耕望对该书评价极高，誉为近数十年才出现的一本"奇书"，同时称赞此一对师生关系为楷模。

胡适发现美国人鲁道夫译的李清照《金石录后序》英文版错误不少，而罗尔纲已在《师门五年记》中做了考证，他请胡颂平送鲁道夫一册《师门五年记》作指南。

1960 年 5 月 8 日，胡适在向美国哥伦比亚大学东亚图书馆赠送二十五卷著作时，特附一册《师门五年记》。于是，罗尔纲与胡适珠联璧合之佳品，得以入藏美国名校。

1960 年 12 月 2 日，胡适在报上看到王康（心健）发表的《读〈师门辱教记〉》，竟然出现了不应有的大错，他对这位当年出版《师门辱教记》的桂林建设书店的发行人很气愤，也怀疑王康"是靠记忆来写的，所以有些地方都记错了"，于是决定送王康一本《师门五年记》。胡适在扉页上写下："心健先生是三十三年出这部小书的建设书局主持人，我送他一本翻印本，表示我的感激。"

1961 年 8 月 14 日，胡适在回复对自己"求真精神"十分钦佩的年轻学者叶东明的信时，曾感慨地说道："你的这些话都使一个老年人读了高兴，使他更相信他一生的努力并没有白费。我特别谢谢你。"为了酬谢厚意，胡适又说："我寄上一本小册子——《师门五年记》——也许是你没有见到的。"9 月 22 日，这天"俞大纲、俞大綵、费张心漪、费宗清、毛子水五人来"，胡适送俞大纲一册《石头记》（复印件），随即送给费宗清一册《师门五年记》。

1962 年 2 月 24 日下午一时，也就是胡适逝世前四小时，他还将《师门五年记》送给从国外回来的吴大猷、吴健雄、袁家骝、刘大中四位科学家每人一册，这是胡适亲手赠送《师门五年记》的最后一次，意义不凡。

随着改革开放春风的助力，胡适研究渐成"显学"。1995年，95岁高龄的罗尔纲先生出版了《师门五年记·胡适琐记》，这是他最后一部力著。8月29日，我有幸获得罗尔纲亲笔题签的赠书，拜读再三，感慨良多！虽未见其纵横老泪，却看到他吐露的对已故前辈感激、缅怀的最后心声！罗尔纲由衷地对这本从《师门辱教记》到《师门五年记》的"小册子"的前世今生发出感叹！他不禁回忆起51年前："我这本在十天内匆匆草成的小小的册子，如果不是钱实甫先生那么热情来电追索，我写成后还搁起来不敢示人，却为适之师看重，为读者赏识，成为我写作中流传最广远的一本。杜甫诗说：'文章千古事，得失寸心知。'我对我这本小册子的得失，却是连做梦也没有想到哪！"

《师门辱教记》虽然印数不详，作者所得有限，但是它在中国产生了重要影响，而且在境外也拥有读者，反映了其巨大的生命力。胡适任驻美大使时的秘书傅安明在美国发表《漫谈胡适的友情天地》一文中说："罗尔纲曾著《师门五年记》，详细描述他们师生两人数年相处为学为人的经验，留下了一幅师生欢乐相处切磋学问的乐趣图。"也是最好的例证。

1982年，香港读者江荼，他在11月1日香港《明报》上发表《两位史学家》一文，此君将该文寄给罗尔纲。该文曰："最近读到两本好书，第一本是罗尔纲写的《师门辱教记》，第二本是吴晗著的《朱元璋传》。罗尔纲是胡适的弟子。本书记述罗氏学习到他老师那种一丝不苟、极其缜密的治学和考证的精神，终于成为研究太平天国的历史考证权威。胡适不只顾到成全后辈，更重'自教'，对学生亦无微不至，处处为罗氏设想，罗氏深深受老师的感动，故此到书成时命名为《师门辱教记》，表示自己得前人春风化雨，而却有辱师教、难报其情。"作者最后联系实际，慨然说道："读这本书，我们深叹今日教育界何等缺乏适之先生一般的好老师，而像罗尔纲一样的好学尊师的学生更属凤毛麟角了。"

1998年，上海华东师范大学茅海建教授，在《忆陈师旭麓先生》一文中，回忆他那难忘的师恩之情时，不由想到"罗尔纲先生的《师门五年记》，就很理解罗先生所说的'煦煦春阳'的道理了！"时隔55年，尚有年轻学者吐露豪言，显示了《师门五年记》的生命力，足证胡适与罗尔纲的师生楷模关系，已是当今新型师生关系的借鉴！

现将胡适于1948年8月3日，在北平为此书所作的《序》，以及1958年12月7日在台北所作《后记》全文抄录如下：

序

我的朋友罗尔纲先生曾在我家里住过几年，帮助我做了许多事，其中最繁重的一件工作是抄写整理我父亲铁花先生的遗著。他绝对不肯收受报酬，每年还从他家中寄钱来供给他零用。他是我的助手，又是孩子们的家庭老师，但他总觉得他是在我家里做"徒弟"，除吃饭住房之外，不应该再受报酬了。

这是他的狷介，狷介就是在行为上不苟且，就是古人说的"非其义也，非其道也，一介不以与人，一介不以取诸人"。（古人说"一介"的介是"芥"字借用，我猜想"一介"也许是指古代曾作货币用的贝壳？）我很早就看重尔纲这种狷介的品行。我深信凡在行为上能够"一介不苟取，一介不苟与"的人，在学问上也必定可以养成一丝一毫不草率不苟且的工作习惯。所以我很早就对他说，他那种一点一画不肯苟且放过的习

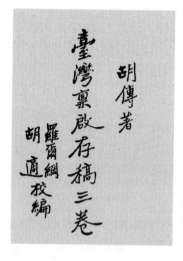

1959 年，胡适将罗尔纲原先整理好其父胡传（1841—1895）的遗稿再加工后，交由台湾银行印行。图为胡适封面题字

惯就是他最大的工作资本。这不是别人可以给他的，这是他自己带来的本钱。我在民国二十年秋天答他留别的信，曾说：

> 你那种"谨慎勤敏"的行为，就是我所谓"不苟且"。古人所谓"执事敬"，就是这个意思。你有此美德，将来一定有成就。

第二年他在贵县中学教国文，寄了两条笔记给我看，——一条考定李清照《金石录后序》的"王播"是"王涯"之误；一条考定袁枚《祭妹文》的"诺已"二字出于《公羊传》，应当连读，——我回他的信，也说：

> 你的两段笔记都很好。读书作文如此矜慎，最可有进步。你能继续这种精神，——不苟且的精神，无论在什么地方，都可有大进步。古人所谓"子归而求之，有余师"，真可以转赠给你。

我引这两封信，要说明尔纲做学问的成绩是由于他早年养成的不苟且的美德。如果我有什么帮助他的地方，我不过随时唤醒他特别注意：这种不苟且的习惯是需要自觉地监督的。偶然一点不留意，偶然松懈一点，就会出漏洞，就会闹笑话。我要他知道，所谓科学方法，不过是不苟且的工作习惯，加上自觉的批评与督责。良师益友的用处也不过是随时指点出这种松懈的地方，帮助我们自己做点批评督责的工夫。

尔纲对于我批评他的话，不但不怪我，还特别感谢我。我的批评，无论是口头，是书面，尔纲都记录下来。有些话是颇严厉的，他也很虚心地接受。有他那样一点一画不敢苟且的精神，加上虚心，加上他那无比的勤劳，无论在什么地方，他都会有良好的学术成绩。

他现在写了这本自传，专记载他跟着我做"徒弟"的几年的生活。我一口气读完了这本小书，很使我怀念那几年的朋友乐趣。我是提倡传记文学的，常常劝朋友写自传。尔纲这本自传，据我所知，好像是自传里没有见过的创体。从来没有人这样坦白

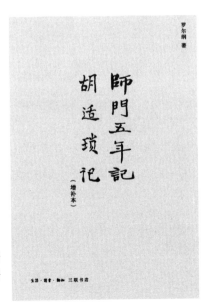

罗尔纲先生题赠给作者30余册
太平天国著作，图为最后一册
题赠本

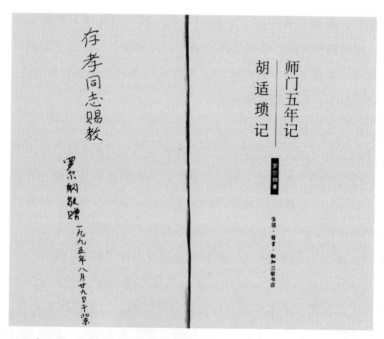

1995 年 8 月，罗尔纲先生给笔者的题赠本扉页

《师门五年记·胡适琐记》1995 年
5 月第一版封面

详细地描写他做学问的经验，从来也没有人留下这样亲切的一幅师友切磋乐趣的图画。

　　　　胡适　三十七年八月三日在北平

后　记

　　尔纲这本自传是 1945 年修改了交给卢吉忱的。后来吉忱要我写一篇短序，我的序是 1948 年 8 月才写的。可能是我的序把这书的付印耽误了。1948 年 8 月以后，吉忱就没有印这书的机会了。1952 年我在台北，向吉忱取得此书的修改稿本。1953 年我去美国，就把这稿子带了去。

　　如今吉忱去世已好几年了，尔纲和我两人，成了"隔世"的人已近十年了。

　　这几年里，朋友看见这稿子的，都劝我把它印出来。我今年回国，又把这稿子带回来了。我现在自己出钱把这个小册子印出来，不作卖品，只作赠送朋友之用。

　　1958 年 12 月 7 日晨，胡适记于台北县南港"中央研究院"

沈从文与罗尔纲

1928 年 4 月至 1930 年 6 月间，胡适担任中国公学校长兼文理学院院长。他聘请杨亮功任驻校常务副校长。胡适刚接任校长时，学校原本只有 300 名学生，但慕胡适大名而来求学者日渐增多，据罗尔纲回忆，后来该校竟发展到 1300 多人。

胡适深知成功育人，选择教授是关键，因此他聘教授时兼容并包、不拘资历、不分党派。中国文学系聘任著名学者陆侃如（1903—1978，江苏太仓人。1922 年考入北京大学，1927 年毕业于清华大学研究院，1929 年任中国公学大学部中国文学系教授，1932 年入法国巴黎大学，1935 年获文学博士学位等）为系主任，也破格聘任了只有小学学历、自学成才、蜚声文坛的沈从文（1902—1988）为该系专授创作小说课程。作为文理学院中国文史学系优秀学生的罗尔纲和沈从文教授谱下了一段校内校外精彩的师生情！

中国公学时代的师生情

中国公学时期的沈从文年仅 28 岁，罗尔纲 25 岁（据《中国公学大学部文理学院庚午级毕业纪念刊》），但罗尔纲一生都尊沈从文为师。罗尔纲回忆当年沈从文第一次登台讲课时的情景，他说，他与

《中国文学季刊》创刊号，胡适题字

张兆和等同班同学 20 人选了沈从文的写作课，"他在讲坛上站了十多分钟，说不出话来，突然他惊叫了一声说：'我见你们人多，要哭了！'这一句古往今来堪称奇绝的老师开场白刚刚说过，就滔滔不绝地把当代中国的文坛说了一个小时，特别对新兴作家巴金等的评述，讲得最详细。这个课程是一学年，我学写了十多篇试作，他很高兴。有一次，他在课堂上说我那些试作，如果盖了名字，会认为是郁达夫写的。我听了他的话，发我深思，我不知道我写的作品会有那样伤感！"之后罗尔纲的文学创作热情愈显高涨，他的小说《老鸟征途》、沈从文的《建设》以及胡适、陆侃如的大作，均置于 1929—1930 年1 月出版的中国公学中国文学系主办的《中国文学季刊》上。这是现今仅存的罗尔纲在青年时期文学创作活动里的小说。

按照沈从文的评价和期望，罗尔纲本可成为一名优秀的作家，可是为何这个愿望却落了空？罗尔纲后来回忆并感叹："人生经历那样浅薄，是不适宜做文学工作的。我从青年起，就徘徊于做创作或做历

中國文學季刊

中國文學季刊目次完

《中国文学季刊》目录，上列罗尔纲、沈从文等的文章史研究的歧路上。经过这一番深思之后，才决定走研究历史的路。六年之后（应为 1936 年），他知道我研究晚清兵制，便对我说：'兆和家里藏有许多淮军史料，你要用时，她写信介绍你到合肥去看。'我写《淮军志》时，虽然没有去张家看史料，但我至今（应为 1995 年）还是感激他的好意。"

1930 年初，罗尔纲毕业前夕，为了避免毕业即失业的苦恼，便求助于老师。沈从文鉴于自己的工作得胡适之助而有了光明的前途，故乐于相助，但念自己势单力薄，于是奉函胡适校长曰："罗尔纲同学，同我说想做点事，把一点希望同我说过了，特意写给先生。从文上。"沈从文又说："罗尔纲可以到北平去念书（如清华研究院之类），使生活不感到威胁。不能过北平，到上海做点事，能使生活较从容，且能在工作上有积一点过北方读书资本的机会。或者有方便到外省教一年书（在广东什么地方），因教书结果，在忍耐中也可以得一笔钱设法仍然读书。目下不必为家庭帮助，目下并不希望有何不相称之大事情。顶好能到清华或北平图书馆、松坡图书馆做点事，可以自由选书读，工作不妨碍读书，读书也不影响到生活。"沈从文为他喜爱的学生设计的蓝图是何等周详而又富于爱心啊！沈从文的设想后来虽没有实现，但他的努力并没有白费。罗尔纲的才华被胡适看好，胡适主动邀请爱生到自己的家中帮助整理图书和先人遗著，并当两个儿子的家庭教师。师生相得益彰，罗尔纲直接受师教诲而受益终生。沈从文闻之也感到欣慰。

1930 年，罗尔纲随胡适由上海去了北平胡府，沈从文也离开中国公学，应聘到国立武汉大学任中文系教授去了，但是他俩的联系未断。此后沈从文出版了《半截子自传》，给罗尔纲寄了一本，罗尔纲一直珍藏着。当时，沈从文苦苦追求中国公学女学生张兆和，二人终结连理。这事罗尔纲是知道的，当时有人说这段婚事是胡适做的红娘，罗尔纲按事实进行了匡正。

新时期师生持续着推心之交

1951 年，沈从文先生在中央革命博物馆筹备处从事考古工作，罗尔纲先生则在南京筹办太平天国起义百年纪念展览。那时，我也参加了展览的美术工作，其间与罗尔纲先生相识。1953 年，在领导安排下，我正式师从罗先生，终于了解罗尔纲在史学方面曾仰仗胡适教诲而受益终生，在文学创作方面曾师从沈从文，几乎成为一位优秀作家。

1954 年，罗尔纲去北京开会，曾赴馆探望沈从文老师，这是师生二人在阔别多年后在北京首次相见，虽然这只是一次"匆匆拜谒"，但至为热情！谁知这一分别，"转瞬又将三十年"，师生二人逐渐进入失联状态。因罗尔纲在南京筹备建立太平天国博物馆，后回中国社会科学院近代史研究所工作，各人在各自岗位上忙于写作和研究，直至80 年代才又联系起来。

1982 年 11 月 10 日，罗尔纲兴奋地给沈从文写信，表达了久别的牵念。信曰：

> 从文师：
>
> ……纲于1960 年得高血压神经官能症状群病后，实时发眩晕，常致晕倒，二十年来，都在室内带病工作，楼下都不能下。唯现下每天尚能工作三四小时，请释念。年来看报，敬悉吾师精神矍铄，曷胜欢欣！昨见邻居冯佐哲同志，始向他问知地址，并敬悉近况佳胜。兹用印刷挂号寄上最近出版的《太平天国史论文集》第八集《太平天国史丛考甲集》，敬请赐教。所撰《太平天

国史》至今二十四年，已三次修改，遗漏错误殊多，颇不愿问世。所撰清代兵志，《绿营兵志》《湘军兵志》，三四十年代曾刊，前曾修改重印，明年可能出版，其《晚清兵志》内分《淮军志》《甲癸练兵志》《海军志》《陆军志》《军事教育志》《兵工厂志》至今尚无暇修改。其中《淮军志》一稿，不知因何流落外间，十年前已由香港书店影印手稿出版，尔纲至前年始知。所撰《水浒真义考》一文，于去年5月付排，至今尚未出版，纲考《水浒》原稿为七十回，乃"有志图王"的罗贯中于明洪武初年所撰，全书宗旨为"替天行道救生民"。其百回本《忠义水浒传》乃明宣德后人借宋徽宗鸩宋江、卢俊义事以发泄对朱元璋诛杀功臣之恨者。全文均从内证举出证据，似与一般泛论者不同，刊出后当即呈师赐教也。

　　兆和同学想很安好。同此问安。　　专此　敬请
近安！

　　　　　　　　　　　　　　　　　学生　罗尔纲敬上

　　沈从文接到罗尔纲的鸿雁和著作，情绪非常激动。这是一封继上次二人相见后历经漫长30年的来信，其分量和价值可抵万金啊！沈从文在接信后的第11天——11月21日，便给罗尔纲回复了一封推心置腹的长信，信曰：

尔纲同学：

　　谢谢你的厚意，来信和有关《太平天国史论文集》均收到。论文集读来得益极多。深盼你在将来不久，体力还能得到恢复，可为国家在这方面做出更多重要成绩！近三十年来，社会变化实在太大，在人为风风雨雨中，熟人旧好，绝大多数都在

颠簸困顿中成为古人，极可惜的如向达、陈梦家、吴晗诸先生，均在社会新旧交替中倏忽间故去。每一念及，总觉得不免令人痛心！"人难成而易毁""事难成而易毁"，社会变化过大，毁去的实在太多！

陈、吴二人之北上，和我都有点关系。犹记得陈时在武汉大学文学系任助教，吴则在中国公学读书，我均力劝其北行，以为北京治学风气较好，易施展其所长。后来虽少过从，各趋一途，其成就仍使人开心，以为事不出我所料！王忠同学原在西南联大中文系，毕业后，本拟留在云大任讲师，经我极力劝其来京考清华研究生，成为寅恪先生最后一个研究生。后来对西藏文研究，及南诏吐蕃研究，亦做出显著贡献。解放后，有机会随同范老身边做助手，治中国通史极其得力。正当盛年，可惜亦一病即瘫痪不起。向先生则半世纪前即相识，解放后"文化大革命"前，同在政协一个学习小组二三年，每星期中有二三次晤面，每于散会后，必同行过丰盛胡同，送其上西直门公共汽车后始返住处。谈及熟人中如郑西谛、赵万里、贺昌群，不幸均于社会过渡期中，前后即过早报废，深感后死者有更多责任待尽，且对我在解放后改业搞的杂文物，大感兴趣，戏以为若机会许可，似不妨共同来编一《新的三才图会》，我负责搜集出土、传世文物，彼则作文献引申，有三几年时间，必可望取得一些为前人所未及料的进展。不意"文化大革命"一来，被一群红卫兵迫其去十三陵烈日下拔草，因过劳致尿中毒，不及治疗，忽然死去。对国家真是无可弥补的损失。去年同乡萧离先生，曾为向先生写一纪念文章，读者均认可为同类作品中佳作，曾发表于《东北大学社会学报》，后转于《新华月刊》，不知你看过没有。你病是不是有国外新药可以治疗？

若闻有什么新药可以试试，国内不易得到，望一告药名，及诊断情况，我或可试托友好代为设法找来。美国和中国香港，均有亲戚熟人能帮忙也。

我和兆和同志近卅年，虽不免同样在风风雨雨蹭蹭蹬蹬中度过，生活相当狼狈，感到无可奈何，幸亏一解放即改业到历史博物馆工作，名分上搞文物研究，事实上却近于"避嫌让路"，放弃了"空头作家"名义，在午门楼上陈列室中转了十多年。理想目标也不大，只要求在十年廿年中，能达到一个"合格说明员"资格，即觉得已不错。事实上后来才明白，由于史部学底子极薄，即此希望也并不容易达到。因此复降低目标，求达到一个"合格公民"程度，也就很好了。因为照我理解，在这个新的社会过渡期中，想要做个顺风使帆望风承旨，凡事唯唯诺诺的"官"，似乎有的是各种机会。得意时即照机会许可，滥用权力，失意时，也不妨消极起来，凡事不过问。但是做一个"合格公民"，可就不太容易。首先是在任何挫折下，不能消极，在任何困难中，有公民责任应尽待尽，还得在长远沉默无闻情形中，把工作认真踏实继续下去，不容许任何借口放任自流。这话说来简单，从具体实践中坚持十年廿年，可真不容易。可是我却似乎就那么过了整三十年。或许正因为这三十年中所求于人的不多，所期于己的从不松劲丧气，因此在种种难于设想的倏忽来去风风雨雨中，倒反而——平安度过，一家大小均活下来了。我今年已足八十岁，兆和也及七十二岁，真可说"托天保佑"，体力精神都还不太坏。平时生活极端简单，除三五亲友还间或过从，此外多近于隔绝状态。大致正由于政治水平极低，在多年不断学习中，对于一切抽象无固定性名词，始终都还缺少应有理解，无发言权，因此在一切集会中都不开口。总的说来，似乎可以说一共只认识十一个字，即"实践""为人民服务""古为今用"。前十年中，在博物馆搞杂文物，举凡坛坛罐罐、花花朵朵，均有机会十万八万地过手经眼，积累了些常识，主要都重在为各方面打杂服务，任何一部门都说不上专精，也不求专精，所以前七个字可说已勉强做到。至于后四个字"古为今用"，因为涉及问题过多，却做得并不够好。若身体健康，还能支持三五年再报废，或尚有希望把近三十年所学，编几本常识性文物图录，供后来人参考，对于以实物为基础的艺术史研究工作，还有点启发作用，别的奢望通说不上！至于年来报刊中的对我种种好评，实在不宜尽信以为真，虚誉过实，反而令人转增惶恐忧惧。因社会已起了基本变化，我所得于社会的已过多……若要求只是坐下来就力所能及做点小事，还持久耐烦，假以时日，小任务还能如期完成。若一面工作一面还得于时事常有变化中，发言表态，便显然无从为力，以至于不知所云。小则易闹笑话，大则易犯错误。也真可说是"拿不上台盘"人物也……

昨由兆和邮寄《自传》一册，其实是五十年前在青岛时写成，后附小文数种，倒还有点意思。因为部分涉及个人工作，竟若预言，逐一在现实中出现。有形的封建制度虽已摧毁无余，至于封建意识则似乎浸透于上下各阶层灵魂中，遇机会即重复抬头，反映于种种现实中，成为"顽癣"，为"杆菌"，任何药物都不容易完全制止它的发展。一切理论发生的作用，都只像是表面上的作用。在生产建设方面，社会进步虽十分显明，但社会腐蚀作用，却随时可以见出，影响到各方面的进展，也十分明确，比对于鬼神迷信还不容易扫除。明明白白的官僚主义的泛滥，无法根治，到无可奈何时，却转嫁成知识分子的罪过，其实中国上了点年纪的知识分子，可以说是世界上最容易安排，要求又最小的，却处于始终不易充分发挥所长的情形下，战战兢兢度过每一天。亦历史上少有悲剧也。

并复候安好

沈从文

十一月廿一日

"文革"浩劫中，沈从文与罗尔纲均被批斗过，原因之一皆与站在他俩背后的一位学界巨人——胡适有关。1978 年后，中国知识分子迎来了迟到的春天。沈从文的工作单位和生活环境都得到了很大的改善，调到中国社会科学院历史研究所任研究员。此时早是中国社会科学院近代史研究所一级研究员的罗尔纲，有幸与老师成了隶属于同一主管单位的同事和专家，距离靠近了，师生之情也浓了，亦师亦友的情意也更深切了。说来有趣，沈从文曾是第二、三、四、五届全国政协委员，第六、七届全国政协常务委员。罗尔纲亦是第二、五届全国政协委员和第二、三届全国人大代表，他俩有缘在全国政协会议中邂逅，可以想象得到的是，该多么地开心啊！

顾颉刚与罗尔纲

顾颉刚与罗尔纲是两位著名的史学家，都是与胡适有交往的人物。顾颉刚与胡适有着亦师亦友的深层关系，罗尔纲与胡适则是被普遍看好的师生关系，胡适在他俩之间架起了一座桥梁。顾颉刚与罗尔纲各有其长，私谊甚好。尽管他俩接触的频率并不算高，但均在各自的《全集》中留下了对方在自己心中的位置和悲欢情结。

胡适、顾颉刚、罗尔纲之间的一些趣事

顾颉刚（1893—1980），江苏吴县人。1913 年入北京大学预科，1916 年进入北京大学文科中国哲学门。1917 年胡适刚从美国留学归来，即被北京大学聘为教授。顾颉刚（时年 25 岁）听了胡适的几次课后，佩服不已！1920 年夏，顾颉刚毕业了，但找工作困难，罗家伦（1897—1969）便把他推荐给胡适。胡适很高兴地把他安排在北京大学图书馆工作。胡适知道顾颉刚家庭负担很重后，便在工资外私下资助他，请他助其编书。从此二人感情愈近愈浓。1926 年，顾颉刚的论文集《古史辨》出版了，在史学界引起轰动，但也有不同意见。面对质疑和责难，胡适毅然站出来给予支持。这使顾颉刚十分感动，称"胡适是我学术上的引路人"。顾颉刚为助胡适解决《红楼梦》诸学术问

题，曾与胡适长期通信，达 136 通之多，而信尾多自称"后学"。之后虽然顾颉刚学问日精，声誉日隆，但对胡适依旧执弟子礼甚恭！胡适则回敬，称顾颉刚为"先生"，这种良好的师承关系是很难得的。

罗尔纲于 1930 年 6 月，随胡适由上海到北平胡适家中工作，逐渐投入史学研究，在社会上尚无知名度。此时，顾颉刚已名声在外，其大名更是逐步深入罗尔纲的脑海之中。1932 年 8 月 2 日，罗尔纲在致胡适函中，告诉胡适，他"在十三年度的《学灯》上看见顾颉刚先生的一篇《中国学术年表及说明》，这篇文章已经烂掉大半，只剩回一个完全的图表。学生很想照这个表去做分析史料的工作。乞师有暇示知，俾有南针也"。是时，罗尔纲在胡适家中工作已五年，这种可遇而不可求的机遇在当时也是令人羡慕的，特别是罗尔纲对太平天国的历史研究日渐结成硕果，顾颉刚也自然知道罗尔纲其人其事了。

二人的交往在两位大师的《全集》问世后，我从顾颉刚日记中看到一些片段，有些还是《罗尔纲全集》中所缺失的。

1935 年 8 月 11 日，顾颉刚记："到北大二院看入学考试中国历史卷数百本，今日同阅卷者：适之先生、孟真、受颐、心史先生、罗尔纲、宾四、让之、燕聆、子水、介泉等若干人。"可见顾颉刚与罗尔纲不仅已相识，且在同室工作过了。1936 年 6 月 18 日，顾颉刚曾给罗尔纲写过信，内容未公布。1939 年 4 月 16 日，顾颉刚还曾"到罗尔纲家"访谈，内容也未披露。1941 年 9 月 25 日在四川李庄镇，顾颉刚参观流散到此的中央研究院，他记："史研所各组工作，访梁方仲夫妇。饭后到门官田社会所第一工作站，访陶孟和、罗尔纲等，回板栗坳，赴宴。"1942 年 7 月 15 日，天降大雨，顾颉刚仍在写"罗尔纲信"。1943 年 4 月 20 日，"写叶圣陶、罗孟伟、罗尔纲信"。7 月 25 日，在李庄镇，"看三国演义四回（14—17）。看罗尔纲《石达开传》。8 月 26 日，"天热小眠，未睡着'写罗尔纲、辛树帜、谢诵穆信'"。1944

年 8 月 2 日，顾颉刚给罗尔纲写信，至于内容，依然是一笔流水账而已。现在两位大师的《全集》书信类已公布，但是以上具体信件均未展示，殊憾！至于阅读罗尔纲的新出版著作，顾颉刚则显得兴趣很浓。日记写，1945 年 3 月 13 日，"看罗尔纲《太平天国（史）稿》"。11 月 5 日，接着又"看《太平天国史丛考》"，等等。

关于涉及罗尔纲的著作，有一事特别值得一提，即 1944 年罗尔纲出版《师门辱教记》一书。由于此书诞生于乱世，故传世极少，作者又感内容尚可丰富，同时希望胡适作序，并希望由商务印书馆再版。1948 年 5 月 30 日，罗尔纲在致胡适函中，说："学生写信给顾颉刚先生，请他帮忙介绍给文通书局印行，学生寄一本印本给他，说如蒙允许帮忙，乞示知即将稿本寄呈，但至今已二十天，还没有接顾先生回信，学生不好意思再写信催他。又闻文通书局印得不好，所以也不打算在文通印了。"其实 1948 年 3 月，顾颉刚已是中央研究院首任院士。5 月 23 日，顾颉刚忙里偷闲"在苏州看罗尔纲的《太平天国文苑》"。而此时的罗尔纲也已晋级为研究员。兴许是罗尔纲太心急了，事实上，顾颉刚对罗尔纲的重托是完全放在心上的。是年 5 月 29 日，顾颉刚在日记上写道："写研因、陈石珍、李超英、罗尔纲信。"6 月 6 日，罗尔纲在致胡适函中忙说："顾颉刚先生已回信，他并盛赞此小书，说真挚动人，又说可作史学方法读，他拟介绍给一间印过他的汉代学术史的小店印。学生不愿意，已复信谢顾先生了。"

事实证明，从 1932 年起到 1948 年止，顾颉刚与罗尔纲在从相识到相知的过程中已建立了常有往来的友谊。

1949 年后二人的欢乐与悲伤

中华人民共和国成立以后，顾颉刚与罗尔纲的友谊揭开新篇章。

二人皆被重用，却又被卷入各项政治运动，欢乐伴随着悲伤。他们感同身受，相互同情和支持，可用真挚、无私、感人来概括。

顾颉刚在 1951 年到 1979 年的日记中，经常提到罗尔纲及其太平天国著作和二人共同出席的各类会议。

1951 年 1 月 19 日、2 月 3 日，顾颉刚看《太平天国史稿》《李秀成自传笺证》；2 月 2 日，校对《太平天国史画》。11 月 16 日，顾颉刚文思泉涌，一气呵成，写出了太平天国历史题材的处女作《太平天国与苏州》约三千字的初稿。7 月 15 日、16 日，顾颉刚到中国社会科学院南京史料整理处出席新史学研究会的成立大会并发表讲话，出席会议的学者有韩儒林、罗根泽、王绳祖、王可风、贺昌群、罗尔纲等 30 余人，他与罗尔纲相谈甚欢；次日，到中国科学院专访罗尔纲，未晤，甚感失望。

1952 年 6 月，顾颉刚再去南京，先到夫子庙百年老店"永和园"吃点心，接着便去鸡鸣寺中国科学院，访问罗尔纲。1954 年 8 月 31 日，顾颉刚再度去金陵，出席江苏省文物管理委员会成立大会，因与罗尔纲等均当选为委员，故得以再度相见。

1954 年 10 月，批判胡适的运动便开始了。12 月 29 日，顾颉刚"与树帜、尔纲到科学院参加批判胡适思想会，听艾思奇演讲，马特、金岳霖、冯友兰、何思敬发表意见"。顾颉刚与罗尔纲均未发言。

1958 年 5 月 30 日，顾颉刚在家"看罗尔纲《太平天国的妇女》"。6 月 15 日，再"看罗尔纲的《太平天国史料辨伪集》"。

1962 年 4 月 5 日，《光明日报》刊登吕集义的《曾国藩为什么删改〈忠王李秀成自述〉》一文。1963 年 8 月，戚本禹在《历史研究》第四期抛出一篇《评李秀成自述》，罗尔纲于同期回敬《关于我写〈李秀成自述考证〉的几点说明》一文，似乎是史学论战，其实拉开了政治斗争的序幕。翦伯赞、罗尔纲等成为最早落入旋涡的一批学者。接着顾颉刚也成为其中一员。9月3日，顾颉刚在家"看《历史研究》中戚本禹、罗尔纲论李秀成文"。12月25日，他虽然腹泻，却在床上"卧看罗尔纲的《太平天国史料辨伪集》"。

1964年6月19日，罗尔纲在北京登门拜访顾颉刚。7月5日，顾颉刚则"到罗尔纲夫妇处谈"，接着"又到吴世昌夫妇处谈"，三方谈些什么，未见记录，估计与李秀成问题争论有关。7月27日，罗尔纲便在《人民日报》上发表了《忠王李秀成的苦肉缓兵计》，在全国又掀起是真降还是伪降的大争论。是日，顾颉刚认真"看罗尔纲《忠王李秀成的苦肉缓兵计》"，"复看《考证》"，未作评价。他对杨献珍、阳翰笙、周谷城等名人已开始遭批斗，感到困惑。8月底，顾颉刚在日记上写下了他对当前形势的看法："近来报纸上轰轰烈烈地讨论四个问题：一、杨献珍的'合二为一论'，二、周谷城之'无差别'美学思想，三、阳翰笙之《北国江南》电影中之'人性论'，四、罗尔纲之忠王李秀成之'缓兵苦肉计'说。除最后一个为历史人物评价问题外，余三题皆与阶级斗争思想背道而驰，而与修正主义之和平共处思想接近，我国正在反修，故必须予以批判"。这段记录显系"文抄公"之作，他对老友罗尔纲的问题，不论是公论还是私议，具持支持观点。

同欢悲　共进退

顾颉刚对老友罗尔纲的关心并没有止步，而罗尔纲对老学长的信赖也未降低。在新的历史时期，二人同欢悲、共进退。

顾颉刚曾加入民主党派——中国民主促进会，且二人均曾任全国政协委员和全国人大代表。他俩曾应邀相遇在人民大会堂举行的国宴之中，同见国家领导人。在人大、政协会议上，邂逅了久别的文史哲界老友吕叔湘、钱锺书、俞平伯、侯外庐、尹达、翁独健、梁漱溟、杨东莼等。

"文革"十年，对顾颉刚和罗尔纲来说，是一场莫大的灾难。1965 年 2 月 19 日、20 日，顾颉刚仍在"看吴世昌《论李秀成的降敌问题兼评罗尔纲先生的研究方法》"。1966 年 3 月 25 日，顾颉刚除了"重看尹达《必须把史学革命进行到底》"外，又认真"看《人民日报》所载戚本禹等批判翦伯赞一文"。翦伯赞曾公开指出"忠王是农民革命英雄，有缺点，但不可苛求"。又说："罗尔纲在旧社会就开始研究太平天国革命，为农民革命群雄立传，做了共产党人应当做而尚未做的工作，我们应当欢迎，应当支持。"

斯时，顾颉刚在日记上写着："年来受批判之人士：文学——俞平伯、田汉、丁玲、夏衍、孟超、邵荃麟、阳翰笙。史学——罗尔纲、周谷城、翦伯赞、吴晗、孙祚民、李平心。哲学——杨献珍。经济学——马寅初、孙冶方、杨坚白。政治——梁漱溟、李维汉、齐燕铭、彭德怀。"如此记载，反映了同情之心。一日，顾颉刚妻子张静秋（1908—1991，江苏徐州人，1933 年毕业于北京师范大学外文系，1944 年 7 月与顾颉刚结婚）"得一印刷品，记毛主席与林彪、陈伯达谈话，谓郭沫若、范文澜讲历史，亦是帝王将相派，但他们注重史实，当保。与处理翦伯赞、吴晗、罗尔纲不同，并谓尚有应保者数人"。

1967 年，顾颉刚、罗尔纲开始在各自工作岗位上写检查了。3 月 20 日，顾颉刚日记云："八时到（历史研究）所，续写自我批判二千四百字。"当时夫人张静秋有病，顾颉刚说："有日泄泻至三次，医谓是神经紊乱所致，宛似病人。"次日，"八时十分到所，续写自我批判二千八百字"。更令顾颉刚悲伤的是他的妻子因"予将受批判，紧张尤甚"，极感不安。1969 年 7 月 15 日，顾颉刚"参加全所批判会",他此时已是泥菩萨过河——自身难保之人,可他又赶到"近代史所来问罗尔纲事"。旋"移登席棚,开'坦白从宽、抗拒从严(动员)大会'",旨在为下一步正式批判会做准备。7月23日,按规定,顾颉刚带着因长期失眠的多病之躯,下午"二时半到所,看新贴的俞平伯、罗尔纲及予(指顾颉刚自己)之大字报",接着"在大席棚参加批判俞平伯、罗尔纲大会。带饭吃。六时散"。

顾颉刚、罗尔纲等在受批判之时,仍进行《清史稿》的点校工作。顾颉刚记道:"1971年7月6日,中华书局汽车来,予与罗尔纲同往。先由解放军三人谈,再由我谈。同会者:白寿彝、赵守俨、周振甫、阴法鲁、翁独健、唐长孺、孙毓棠、张政烺、王毓铨等。午归。"这项工作到1976年才结束,却使顾颉刚与罗尔纲有机会再次共事一堂长达五年之久,二人友谊日深!

顾颉刚与罗尔纲等学者是在头戴帽子、身背包袱、肩负重担的情况下献出智慧完成了《清史稿》艰巨的点校任务。他们每一个人背着沉重的政治包袱,直到粉碎"四人帮"宣布"文革"结束,才笑逐颜开。顾颉刚把1979年7月14日的《人民日报》剪下保存在自己的日记里,可见他当时的喜悦心情。这张剪报既留存了国家这段动荡的历史痕迹,也留下了亿万人民的集体记忆,更是顾颉刚、罗尔纲等史学家恢复名誉的见证!这篇报道称:"一九七五年,邓小平同志主持中央工作期间,原哲学社会科学部曾进行复查,但由于'四人帮'的干扰、破坏而被迫停止。粉碎'四人帮'后,从一九七七年底开始,对冤案、假案、错案进行清理,得到改正。"又说:"在受到林彪、'四人帮'迫害的同志当中,杨献珍、杨述、孙冶方、侯外庐、邵荃麟、何其芳、黎澍、刘大年、陈冷、骆耕漠、罗尔纲、蔡美彪、林里夫、顾准十四位同志曾被戴上各种帽子,在报纸上公开点名进行批判,这些都属于不实之词,已予以推翻。"还说:"原被错定为反动学术权威的俞平伯、罗尔纲同志，原被错定为资产阶级世界观未得到改造的知识分子吕叔湘、丁声树、翁独健、陆志韦、钱锺书、严中平、朱谦之等同志，原被错定为资产阶级史学家的顾颉刚同志，都已得到纠正，恢复了名誉。"等等，不一一抄录了。

顾颉刚在获得平反昭雪后的次年——1980年12月25日，因病在北京谢世，享年85岁。他患难与共的好友罗尔纲，则晚于他17年——1997年5月25日，在北京协和医院福寿全归！二人留下的著作，亦为世人了解他们的学术成就和交谊提供了重要资料。

夏鼐与罗尔纲

夏鼐（1910—1985），浙江温州人。1934年毕业于清华大学，获文学士学位。之后赴英国伦敦大学，获考古学博士学位。1941年回国，先后在中央博物院筹备处、中央研究院历史语言研究所任研究员。1949年后，先后任中国科学院哲学社会科学部学部委员和考古研究所所长等职，第二届至第六届人大代表。获国际同行的尊重，成为美国、英国、德国、意大利和瑞典等国科学院通讯院士。著述宏富，誉满海内外。

夏鼐与罗尔纲本非同乡、非同学、非专业之人，他俩怎么会走到一起，最终成为挚友的？夏鼐留给世人的日记，不仅记述了他个人的生平与学术活动，也记述了他与胡适、傅斯年的相交经过，更难能可贵地、客观地为我们保存下胡适珍爱罗尔纲并称赞其为"真传"弟子的独家史料，此事不仅罗尔纲及其家属不知，就是我们师从罗尔纲几十年的门人，莫不感到振奋！公正地说，《夏鼐日记》是他俩友谊的载体和明证。

相识于史学研究会成立之际

夏鼐与罗尔纲是何时相识的，这要追述到1934年成立史学研究会的时候。那时，罗尔纲在上海中国公学大学部毕业正在胡适家中就业。《夏鼐日记》云，是年 5 月 20 日，"进城开会。上午至骑河楼清华同学会，发起人 10 人（汤象龙，吴春晗，罗尔纲，朱庆永，谷霁光，孙毓棠，梁方仲，刘隽，罗玉东，夏鼐），除孙毓棠在津未来外，其余皆已到会，商酌会章及进行方针。下午继续讨论，至三时许始毕，定名为史学研究会，推选汤象龙为主席，约定下月 17 日再大会，乃散会"。9 月 3 日，夏鼐"赴吴（春晗）君处，晤及罗尔纲君。午餐在合作社。……晚间又赴吴君处，与谷君、罗君等讨论史学会出版事宜，将熄灯时始返舍"。这是夏鼐与罗尔纲的第二次面晤。10 月 30 日，"至胡适之先生处，晤及罗尔纲君，乃同吴、罗二君同赴傅（斯年）先生家中，询问关于国内研究计划"。

后来史学研究会成员并未因人事变动而失联。《夏鼐日记》记录，除夏鼐与罗尔纲之间保持联系外，罗尔纲与汤象龙（1909—1998）、谷霁光（1907—1993）、梁方仲（1908—1970）、朱庆永（1909—1978）、孙毓棠（1911—1985）之间也是联系频繁。这当中罗尔纲与汤象龙还保持着通信关系，我读《汤象龙先生百年诞辰文集》，发现其中即有罗尔纲致汤象龙 13 封信，汤象龙回与致罗尔纲信函 8 封，谷霁光致汤象龙函 1 封，内容为探讨学术问题，还涉及就业问题。关于后者，据《夏鼐日记》说，1946 年春夏季，江西南昌中正大学校长萧蘧函请罗尔纲前往该校任教，罗尔纲当时在广西贵县养病，因虑编制在中央研究院，胡适是否批准，故而未敢贸然答应。之后，中正大学史学系主任、老友谷霁光又许可付胜过中央研究院的工资为酬，邀请罗尔纲前往授课。1948 年 7 月 15 日，夏鼐说："晚间罗尔纲来谈，谓谷霁光君邀之赴中正大学讲学半年，尚未能决定。"到了 1948 年 11 月 12 日，罗尔纲在北京复了福建省立图书馆馆长萨兆寅（士武）一封信，告知"不日离京赴赣中正大学讲学"，请将代抄资料寄

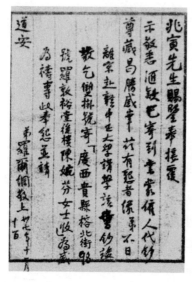

1948 年罗尔纲致
萨兆寅亲笔函

往广西老家。20 日，夏鼐"至罗尔纲君处，知已决定请假，留职停薪，下月初赴南昌中正大学讲学，即便道返里"。乃事终未成。

罗尔纲是一位不善交际的"书呆子"（自嘲之语），但他对挚友之请总是满怀热情地为之效劳。1985 年 6 月 14 日，他应汤象龙之请为其《中国近代海关税收和分配统计》一书作序。汤象龙夫妇均曾患癌症，罗尔纲多次前往慰问。汤象龙经医治竟化险为夷，于 1998 年晚于罗尔纲一年谢世。

1934 年，罗尔纲在北京大学文科研究所考古室工作，因整理艺风堂金石拓片，便与爱好者谷霁光结下友谊。后来谷霁光到天津南开大学工作，但每周六回北平，继续阅研拓片，晚间则住在罗尔纲家。如此直到 1937 年 8 月，北平沦陷，两家同路南归，从此分飞。这以后便出现前文所说的中正大学请聘之事。中华人民共和国成立以后，谷霁光荣任江西大学校长，著述不辍。1980 年，将新著《中国古代经济史论文集》寄给罗尔纲，又请罗尔纲为其《史林漫拾》作序，罗尔纲乐为之挥毫。

　　罗尔纲与梁方仲（著名经济史学家）在社会研究所共事 14 载，风雨同窗，互赠力作。1988 年是梁方仲诞辰 80 周年，罗尔纲在纪念梁方仲教授学术讨论会上献出情真意切之作《忆梁方仲》，追念早逝的在天老友。梁方仲谢世后，他的儿子遵其遗嘱，将作品寄给罗尔纲先生，罗尔纲收到后连说"我珍惜、我珍藏"。

李庄镇喜重逢　求索仍在路上

　　抗战时期，中央研究院各机构纷纷南下，大部分迁至四川省宜宾县李庄镇，夏鼐与罗尔纲等又在异乡重逢。身处飘零中，各人皆有多少辛酸要倾诉，旧友间的交往是频繁的。1941 年 3 月 21 日，《夏鼐日记》云："上午赴李庄，将昨天的信付邮。下午与王振铎同往访汤象龙君，在汤君家少坐，旋同赴罗尔纲君处闲谈。"4 月 6 日，"赴罗尔纲君处闲谈，承其惠赠《捻军的运动战》一册（1939 年香港商务印书馆出版）。返后得吴晗君来信"。4 月 27 日，"上午在家中整理串珠摘记。下午赴李庄，……汤象龙君夫妇来谈，同赴李庄访罗尔纲君。罗君以匪警故，拟由山中搬入镇内，房子已收拾好，但尚未搬进"。5 月 13 日，"阅《营城子》（汉砖墓发掘报告）。晤及罗尔纲君"。12 月 12 日，"下午往汤象龙及罗尔纲君处，及见汤君新育之婴儿，并闻朱庆永君已结婚，罗有加入西北考察团之可能"。"西北考察团"一事，从未听罗尔纲先生说过，也不见其著作中提及此事。朱家骅于 1941 年秋发动中央研究院、中央博物院、中央地质调查所等单位组成西北考察团，旨在发展西北，须先为科学上之详密考察，为政府提供依据。但由于经费不足，故收效甚微，1943 年 1 月，朱家骅向在美国的胡适求助，可惜也无结果。

1944年秋，罗尔纲出版了他的《师门辱教记》，当时因为"时已紧急疏散"，作者只拿到十几册（具体数字有多种说法）样本，故外间不曾有流传。1948年5月30日，罗尔纲致函胡适，说："最近夏作铭（鼐）、王之屏（崇武）两兄都来向学生讨这本小册子看，他们看后都主张快（再）印，说（这）是一部给少年人良好的读物。作铭兄并主张加相片进去。"夏鼐之意在力成一部图文并茂之佳作，可惜后来始终未成事实。夏鼐在5月24日的日记中，说："晚间罗尔纲君来谈，并持赠其所著之《师门辱教记》。"1958年，胡适在台湾将《师门辱教记》改名为《师门五年记》，自费重印。两岸相隔，不仅夏鼐未能见到台湾版《师门五年记》，即便罗尔纲也是望书莫及啊！

赠罗尔纲海外征集的太平天国史料

1948年7月15日，夏鼐在日记上说："晚间罗尔纲来谈，……闲谈一会儿后，取去余在英伦所作关于太平天国史料之札记数纸。"11月22日，夏鼐又将自己在英国获得的"《戈登日记》及黄（又译'费'）士班《天京印象记》赠予罗尔纲君"。夏鼐倾其海外所得之太平天国原始史料慷慨相赠，罗尔纲如获至宝，兴奋不已！

夏鼐曾对他在英国所得之太平天国原刻官书——《旧遗诏圣书》《新遗诏圣书》（《钦定前遗诏圣书》）及《道光十六年刊本〈马太传福音书〉跋》进行细致的校勘。对此功力和成果，罗尔纲表示十分钦佩。虽然夏鼐并未将这篇校勘记收入自己的文集中，罗尔纲却将其收录于《罗尔纲全集》内，并于1954年9月18日，写下《读夏鼐〈新旧遗诏圣书及钦定前旧遗诏圣书校勘记〉后记》，旨在将二人用学术方式凝成的友谊永存于世。

罗尔纲的"后记"摘要如下：

夏鼐先生《新旧遗诏圣书及钦定前旧遗诏圣书校勘记》，这是一篇重要的校勘记。

在太平天国刊行的经籍中，关于版本修改，也就是思想变迁的问题发生了争论：一种说法是洪秀全本来是儒生，久受中国传统思想的熏陶，虽以耶稣教发动革命，而起初所认识的教义仅限于梁阿发的《劝世良言》，因此，那时候他的著作就多援引儒家思想与术语。其后起义建国，急于宣传，而军事倥偬，未及删改，赶着印行，所以辛开元年和壬子二年予印行的经籍都还保存有很浓厚的儒家思想。到了癸好三年建都天京后，草创渐定，"万样更新"，于是乃有删书之举，定一尊于上帝，以谋思想上的统一。另一种说法是太平天国本来先定一尊于上帝的，举一切儒家经典即都毁弃去，到后来，"积数年之经验，因社会之情形，不得不幡然变计"，然后才加入儒家典训名言，故为佐证，谋合耶稣教与中国固有思想于一，以迁就人心环境的。根据前一种说法，则援引儒家经典的是初刻本，不引儒家经典的为改正重刻本；根据后一种说法，则不引儒家经典的是初刻本，引儒家经典的是改正重刻本。我是主张前一种说法的。1948 年夏，我在《太平天国经籍考》一文中发表了我的主张。……发表那篇论文后，夏鼐先生把他这篇精细的校勘记送给我。夏鼐先生的校勘记指出：初刻本《旧遗诏圣书》中尚存"亲死惨哭""哀涕""满殓""守丧""守孝"等记载，又未改"死"为"升"。到了改正重刊本《钦定旧遗诏圣书》，则将"惨哭哀涕"等记载全删，并且在字句之间，遇到"死""崩""卒"等字，都一律改为"升"，"哀哭"改为"丧礼"。这都是由于太平天国新丧礼的规定而修改的。所以夏鼐先生这几条校勘记，就给我们的考证以有力的证明，从而解决了这一个太平天国经籍版本的争论。此外，夏鼐先生在校勘记中又抄写了许多《钦定前遗诏圣书》上的洪秀全眉批。我们不但可以看出太平天国的宗教思想，而且可以启发我们去研究若干太平天国的重要史实，特别是东王杨秀清在太平天国的地位。

罗尔纲最后怀着十分感激的心情说道："以上所说，都是夏鼐先生这篇校勘记对太平天国史研究上的贡献，是值得我们珍惜的。"

1948 年，欢聚于金陵

1948 年 5 月，罗尔纲因念 11 年未见师面，故而回到南京中央研究院社会研究所。此时胡适在南京，住在鸡鸣寺中央研究院历史语言研究所楼上所长办公室内。夏鼐亦住在历史语言研究所。三人工作之地及住处都很靠近。

1947 年 12 月 17 日是胡适 57 岁生日，贺客及贺电甚多。是日，《夏鼐日记》曰："上午与高晓梅君晋谒胡适之先生。……晚间胡先生赴沪，未离所之前，余与王之屏（崇武）、那简叔二君往谒，闲谈。胡先生……谓其父亲有自订年谱，至 41 岁止，以后十余年皆有日记，共数十万言，但无法为之增补年谱（此项日记及年谱、诗文集、公牍均已整理就绪，除年谱亲加整理外，其余皆由罗尔纲君战前代为整理）。"这是夏鼐第一次从胡适口中知道罗尔纲在整理其父胡传的遗存。

是年 4 月 2 日，"上午罗尔纲君来谈，罗君自复员后返贵县，以病家居，今始返（南）京"。又记道："晚间胡适之先生早归，坐着无聊，叫老裴来喊余谈天，余正在读《殷历谱》，抛书去晋谒，谈到十一时半始返室。……胡先生说到这里，又摇头说，可是我老了，还有这三大部书要写，颇有'日暮途远'之感。又说到他教了三十年来的书，没有教出一个可以传衣钵的徒弟出来，实在大部分上课听讲的学生，不能算是徒弟，真正可算徒弟的，只有罗尔纲君。"夏鼐记下胡适这番发自肺腑的话，感到绝非戏言或虚语，因为他知道"罗君忠厚人"。罗尔纲得天独厚，有幸为胡适"当私人秘书，住在（胡适）家中，因为他自己的研究工作多在晚间，可以真正领教的只有住在他家中才可以做得到"。夏鼐对胡适认定罗尔纲是其"真传"弟子是十分认同并心悦诚服的。关于胡适这番真言，并未见夏鼐转告过罗尔纲。罗尔纲是知恩图报的人，他若知悉胡适对他的评价，必定会在他三个版本的《师门五年记·胡适琐记》中有所表达。

1948 年 7 月 2 日，夏鼐在南京，"上午至贺昌群先生处，将所借之伯希和《记安阳殷陵发掘》一文还去。贺先生（时任中央大学历史学系主任）邀余下学期担任考古学课程，并嘱余代邀罗尔纲、陈槃庵二君，能否在中大开课。回来后，至梁方仲、罗尔纲二君处稍谈，罗君有允诺之意"。1952 年 9 月 11 日记："罗尔纲君来，偕至萃华楼用餐。饭后，偕往朱庆永君处闲谈，彼二人已十六年未晤面，朱君已于昨日调往师范大学。谈至十时始散，朱君约明日晚膳。"次日，"晚餐在朱庆永君处，罗尔纲、严中平（1909—1991，江苏涟水人，著名经济学家）二君亦在座，饭后闲谈，九时许始散"。11 月 22 日，夏鼐忙于代罗尔纲"接洽赴中博院参观太平天国将领墓志石事。阅罗君之《太平天国金石录》（正中书局出版）"。1949 年 2 月 26 日、27 日，夏鼐在内战炮火声中"阅毕罗尔纲君《太平天国史丛考》（1—96 页）"。

同荣共辱 自有好评

夏鼐从 1949 年到 1982 年历任中国科学院（1977 年改为中国社会科学院）考古研究所研究员、副所长、所长。1955 年任中国社会科学院学部委员。1982 年任中国社会科学院副院长、中国考古学会理事长，第二届至第六届全国人大代表。并荣任英国、德国、瑞典、美国、意大利等国社会科学院通讯院士。罗尔纲从 1949 年到 1956 年应邀来到南京，主持操办太平天国百年纪念展览、太平天国史料收集工作，建成全国第一座太平天国纪念馆。成绩斐然！特别是他拒任馆长，甘当一名布衣劳动者，赢得尊敬！

虽然二人公务繁忙，但并未影响他们的交往和在学术上的切磋。夏鼐在 1954 年 9 月 23 日的日记上说："罗尔纲君寄来关于太平天国的文章即余之旧作，嘱余修改后寄还。"12 月 13 日，又云："上午赴所，接到罗尔纲同志的长信。"年底，罗尔纲因受全国政协之邀，赴京向全体委员作了有关太平天国史的演讲。夏鼐闻讯后，于 29 日"赴北京饭店访罗尔纲同志"。1955 年 4 月 1 日，在京的"罗尔纲君来谈"，未遇。过后夏鼐"约朱庆永同志，偕往访罗尔纲同志"。次日，夏鼐"下午赴北京饭店，听艾思奇同志报告'批判胡适思想'。晚间罗尔纲同志来谈"。1957 年 1 月 3 日，"下午在家，阅罗尔纲的《论科学的考据和考据的不同》一文，并提了一些意见"。5 月 1 日，放假一天，夏鼐于"下午至北新桥小三条访罗尔纲同志"。1958 年 1 月 30 日，"下午赴北京医院治疗，遇及罗尔纲同志"。

1959 年 4 月 18 日，"第二届人代会首次会议于今天下午正式开幕"，23 日，"人代 会上下午都是大会发言，……休息时遇到伍献文、罗尔纲、王大珩诸同志。"7 月 1 日，"下午身体不舒，在家阅罗尔纲《太平天国文物图释》，并将《文物参考资料》最近两三年来发表的新发现文物，加注其上"。

　　1963 年，戚本禹抛出《评李秀成自述》一文。1964 年 4 月，罗尔纲离南京举家返回北京。25 日，夏鼐很高兴地欢迎"罗尔纲同志夫妇来访"，并说"自前年这里宿舍盖好后，即为之预备房间，现在才由南京搬来，罗公身体仍然不好，常患头晕"，表示关心！5 月 1 日，夏鼐便回访"至罗尔纲同志处闲谈"。9 月 30 日，"至罗尔纲同志处，刚写完一篇检讨，约万余言。阅后略提意见"。12 月 13 日，罗尔纲来夏府，对夏鼐谈"最近他刚写出对于李秀成供状研究的检讨"。罗尔纲的这篇万言书，应是应对全国报刊开展对他的《忠王李秀成的苦肉缓兵计》大批判的检讨书。12 月底，夏鼐至罗家，告知人大选举国家领导人的情况，"因为他这几天都因病请假，没有出席"。1966 年正月初一（1 月 21 日），夏鼐"去罗尔纲同志处，他谈起《海瑞罢官》讨论事，认为这是政治问题，不仅是学术问题；实则学术离不开政治。以《史记·儒林传》中景帝以为'言学者无言汤武受命不为愚'，是后学者莫敢明受命被杀者。罗同志以为可取譬"。

　　1976 年 8 月 1 日，因恐受唐山大地震波及，罗尔纲奉命去南京休养，住在太平天国历史博物馆东院一隅。一年后举家返京。1977 年 8 月 27 日，夏鼐于"晚间至罗尔纲、杨一之同志处闲谈"。9 月 30 日，夏鼐于"晚间偕罗尔纲同志一起去参加国宴。这次社会科学院有 20 余人。我在 243 桌（三区），同桌有许涤新、任继愈、余冠英、贺麟等，邻桌（239 桌）则有尹达、罗尔纲、吴世昌等。今日外宾以柬埔寨总理波尔布特为最主要，华国锋主席致辞，由 7 时至 8 时半宴会始散席"。

　　1978 年 3 月 11 日，"获悉朱庆永教授已于 3 月 7 日去世，傍晚赴其家吊唁。……晚间罗尔纲同志派他女儿来询问朱庆永逝世事"。8 月 28 日，"晚至罗尔纲同志处，因为今天接汤象龙的来信，嘱向罗尔纲同志问候，他将于9月初来京"。9月23日，"汤象龙夫妇已在罗尔纲同志家，前往会面，一别30余年矣"。10月1日，"汤象龙同志夫妇来访，留之晚餐，饭后一起至罗尔纲同志家小坐闲谈"。12月4日、26日，均记"晚间至罗尔纲同志处闲谈"。

1980年1月20日，夏鼐"上午赴所中翻阅藏书，想找《太平天国史丛考》原印本未得（仅有罗尔纲赠六卷本）。下午在家继续写作《我所知道的吴晗同志》一文"。到23日，已写就，有七千余字。7月14日，《人民日报》第一版发表"严格按政策清理冤假错案和历史遗留问题，社会科学院为八百多名科研人员和干部恢复名誉。推翻了林彪、'四人帮'强加的不实之词。全院出现安定团结的大好局面"的长篇报道。其中原被错定为反动学术权威的罗尔纲和被错定为犯有执行修正主义路线错误的夏鼐等同志，均恢复了名誉。

1981年10月10日，是辛亥革命70周年。10月9日，中共中央在人民大会堂举行纪念会，胡耀邦主持大会并作了重要讲话。夏鼐参加了纪念大会。10月10日，上午，夏鼐"赴院部，参加关于台湾回归祖国的座谈会，发言者有五位院领导（梅益、张友渔、许涤新、马洪、彭达彰），八位老科学家（陈翰笙、沈从文、巫宝三、贺麟、尹达、严中平、费孝通和我）"。

1982年11月17日，夏鼐"下午在家。阅罗尔纲《太平天国史丛考甲集》，乃新出版的论文集"。11月21日，夏鼐"下午至罗尔纲同志处小坐，谢其赠送《太平天国史丛考甲集》。谈话中，罗尔纲同志谓黎澍同志前年参加访日代表团返国后，在所中言及日本学术界中人，对于我国学术的估价，以为考古成绩最大，而主持考古研究工作的人亦被称誉为中国学术界之翘楚。我惶惶不安，以为未免过誉。他又谈及院中加邀钱锺书和我为副院长，以为深为得当。罗公闭门治学，足不出户，但仍关心院中大事，殊令人诧异"。罗尔纲为人忠厚，这段令夏鼐惊异的坦言，是他对好友和中国考古界领军人物的赞扬，也是对夏鼐长期卓越领导能力的肯定。1982 年，夏鼐终被升为中国社会科学院副院长。

虽升了官，但夏鼐作风依旧。1983 年 2 月 14 日大年初二，罗尔纲夫妇像往年一样前来拜年，夏鼐在日记中写道："罗老今年 81 岁，深居楼中著书，轻易不下楼，今天送其新出的大作《李秀成自述原稿注》来。"他很过意不去，当晚，"偕（夫人李）秀君至罗尔纲同志处贺年，他谈及俞大缜教授曾函告他以《李秀成自述》末尾撕毁的几页，是劝曾国藩自立为皇帝推翻清朝。这是曾家的口传如此。又谈到他自己在北大文科研究所三年，将缪荃荪艺风堂石刻拓片三万余纸作《校碑随笔》，想在《太平天国史》（纪传体）脱稿后从事整理，云云"。

1984 年 2 月 2 日，夏鼐夫妇晚饭后"至罗尔纲同志家贺年，他谈《太平天国文书续编》出版事，把他的序文及跋语给我看"。10 月 18 日，"至罗尔纲同志处闲谈，他送我一册《湘军新志》"。次日下午在家，阅《胡适之先生年谱长编初稿》时，惊悉"金岳霖同志去世，享年 89 岁"，心甚悲恸！

1985 年 2 月 18 日，中国社会科学院梅益秘书长有意为夏鼐举办一次从事考古研究 50 年的庆祝活动，夏鼐婉言谢绝了。2 月 20 日，夏鼐抱着病躯，在他人生旅途的最后岁月，"赴人民大会堂，参加春节团拜会"。听了国家主席李先念的讲话，对"党性原则和党的纪律不存在'松绑'的问题"一句印象深刻。下午，夏鼐照例到罗尔纲处拜年，他在日记中说："罗已逾八十，仍终日伏案著述，前月以血压高晕倒，医嘱休息一时期。"也力劝老学长珍重！

四个月后，1985 年 6 月 19 日，中国考古界的巨擘夏鼐却在北京谢世了，享年 76 岁。

千家驹和胡适、罗尔纲

千家驹（1909—2002），浙江武义人。1932年，毕业于北京大学经济系。1935年，任北京大学经济系讲师，1936年，任中央研究院社会研究所副研究员。抗战期间，任广西大学教授兼《中国农村》月刊主编，香港《大公报》社论撰稿人。1941年，太平洋战争爆发，回广西桂林，卖文为生。抗战胜利后，赴香港办《经济通讯》社，又任中国民主同盟南方总支部秘书长。

1949年，历任中国人民银行总行顾问、清华大学和交通大学教授、中央工商行政管理局副局长、中央社会主义学院副院长、中国科学院哲学社会科学部学部委员等职务。2002年在深圳逝世，享年93岁。著作等身，出版有《广西省经济概况》《中国的内债》《新财政学大纲》《资本主义再生产和经济危机》《社会主义国民收入》《中国货币发展史》《中国社会主义经济建设中的若干问题》等。

胡适是千家驹最佩服的当代学人

千家驹在北京大学读书时是经济系学生，非胡适的面授门生，按说与国学文史学导师胡适似乎扯不上关系。1991年，千家驹在纪念胡适诞辰100周年的《海纳百川　有容乃大》文中回忆："适之先生对我有知遇之恩，使我没齿难忘，但我不是他的学生，从来没有上过胡先生的课，尽管当时胡博士已名满天下。"1992年，胡适逝世30周年，千家驹又作一篇《感念适之先生》，他在文中写道："胡先生有一次从北平到南京的火车上无意中读到我写的一篇文章（即《抵制日货之史的考察与中国工业化的问题》），他大为欣赏。"后"问主办这个刊物的凌昌炎先生：'千家驹是谁的笔名？'凌先生告诉他不是笔名，是北大一个未毕业的学生。胡先生大为吃惊，说回到北平后，要找这位姓千的学生谈谈。胡回北平后与吴晗谈起此事，恰好吴晗是我的同乡同学，他就介绍我去见胡适"。从此，跨学科的千家驹即产生对胡适的仰慕崇拜之情，从他1933年1月24日到1936年1月10日的五封致胡适信函中，即可得知。他曾说"亲聆"，"日前聆教，至为欣幸"，并曾与同乡吴晗"赴谒"过胡适，还曾带去自己的作品向胡适请教。

千家驹曾向胡适叙述他在经济学方面的努力与成果，希望胡适让他翻译马克思的《资本论》。并非出于政治目的，而是解决他个人及家庭的贫困。千家驹坦诚地告诉胡适，他父亲已另组家庭，"母亲是异常刻苦的，她不识字，深深地感到不识字的痛苦，所以要子女读书，并且督教很严，期望很深切"，要求译书"于我的经济方面自不无少补的"。

1933年，是千家驹从北京大学经济系毕业后的一年，作为一位热血青年，在给胡适的信上他说："近阅报，上海民权保障同盟在北平有分盟之说，且得先生主持组织，闻讯鼓舞，为之雀跃。"接着他痛斥国民党迫害进步青年的种种罪行，向胡适提出三点建议，其中有要求"释放一切政治犯（不问他是共产党或非共产党）"等，同时还请求让他这位"小学生有资格加入'民权保障同盟'"。千家驹在北大读书时是"非常学生会主席"。胡适心知肚明，但他喜爱这个才子。

1935 年，胡适再推荐此时尚不满 26 岁的千家驹到北京大学经济系任讲师，未料遇到了阻力。千家驹回忆道："所教的是北大经济系四年级的课程。他们都是我在校的同学。当时北大经济系主任赵乃搏先生不同意，说千某人北大刚毕业不满两年，又未镀过金（留洋），去教高年级经济系学生，怕有'不方便'之处（即不受学生欢迎）。但由于胡先生的坚持，北大校长蒋梦麟还是聘请我了"。"我去了北大教课后，颇受北大同学的欢迎，终算没有为胡先生坍台。"充分证明胡适是位识才的伯乐。

千家驹回忆："胡先生虽然是我的恩师，但与胡先生的接触不多。"接触比较多的是在 1934 年至 1935 年间，而"一九三六年一月以后，我与胡先生既未通过一封信，也没有再见过一次面"。当时胡适住在景山后门米粮库胡同，胡适规定礼拜天上午是接见朋友的时间，在那时候任何人去看他，他都延见。"胡先生是从来不摆架子的人，禀性温和，平易近人，从不给人以颜色。我们像朋友一样，随便聊天。"

胡适爱才、惜才，曾邀约千家驹为《独立评论》写稿。在《独立评论》上发表作品的均为当时一流学者，文章必用真名。千家驹虽尊崇胡适，但对胡适的政治立场并不能苟同，甚至与胡适保持一定距离。他应胡适之邀为《独立评论》写过两篇不涉政治的经济文章，却均使用笔名"一之"（他历来写文章都用真名），主要当时左派青年看不起《独立评论》，视之为"反动"刊物。胡适并不苛求他用真名。千家驹对胡适这样"宽容"自己，不以政治立场为取舍标准非常感动！千家驹谈及胡适对学生运动有独到见解，他说："当年北大学生正闹罢课，北大法学院院长周炳琳先生劝北大学生复课，双方正在辩论中，胡先生来了，他听后对周炳琳说：'周院长，不要说了，你对他们说这些话真是对牛弹琴。'学生听到后大怒，质问胡适说：'胡先生，你说什么！你说我们是牛，你是狗，国民党的走狗。'胡适听到后连忙说：'你们不要误会，我不过套用一句成语。'由此可见，当时北大学生对胡先生是很不尊敬的。""1946年、1947年学生又发起反内战、反饥饿运动，矛头是针对国民党的，胡适说了一句公道话："对学潮应有一个历史看法，古今中外，任何国家，政治不能满意时，同时没有合法有力机关可以使不满意得到有效的改革，这个事情总落在受教育的青年身上，也就是学生身上。汉、宋的太学生谈政治，与瀛台最有关系的'戊戌政变'，也与学生有关。当时各地学人上书引起革新运动。在国外，有巴黎大学。千余年来，凡有革新运动，总是有青年。1848年全欧（包括英国）的政治运动，亚洲方面有印度、朝鲜的独立运动，仍然有学生。"胡适还说："现在学生对政治不满意，感觉生活压迫，推敲理论，见仁见智，至少承认有烦闷的理由，有不满意的理由，没有客观环境，不能说几个几十个人，能号召几千人的学校罢课游行，因为牵牛到水边容易，叫牛喝水就困难了。"多么精辟的分析。

胡适还说："青年思想左倾，并不足忧虑。青年不左倾，谁当左倾。只要政府能维持社会秩序，左倾的思想文学并不足为害。这正是鼓舞我们中年人奋发向前，他们骂我，我毫不生气。"正因为如此，千家驹从心底认知"胡适是他心中最佩服的当代学人"，事过近60年后，千家驹回忆往事，仍然赞美"胡适先生学识之渊博与其'容忍'之雅量，并世亦无第二人"。

1936年，千家驹与杨梨音女士结婚，邀请胡适为证婚人。那天胡适很高兴地拿出《鸳鸯谱》来要千家驹夫妇签名，这是胡适留作纪念之物。举行婚礼时，胡适颇具风趣地开玩笑说："千先生是北大著名的捣乱头儿，但看今天的婚礼却一点革命都没有，大概从今天起，千家驹要变成杨家驹了。"逗得全场哄堂大笑。

1992 年 2 月，千家驹时年 83 岁，他知道自己等不到胡适诞辰
110 周年和逝世 40 周年，故将他纪念胡先生的最后一篇文章——《感
念适之先生》分别发表在香港的《明报月刊》和美国李又宁主编的
《回忆胡适之先生文集（一）》上，作为他"对恩师的一点怀念"。

寥寥数语道出对罗尔纲的仰慕之情

千家驹在 1980 年 8 月号的台北《传记文学》文章中还说："吴晗
几个同行的好朋友，如罗尔纲、梁方仲、张荫麟等，他们也都成为我
的朋友。罗尔纲是研究太平天国的，做适之先生的助手。他是广西
人，非常老实、忠厚，适之先生很赏识他。解放后留在大陆，已成太
平天国研究的权威。"千家驹寥寥数语便勾勒出罗尔纲与胡适的师生
情谊，并展示了他性格和学术研究形象，流露出对罗尔纲先生的仰慕
之情。

千家驹与罗尔纲虽近居一城，却远胜天涯，因为双方均无面晤的
机会，不过千家驹在罗尔纲的心中占有重要位置。罗尔纲在他的《师
门五年记·胡适琐记》中，转载了千家驹 1991 年 1 月 26 日在香港
《信报》上发表的《海纳百川 有容乃大——学习胡适先生的"容忍"
精神》，盖此文已成他俩的共同心声！

胡颂平谈胡适与罗尔纲

胡适一生桃李满天下，但身边的优秀学生却凤毛麟角，而陪伴恩师并受信赖到最后一刻的更是少之又少，这当中为世人所知的，要算胡颂平先生了。

胡颂平（1904—1988），浙江乐清人。1927—1930 年暑期就读于中国公学，受过何鲁继、胡适两任校长的教诲。他记得胡适在中国公学是 1928 年 4 月 30 日—1930 年 5 月 19 日，两年又 19 天。胡颂平是在胡适就职典礼时才知道胡适的。在经过比较后，他认为校长中差不多都有政党背景，唯独胡适是"一位纯粹的学者"。尤其是他在胡适就任校长典礼上，听到了马君武先生致辞说："胡适先生一九〇六年考进中公时，我就认为替中公取了一位好学生，不但成绩好，品行好，风采也很好，将来一定会有大成就的。果然，二十年后的今天，这位当年的好学生，已经成为国际著名的学者了。现在由他回到母校来做校长，这是我们中公的光荣，也是我生平最高兴的事。"这番精彩的演讲，给胡颂平留下了难忘的印象！

胡颂平在中国公学时，读的是政治经济系，无缘接受胡适当面教诲，但他却在暑期班选修了胡适的《中国最近三百年来的几个思想家》，又旁听胡适在大礼堂主讲的《中国文化史》课程。胡颂平当时也许不知，在大礼堂上听《中国文化史》的还有一位不同系不同年级的同学——罗尔纲；也许事后胡颂平便知道，就是这位罗尔纲同学，因在学习《中国文化史》课程上的优异成绩，幸得胡适校长的青睐，而获得奖学金。胡颂平实实在在地知道，胡适应罗尔纲的请求，曾破例为罗尔纲介绍工作，并对此后胡适与罗尔纲的师生情加以赞美。

1982 年 2 月 20 日，胡颂平在他的《我在中公的片段回忆》中说，那时"文官制度尚在草创时期，每年毕业的同学中，平时毫无社会关系的不少，总不免有少数人去请求校内的师长为他们介绍工作。听说去见董事长蔡孑民先生的，总是有求必应。蔡先生说，如果一个青年因他的一封介绍信而得到工作，他何乐而不为？可是胡先生的作风，便与蔡先生的完全不同。我不记得在周会或别种集会上，胡先生曾经公开表示过，他说中央各部会及各省市的负责人士，他的熟人不少，但他从不为学生推荐的，如有特别成绩或确有研究可任大学教授的，他会自动推荐，但不介绍人人能做的工作。因此，谁都不敢去请求他。只有一位罗尔纲同学，竟敢写信请求为他介绍去中央研究院历史语言研究所的工作。胡先生不是声明过不写介绍信吗？但看了他的平时成绩好，也曾得过文理学院的奖学金，于是收他在家中工作"。

胡颂平从 1958 年 4 月 10 日到 1962 年 2 月 24 日，这四年间，侍奉在"中央研究院"院长胡适左右，原本职务是干事，到胡适办公室工作期间，胡适亲切地呼之为"秘书先生"。事实证明，胡颂平既是胡适的行政秘书，也是出色的学术秘书。胡颂平的代表作有《胡适之先生年谱长篇初稿》《胡适之先生晚年谈话录》《胡适先生年谱简编》，另有《适之先生的博士学位及其他》与《我当了四年的学徒》等。

由于胡颂平是胡适的贴身秘书，胡适的言行几乎都在胡颂平的视线之中。胡颂平所说胡适不帮人介绍工作，事实也确如此，其言行始终如一。1959 年 2 月 26 日，胡颂平在《胡适之先生晚年谈话录》记录了一件事："马逢瑞是先生很熟悉的中公学生。他这时写信来想请先生替他介绍到台湾省物产保险公司工作，胡适说：'我这次到院里来不带一个人。从前在北大时也不曾带一个人，就是在中公当校长时，我请杨亮功当副校长，那是请他帮忙我的。那时江宝和当会计，不是我的意思，是校董会请他，丁燮音硬要他去担任的。我现在的地位不能随便写信介绍工作的。我写一封信给人家，等于压人家，将使人家感到不方便。'"胡适说"你们都是前后同学"，结果由胡颂平"出面写了一封信，先生另外给他一个介绍片子（疑为名片）。胡适连忙说：'只怕端不可开。'"说明胡适是从不为学生介绍工作的。但胡颂平清楚胡适对罗尔纲有着特殊的感情，并情有独钟地把注意力集中在罗尔纲的《师门五年记》这本书上。他在回忆录中说："罗尔纲写了一本《师门五年记》。到台湾后，胡先生自己出钱把它重印出来，作为赠送朋友之用。当时教育学术界人士来索此书的不少。这是一本'描写做学问的经验'，也是一幅'师友切磋乐趣的图画'。"胡颂平对《师门五年记》，除了称赞这是罗尔纲的铭恩之杰作外，还从中国公学的历史、胡适良苦用心的视角，给予极高的评价，他说："也可以说是胡先生当初建立一个中公新学风的理想终于实现的实例。此书可读性很高。"胡颂平是十分看好《师门五年记》的，敬重胡适与罗尔纲楷模式的师生关系。胡颂平乐此不疲地代胡适将《师门五年记》赠送给许多老师和友人，特别是 1962 年 2 月 24 日即胡适仙逝的那天，胡颂平还遵老师生前最后之命，向他杰出的学生、科学家吴健雄赠送了一册《师门五年记》。

胡颂平与罗尔纲虽为中国公学的校友，又同师出胡门，可惜他俩并未谋面，但是二人也是心无间隔的。罗尔纲在他暮年出版的《师门五年记·胡适琐记》一书中，引用了胡颂平《胡适之先生晚年谈话录》中 1962 年 1 月 1 日—2 月 24 日的全文和后记全文，作为献给校友胡颂平的一瓣心香。

罗香林与罗尔纲

"客家"和客家人的由来

何谓"客家"？客家人是如何迁徙的？《辞海》条目说："相传西晋永嘉年间（4世纪），黄河流域的一部分汉人，因战乱南徙渡江，至唐末（9世纪末）以及南宋（13世纪末），又大批过江南下至赣、闽以及粤东、粤北等地，被称为'客家'，以别于当地原住的居民，以后遂相沿而成为当地汉人自称。"客家人确实是定居地的"外来户"，也就是说，故乡同样是异乡。客家人是汉族一个独特而稳定的民系。

客家研究的著名学者罗香林（1906—1978）在其1933年出版的《客家研究导论》中说："（晋永嘉之乱后）并、司、豫诸州的流人，则多南集于今日安徽及河南、湖北、江西、江苏一部分地方，其后又沿鄱阳湖流域及赣江而至今日赣南及闽边诸地，是为南徙汉族第二支派……要之东晋永嘉以后，中原第二支逃难的汉族，向南播迁，远者已达赣省中部，其近者则仍淹迹颍、淮、汝三水之间，浸至隋唐，休养生息，劳困渐苏，慢慢地乃得度其比较安适的生活。"

实际上，客家人作为"闯入者"，他们永远失去了名正言顺的故乡，他们再也难于走回生命的"老地方"，他们在辗转流离中依然贴身存放着或默默地牢记着自己的家谱，因为这是他们最能够带走的生命之根。

罗尔纲是落籍广西贵县的客家人后裔

关于客家人进入广西的肇始、过程等，目前学术界存在不尽相同的说法。罗香林在《客家研究导论》中说："广西客家'大体皆是清初年自广东搬上去的'。"邓迅之在《客家源流研究》中说是明末清初。钟文典在《客家与客家研究的几个问题》一文中说："客家人进入广西是在明、清之际。"

说到客家人进入广西，那就不能不谈到罗尔纲先生。我追随罗先生半个多世纪，我们同在南京太平天国历史博物馆工作15年，其间从建馆到1997年罗先生福寿全归。2011年11月，我在广州有幸看到《罗香林论学书札》，从中喜见一封1943年6月28日，罗尔纲复罗香林亲笔函，方敢确定罗尔纲先生原来是客家人。当然，我只是一个后辈，且是一个对其身世从无疑问的人，便误将他老人家看成一位广西"原住民"。但浏览《胡适日记》、胡适与罗尔纲来往信函，双方均未提及客家人的事，吴晗是罗尔纲的早年同学和长期挚友，恐怕也未必知晓他的这位学长，竟是一位有客家身世的汉族人。

罗尔纲向罗香林首亮客家身世

兹将罗尔纲复罗香林亲笔函原文抄录如下：

香林先生宗兄道席：

五月一日赐示，今日始由李庄转到。拜读之余，曷胜感幸！弟于太平天国史事考证，未足以研究，乃谬蒙先生向图书杂志审查会推荐担任写作洪秀全一题，徒深惭愧，然亦以见先生见爱之深、相知之厚也。弟敢不敬遵命乎！唯截稿之期在今岁七月间，弟现因搜集工作甚忙，须将工作赶紧结束回李庄，在今岁十月以前无法着手，十月后弟当可回敝所，若能宽限至此时，弟自应尽先赶写洪秀全传以应遵命也。附复潘公展先生一函，乞转致，并乞一商示复为幸！十余年前拜读大著《客家研究导论》，钦佩至深。弟亦客人也，先世于乾隆间自福建汀州宁化迁来贵县，今因居住城中，已不能作客家语，然客人优良血统之遗传至今仍存也，故拜读大著较一般人印象尤深，向往尤殷也。弟去年往金田等地考察太平天国史料，对洪、冯、杨、韦、石诸杰均一一确证彼等为客家人，而彼等之起义，即赖客家人之群策群力与夫冒险勇敢之精神，以成大业也。此点在大著中早已尽表扬之能事，无待于弟今日之考证矣。至于弟此次考察所得客家史料有文字记载者唯韦昌辉族谱一种，简又文君已发表于桂林《扫荡报》，想先生已见之，故不另录。鱼雁有便，敬乞时赐教言，实为至祷！专此，敬请
著安

宗小弟尔纲拜上
赐　示请寄"广西贵县县前街一百一十号后楼陈启荫堂转"
中华民国卅二年六月廿八日

罗香林与罗尔纲认识较早，当《客家研究导论》出版后，罗香林便寄给了时在广西贵县中学任教兼任贵县修志局特约编纂并担任太平天国史部分编纂工作的罗尔纲，罗尔纲读后感到受益匪浅。十年后即1943年，抗战期间，他在复信中说"十余年前拜读大著《客家研究导论》，钦佩至深"，接着便主动表明了自己的身世，他说："弟亦客人也，先世于乾隆间自福建汀州宁化迁来贵县，今因居住城中，已不能作客家语，然客人优良血统之遗传至今仍存也。故拜读大著较一般人印象尤深，向往尤殷也。"罗尔纲接着联系自己太平天国史的研

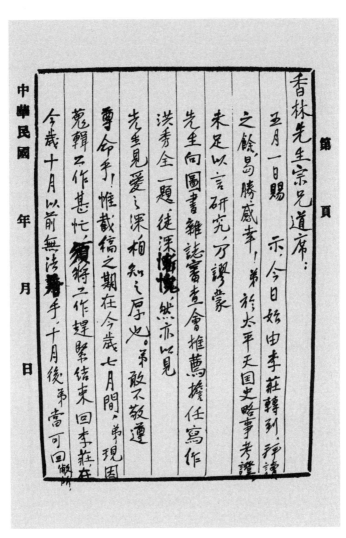

香林先生宗兄道席：

五月一日赐示，今日始由李庄转到，拜诵之余，曷胜藏幸！弟于太平天国史略事，承谨之余，曷胜胜藏幸！第于太平天国史略事考谨来足以言研究，乃谬蒙先生向图书杂志审查会推荐担任写作洪秀全一题，徒深惭愧，然亦以见先生见爱之深，相知之厚也。弟敢不敬遵尊命乎！惟裁编之期在今岁七月间，弟现因蒐辑工作甚忙，须将工作赶紧结束回李庄，在今岁十月以前无法着手，十月后弟当可回微所。

中华民国　年　月　日

1943 年，罗尔纲复罗香林函

第　頁

若能寬限至此時，弟自應儘先趕寫漢奇全傳

以應

尊命也。附復潘公展先生一函，乞轉致。並乞一商

示後為幸！十餘年前拜讀大著，客家研究導論

欽佩至深。弟亦客人也，乾隆間自福建汀州寧化

還來貴縣，今因居住城中，已不能作客家語，然客人

優良血統之遺傳，至今何存也，故拜讀大著較一般

人印象尤深，嚮往尤殷也。弟去年往金田實地考查太

平天國史料，對洪、馮、楊、韋、石諸傑均一一確證彼等為

客家人，而彼等之起義，即賴客家人之屍筆呻

中華民國　　年　　月　　日

力与夫冒险勇敢之精神，以成大业尤此点在

大著中早已尽表扬之能事，无待于弟今日之

考證矣。亚弟此次考查所得客家史料有

文字記載者唯韋昌輝族譜一種，简又文君已發

表於桂林掃蕩報，想

先生已見之，故不另錄。魚雁有便，敬乞時賜教

言，實為至禱，專此敬請

著安

賜　乞请寄「廣西貴縣縣前街一百十一號後樓

陳啟蔭堂轉」

宗小弟　爾綱拜上

中華民國廿二年　六月廿八日

究工作，告诉罗香林"弟去年往金田等地考察太平天国史料，对洪、冯、杨、韦、石诸杰均一一确证彼等为客家人，而彼等之起义，即赖客家人之群策群力与夫冒险勇敢之精神，以成大业也。此点在大著中早已尽表扬之能事，无待于弟今日之考证矣"。接着回答罗香林之询问，再言道："弟此次考察所得客家史料有文字记载者唯韦昌辉族谱一种，简又文君已发表于桂林《扫荡报》，想先生已见之，故不另录。"

《生涯六记》对自己客家身世的描述

1943 年罗尔纲复罗香林来信，主动亮出了自己的客家身世，由于这是两个人之间的交流，因此笔者知之甚少。我阅读罗尔纲所著《生涯六记》，始知罗尔纲先生是客家人，但总持怀疑态度，特别是听罗先生那一口浓重的广西土语，总以为是老广西人，说句不敬的话，以为是"土著人"。但是，罗先生在《生涯六记》中确实谈及自己的客家身世，原来其先祖从福建迁往广西贵县，后来渐有财势，但到他祖父时已经败落，不过尚有近 600 平方米的住院及一些良田。单靠这一点租谷收入维持生活，未免捉襟见肘，家境日益拮据，他的祖父只好靠"卖田过日子"，甚至连儿子考中秀才，"家中连蒸糕包粽子、待贺客的钱都没有了"，等等。

罗尔纲向来访者再谈其客家史

1993 年 7 月，罗尔纲在北京寓所接见广西社会科学院历史研究所饶任坤（2014 年已故）所长。因为饶任坤是广东梅州客家人，虽在广西多年，但乡音犹在，故罗尔纲据口音问饶任坤是何地人。饶任坤回说广东兴宁人，罗尔纲就主动而又亲切地说："我也是客家人，我有客家人的性格。"饶任坤很诧异，他一直认为罗尔纲讲的是贵县土白话。当听得罗尔纲的话后，兴奋地忙问罗尔纲的祖先在何方，何时落籍贵县的。于是罗尔纲侃侃细谈，说他的"老祖宗是福建汀州府宁化县乡村农民，清乾隆时期，罗家一个年轻人为书商带书籍到广西贵县来卖，于是就落籍贵县了。最初打草鞋卖，家境十分贫穷，手艺营生，仅能糊口，维持生活。由于发扬了客家人吃苦耐劳、勇于拼搏、不畏艰难挫折的精神，逐年积累，生意从小到大，经过多年艰苦创业，终于获得成功，成为贵县最富的人家，拥有资产四百多万两白银。当时正值乾隆盛世，乾隆皇帝只知道全国最富的人在山西，拥有一百万两白银，却不知道广西贵县有四百万两白银的罗家"。罗尔纲又满怀深情地说："我的祖先号心庵，我们后代叫他心庵公。"接着他把话题转到罗家发达后怎样为人方面："心庵公手里有了大把钱，深知这些钱来之艰辛，包含着多少辛酸苦楚，因此生活上处处俭朴，体现了客家人克勤克俭的精神。心庵公富了，做公益事业，乐道行善。心庵公出巨款用青石见方的大石板，建筑贵县郁江两岸第一座码头，第二件事就是修通了从贵县到龙山的山路，这些修筑道路的工程都立有石碑，县志也记载其事，这正是客家人的精神哪！"

饶任坤听得罗尔纲的一席谈，既惊异又感动。他说："我认识罗尔纲先生多年了，受他教诲很多，直到现在他才表白他是客家人，他的老祖宗从福建宁化迁居广西贵县，而福建宁化自唐代以来，一直都是客家聚居区。是中原南迁客民的中转站，直到现在，宁化绝大多数居民都是客家人。所以罗尔纲在贵县的始祖为客家人，罗先生则为客家后裔。我认为罗先生谈及祖先感人事迹，最充分最典型地体现出他的'客家人性格'。"饶任坤的一番回忆，对罗先生"客家人性格"的赞扬，也是罗尔纲众弟子包括我的共同心声！

罗尔纲复信并抄赠罗香林韦氏族谱

自喜见罗尔纲复罗香林亲笔函后，兴犹未尽。2012 年 5 月间，我去函香港大学冯平山图书馆，看看能否有新发现，孰知不出一旬，便收到香港大学孔安道纪念图书馆陈桂英主任的电子邮件，她念及我是罗门弟子，因而破例传给我一件 1944 年 5 月 5 日罗尔纲复罗香林的第二封亲笔函（复印件），这使我大喜过望！一件尘封近 70 年弥足珍贵的文献终被发掘出来，实在是一大幸事！

这第二封复信，价值在于它与第一封信存在着内容上的连续性，延伸并深化了二人的学术友谊。兹将全文抄录如下：

香林宗兄先生大鉴：

　　顷从桂林返里，奉读李庄转来二月十三日赐教，敬悉一切。潘公展先生处约撰之稿，弟业于去冬寄去，文成匆匆，不惬意之处尚多，深恐有负吾兄推毂之雅意也。承示拙编天地会文献录所辑守先阁天地会文件，罗汉乃兄笔名，曷胜雀喜，顿使拙编增加价值不少，日间当函知正中书局将拙序及跋文改正，使读者咸知也。命录《韦昌辉家谱》，兹谨将当日采访时所录者照录一份随函奉呈，乞检收为幸。弟年前交正中书局所印拙著《太平天国史丛考》《金田起义前洪秀全年谱》《天地会文录（献）录》三书，业已出版，昨从桂林购得数份，兹各检出一册合作一包挂号奉呈。敬乞赐教为幸也。专此敬复并请
著安

　　　　　　　　　　　　　　　　弟　尔纲敬上
　　　　　　　　　　　　　　　　三十三年五月五日
弟本定今年一月回李庄研究院，而广西省政府黄主席旭初先

生亲至里面聘为广西通志纂修太平天国部分，情不可辞，现黄主席向中央研究院借用弟两年，中研院准一年，唯工作须两年方能成耳。弟因胃病请准黄主席回里编纂，吾兄赐谕请直寄"广西贵县县前街一百一十号后楼陈启荫堂转"便妥。

弟　尔纲又上

罗尔纲这封复信是在接到罗香林 2 月 13 日来信 20 天后发出的。第二封信与第一封信之间的跨度为 10 个多月，罗香林之所以要给罗尔纲写此信，主要目的是取《韦昌辉家谱》，顺告"罗汉"乃自己的笔名。

罗尔纲收到来信，唯恐耽搁，急忙复信。与前函一样，用十行纸，以墨笔竖写，规格依旧。凡遇"兄""教""示""命"均抬头，以示敬意；凡遇"弟""拙编"，字体均小于正文，以示卑谦。信的内容有四，奉告《洪秀全》早已交稿，知悉"罗汉"乃笔名将改正，已将在金田采访所得《韦昌辉家谱》照录寄呈，寄赠刚出版的新书三部请赐教。另在信外告知广西省主席黄旭初曾亲往乡里面聘自己主修太平天国史。这是关乎罗尔纲毕生事业的一个重要契机，弦外之音是提供乡里准确地址，以保证信件投递无误。

在此要特别说明的是，罗香林为什么要索取《韦昌辉家谱》。罗香林是著名的客家学研究先驱，他对太平天国领袖洪秀全、韦昌辉是客家人早有定论。1937 年，罗香林亲往广东花县官禄布村获见《洪氏宗谱》，因而考定洪秀全乃客家人。对韦昌辉，他也持同样观点，却见简又文在《金田之游及其他》一文中，肯定"金田韦氏原系壮（族）人，即广西之土著也"；而罗尔纲在 1943 年的复信中明确说明韦昌辉家族是客家人。同一察访，两个结论。素来严谨的罗香林自然产生疑窦，因此他便向罗尔纲索取原始的《韦昌辉家谱》，寻求物证。一向助人为乐的罗尔纲立将桂平所得照录寄呈。两位客家史学家在这

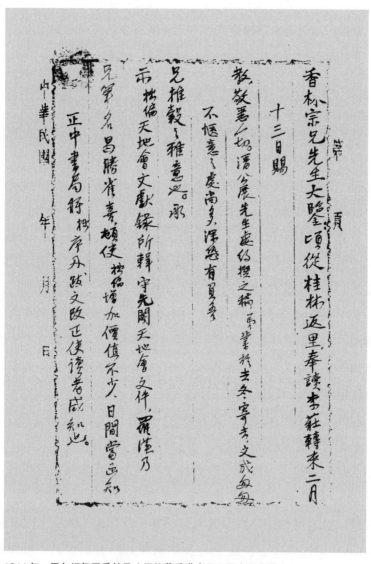

1944 年，罗尔纲复罗香林函（原件藏香港大学冯平山图书馆）

第 頁

命錄韋昌輝家譜茲謹將當日探訪時所錄者照錄乙份

隨函奉呈，乞檢收為幸。弟年前又在中華書局所印

拙著「太平天國史書考」（金田起義筆記等全書譜）一文地查交錄

錄三書，業已出版，附從探訪購得數份，茲另掛號乙冊全錄

乙包掛號奉呈，敬乞賜

教為幸，專此敬覆並請

著安

教安

弟羅爾綱敬上 卅三年 三月

弟本定今年一月回來在研究院，兩廣兩省政府曾主席，旭初先生親函來里甫聘之

為廣西通志館長，弟在國都八年，榜了一可將現甚主席函中並設盼弟兩年中旋

暫推一兩年始成耳。因冒滿，諸代子回國星編纂考

究社...年雖二作...廣西省桂林翊前街旨十七號後排陳啟蒙堂轉

匯弟羅爾綱文上

一学术问题上，存在着既有共识又互相帮助的深切情谊！

太平天国的情缘

罗香林心系罗尔纲的客家人身世，更关注罗尔纲在太平天国史料搜集整理方面的进展，以及研究新成就。罗香林对太平天国史迹的关注和研究也取得过一定的成果。抗日战争全面爆发后，1938 年，罗香林扶病首途广西，将广东中山图书馆馆藏善本书及重要文献运往梧州。事毕，8 月 15 日，他专程由梧州乘船抵达太平天国发祥地桂平县，与妻子儿女下榻西湖饭店。适时因患胃病，急经省立医院诊治，胃疾渐消。每日逛公园时，遥望西山，顿生遐思，不由联想到太平天国起义。他在《浔江风云》一文中，回忆当时："附近为金田村，遥想洪、杨当年集徒拜会，叱咤风云，破向荣于大湟江口，鼓行西北，贤豪感动，实民族革命之先声！"接着他对当时出现的一股对太平天国的非议怒加指责："民国成立，议者多不辨原委，遽忘洪、杨清道之功，欲问金田旧事，而遗老尽矣。"

罗香林著作等身，其中就有《太平天国洪天王家世考》佳作一篇传世。

1943 年，国民党政要潘公展出任中央图书杂志审查委员会主任委员，计划出版一套《中国名贤故事集》，其中"洪秀全"一题，邀约罗尔纲撰写。当时罗尔纲已是中央研究院社会研究所副研究员，出版了《绿营兵志》和《太平天国史丛考》，已是一位崭露头角的专家。由于当时罗尔纲往返于四川宜宾市东郊十九公里外的李庄镇和广西贵县之间，未能及时收到来信，以致弄得潘公展竟"屡函浼求"，心犹不甘甚至转托罗香林帮忙。罗香林十分推崇罗尔纲，于是便去信。罗尔纲收信后，便立刻复函，并谦虚地说："弟于太平天国史事考证，未足以研究，乃谬蒙先生向图书杂志审查会推荐担任写作洪秀全一题，徒深惭愧，然亦以见先生见爱之深，相知之厚也。弟敢不敬遵命乎！十月后弟当可回敝所，若能宽限此时，弟自应尽先赶写洪秀全传以应遵命也。"罗尔纲未忘潘公展最初的诚邀，故在复罗香林函中夹复潘公展先生一函，"乞转致，并乞一商示复为幸"。

《洪秀全》一书，1944 年由重庆胜利出版社出版发行。1946 年 11 月 15 日，罗尔纲致函胡适，就对他如何撰写《洪秀全》有了明确的交代。他说："学生写考证论文，如《太平天国史丛考》一书，为史学界所称道者，所中同人就没有几位有兴趣读得下去，而那本学生因潘公展先生屡函浼求，不得已用一礼拜工夫草成的《洪秀全》通俗之作，同人反用以评衡学生的成就。"

罗尔纲复罗香林的两封亲笔函，因尘封而未能入录《罗尔纲全集》。本文披露，聊填空白。潘公展和罗香林致罗尔纲亲笔函，恐已失传。殊为遗憾。

简又文与罗尔纲

调查征集研究太平天国文物史料的前辈,有向达、王重民、肖一山、刘复、简又文、罗尔纲、谢兴尧、荣孟源及郭廷以等,他们等身之著作及其调研之经历,泽被后人。但是谁最先对太平天国发源地——广西进行大面积和长时间的、认真细致的深入调查征集和研究呢?那就要首推简又文和罗尔纲两位先生了。

一位"太平迷"

简又文(1896—1978),广东新会人。在美国芝加哥大学研究院深造时,有一日,偶在图书馆读到史丕亚博士所著的一本传教史,其中第一篇即是评论太平天国的。简又文认为此书立论准确,纠正谬论,表彰真相,无疑是一本"洗冤录"。此书激发了他对太平天国史研究的兴趣,于是他撰写了论文《太平天国的基督教》,是为处女作。回国后,他一面编撰宗教论文和书籍,一面从事中西文太平天国史料的搜集和整理工作。又去上海、杭州、苏州、南京搜购太平天国文物史料,去广东、香港采访,所获颇多。之后他回本乡实地察访洪秀全、洪仁玕童年生活及乡居事迹。这些竟成了简又文的癖好,由于他搜集之执着,朋友们送他一个雅号"太平迷"。

1924 年春，简又文到燕京大学任教，余暇仍研究太平天国史，他在《语丝》上发表《太平天国文学的鳞爪》，初露头角，得到同好罗尔纲的回应。简又文在国内外所搜集的太平天国史料盈箱累箧，于是萌生写一部完备的"太平天国史"的想法，奈事未成，但此念始终未泯。

创办杂志　宣扬正史

1933 年，简又文担任国民党立法院立法委员。1934 年春，他创办了《人世间》半月刊，自任社长。同时在市场书肆购置太平天国钱币、公据之类的文物，所得颇丰。他又续起了中断十年的太平天国历史研究。

1936 年 3 月，简又文又办了《逸经》杂志，自任社长，特辟"太平文献"专栏，还发表了《游洪秀全故乡所得到的太平天国史料》等调查记等。此举深得身在广西家乡的罗尔纲的赞扬，罗尔纲对简又文备加推重，简又文对罗尔纲亦十分敬重。1937 年夏，日寇占领上海，出版了 35 期的《逸经》被迫停刊，简又文便离沪蛰居香港九龙家中。

参拜圣地　首途桂林

1941 年 12 月，日军占领了香港九龙，简又文化装脱身，来到内地。1942 年 4 月 18 日，辗转回到桂林市。由于简又文研究太平天国史已名扬全国，而广西人素以此地是太平天国发源地而自豪，因此简又文抵埠后，即受到广西省主席黄旭初的热烈欢迎和殷勤款待。简又文也以能亲临太平天国圣地而兴奋。黄主席特在"乐群社"辟一专室，供居住及研究，并诚恳挽留简又文在广西调查太平天国遗迹，搜集并整理太平天国文物史料。但简又文仅是路过广西，须应孙科来电去重庆复职，所以他婉拒了黄主席的美意。

不久，简又文如约来到桂林，首先拜访了广西军政要人，接着应本埠人士之请为欧阳予倩的《忠王李秀成》和阳翰笙的《天国春秋》，在《大公报》上撰写发表剧评，还天天到广西省立图书馆翻阅地方志兼及各县修志局稿件，向各方人士采访太平天国遗闻逸事，他相信广西是座挖掘不尽的宝库。

亲访罗尔纲 赴金田之旅

1942 年 9 月，黄旭初发出公文，特聘简又文为"广西省政府顾问"，另函邀约简又文到广西对太平天国遗迹文物史料进行一次大调查。简又文对此厚爱感到甚喜，故于 10 月初，由重庆飞抵桂林，并与黄旭初等商量如何开展太平天国史迹之调查。他决定调查的重点是桂平县金田村一带。

11 月 6 日，简又文抵达贵县，热情地拜访了时任中央研究院副研究员、在家养病的罗尔纲先生。二人虽系初次见面，却一见如故。简又文遂邀罗尔纲同赴金田采访，罗尔纲表示愿扶病同行。简又文得此良伴，备加欣喜。于是二人同游中山公园，参观"翼王亭""翼王祖墓碑"，罗尔纲慨赠手抄的两本罕见的太平天国史料，并告以平时调查到的太平军在贵县的风俗，简又文深谢厚意。10 日晨，简、罗两位专家遂乘船抵达桂平县，受到早已恭候多时的县长刘玉怀的热情迎接和款待。刘县长并允亲自陪同他俩去金田村，本邑绅士数人闻风亦争愿同行。11 日，简又文一行乘电轮到江口圩，邑绅陈仲连设家宴款待。旋拜晤金田中学校长陈大白，夜间听乡人叙述太平军逸闻。12 日，复乘轿行走 18 里到新圩，殷商吴伦波设宴招待。在此寻得一位摄像师，一行九人浩浩荡荡步行了八里地，终于到达了太平天国起义圣地——金田村。简又文、罗尔纲二人喜登犀牛岭，瞻仰太平天国纪念碑，察看起义营盘，遥望凤门坳，凝视紫荆、鹏隘诸山，摄影多幅。刘县长还请来当地耆老钟玉亭为大家讲述北王韦昌辉逸事。

13 日晨，刘县长约了三江圩一位叫曾德周的老者，此人是当年洪秀全、冯云山客留此圩时的主人后裔。曾德周向简又文、罗尔纲讲述了当年太平军的故事多则。午饭后，又兴致勃勃地去参观金田起义后成为洪秀全驻跸地——著名的石头脚陈公馆。此豪宅正中大厅华丽堂皇，名曰"先进堂"，即为洪秀全设朝之宝地。随后在江口圩又看到了北王韦昌辉后人珍藏的《韦氏家谱》及幼赞王蒙时雍的家书，最后随刘县长回到桂平县城。两位先生深感此行真乃千载难逢，二人向刘县长建议在县城建造太平天国纪念堂，此议是一项拓荒工程，很快被县参议会采纳，并付诸行动。1944 年春，美轮美奂、宏伟壮丽的太平天国纪念堂果然诞生了。开幕之日，罗尔纲亲往参加。是年秋，日寇入侵广西，纪念堂被炸毁，后未重建，十分可惜！

著作等身　余音绕梁

抗日战争胜利后，简又文在广州五年，1949 年，困学九龙，专心致志编著《太平天国全史》《太平天国典制通考》《洪秀全传》。后受聘于香港大学东方文化研究院研究员、"中央研究院"近代史研究所通讯研究员。1964 年，受聘为美国耶鲁大学文理研究院研究专员。在耶鲁大学的资助下，1973 年撰成并出版了英文本《太平天国革命运动史》。本书是其第九部专著，在美国获奖。简又文一生共出版了太平天国著作、译作九本，第十本《太平天国研究集》因其年迈惜成泡影。简又文与罗尔纲在广西共同调查的成果，均体现在他俩的著作之中。

1955 年 10 月 2 日，罗尔纲著文，对 13 年前应简又文之邀，共同进行的那次金田村采访和考察活动，其收获和遗憾作了一点简略的回顾，并给予新的评价，是很有积极意义的。兹将此《金田采访记》摘要介绍如下：

> 1942 年 11 月，我住在我的家乡广西贵县，研究太平天国史的简又文到来约我同去金田采访。我家离金田不过百多里，但因找不到关系，到那里去是无法进行采访的。因此，多年来要去都去不成。而简又文在桂林却通过了有关方面，所以我和简又文虽然素昧平生，也就答应与他同去。

> 在金田采访工作，是由简又文事先向桂平接洽，由新圩乡公所和金田乡所布置的。要向什么人访问，都由乡公所决定约来会谈，并没有作广泛的调查，根本不懂得走群众路线；而且，所访问的人，可能大多数是地主阶级，又没有阶级观念。这是那一次采访最大的缺点。

> 不过，那一次采访，今天看起来也还有两点值得说的：第一，时间是在 13 年前，到 1954 年，广西省太平天国文史调查团去调查时，当年我们所访问的那些有关的老人都已经死了，而在那一次采访却记下了他们的口碑；第二，那一次采访虽然没有向贫雇农作广泛的调查，但所访问的对象，都是

与太平天国史有关的人的后代，还是有重点的有目的的采访。因此，根据那一次采访，对金田起义的历史体会得比较深一些、了解得比较广一些，还解决了一些个别的问题。所以那一次采访的方法是应该批判的，但采访所得的某些材料，却还是可供利用的。

……

程万孚与胡适、罗尔纲

程万孚（1904—1968，安徽绩溪人）与胡适是同乡，比胡适小 13 岁，向视胡适为前辈。因为求职的需要，曾追随胡适多年，一度住在上海胡适家中，充当助手，深得胡适赞许，因受惠良多，故毕生难忘。程万孚早期与沈从文过从甚密，渐成既有译著又写小说、散文的作家，可惜没有坚持下去。中华人民共和国成立以后，程万孚一度成为罗尔纲的同事，为太平天国历史研究做出了贡献。

今据《胡适日记》《罗尔纲全集》中的书信部分，并结合程万孚的书信及留法日记及其外甥胡其伟的《杂碎集》等资料，来谈谈他的故事，以示缅怀！

合伙开书店　认沈从文为挚友

程万孚，1913 年在安徽省立第五师范学校上初中。1921 年，随父程修兹任教天津南开大学之便，去北京今是学校读书。1924 年毕业后去山海关一家涉外机构当翻译。后经同乡表兄、作家章衣萍引荐，得遇北京大学胡适教授，首次见面程万孚就终生难忘。1926 年，程万孚考进北京大学中文系，此后，他一面读书一面写作，还通过章衣萍向《国闻周报》《北平晨报》《大公报》发表文章，用稿费补贴生活。

1927 年，程万孚南下赴沪。这年，适逢沈从文在上海与胡也频、丁玲、章铁民等筹办人间书店，并出版《人间》和《红黑》杂志。程万孚投奔人间书店。该书店总经理是章铁民，程万孚与汪静之、王鲁彦、程仰之任责任编辑。但是这个书店和两本杂志，并没有让程万孚交上好运，最终他不得不另觅出路。人虽离，情犹在，他与沈从文对彼此都留下深刻的印象。1928 年 12 月 6 日，程万孚在致其弟程朱溪（1906—1952）的信中说："从文今日在我处，他待我很亲、诚，我亦十分诚恳待他。"1929 年 8 月 20 日，程万孚在致其弟的信中又说："昨日我与他长谈，聊了六点钟之久，从文说的话，是他多年来自身体验之谈。受益不少。"1931 年秋，沈从文应杨振声（今甫）之聘，赴山东青岛大学任教。1932 年 6 月 21 日，远在法国的程万孚在致其弟的信中，犹说："从文常在念中，望为我诚挚致意。从文可佩服处多，天下其一也，但在他的性格中，我以为他缺少什么生活的要素，不然他可以不致常只羡他人而不满自己。亚东出版了我的《西藏的故事》，请不要忘记代我送他一册，请他指教。"7 月 17 日，程万孚在信中又说："从文，我是很喜欢的，但我总以为他不能了解我。他把我当作一个时髦人看，我能认识人生，我能吃苦工作，他也许不知道，他只知道我穿衣讲究合身材，头发梳得亮亮的。《柴霍夫书信集》他说好吗？他是照例对翻译的东西都说好的。他能耐能忍，但我以为他缺少一点男人应该有的魄力，他不希望为英雄，但英雄之所以为英雄，不是希望与否可以决定的。"程万孚的这一番推心置腹的话，足见他与沈从文之间的交流是何等的坦诚而又直率！程万孚有意将沈从文对丁玲在办刊物时的不满情绪掩盖起来，对沈从文看不惯自己的穿戴打扮颇有微词，也只是在家信中对弟弟说说而已。这是他的为人之道，因为他明白这对彼此都是有益的。沈从文每在给程朱溪的信末，都不忘向程万孚问好。可见他两情谊之深！

拜访胡适　找到未来

人间书店夭折之后，程万孚失业了，他想到了同乡贵人胡适。于是从1928年起，程万孚有幸跨进了时任上海中国公学校长胡适的家门，与章希吕一样，在胡适家中充当一名雇员，主要帮助胡适誊写文稿、查找资料，兼在生活上给予照顾。当时的抄写全靠两只手不停地写，查找资料全靠一个聪慧的头脑，程万孚兢兢业业地工作，胡适很满意。有案可查的有如下事例。1928年6月5日，胡适在《白话文学史》上卷自序中，感谢帮他校对这本书的人，其中就有程万孚的大名。胡适在1927年8月11日，"收到一部乾隆甲戌本的《脂砚斋重评〈石头记〉》，只剩十六回，却是奇遇"，又说该本"有一条说雪芹死于壬子除夕，此（说）可以改正我的甲申说"。后来，胡适欣喜地命程万孚"作了录副本"。这个最早的、珍贵的抄本交给了亚东图书馆，据说后来找不着了，也有人认为被程万孚带回家中，此事已成悬案。不管怎样，程万孚对胡适是有功之人。通过如此许多事件，可见一斑。

在胡家，程万孚不仅受到胡适的教诲，同时也得到胡适夫人江冬秀的关爱。儿子祖望过生日，江冬秀特请程万孚陪同去看戏。程万孚还代胡适去买药（一瓶福奚明达、一盒六神丸）。程万孚虽一度住在胡家，但因自觉，后来便与章铁民同住，并在外用膳。是时，安徽省教育厅厅长、歙县人江彤侯也在上海，他托胡适为他的准备考大学的儿子物色一位家庭教师，胡适推荐了程万孚。程万孚因是北京大学毕业生，自然受到了欢迎，于是成了一名家庭教师。

1930年5月，胡适辞去中国公学校长之职，去北京大学就教授新职，便与程万孚暂时分别了。

1948年3月下旬，胡适为了出席中央研究院评议会和第一届院士选举会议，同时参加国民大会，由北平经上海来到南京，下榻鸡鸣寺中央研究院宿舍，住了一个多月，前来访谈者甚多，如顾颉刚、罗尔纲、夏鼐等，除外还有程万孚夫妇与他的外甥胡其伟。这是程万孚与胡适在北京分别18年后再重逢。相见甚欢，聊起了家常，尽管有时语调较低沉。胡适还亲切地关心着第一次见到的侄辈胡其伟，大约个把小时，程万孚一家不舍地离去。此后，不仅是程万孚一家，也包括与高一涵、顾颉刚、罗尔纲、夏鼐等好友与学生等人，胡适皆是最后一次相见。5月9日，他便离开南京回到北平。

胡适校长时代的上海中国公学庚午级（1930）毕业生、高才生胡传楷在1941年出版的《胡适之传》中曾说："绩溪同乡中，要算汪孟邹、汪原放叔侄，章希吕、程仰之、程万孚和我，比较与适之先生最接近。但我所知，不及他们清楚。适之先生的朋友学生遍天下，但中国公学的同学，只有罗尔纲、黎昔非和我，比较跟随适之先生最久。"胡传楷很谦虚，他有《胡适之传》为证。罗尔纲有《师门五年记》为例。可程万孚先生却无，据我所知，这是因他为生存奔波，而疏于追忆所致。我们要感谢的是，幸亏今朝，他的与我同龄的外甥胡其伟先生用心搜集，才不至于使其湮没无闻。

漂泊法国镀金　偶有译著问世

命运之神总是眷顾幸运者。程万孚在做家教的过程中，与江家次女、正在上大学的江萱产生了恋情，并迅速发展到谈婚论嫁的地步。但是江萱嫌程万孚的北京大学学历"太低"，这对程万孚无疑是一个打击，怎么办？他决心赴法国留学镀金，以慰其芳心。

1930年9月，程万孚带着满腔希望和微薄的旅费出发了，火车逐渐驶出祖国，他心戚然而不能语。车上尚舒适，但食物太贵且难以下咽。车经赤塔之后，人逐渐多起来，树木遍山皆是。车中有日本人一，中国人四，俄国人居多，大家聚谈，只能打手势，笑笑而已。天气愈来愈冷，手足冻得不能"回阳"。车中摇晃得厉害，不能看书，也睡不着，只有回想往事了。沿途火车多，修路忙，男女同工，都是穷人，几乎没有一个衣冠楚楚的。10日，到达莫斯科。之后的一切较前更舒适。车抵波兰换车后，极佳，三等车较国内头等差不多。出比利时再换车，直入法国，出入境查问皆不严，13日晨抵目的地巴黎。

初到巴黎，五六天内，终日惶惶！直到找到秦君，二人一见如故。秦君带程万孚走了不少地方，去过先贤祠，又参观了世界著名的罗浮宫和众多的公园。晚上到拉丁区用膳，因为那里饭店多，中国人也多，价格也便宜，这令程万孚宛如置身家乡一样。开始他只好住法国人的家庭公寓，吃住全包，每月950法郎。虽然这比住旅馆要贵得多，但对逼着他学法语大有好处。特别是与法国人共餐时，他觉得自己不能随便，为国家、为民族、为自己，都要做得像君子一样。

随后，程万孚便在巴黎大学市政管理系上课。在一个陌生的国度，初学的法语又不流利，程万孚是严谨的。当时有11位教授上课。他对法文很用功，成绩不错。有关古典法文课程，他却考不及格。不过即便法国学生也视这门课为畏途，这就不能怪他了。教授上课，个个讲义多，最多达 300 多页，为考试不能不看，因技不如人，速度就慢多了。但他笨鸟先飞，从睡眠时间上来借，这种坚持态度和刻苦精神，终使十一门课中九门及格，城市建设一课在同班中国同学中名列前茅，工程课程只有他一个中国人及格。他在学习之外，劳逸结合，法国国庆日，巴黎一片欢腾，大街小巷满是舞蹈，他不由投身于舞蹈之中。为了了解祖国情况、克服思乡之情，闲时特到中法友谊会去看中文报——《申报》和《中央日报》。至于法文报他也"能看一点"。偶尔也去欣赏音乐和歌舞。留学期间，他先后翻译出版了英国作家谢尔顿著《西藏的故事》和俄国作家契诃夫的《柴霍夫书信集》（1931 年，上海亚东图书馆出版）。可以说，程万孚的留学生活过得还是有张、有弛、有序的。但他"思乡思亲之念，无时或已"，在致胞弟和弟媳潘君璧的信中，不由感叹自己："人已近 30 岁，而孩子心情犹未消除尽，奈何！"在课业完成后的第三年——1933 年下半年，程万孚结束了海外漂泊生涯，回到了他日夜思念的祖国和亲人的身边。

求职政要案前

程万孚回国后的第一件大事，便是如愿以偿地与江萱小姐在上海喜结良缘。婚后不久，他便到福建省建设厅任技正。也许是工作不遂意，不久便离职了。1934 年夏，程万孚夫妇陪同父亲程修兹和母亲到北平，看望弟弟并小住。当时胡适住在北平米粮库胡同，一天，程万孚陪同父母去拜访胡适，这是程万孚与胡适在上海分别 5 年后在北京的重逢。胡适与夫人江冬秀热情欢迎乡亲，江冬秀做了拿手徽菜"一品煲"款待客人。胡其伟说，饭后，程修兹、程万孚父子等随胡适夫妇一起游览了中央公园和北海，并合影多帧，可惜照片均毁于"文革"浩劫之中。胡适关心程万孚的工作，谈话中，胡适认为福建工作不理想，乃将程万孚介绍给自己的挚友丁文江当秘书，后丁文江不幸因车祸殒命，遂改往翁文灏案前服务。

胡适是位惜才爱才之人。是年，他将程万孚网罗到自己主持的中华教育文化基金会的编译委员会担任书记（实为抄写工作）。本以为可以长期工作下去，可是胡适在1934年8月28日的日记中告诉我们："编译会的书记程万孚被卫立煌调去做秘书长，今日辞去。"程万孚被调到军队里去，这是他未想到的事。卫立煌给程万孚一个陆军少将衔的秘书长之职。这是一个不介入军事的文职闲官，职责是，除了帮助首长阅读外事往来信札和函电，读外文报刊，充当翻译官外，就是陪卫立煌打网球，干点杂务而已。1936年，西安事变爆发前夕，卫立煌被蒋介石调到西安前沿，程万孚作为随员同行。12月，蒋介石任命卫立煌为晋、陕、绥、宁四省边区前敌总指挥，旋被张学良、杨虎城所扣，二人遂失去自由。程万孚一心惦念着妻子的安危，乃化装成商人，从西安悄然返回安徽老家。卫立煌知此事后，大怒！西安事变解决后，卫立煌以临阵脱逃之罪名，将程万孚解职并开除军籍。这对程万孚无疑是个解脱，但他却再度失业了。

天无绝人之路，仰仗岳父江彤侯的面子，程万孚在安徽大学图书馆找到了一份好工作。抗战期间，程万孚一家住在安徽屯溪，又因得时任安徽省参议会会长的岳父江彤侯的帮助，先后出任安徽省教育厅督学、《皖报》社社长、皖南粮食管理处副处长、公路养路处处长。

抗战胜利后，程万孚携妻带儿程云等迁居南京，住在石鼓路体仁里 5 号。程万孚当时已谋得张治中经营的西北民生实业公司业务处长之职，生活安定，家庭幸福。

与罗尔纲相聚于南京

中华人民共和国成立以后，南京市人民政府在国府路（今长江路）的原国民政府和原总统府内成立南京市文物保管委员会。该会主任委员是不上岗的徐平羽，会务实际负责人是秘书李谋亨、朱明镜二人。下设秘书组（实际上的办公室）、文物组、史料组（又称展览组）、图书组和园林组。成员全部是中老年，是统战部等部门推介来的原国民党南京一些部委和高等院校的遗老及社会著名人士，程万孚就是其中一员。外有从其他单位调来的少数年轻业务干部，则从事实际工作，我就是其中的一人，有幸与程万孚成为史料组的同事。有趣的是，程万孚又与师从胡适、1951 年应邀从广西来南京主理太平天国一百周年纪念活动的史学家罗尔纲成了同事。其间，作为老业务人员，程万孚还协助罗尔纲处理一些太平天国业务上的事务，深得罗尔纲的赞许。1952 年 7 月 9 日，罗尔纲曾致函"万孚先生"，请他代复函福建省图书馆，委托该馆代抄魏秀仁著《咄咄录》等书。1984 年 2 月 29 日，罗尔纲在答复一位陌生读者杨其民的回信中说："承询拙撰吟俐《太平天国革命亲历记》前言中的'甪直镇译名何据？'按五十年代初，与程万孚先生同在南京工作。程先生精通英、法文，早年曾有英文译本问世。渠多次被派往苏州地区调查太平天国文物遗迹，写有调查记录，也说孟宪承译作'芦圩'是错的。据他调查应译作'甪直'才是。"罗尔纲尊重程万孚的实地调查的成果，将其作为自己的理论依据，可见二人学术上的交流和惺惺相惜。

在罗尔纲先生指导下，程万孚与我等在筹组南京太平天国纪念馆的工作中，步调一致，终成正果。在建馆前后，我同他常担任接待观众的工作。1955 年，罗尔纲、程万孚与我三人在南京堂子街太平天国壁画陈列馆大门外，与前来参观的南京大学历史系学生合影，此照片成了弥足珍贵的纪念品。

今年是程万孚离世 50 年，人们没有忘记他。除胡其伟先生的大作和拙文外，已出版的《胡适日记》《沈从文全集》《罗尔纲全集》和胡传楷的著作等，均留有程万孚的书信和事迹。但我未想到的是，近期出版的《林徽因主编民国小说选》中，也收录了程万孚于 20 世纪 30 年代在《大公报》上发表的小说《求恕》，林徽因的慧眼也得到著名作家萧乾的赞赏！真令人高兴！我想程万孚先生的在天之灵定会感到欣慰！

罗尔纲注澳大利亚藏太平天国原刻官书

《罗尔纲全集》第九卷第907—908页，有一段罗尔纲先生关于澳大利亚国家图书馆所藏太平天国刻书之事。他是这样写的："北京图书馆近年入藏一本《新遗诏圣书》(《马太福音书》)影印本，封面署《太平天国癸好三年新刻》共47页，卷首《旨准颁行诏书总目》共十五部。本书最后一花纹图案很好看，与所见太平天国印书图案不尽相同，所以《北京图书馆藏革命历史文献简目》称它为《新遗诏圣书》(《马太传福音书》)。据题记这是堪培拉澳大利亚国立图书馆所藏太平天国书籍的一个影印本。原书是克理麟神父在1853年送给上海伦敦布道会的十七种太平天国书籍的一种，由法国公使布尔布隆自天京（现南京）带回来的。上海伦敦布道会所藏有关太平天国的书籍于1964年由澳洲国立图书馆购得。"

关于澳大利亚所藏太平天国原刻官书之事，我早年曾听罗尔纲先生说过，但他不知详情，我便将此事记在心上。1994年，应澳大利亚华人历史博物馆之邀，曾赴澳大利亚对华人移民遗存进行考察访问，当时虽到达首都堪培拉，惜与澳大利亚国家图书馆擦肩而过。不久，我移民澳大利亚墨尔本，决心看看这批太平天国原刻官书，以了夙愿。

2003年5月，我受澳大利亚国家图书馆东亚部之邀，从墨尔本飞向堪培拉。按该馆工作人员说，我有幸成为自澳大利亚国家图书馆购藏这批特级藏品后馆外全面接触它的第一位中国学人，这是值得向先师告慰的。

首先要说的是，该图书馆已将太平天国原刻官书及原版布告，作为特级藏品加以保护，不仅有精致的外包装，观看时也必须戴手套，而且展开翻阅时要小心。我花了整整三天时间，真是大开眼界，大饱眼福。我近40年来在中国各地看到不少太平天国原刻官书，可从未一次性看到二十多部原刻官书，真是心花怒放！于是不由得争分夺秒地仔细观赏这批特级藏品——太平天国原版刻书二十二册（内辛开元年一册、壬子二年八册、癸好三年十一册、甲寅四年两册），外有抄本一册；同时又意外地看到了原版布告三件和原抄布告六件。澳大利亚珍藏的这批太平天国原刻官书是早期的大部分，其中的《天父下凡诏书》（第二部）系存世孤本；而《太平天国甲寅四年新历》，亦是世界唯一重刻本，弥足珍贵。至于那三件原版布告，第一件是癸好三年五月初一日颁发，第二件是癸好三年五月初二日颁发，第三件是癸好三年五月二十八日颁发。均保存完好，字迹清晰，墨朱分明，色彩鲜艳，宛如新品。极为可贵的是第二件和第三件布告，竟是世界仅存。

细阅这本已被做成合订本的太平天国原刻官书，只见新装封面上尚留有已模糊的原始英文，经考证，方知这批太平天国原刻官书和原版布告，是1853年12月，太平天国领袖在天京（今南京）赠给来访的法国驻华公使布尔布隆（A.de Bourboulon）的随行神父葛必达（P.Clarelin）的。后来葛必达转赠给上海英国伦敦布道会，伦敦布道会随后将这批官书用棉线装订成一厚册后，连同原版布告带往伦敦。1961年，澳大利亚国家图书馆从伦敦购得，列为该馆特级藏品保存至今。它是目前已知的中国、英国、德国、法国、美国、俄罗斯和荷兰等八国所藏的一部分，不过澳大利亚是被世人全面侦知而识得"庐山真面目"的最晚的国家。

对于这批太平天国原刻官书和原版布告，受到澳大利亚国家图书馆如此妥善的保护，我感到欣慰！但继而一想，罗尔纲生前对这批官书是那样关心，一定要实现他的遗愿；再者，我已为太平天国史研究献出了毕生的精力，使命感和责任感驱使我努力让这批海外珍籍从尘封中走向人间，让它们踏上漫漫的返乡路，因而精心策划如何在中国出版，澳大利亚国家图书馆慨然同意合作。应该馆之邀，我为之献上序文和内容提要，拟定书名为《澳大利亚藏太平天国原刻官书丛刊》。经多方奔走，喜得中国一流的国家图书馆出版社青睐。该馆极为重视"丛刊"的出版，上报国家新闻出版总署，将其列入"国家古籍整理出版专项"。于是在编辑部与澳方图书馆东亚部中文组及笔者三方通力合作下，2014 年 7 月，这部"丛刊"的精装影印本（一套全三册，原规格和色彩布告三图，共四册）终得以出版。这是中国和澳大利亚有关单位在古籍珍本方面互动合作出版的一次成功典范。对于"丛刊"的出版，获得中国社会科学院近代史研究所贾熟村研究员、罗文起副编审，上海复旦大学周振鹤教授的认同和支持，他们还就该刊的学术价值与社会意义提出了书面意见，认为该丛刊的出版，不仅嘉惠有关研究机构与专家，同时也可供历史学的爱好者阅读欣赏。

《澳大利亚藏太平天国原刻官书丛刊》在中国问世，料想罗尔纲先师在天之灵也会感到欣慰。

我有幸受澳大利亚国家图书馆之邀，为《澳大利亚藏太平天国原刻官书丛刊》作序，现将此附录如下。

《澳大利亚藏太平天国原刻官书丛刊》序

太平天国是爆发在十九世纪五十年代的一场反封建抗侵略的

农民运动。它在革命过程中制定了一系列制度政策，其措施证明，有的已实现，有的因限于空想，或因客观条件的制约而未能实现。但是其编著镌刻印刷发行有自己特色的官书和布告工作，由于领袖有决心、持之以恒、措施有力而取得了显著的成绩，这是有目共睹、有口皆碑的。虽经沧海桑田，160余年过去了，如今分布于除非洲外的四大洲的累累的硕果遗存，就是很有说服力的证明。尽管受着历史条件的限制，其中不乏糟粕，但从主流来看，太平天国的原刻官书和原版布告，在历史上是发挥了一定的作用，理应受到重视和肯定，并妥加保护、充分加以利用，因为它是人类宝贵的精神财富。

（一）

太平天国领袖、天王洪秀全（1814—1864），为了对内统一思想、严肃军纪、宣扬政策、团结群众、打击敌人，同时扫除旧文化建立新文化，对外则宣传其革命主张，从1851年金田起义之初，便认真将著书立说当成一件刻不容缓的大事抓了起来。洪秀全首先明白宣布：“今恐通军大小男女兵将，未能熟知天父圣旨命令，故特将诏书天父天兄圣旨命令最紧关者，记录镌刻成书，庶使通军熟读记心，免犯天令，方得天父天兄欢心也。”这就把刻书的动机和目的说得再清楚也不过了。是年（太平天国辛开元年，1851）便出版了《幼学诗》和《太平礼制》，开创了出版原刻官书的先河。

次年（太平天国壬子二年，1852），当太平军与清军激战于广西象州、武宣时，殿右六检点李寿晖即被授予“正典镌刻”官职，任务是“校对一切印书”；既有正职，必有副职，既有主管官员，必有一定的机构和操作人员，可见镌刻官书之举，已有了发展，则是不争的事实了。

到了太平天国癸好三年（1853）二月，定都江南重镇——南京（改名天京）后，因为有了一个历史悠久、文化发达、人才济济的大都市作为稳定的首都，其镌刻官书和布告的工作很快便迈入如火如荼的境地。太平天国首先将随军而来的两广、两湖的镌刻印刷工匠集中起来，同时积极网罗南京、扬州的杰出工匠，遂组成一支庞大的刻印出版队伍。与此同时又成立了各类相应机构，有"诏书衙"——主编官书，填写兵册、家册等；"诏命衙"——主撰写布告兼编书及提供诏旨初稿等；"删书衙"——主删改孔孟诸子百家之书，取其"合乎天情"的内容，经洪秀全审阅后方可成书；"镌刻衙"——主刊刻诏旨和官书及印戳；"刷书衙"——主印刷官书和布告；还有一个"宣诏衙"——主收发官书，外出张贴诏旨、布告。如此完整化，便将太平天国的著书印刻出版事业推向了高潮。

太平天国出版的官书，总称"诏书"，因为所有出版之书，均需洪秀全御览旨准，故又称"太平天国旨准颁行诏书"，每年出版新书必有"总目"公之于众。

那么，太平天国究竟编纂镌刻印发了多少官书？兹按年序说之。

辛开元年（1851）

《幼学诗》《太平礼制》，共两部。

壬子二年（1852）

《幼学诗》《天条书》《太平诏书》《太平军目》《太平条规》《天命诏旨书》《颁行诏书》《天父下凡诏书》（第一部），共八部。

癸好三年（1853）

《天父上帝言题皇诏》《三字经》《颁行诏书》《旧遗诏圣书》《新遗诏圣书》《太平救世歌》《太平天国癸好三年新历》《建天京于金陵论》《贬妖穴为罪隶论》《诏书盖玺颁行论》《天朝田亩制

度》《天父下凡诏书》（第二部），共十二部。

甲寅四年（1854）

 《太平天国甲寅四年新历》《天理要论》《天情道理书》《御制千字诏》，共四部。

乙荣五年（1855）

 《行军总要》，一部。

丙辰六年（1856）

 因爆发自相残杀的"天京事变"，故未出书。

丁巳七年（1857）

 《天父诗》，一部。

戊午八年（1858）

 《醒世文》《太平天国戊午捌年新历》《太平礼制》《武略》《钦定制度则例集编》（已失传），共五部。

己未九年（1859）

 《资政新篇》《天父天兄天王太平天国己未九年会试题》《钦定功劳部章程》（已失传），共三部。

庚申十年（1860）

 《王长次兄亲目亲耳共证福音书》《天兄圣旨》，共两部。

辛酉十一年（1861）

 《诛妖檄文》《太平天国辛酉拾壹年新历》《钦定士阶条例》《钦定军次实录》《钦定英杰归真》《天父圣旨》《太平刑律》（原书失传）、《太平天国辛酉十一年税务局颁行税率》（原书未见），共八部。

壬戌十二年（1862）

 《太平天日》（铜版本）、《钦定敬避字样》，共两部。

 此外，未被列入"旨准颁行诏书总目"，或已列入总目惜已失传，但史料上有可信记载以及年代失考的刻书，有《幼主诏旨》《开朝精忠军师干王洪宝制》《诏书》《钦命记题记》《行军号令》《会议辑略》《天妈天嫂辨正》《改订四书五经》《九种规章》及《海关税则》。

据现存刻书和"旨准颁行诏书总目"二十九部及可信中外史料所记，欣知太平天国曾刻印官书五十八部。至于癸开十三年（1863）、甲子十四年（1864），因临近天京陷落，故未能将刻书任务进行到底。

我们从清方史料得知当时太平天国出书之数量是很惊人的，时人所见"汗牛充栋、人人习见"，并非虚夸之词。清朝各地官员和官兵，曾截获太平天国刻书"皆成束成捆"，甚至"捆载垒垒"，由此可见一斑。

至于太平天国官书的作者，主要是最高决策人洪秀全，另是南王冯云山、干王洪仁玕等，以及文官卢贤拔、曾水源、曾钊扬、黄再兴、何震川、黄期升等。至于布告的撰稿者多出于无名氏之手。

出版官书的管理机制非常严格。首先是官办垄断，严禁私刻，对"有书不奏旨，不盖玺而传读者，定然问罪"。在太平天国内部，如《天条书》，规定人手一册，"朝夕诵读"，甚至做出"预期犹不能熟记者斩首"，可见态度认真以至偏激。为了扩大影响，将刻书免费"四处分送"。诰谕则"大张"，希望百姓与清朝的思想文化"绝缘"，热望"回心敬天"，达到归化太平天国的目的。

（二）

太平天国领袖为了争取外国"洋兄弟"的理解和支持，从建都天京开始直到辛酉十一年（1861），曾多次向来访者赠书，意在引起共鸣。如1853年4月底，赠给英国公使文翰（Sir G.

Bonham）刻书十二部。是年 12 月，赠给法国公使布尔布隆的随行神父葛必达十五册刻书（即今澳大利亚特藏品）。1854 年 6 月，受香港总督兼英国驻华公使约翰·包令（Sir John Bowring）指派，英国驻上海领事馆职员麦华陀（W. H. Medhurst）和卢因·包令（Lewin Bowring）曾访问天京，他们除获得《利未书》等九册太平天国刻书外，还收到一件东王的原版"诰谕"。1858 年 12 月，太平天国赠给英国驻华公使额尔金的翻译威妥玛（T. F. Wade）新出版的历书。1861 年 8 月，干王洪仁玕赠给英国驻宁波领事富礼赐（R. J. Robert）"圣书四包"。这些宝贵的刻书，最后不是进了图书馆，便是身居博物馆的"冷官"，成了隐居深闺人难识的"地下"宝藏了。

现在重点谈谈澳大利亚国家图书馆珍藏的这批太平天国刻书和布告的来源及其辗转历史。兹据葛必达神父的回忆，1853 年 12 月 10 日，法国驻华公使布尔布隆率秘书顾随（C. de Courey）、翻译官马凯士（M. Marques）、葛必达及其问答式传道师等，乘"贾西义"（Cassini）号军舰访问天京，公使受到十三响礼炮的欢迎。太平天国天官正丞相秦日纲（时已升顶天侯，后晋封为燕王）热情接见了他们，并与之会谈。公使离京后，葛必达及其问答式传道师受邀在天京与太平天国官员共度了两天两夜。据葛必达后来回忆，太平天国官员对他们"关怀备至，并与之共进晚餐。总是把我称作洋兄弟。散步游览或打猎，所到之处，总是被友好的笑脸相迎。在广西军内的两天两夜，是在谈论历史和宗教中度过的"。葛必达又高兴地说，在天京"他们（指太平军）分发了几本使人领悟宗教真谛的书"。1854 年 1 月 6 日，葛必达在上海徐家汇教堂，向法国巴黎南怀仁神父发去一篇报道，回忆去年的天京之行，具体谈到太平天国赠书之事。他说："他们现已印行了 20 种包括广西人宗教教义及其军政管理等内容的小册子。我们已获赠许多种这一类的小册子。目前仍有 500 多人在从事刻版，用作印制众多别的书籍。在我们所获赠的书籍中，有一种是《马太福音》，我还没有发现任何明显的错误。我不知道他们是从何处得到这一译本的。另一方面，他们所印行的《旧约》中的其他部分，诸如《创世传》《出麦西国传》《利未书》和《户口册纪》，似乎可以断定是源自新教。我们被告知，所印行的书籍都由洪秀全在他昔日老师（如今是他的同僚）的帮助下进行终审。的确，所有送给我的书上都盖有一印，一种可称作'旨准颁行'的戳记。"值得注意的是，葛必达的这段自述并未提及他当时接受了太平天国多少册刻书和原版布告。更为遗憾的是，葛必达并未看重这批贵重礼物，到上海后，他将这批刻书送给英国驻上海领事阿礼国（R. Alcock）。

1854 年 6 月 15 日，香港总督兼英国驻华公使约翰·包令，委派其子卢因·包令和英国驻上海领事馆职员麦华陀，同乘"响尾蛇号"和"冥河号"军舰访问天京。时英人请求买煤，未获太平军允准。舰长遂提出 31 个问题，请求回答。6 月 28 日，太平军送来一件装在 18 英寸长、1 英尺宽的黄色大信封内的东王杨秀清的答复"诰谕"。此诰谕现存于英国图书馆。6 月 23 日，太平天国"为使我们熟悉天朝戒律，特意赠送一批小册子，计有《利未书》《户口册纪》《约书亚书记》《天理要论》《贬妖穴为罪隶论》《天父下凡诏书》（第二部）、《诏书盖玺颁行论》《天朝田亩制度》《太平天国甲寅四年新历》共九部"。英国人阅后认为"这些出版物包含有许多新颖而珍奇的情报"，又认为"其文风均冗长粗俗"。英国人在向太平天国表示"谨致最深切的谢忱"后，又向太平天国索取新出版的《四书》，以弥补不足。可是麦华陀回到上海后，和葛必达一样，也将这九册书和一件东王"诰谕"，悉数交给阿礼国。而阿礼国又如

澳大利亚国家图书馆藏
太平天国原刻官书之一

法炮制，将这些书转赠伦敦布道会。至此，先源于法国人和后来自
于英国人的两批太平天国刻书，便殊途同归了。

此时，上海有位英国名医——威廉·雒魏林（William Lockhart，
1811—1896），他与伦敦布道会关系密切，因此被邀请来会整理
这两批太平天国刻书。雒魏林遂将葛必达与麦华陀二人的两批刻
书用棉线装成合订本。细心的雒魏林还在封面目录上，清楚地记
下此合订本的来源，令我更加兴奋的是，雒魏林还记下了葛必达
从天京带回的大平天国刻书十五部。它们是《太平诏书》《天父
上帝言题皇诏》《天父下凡诏书》（第一部）、《天命诏旨书》《天
条书》《太平礼制》《太平军目》《太平条规》《颁行诏书》《三字
经》《幼学诗》《旧遗诏圣书》（第一卷）、《创世传》（第二卷）、
《出麦西国传》（第四卷）、《户口册纪》《新遗诏圣书》（《马太福

音书》)、《太平救世歌》《太平天国癸好三年新历》。如此，始知葛必达从天京带回的太平天国刻书的数量和名称，同时也弄清葛必达并未从天京带回太平天国布告。至于澳大利亚国家图书馆今日所藏三件原版布告，伦敦布道会和雒魏林均未作任何说明，但是澳大利亚国家图书馆所藏太平天国癸好三年五月初一日东王、西王"诰谕"，已知有相同的一件，现藏英国图书馆。

（三）

罗尔纲生前曾告知澳大利亚国家图书馆珍藏有一批太平天国原版刻书，但详情不知。至于还珍藏有太平天国原版安民告示，更不知晓。

澳大利亚国家图书馆位于首都堪培拉风景区内，是国家级图书馆，既负有保存本国文献的重任，也非常重视非英语资料的收藏。该馆设有东亚部中文组，已收藏中文书刊 26 万余册，荣居南半球之冠。该馆并不满足于已有的成就，当侦知英国伦敦布道会——一个成立于 1795 年的超宗派的新传教组织——珍藏着丰富的来华传教士所出版及收藏的中文书籍，特别是太平天国原始文献，遂于 1961 年，去英国从伦敦布道会买下了全部中文藏书。1962 年初运抵该馆后，该馆即将其中的太平天国原版刻书和原版布告列入特级藏品，并为此特制中式书匣，予以保存。中文组现已为藏品编目，2001 年又将书目数据化，旨在供学者利用。

1994 年 3 月，我应澳大利亚澳华历史博物馆之邀赴澳考察访问，当时虽已到达堪培拉，惜与澳大利亚国家图书馆擦肩而过。直到 2003 年 5 月移民墨尔本后，应该馆之邀，乃有幸成为澳大利亚国家图书馆外全面接触这批特藏品的第一个中国学者。我花了三天时间仔细观赏了这批特藏品——太平天国原刻官书二十二部（辛开元年一册、壬子二年八册、癸好三年十一册、甲寅四年两册）、原抄本一册；还意外地看到了三件太平天国原版布告和原抄布告六件，总算了却了夙愿。

澳大利亚国家图书馆所藏二十二部原刻官书，虽是早期的大部分，却弥足珍贵，尤其是当中的《天父下凡诏书》（第二部），经考系存世孤本；而《太平天国甲寅四年新历》，亦是世界唯一重刻本，更显凤毛麟角之珍。

该馆秘藏三件东王杨秀清与西王萧朝贵联名颁发的原版安民告示：第一件是癸好三年五月初一日颁发，第二件是癸好三年五月初二日颁发，第三件是癸好三年五月二十八日颁发。三件布告，保存完好、字迹清晰、墨朱分明、色彩鲜艳、宛如新制。而可贵之处在于第二件、第三件原版布告，竟是世界仅存之硕果。它们在尘封160余年后，今日幸得公诸于世，填补了历史的空白。

另外，该馆收藏的六件原抄布告（癸好三年一件、甲寅四年五件）与原版布告等系同龄之物，均有重要的参考作用和利用价值。

（四）

太平天国的原刻官书和原版布告，中国、英国、法国、德国、美国、俄国、荷兰和澳大利亚八国各藏一部分。澳大利亚所藏部分，是最晚被世人全面侦知的。

太平天国早期原刻官书和布告，除澳大利亚外，现知其他七国的收藏部门，计有，

中国：北京图书馆、北京大学图书馆、中国社会科学院近代史研究所、中国国家博物馆，上海图书馆、上海市文物管理委员会，湖北省图书馆和南京太平天国历史博物馆。

英国：国家图书馆、大不列颠博物院东方部、剑桥大学图书馆、牛津大学包德利图书馆、伦敦大学东方与非洲学院图书馆。

法国：国家图书馆、东方语言学校图书馆。

德国：柏林普鲁士国立图书馆。

美国：国会图书馆、纽约公立图书馆。

俄国：俄罗斯科学院汉学图书馆。

荷兰：莱顿大学图书馆。

要说明的是，澳大利亚虽然收藏的只是前期的刻书，其余七国前后期皆有收藏，但是澳大利亚所藏原版刻书与七国所藏有一个不容忽视的共同特点，那就是这些原版官书从 20 世纪初首被发现后，便引起学术界的广泛重视，均被列入珍贵藏品。我认为太平天国原刻官书，不论前期或后期，都刻印精善、卷帙完整、存世稀少，对太平天国史的研究，具有至关重要的意义，弥足珍贵，皆应跻入善本书之林。

关于三件太平天国原版布告，均是东王杨秀清与西王萧朝贵联名发布的（因西王早逝，此属挂名虚衔，实为东王一人署名）安民"诰谕"。按太平天国的文书制度，东王颁发的布告，称"诰谕"。规定"诰谕"边饰，上端画双龙，下端画云水纹。北王韦昌辉颁发的布告，称"诫谕"，边饰上端画双凤。翼王石达开颁发的布告，称"训谕"，边饰上端画双狮。太平天国的刻书和布告，全采用优美的木刻宋体字；封面及边饰装潢华美，多用高贵的杏黄色和土红色，并广泛采用群众喜闻乐见的中国传统的祥禽瑞兽和吉祥纹样，书的扉页还加盖龙凤纹饰的"旨准"朱印等，这些除了彰显官方权力外，那艺术形象的魅力更是诱人，这也许就是它们能够流传至今的重要原因之一吧。

太平天国最高领袖天王洪秀全颁发的告示，称"诏旨"，其地位是至高无上的。而"诰谕"则是仅次于"诏旨"的权力凭证，它们不仅在军中、民间有极大的影响力，有时在涉外事务活动中也发挥着重要作用。澳大利亚珍藏的三件布告均是对内的安民告示，但太平天国却主动将它们赠送给外国人，此举用意昭然：让外国人明了太平天国正在实施与清朝截然不同的新宗旨、新任务和新政策、新措施，幻想得到"宗教信仰相同"的"洋兄弟"的认知、同情和支持。

（五）

回溯历史，中国学者将太平天国原刻官书陆续抄录拍照带回祖国，成就斐然。那么首先在海外看到太平天国原版刻书和原版布告的中国人是谁呢？清光绪二年（1877）底，中国首任驻英国副公使刘锡鸿（广东番禺人）在任期间，曾参观了大不列颠博物院，他情有独钟的是东方部中有关中国的古籍秘本，也看到了太平天国的原书和原版布告，即他所谓的"粤逆伪诏伪示，亦珍藏焉"。

将所见太平天国刻书抄录、拍照带回祖国的第一人是梁启超。1919 年 8 月，梁启超访问荷兰，在莱丁大学藏书楼（即今荷兰莱顿大学图书馆）参观，发现了《天条书》等五种太平天国印书，并托人抄录归国。随后，1920 年刘半农赴英留学，他也抄录了原刻书八种并其他文件，之后编成《太平天国有趣文件十六种》出版。再后是 1925 年程演生从法国摄录回原刻书八种，编成《太平天国史料第一集》出版。几与此同时，俞大维在德国又摄回刻书九种，后被张元济补入其《太平天国诗文钞》内。1932 年萧一山在大英博物馆摄得刻书、文书、书翰等，于 1934 年编成《太平天国丛书第一集》出版。1936 年王重民在英国剑桥大学图书馆又喜得刻书 10 种，后编成《太平天国官书十种》出版。1984 年王庆成在英国图书馆拍摄到《天父圣旨》（第三卷）和《天兄圣旨》（共两卷）归国，后收入《太平天国文献八种》出版。1993 年，王庆成又应邀去美国和俄罗斯等国，均有所获。1988 年起由罗尔纲、王庆成策划主编，将新发现的资料辑入《中国近代史资料丛刊续编》，已于 2004 年出版。

澳大利亚国家图书馆欣然同意将这批特藏品出版，以飨读者，而中国一级专业的国家图书馆出版社慨然接受并以直接拍摄影印方式出版，真是功德无量。此举不仅可以使这批太平天国原刻官书和原版布告得以呈现世人，对促进中国和澳大利亚的文化与学术交流不啻是锦上添花，可喜！可庆！可贺！

我虽不才，辱承澳大利亚国家图书馆厚爱，望我作序，谨乐予献笔，以聊表寸心。

郭存孝

2013 年 8 月于墨尔本

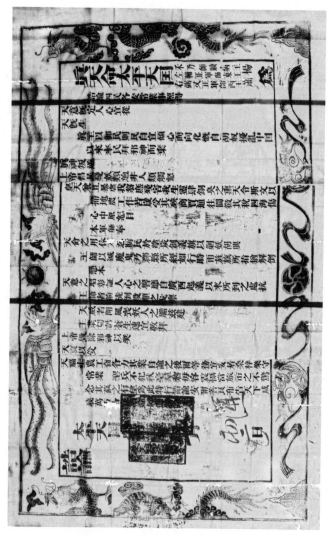

澳大利亚国家图书馆藏太平天国原刻官书之二

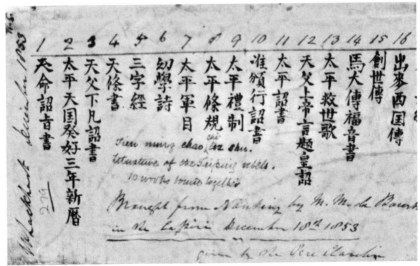

澳大利亚国家图书馆藏太平天国原刻官书之三

郭存孝在澳大利亚国家图书馆
鉴赏太平天国原版布告

南京太平天国历史博物馆，图为
门景。罗尔纲曾在馆内工作过

1983 年，郭存孝在北京与罗
尔纲先生合影

主要参考资料

［德］卫礼贤著，王宇洁等译《中国心灵》，国际文化出版公司，1998年。

［美］李又宁主编《胡适和他的朋友（六）》，纽约天外出版社，2001年。

《澳大利亚藏太平天国原刻官书丛刊》，国家图书馆出版社，2014年。

《北京大学图书馆藏胡适未刊书信日记》，清华大学出版社，2003年。

《陈之藩散文（卷一）》，牛津大学出版社（中国）有限公司，2012年。

《典藏》杂志，2017年292期。

《胡适讲演集》（上册），胡适纪念馆出版，1970年。

《胡适手稿》，胡适纪念馆出版，美亚书版公司承印，1970年。

《胡适文存》第三集第八卷，亚东图书馆初版，1930年。

《纪念胡适之先生专集》，台北丰稔出版社，1962年。

《夏鼐日记》，华东师范大学出版社，2011年。

《中华书局收藏现代名人书信手迹》，中华书局，2012年。

曹伯言整理《胡适日记全编》，安徽教育出版社，2001年。

陈存仁著《银元时代生活史》，上海人民出版社，2000年。

陈漱渝著《胡适心头的人影》，中国文史出版社，2009年。

陈漱渝、李致编《一对小兔子——胡适夫妇两地书》，湖南教育出版社，2006年。

陈子善编《梁实秋文学回忆录》，岳麓书社，1989年。

耿云志、宋广波编《胡适书信选》，外语教学与研究出版社，2012年。

耿云志编《胡适遗稿及秘藏书信》，黄山书社，1994年。

耿云志著《胡适年谱》，福建教育出版社，2012年。

顾潮等编《顾颉刚全集》，中华书局，2011年。

广东省立中山图书馆等编《罗香林论学书札》，广东人民出版社，2009年。

海盐县政协文教卫体与文史委员会编《孤云汗漫——朱偰纪念文集》，学林出版社，2007年。

胡不归著《胡适之先生传》，萍社出版，1941年。

胡其伟著《杂碎集》，青海人民出版社，2004年。

胡适、姚名达著《章实斋先生年谱》，商务印书馆，1929年。

胡颂平编《胡适之先生年谱长编初稿》，台北联经出版事业公司，1984年。

胡颂平编著《胡适之先生年谱长编初稿》（增补版），台北联经出版事业公司，2015年。

胡颂平编著《胡适之先生晚年谈话录》，台北联经出版事业公司，1984年。

贾熟村、罗文起编《困学真知——历史学家罗尔纲》，南京大学出版社，2001年。

黎东方《平凡的我——黎东方回忆录（1907—1998）》，中国工人出版社，2011年。

黎虎主编《黎昔非与〈独立评论〉》，学苑出版社，2007年。

李敖著《李敖有话说（5）》，中国友谊出版公司，2007年。

梁实秋《雅舍小品》（精装合订本），正中书局，1997年。

林徽因等著《林徽因主编民国小说选》，当代世界出版社，2014年。

柳存仁著《道家与道术——和风堂文集续编》，上海古籍出版社，1999年。

柳存仁著《外国的月亮》，上海古籍出版社，2002年。

陆侃如主编《中国文学季刊》，中国公学，1929—1930年。

罗尔纲编《中国公学大学部文理学院庚午级毕业纪念刊》，1930年，原件藏上海档案馆。

罗尔纲著《师门五年记·胡适琐忆》（增补本），生活·读书·新知三联书店，2006年。

罗尔纲著，胡适之再校《师门五年记》（增订版），台北胡适纪念馆，1976年。

罗文起主编《罗尔纲全集》，社会科学文献出版社，2011年。

马国亮著《良友忆旧》，正中书局，2002年。

欧阳哲生、宋广波编《胡适研究论丛》，黑龙江教育出版社，2009年。

欧阳哲生选编《追忆胡适》，社会科学文献出版社，2000年。

齐世荣著《史料五讲（外一种）》，人民出版社，2016年。

沈苇窗主编《大成》杂志（香港），1983年第7期，1991年第2、3期。

石原皋著《闲话胡适》，安徽人民出版社，1990年。

书同、胡竹峰编《章衣萍集》，安徽大学出版社，2015年。

宋广波主编《胡适研究通讯》，2017年第37期。

陶方宣著《胡适：徽州之符》，中国民主法制出版社，2011年。

万里娟编注《胡适与雷震来往信稿真迹》，"中央研究院"近代史研究所，2001年。

汪原放著《回忆亚东图书馆》，学林出版社，1983年。

吴文莱主编《容闳与中国近代化》，珠海出版社，1999年。

吴义雄等编译《美国所藏容闳文献初编》，社会科学文献出版社，2015 年。

谢颂羔著《游美短篇轶事》，上海广学会，1925 年。

颜振吾编《胡适研究丛录》，生活・读书・新知三联书店，1989 年。

张兆和主编《沈从文全集》，北岳文艺出版社，2002 年。

周质平编《胡适未刊英文遗稿》，联经出版事业公司，2001 年。

朱孔芬编选《郑逸梅笔下的中国文化名人》，中华书局，2013 年。

朱文华编《自由之师》，东方出版中心，1998 年。

后　记

　　我要感谢罗尔纲先生女公子罗文起、贾熟村伉俪赠送我的《罗尔纲全集》。罗文起先生还为本书作序，为本书增色不少。多谢南京太平天国历史博物馆为我提供照片。尤其要感谢中国第二历史档案馆为我提供了澳大利亚人"华官"田伯烈的原始档案。又蒙上海档案馆提供了1930年罗尔纲编辑的毕业生纪念刊全文。

　　我也不忘台北胡适纪念馆为我提供胡适与雷震及金承艺的未刊信函档案和胡适题字明信片，以及香港大学冯平山图书馆赠送我尘封70多年的罗尔纲信函。

　　我也铭记澳大利亚墨尔本大学图书馆自始至终无偿地为我调拨胡适各种新旧书刊的辛苦。

　　我以诚恳的态度，向一些学者、文友、网友表示衷心的谢意，因为我采用了你们的部分学术成果，恕我不一一举名了。

　　最后，我也要感谢我的老伴周文杰及其他家人，尤其是老伴，她在本书诞生过程中，投入了大量精力。

　　所有外部的强劲帮助，都是我的坚实靠山，皆是我能获得成功的重要保障，在此向你们鞠躬敬谢了！

郭存孝

2017年1月，于墨尔本"畹香堂"